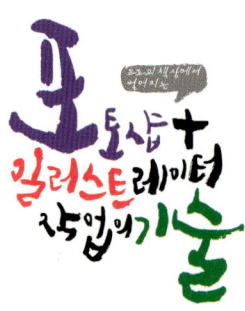

초판 인쇄일 2014년 3월 10일
초판 발행일 2014년 3월 25일
11쇄 발행일 2019년 9월 10일

지은이 정윤선(윤선디자인)
발행인 박정모
등록번호 제9-295호
발행처 도서출판 혜지원
주소 (10881) 경기도 파주시 회동길 445-4(문발동 638) 302호
전화 031)955-9221~5 팩스 031)955-9220
홈페이지 www.hyejiwon.co.kr

기획·진행 송유선, 페이퍼 2.0
디자인 김보라
캘리그라피 정윤선
영업마케팅 황대일, 서지영
ISBN 978-89-8379-811-4
정가 23,000원

Copyright © 2014 by 정윤선(윤선디자인) All rights reserved.

No Part of this book may be reproduced or transmitted in any form, by any means without the prior written permission on the publisher.

이 책은 저작권법에 의해 보호를 받는 저작물이므로 어떠한 형태의 무단 전재나 복제도 금합니다.
본문 중에 인용한 제품명은 각 개발사의 등록상표이며, 특허법과 저작권법 등에 의해 보호를 받고 있습니다.

이 도서의 국립중앙도서관 출판시도서목록(CIP)은 서지정보유통지원시스템 홈페이지(http://seoji.nl.go.kr)와 국가자료공동목록시스템 (http://www.nl.go.kr/kolisnet)에서 이용하실 수 있습니다.(CIP제어번호 : CIP2014005742)

| 머리말

★ 포토샵+일러스트레이터 작업의 기술 ★

프리랜서 디자이너 **정윤선**

제 이름 앞에 프리랜서 디자이너라는 호칭을 붙이기까지 참 오랜 시간이 걸렸습니다. 디자인을 하려면 4년제 디자인과를 나오거나 아니면 학원이라도 수료해야 하고, 공모전도 수없이 참가해야 하며, 자격증이 많이 필요할 것이라 생각했었습니다. 하지만, 디자인은 그런 것이 아니었습니다. 하나하나 만들어가면서 내 안에 무언가 희열이 느껴지고, 즐거움과 재미를 경험한 적이 한 번이라도 있다면 그 사람은 디자이너가 될 수 있는 충분한 자격이 있는 것이었습니다.

아기 엄마였지만, 이제는 어엿한 디자이너가 되어 제 이름 앞에 붙어있는 그 호칭을 자연스레 이야기하고 있습니다. 이 책을 보게 되는 많은 독자들에게 필자가 전하고 싶은 이야기가 바로 그것입니다. 자신감을 가지고, 내 작품을 내가 사랑하고 자랑스레 여기는 것이 디자이너가 되기 위한 첫걸음이라는 것입니다. 저는 전공자가 아닙니다. 하지만 그동안 밤을 새어가며 인터넷 검색을 통해 디자인 독학이라는 것을 경험해 보았습니다. 그래서인지 가끔은 정석대로가 아닌 스스로 익힌 나만의 스킬을 가지고 작업을 하는 경우가 많습니다. 그런 제게 디자인책 집필의뢰가 들어왔을 때, 정말 심각하게 고민을 해보게 되더군요. 그것은 바로, '어떤 책이 계속 보고 싶은 책일까?'였습니다.

저 또한 도움을 받기 위해 서점에 들르면 디자인 관련 분야의 두툼한 책을 집어 들고 앞부분부터 정독을 해봅니다. 하지만, 조금 답답했던 것이 바로 결과물이 나오는 내용이 아니라 결과물을 위한 과정 속의 스킬들이 대부분이었습니다. 그러다 보니 다 보지도 못한 채 책장에 쌓여가는 디자인 관련 서적들이 조금씩 많아지더군요.

이번 책을 집필하면서 제가 가장 중요하게 생각한 부분은 첫째, '완성물이 나오는 집필을 하자'였습니다. 그래서 모든 내용이 스킬에서 끝나는 것이 아니라 완성물이 나오는 내용으로 구성하였습니다. 만약, 만들어야 하는 초대장이 있다면 초대장에 사진을 어떻게 보정하는지에 대한 강의가 아니라, 보정부터 시작하여 최종 결과물의 완성, 그리고 인쇄 파일로의 저장까지의 과정을 모두 수록하려고 노력했습니다. 둘째, '제일 간지러운 부분을 긁어주자'였습니다. 많은 분들이 제게 가장 많이 하시는 질문 중 하나가 캘리그라피입니다. 어떻게 하면 캘리그라피를 잘 쓸 수 있는지, 그리고 내가 쓴 캘리그라피를 그래픽 파일로 어떻게 변환하여 사용하는지 등의 질문이 많습니다. 그래서 이 책에 그 내용을 모두 실어두었습니다. 또한, 디자인을 하면서 프리랜서로서 경험해야 했던 생소한 사건들, 그리고 꼭 알아야 하지만 누구도 알려주지 않는 중요한 정보들에 대해 빠짐없이 꼼꼼하게 수록하려고 노력했습니다. 예를 들면 인쇄소와 디자이너의 관계, 지혜롭게 디자인 작업비를 받아내는 방법 등을 말입니다. 제가 누군가에게 배운 것이 아니라 스스로 알게 된 깨알 같은 정보들이기에 아낌없이 이 책에 수록하였습니다.

디자인 입문생이나 현업에 있는 많은 분들에게 이 책이 큰 도움이 되기를 바라는 마음입니다. 지난 1년 여 동안 이 책을 쓸 수 있도록 도와준 가족들에게 감사의 말을 전하고 싶습니다. 너무나 사랑하는 남편 운상 씨와 그리고 사랑하는 아들 인호와 뱃속에서 엄마의 집필 기간 동안 힘찬 태동으로 새벽잠을 깨워주었던 우리 둘째, 그리고 부모님 정말 감사드립니다. 무엇보다 좋은 이미지를 제공해준 창웅 오빠와 채민 간사님, 그리고 용현 오빠에게 정말 깊은 감사를 드리며, 처음부터 지금까지 변함없는 응원과 사랑을 보내주시는 '윤선디자인' 블로그 식구들에게 감사를 전합니다. 그리고 방세근 실장님과 멋진 편집으로 책을 꾸며주신 많은 분들께 감사를 전하며 마지막으로 내 인생을 언제나 좋은 것으로 인도해주시는 하나님께 이 모든 영광을 올려드립니다.

저자 정윤선

이 책의 구성

★ 포토샵+일러스트레이터 작업의 기술 ★

Chapter : 해당 챕터 제목과 학습 내용을 알려줍니다. 챕터 내에서 어떠한 내용을 학습하게 될지 미리 알 수 있습니다.

Section : 각 챕터의 학습 내용을 더욱 상세하게 다룹니다. 어떤 예제를 통해 학습할지에 대해 설명하고 있습니다.

시작파일과 완성파일 : 각 예제에 필요한 파일명을 알려줍니다. 학습자는 제공되는 부록 CD에서 시작파일을 찾아 작업을 따라할 수 있습니다.

Note : 더욱 자세한 내용이나 옵션을 살펴보기 위해 상세한 설명을 제공합니다.

Tip : 따라 하기와 관련된 주의사항이나 알아 두면 좋은 간단한 참고사항을 알려줍니다.

참고 : 따라 하기 과정에서 설명하지 못한 기능에 대해 별도의 설명을 제공합니다.

- 이 책은 CS6 영문버전으로 쓰여졌습니다. (CS3, CS5, CC버전 모두 가능)
- 부록 CD 파일은 혜지원 홈페이지(www.hyejiwon.co.kr→자료실→그래픽/멀티미디어→번호 116)에서 다운로드 받으실 수 있습니다.

목차

★ 포토샵+일러스트레이터 작업의 기술 ★

머리말   4
이 책의 구성   6

Part 01 디자인을 결정짓게 해주는 몇 가지 비밀들

CHAPTER 01 배경 화면의 선택   14
SECTION 01 초간단 배경 만들기   16
SECTION 02 합성해서 배경 만들기   23
SECTION 03 몬드리안 스타일 배경 만들기   31
SECTION 04 조각 배경 만들기   35
SECTION 05 클립아트를 활용한 배경 만들기   49

CHAPTER 02 타이틀에서 50%! 디자인 승부는 끝난다!   60
SECTION 01 짧은 타이틀—배치의 묘미   62
SECTION 02 짧은 타이틀—브러시로 꾸미기   70
SECTION 03 긴 타이틀—배치의 묘미   78
SECTION 04 긴 타이틀—바둑판 배열   82
SECTION 05 폰트의 재발견   86
SECTION 06 내 맘대로 폰트 편집   90

CHAPTER 03 나만의 타이틀을 완성시키는 캘리그라피   94
SECTION 01 대세는 캘리그라피!!   94
SECTION 02 나도 써보자 캘리그라피   97
SECTION 03 필자가 전하는 캘리그라피 잘하는 3가지 방법   100
SECTION 04 손글씨를 AI 파일로 만드는 방법   106
SECTION 05 AI로 만들어진 손글씨의 무한한 활용 세계   115
SECTION 06 컴퓨터 안에서의 캘리 재편집!   119

CHAPTER 04 타이틀 컬러와 주변 컬러의 선택   125
SECTION 01 함께 쓰면 좋은 빈티지 컬러의 조합, 그리고 타이틀 컬러   125
SECTION 02 함께 쓰면 좋은 사랑스러운 파스텔톤 컬러의 조합, 그리고 타이틀 컬러   128

SECTION 03 함께 쓰면 좋은 비비드 컬러의 조합, 그리고 타이틀 컬러   131
SECTION 04 그래도 모를 때! 간단히 컬러를 선택할 수 있는 지혜로운 방법   134

Part 02 포토샵과 일러스트레이터의 병행 작업

CHAPTER 01 배경과 이미지 작업은 포토샵에서   144
SECTION 01 작업 환경 만들기   144
SECTION 02 배경 작업물 저장하기   145

CHAPTER 02 텍스트 작업은 일러스트레이터에서   147
SECTION 01 작업 환경 만들기   147
SECTION 02 포토샵에서 작업한 배경 이미지 불러오기   148
SECTION 03 텍스트 작업하기   150
SECTION 04 행간과 자간 조절하기   154
SECTION 05 글씨 윤곽선에 컬러 입히기   160
SECTION 06 문단 모양 복사하기   162
SECTION 07 아웃라인 따기   163
SECTION 08 작업 파일로 저장하기   164
SECTION 09 인쇄 파일(EPS)로 저장하기   165
SECTION 10 인쇄 파일(PDF)로 저장하기   167

CHAPTER 03 표 작업은 일러스트레이터에서   170
SECTION 01 표 그리기 툴 사용하기   170
SECTION 02 펜 툴로 직접 그리기   174
SECTION 03 엑셀에서 표 복사해오기   177
SECTION 04 일러스트레이터에서 만든 표 포토샵에서 활용하기   179

Part 03 현직 프리랜서에게 듣는 실무 테크닉

CHAPTER 01 현수막 만들기   184
SECTION 01 [포토샵] 돌잔치 롤스크린 만들기   184
SECTION 02 [포토샵] 외부용 뮤지컬 공연 현수막 만들기   195
SECTION 03 [포토샵] 우리 교회 환영 X 배너 만들기   202

CHAPTER 02 전단지 만들기 … 208
- SECTION 01 [포토샵] 우리 아이 생일잔치 초대장 만들기 … 208
- SECTION 02 [포토샵] 동아리 참가 신청서 만들기(절취선 삽입) … 216
- SECTION 03 [포토샵] 영화 티켓 사이즈의 공연 초대장 만들기 … 225

CHAPTER 03 포스터 만들기 … 231
- SECTION 01 [포토샵] 여름 수련회 포스터 만들기 … 231
- SECTION 02 [포토샵] 사진전 포스터 만들기 … 238
- SECTION 03 [포토샵] 강연회 포스터 만들기 … 242

CHAPTER 04 리플릿 만들기 … 250
- SECTION 01 [포토샵+일러스트레이터] 살기 좋은 우리 동네를 알리는 2단 접지 4면 리플릿 만들기 … 250
- SECTION 02 [포토샵+일러스트레이터] 오케스트라 연주회 3단 접지 6면 리플릿 만들기 … 266

CHAPTER 05 로고 만들기 … 289
- SECTION 01 [포토샵+일러스트레이터] 우리 교회 찬양팀 강렬한 로고 만들기 … 289
- SECTION 02 [일러스트레이터] 어린이집 귀여운 로고 만들기 … 297
- SECTION 03 [포토샵+일러스트레이터] 우리 회사 산악 동호회 로고 만들기 … 303

CHAPTER 06 명함 만들기 … 311
- SECTION 01 [포토샵] 사진이 들어간 명함 만들기 … 311
- SECTION 02 [일러스트레이터] 텍스트로만 구성된 명함 만들기 … 317
- SECTION 03 조금 색다른 나만의 독특한 명함 예시 … 323

CHAPTER 07 카드 만들기 … 326
- SECTION 01 [포토샵] 크리스마스 카드 만들기 … 326
- SECTION 02 [포토샵+일러스트레이터] 연하장 만들기 … 336
- SECTION 03 [포토샵+일러스트레이터] 청첩장 만들기 … 349

CHAPTER 08 순서지 만들기 … 357
- SECTION 01 [포토샵+일러스트레이터] 학생부 주보 만들기 … 357
- SECTION 02 [포토샵+일러스트레이터] 결혼식 순서지 만들기 … 373

CHAPTER 09 라벨 만들기 … 384
- SECTION 01 [포토샵] 빵가게의 빈티지한 라벨 만들기 … 384

SECTION 02 [포토샵] 천연비누에 달아줄 러블리한 레이스 라벨 만들기 392
SECTION 03 [일러스트레이터] 다양한 이름표 라벨 만들기 397

CHAPTER 10 블로그 스킨 만들기 406
SECTION 01 [포토샵] 이미지가 중심이 되는 스킨 만들기 406
SECTION 02 [포토샵] 텍스트가 중심이 되는 스킨 만들기 410
SECTION 03 [포토샵] 이미지와 텍스트가 어우러지는 어느 육아 블로그 스킨 416
SECTION 04 [포토샵] 도형과 텍스트가 어우러지는 어느 패션 블로그 스킨 423

CHAPTER 11 온라인 서명(포스팅 하단 배너) 만들기 430
SECTION 01 저작권 올바르게 표기하기 430
SECTION 02 [포토샵] 초간단 텍스트 서명 만들기 431
SECTION 03 [포토샵] 이미지가 들어간 귀여운 서명 만들기 437
SECTION 04 [포토샵+일러스트레이터] 캘리 버전의 멋스러운 낙관 서명 만들기 442

Part 04 반드시 알아야 할 실무 프로세스 노하우

CHAPTER 01 일이 들어왔다!! 456
SECTION 01 클라이언트에게 물어봐야 할 기본적인 정보들 456
SECTION 02 작업하기 위해 내가 준비해야 할 몇 가지들 461
SECTION 03 외부로부터의 도움이 필요한 것들 463

CHAPTER 02 작업물 보호 방법과 자료 정리하기 466
SECTION 01 작업물 보호 방법 466
SECTION 02 자료 정리하기 470

CHAPTER 03 일을 하기 위한 모든 관계와 그 밖의 당부 472
SECTION 01 클라이언트와의 관계 472
SECTION 02 인쇄소와의 관계 475
SECTION 03 그 밖의 것들 476

인덱스 486

디자인을 결정짓게 해주는 몇 가지 비밀들

레이아웃을 감각적으로 만들기 위한 배경 작업, 작업물의 주제인 타이틀, 캘리그라피적 요소, 전체적인 컬러 감각, 요소들을 균형적으로 배치하는 방법에 대해 알아봅니다.

Chapter 01
배경 화면의 선택

★ 포 토 샵 + 일 러 스 트 레 이 터 작 업 의 기 술 ★

>> 배경은 디자인의 전체적인 느낌을 결정해 줍니다. 그러므로 배경 작업은 작업의 초반부에 가장 중요한 작업입니다. 한 가지의 이미지만으로도 배경을 만드는 방법, 그 이미지를 합성하여 만드는 방법, 도형과 공간을 적절히 배치한 배경, 마지막으로 클립아트를 이용해 배경을 만드는 방법에 대해 알아봅니다.

Section 01 초간단 이미지 배경 만들기

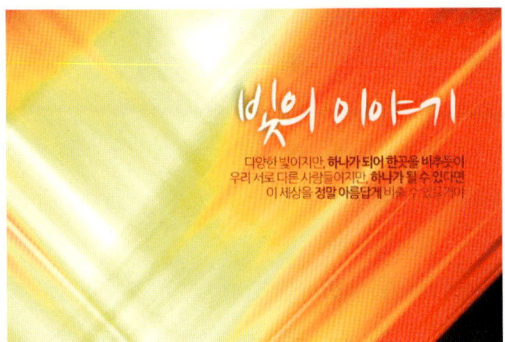

▲ 간단한 배경 만들기

Section 02 합성해서 배경 만들기

▲ 이미지를 살리면서 배경 만들기

Section 03 몬드리안 스타일 배경 만들기

▲ 새로운 레이아웃으로 배열하기

Section 04 조각 배경 만들기

▲ 규칙적인 바둑판 배열하기

Section 05 클립아트를 활용한 배경 만들기

▶ 익숙한 폰트도 포인트에 따라 달라진다

빛의 이야기

다양한 빛이지만, 하나가 되어 한곳을 비추듯이
우리 서로 다른 사람들이지만, 하나가 될 수 있다면
이 세상을 정말 아름답게 비출 수 있을거

Section 01 초간단 배경 만들기

이미지 작업을 하다 보면 배경 작업을 해야 하는 경우가 매우 많습니다. 배경 작업을 하는 다양한 방법이 있지만 이미지 하나를 가지고 간단하게 배경을 만드는 방법에 대해 알아보겠습니다.

- 시작파일　part 01〉chapter 01〉p1c1001.jpg
- 완성파일　part 01〉chapter 01〉p1c1001_완성.jpg

01 포토샵을 실행하고 [File]-[Open] 메뉴를 클릭한 후 'p1c1001.jpg' 파일을 불러옵니다. 이미지가 표시되면 블러를 적용시키기 위해서 [Filter]-[Blur]-[Motion Blur] 메뉴를 선택합니다.

02 [Motion Blur] 대화상자가 표시되면 [Angle]은 '45', [Distance]은 '2000'을 입력한 후 [OK] 버튼을 클릭합니다.

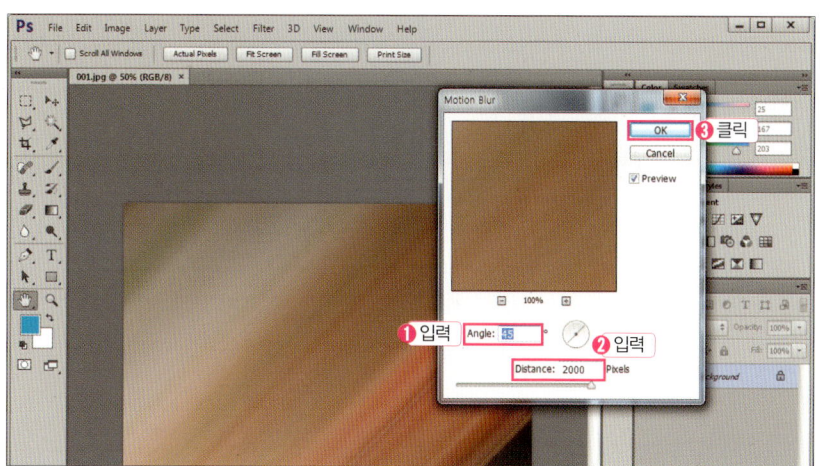

03 블러가 적용된 것을 확인할 수 있습니다. 전체적인 밝기를 조정하기 위하여 [Image]-[Adjustments]-[Curves...](Ctrl + M) 메뉴를 선택합니다.

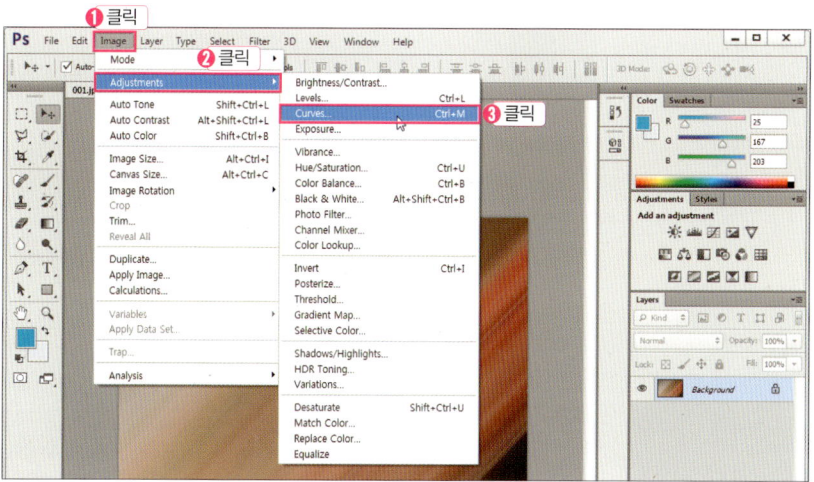

tip Curves를 사용하는 기본 공식

[Curves] 대화상자의 선을 어떻게 드래그하여 모양을 만드느냐에 따라서 이미지의 느낌이 많이 달라집니다. 가장 기본적인 방식은 라인을 'S' 자로 만드는 것입니다. 'S' 자를 만든 후에 조금씩 모양을 바꾸면서 적용된 효과를 관찰하면 자신에게 맞는 'S' 자를 만들 수 있습니다. 'S' 자를 만드는 방법은 [Curves] 대화상자에서 마우스를 대각선에 가져다 대면 '+' 모양으로 바뀌면서 선을 움직일 수가 있습니다. 간단하게 'S' 자로 수정하면 쉽게 1차 보정이 됩니다.

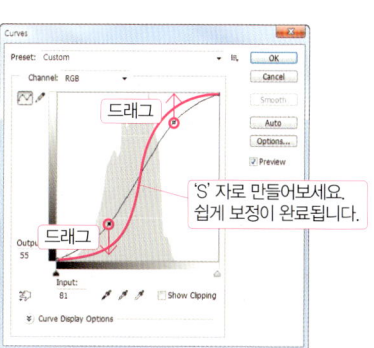

Chapter 01 배경 화면의 선택 17

04 [Curves] 대화상자에서 커브를 [Output]은 '225', [Input]은 '112'로 조절한 후 [OK] 버튼을 클릭합니다. 대각선을 조절하는 형태에 따라 느낌이 달라집니다. 이 값은 지정되어 있는 것이 아니라 사용자가 다양하게 조절할 수 있습니다.

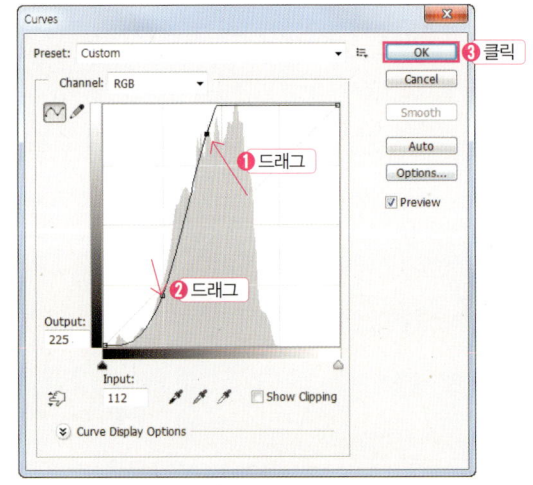

05 다음과 같이 배경 화면이 만들어졌습니다. 이미지 하나만으로도 전혀 다른 느낌의 배경을 만들 수 있습니다. 원본 이미지에 레드 계열이 강하게 들어가 있다면, 그 이미지로 만든 배경은 강렬한 레드빛의 배경이 만들어지고, 원본의 이미지에 블루 계열이 강하게 들어가 있다면 그 이미지로 만든 배경은 역동적인 블루빛의 배경이 완성됩니다.

06 Ctrl + J를 눌러 레이어를 복사한 후 레이어 모드를 'Multiply'로 설정합니다. [Opacity] 값은 '50%'로 설정하여 이미지를 조금 더 진하게 변경합니다.

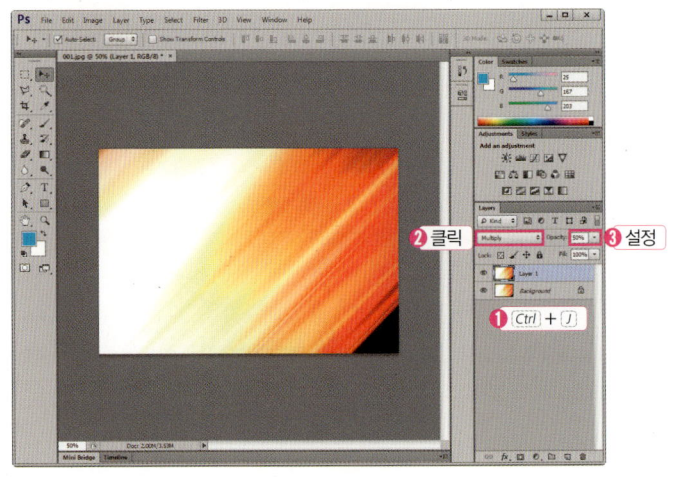

07 Ctrl + J 를 눌러 레이어를 복사한 후 [Edit]-[Transform]-[Flip Horizontal] 메뉴를 클릭하여 이미지를 좌우 반전시킵니다. 확대하기 위하여 이미지 창을 넓게 만든 후 Ctrl + T 를 누르면 이미지 모서리에 작은 사각형이 표시됩니다. 마우스를 가져다 댄 후 바깥으로 드래그하면 확대되고 Enter 를 눌러 적용합니다.

08 Ctrl + M 을 누르고 [Curves] 대화상자에서 커브를 [Output]은 '200', [Input]은 '143'으로 조절한 후 위로 볼록한 활자를 만듭니다. 결과 화면을 볼 수 있습니다.

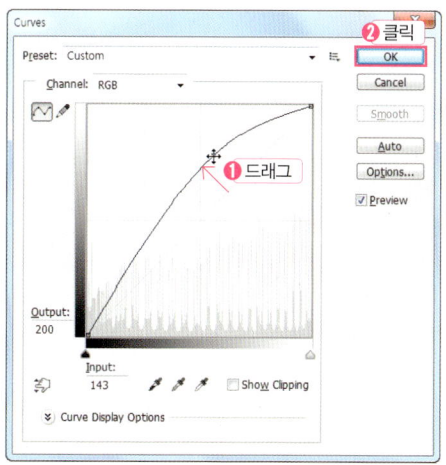 

09 T.(가로 문자 툴)을 선택한 후 원하는 텍스트를 입력합니다. 배경 화면을 만들 때는 이미지를 1차적으로 'Motion blur' 효과를 주어 마무리하는 것보다 이를 복사하여 모션 블러 효과를 준 이미지에 다양한 효과를 주어 여러 느낌으로 합성하면 더 효과적입니다.

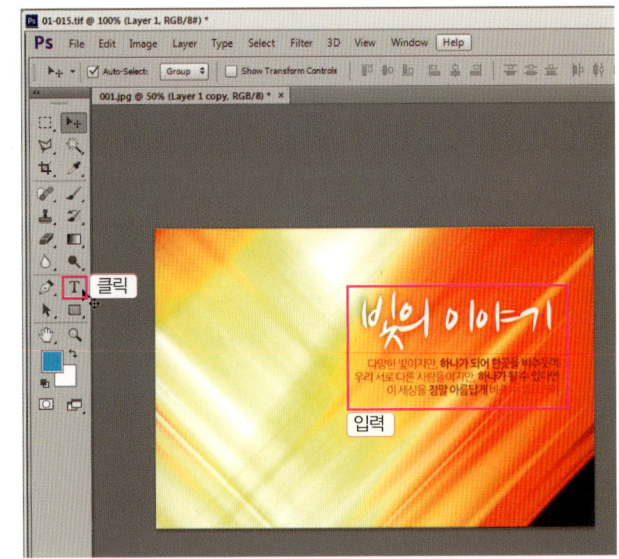

빛의 이야기 : 나눔손글씨, 175pt
다양한 빛이지만, 하나가 되어 한곳을 비추듯이
우리 서로 다른 사람들이지만, 하나가 될 수 있다면
이 세상을 정말 아름답게 비출 수 있을거야 : 나눔고딕 Regular, 32pt

참고

T.(가로 문자 툴)을 이용하여 텍스트를 쓰는 방법에 대해 알아봅니다.

01 T.(가로 문자 툴)을 선택한 후 옵션 바의 [Size]를 최대 '72'로 설정합니다.

02 툴 바의 □(텍스트 컬러 변경 메뉴)를 선택한 후 [Color Picker] 대화상자가 표시되면 원하는 컬러를 선택하고 [OK] 버튼을 클릭합니다.

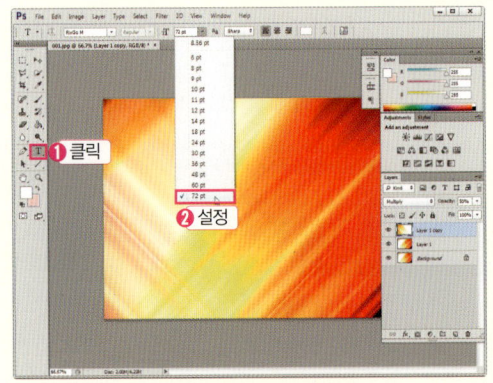

03 마우스를 클릭하면 커서가 나타납니다. 원하는 텍스트를 입력한 후 (이동 툴)을 클릭하면 커서가 사라집니다.

04 텍스트의 크기 조절은 Ctrl + T 를 누른 후 Shift 를 누른 상태에서 모서리의 사각형 부분을 드래그하여 조절합니다. 완료되면 Enter 를 눌러 적용합니다.

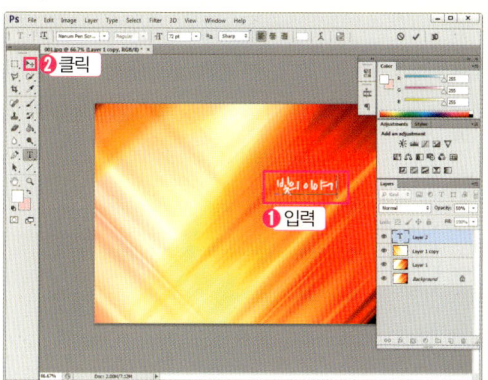
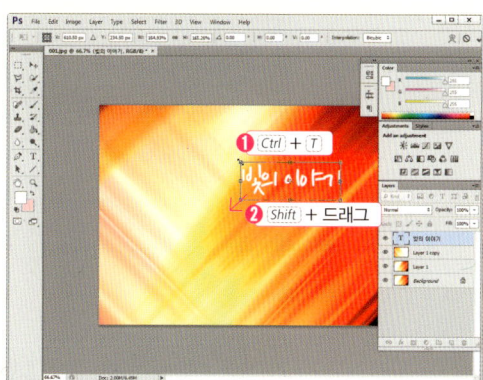

Application
응용하기

Section 02 합성해서 배경 만들기

배경 작업을 만들 때 원하는 이미지를 꼭 넣어야 하는 경우가 있습니다. 그냥 이미지를 얹혀놓는 것이 아니라 'Motion Blur' 효과를 준 후 합성을 하면 배경 화면을 더욱 효과적으로 만들 수 있습니다.

- 시작파일   part 01〉chapter 01〉p1c1002.jpg
- 완성파일   part 01〉chapter 01〉p1c1002_완성.jpg

01 [File]-[Open] 메뉴를 선택한 후 'p1c1002.jpg' 파일을 불러옵니다. 이미지가 표시되면 'Motion Blur' 효과를 주기 위한 레이어를 만들기 위하여 Ctrl + J를 눌러 레이어를 복사합니다. 복사된 레이어는 👁(레이어 표시) 버튼을 클릭하여 표시되지 않도록 합니다.

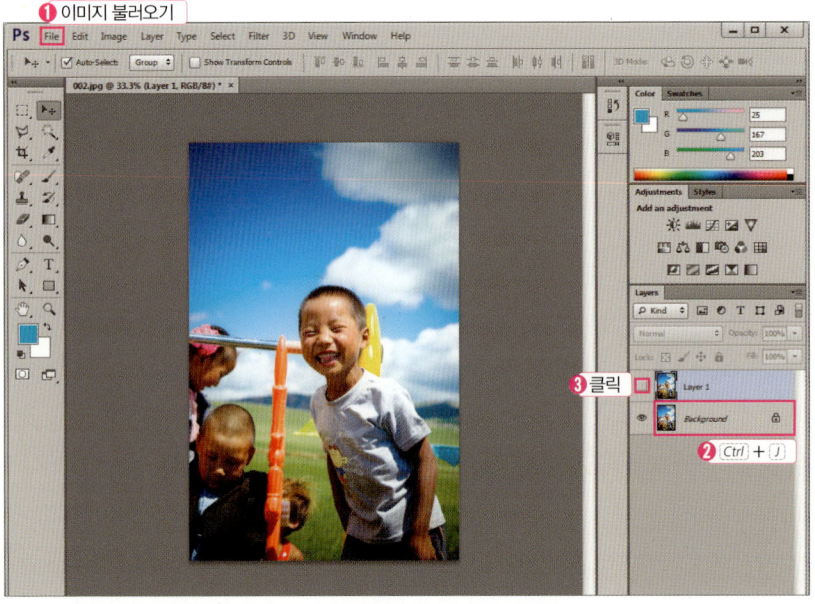

02 'Background' 레이어를 선택한 후 배경을 만들기 위하여 [Filter]-[Blur]-[Motion Blur...] 메뉴를 클릭합니다.

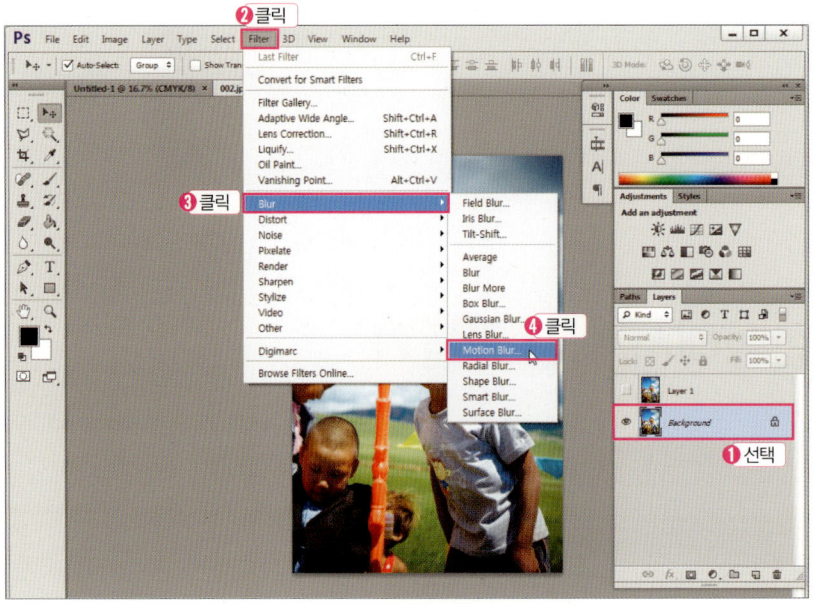

03 [Motion Blur] 대화상자가 표시되면 [Angle]은 '45', [Distance]는 '2000'을 입력한 후 [OK] 버튼을 클릭합니다.

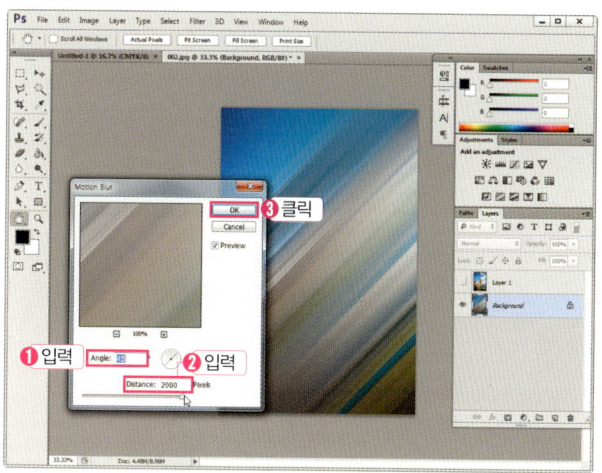

04 [Image]-[Adjustment]-[Curves] 메뉴를 선택한 후 [Curves] 대화상자에서 커브를 [Output]은 '224', [Input]은 '150'으로 조절하여 배경을 완성합니다.

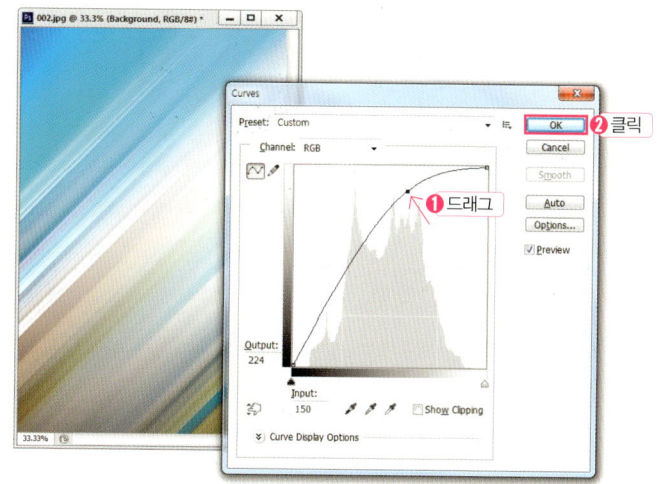

05 복사한 레이어의 👁(레이어 표시) 버튼을 클릭하여 레이어를 표시합니다. 'Motion Blur'로 만든 배경과 합성하겠습니다. 합성할 레이어를 선택한 후 레이어 하단의 ▢(레이어 추가) 버튼을 클릭합니다.

Chapter 01 배경 화면의 선택   25

06 을 클릭하여 전경색을 검은색으로 변경하고 (그레이디언트 툴)을 클릭합니다. (그레이디언트 툴)이 보이지 않을 때는 (페인트 툴)을 선택하면 우측에 표시됩니다.

07 색이 점점 투명으로 변경되는 그라데이션 효과를 적용하겠습니다. 그라데이션 피커의 목록 버튼을 클릭한 후 옵션 바에서 두 번째 옵션 (Foreground to Transparent)을 더블 클릭합니다.

08 커서 모양이 십자가 모양으로 변경됩니다. 뒤의 배경과 합성하기 위해 화살표 방향으로 마우스를 드래그합니다. 드래그하는 길이에 따라서 느낌이 달라질 수 있으니 적절한 느낌으로 만들어 봅니다.

09 배경과 합성된 이미지가 나타납니다. 좀 더 세련된 색감을 만들기 위해 이미지 레이어를 선택합니다. [Image]-[Adjustment]-[Curves](Ctrl + M) 메뉴를 선택한 후 [Curves] 대화상자에서 커브 값을 [Output]은 '224', [Input]은 '158'로 조절한 후 [OK] 버튼을 클릭합니다.

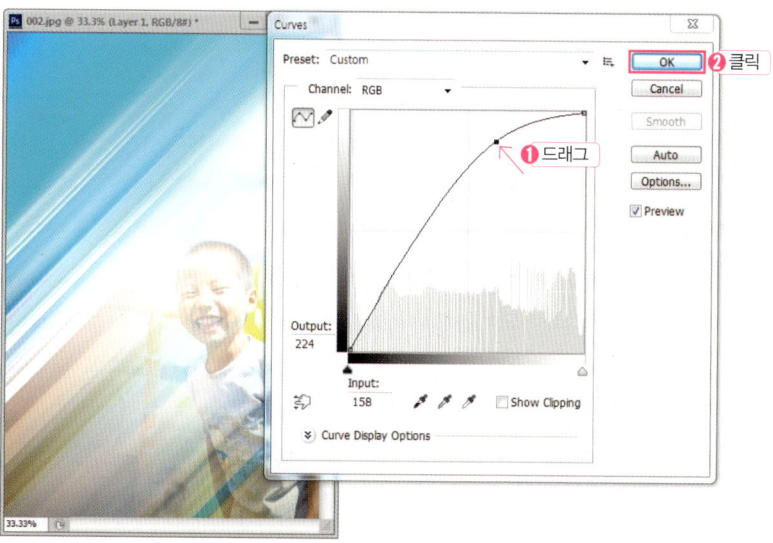

Chapter 01 배경 화면의 선택　27

10 두 개의 레이어를 하나로 합칩니다. Shift 를 누른 상태에서 두 개의 레이어를 모두 선택한 후 마우스 오른쪽 버튼을 클릭해 [Merge Layers] 메뉴를 선택합니다.

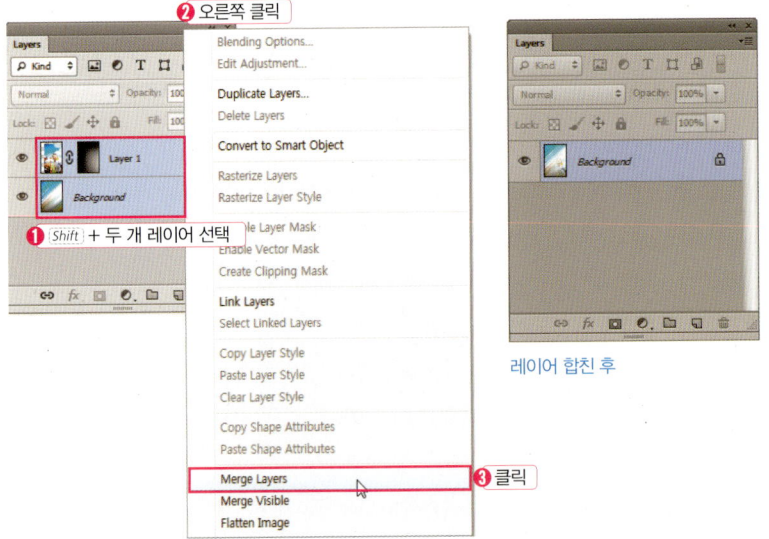

레이어 합친 후

11 레이어가 합쳐진 후 커브 값을 좀 더 조절하면 합성의 느낌을 자연스럽게 만들 수 있습니다. [Image]-[Adjustment]-[Curves] 메뉴를 선택한 후 [Curves] 대화상자에서 커브 값을 [Output]은 '196', [Input]은 '174'로 조절합니다.

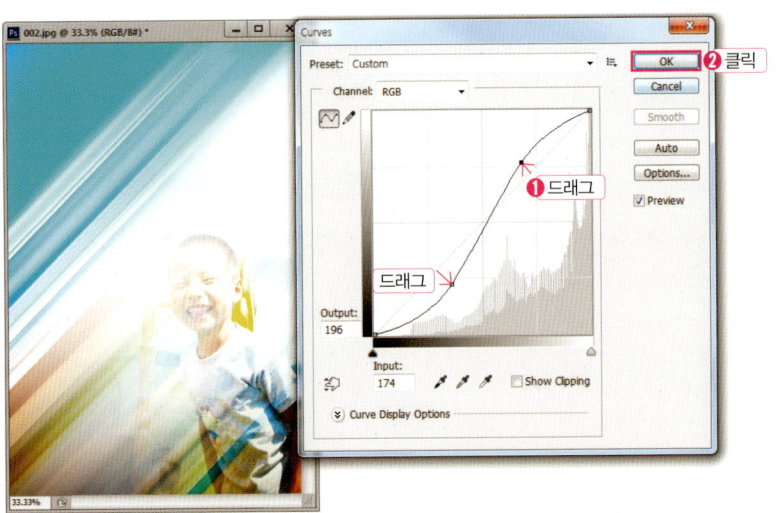

tip 후보정의 마법

어느 정도 작업이 완성되면 레이어를 [Shift + 레이어 모두 선택]하여 합친 후 Curves를 이용하여 재보정합니다. 그러면 각각의 레이어를 보정할 때와 달리 통일감이 있고, 훨씬 더 자연스러운 색감을 얻을 수 있습니다. 이것을 후보정이라고 합니다.

12 최종 배경 화면이 완성되었습니다. 자신의 느낌대로 원하는 텍스트를 입력합니다. 이때 텍스트의 컬러는 배경 화면 속의 컬러와 동일한 컬러로 사용하면 더욱 자연스러운 결과물을 얻을 수 있습니다.

해 : 나눔고딕 Extra Bold, 56pt

맑은 네미소 : 나눔고딕 Extra Bold, 29pt

세상에서 가장 아름다운 미소를 가진 소년아 너의 그 미소를 닮고 싶은 아줌마가 있다.

바로 윤선 디자인 나 말이지 : 나눔고딕 Regular, 11pt

Application
응용하기

가을이 말하는 이야기

가을이 오면 바람으로 이야기합니다
당신의 남겨두었던 추억을 들여다 보라며
아름다웠던 기억들.. 또는 슬펐던 기억들
그 모든 것이 결국에는 다 시간따라 지나갔노라고
그렇게 이야기 해 줍니다

Section 03 몬드리안 스타일 배경 만들기

 수평선과 수직선, 그리고 정사각형과 직사각형의 구조를 이용하여 이미지와 텍스트를 맞추어 넣으면 그래픽 요소를 이용하지 않고도 매우 간단하게 모던하고 깔끔한 배경 화면을 만들 수 있습니다.

- 시작파일 part 01〉chapter 01〉p1c1003.jpg
- 완성파일 part 01〉chapter 01〉p1c1003_완성.jpg

01 [File]-[New...] 메뉴를 클릭한 후 [New] 대화상자에서 [Preset]을 'International Paper'(국제용지), [Size]-'A4', [Resolution]-'300', [Color Mode]-'CMYK'로 설정한 후 [OK] 버튼을 클릭합니다.

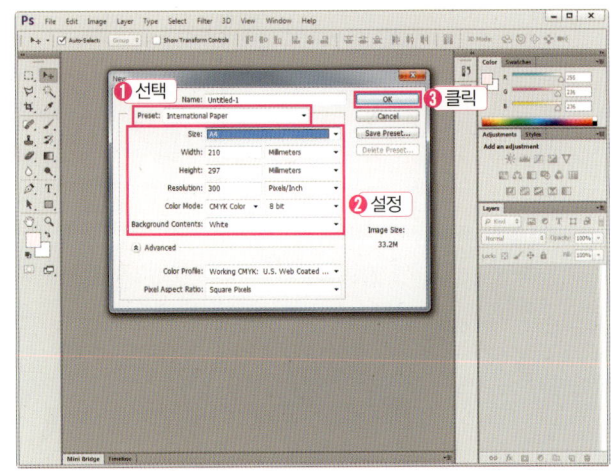

02 [File]-[Open] 메뉴를 클릭한 후 'p1c1003.jpg' 파일을 불러옵니다. (이동 툴)을 선택한 후 'p1c1003.jpg' 이미지를 클릭한 상태에서 작업창으로 드래그합니다.

Note_ 창이 2개가 아닌 1개로 이어 보여지는 경우는 마우스를 창의 제목 부분에 가져다 놓은 뒤 그대로 드래그하여 아래로 내려주세요. 그러면 2개의 창이 보여집니다.

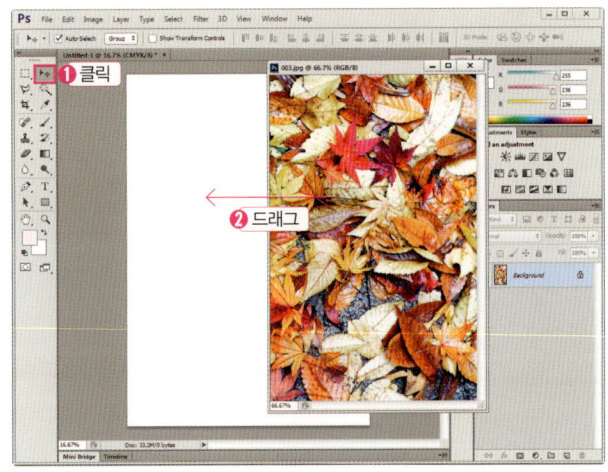

03 옮겨진 이미지의 크기와 위치를 정하겠습니다. 옮겨진 이미지가 레이어로 만들어지면 그 레이어가 선택된 상태에서 Ctrl + T를 눌러 사방에 생긴 작은 사각형을 Shift를 누른 상태에서 드래그하여 확대합니다. 적당한 위치에 드래그하여 배치한 후 더블 클릭하여 크기 변형을 완료합니다.

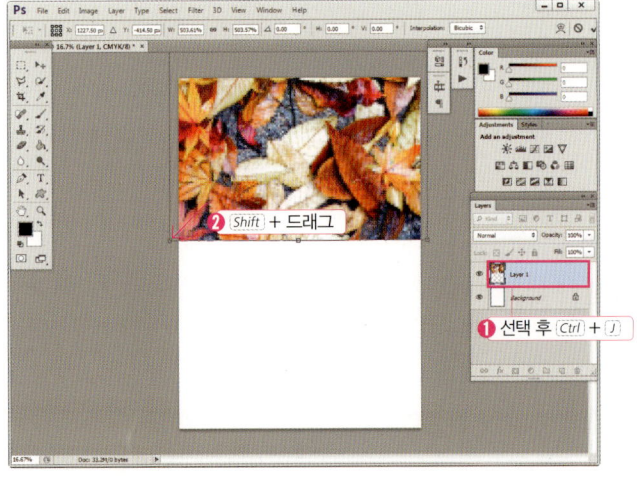

04 이미지와 가장 잘 어울리는 텍스트의 컬러를 찾기 위해 툴 바에서 (스포이드 툴)을 선택합니다. 마우스 모양이 스포이드 모양으로 바뀌면 이미지 내의 아무 곳이나 원하는 부분을 클릭합니다. 그러면 클릭한 곳의 컬러가 추출되어 표시되는 것을 확인할 수 있습니다.

05 (가로 문자 툴)을 선택한 후 원하는 텍스트를 입력합니다.

가을이 말하는 이야기 : 나눔바른고딕 Bold, 55pt

가을이 오면 바람으로 이야기 합니다 당신의 남겨두었던 추억을 들여다보라며 아름다웠던 기억들.. 또는 슬펐던 기억들 그 모든 것이 결국에는 다 시간따라 지나갔노라고 그렇게 이야기 해 줍니다 : 나눔바른고딕 Regular, 21pt

tip 텍스트를 입력할 때!

타이틀과 내용은 각각 다른 폰트와 굵기로 작성해주는 것이 문서를 조금 더 세련되어 보이게 해줍니다. 그리고 텍스트는 다 작성한 후 드래그하여 Alt 를 누른 상태에서 왼쪽 화살표(←)를 눌러 자간을 줄여주면 더욱 좋습니다.

또한, 행간을 늘이거나 줄이는 방법은 (가로 문자 툴)을 선택한 후 마우스를 드래그할 텍스트 주변에 가져다 놓은 후 툴 주변에 점선이 사라질 때 텍스트를 드래그 합니다. 그런 후 Alt 를 누른 상태에서 키보드의 화살표를 아래로 누르면 행간이 늘어나고, 위로 누르면 행간이 줄어듭니다.

가을이 말하는 이야기

가을이 오면 바람으로 이야기 합니다
당신의 남겨두었던 추억을 들여다 보라며
아름다웠던 기억들.. 또는 슬펐던 기억들
그 모든 것이 결국에는 다 시간따라 지나갔노라고
그렇게 이야기 해 줍니다

가을이 오면 바람으로 이야기 합니다
당신의 남겨두었던 추억을 들여다 보라며
아름다웠던 기억들.. 또는 슬펐던 기억들
그 모든 것이 결국에는 다 시간따라 지나갔노라고
그렇게 이야기 해 줍니다
가을이 말하는 이야기

가을이
말하는
이야기

가을이 오면 바람으로 이야기 합니다
당신의 남겨두었던 추억을 들여다 보라며
아름다웠던 기억들.. 또는 슬펐던 기억들
그 모든 것이 결국에는 다 시간따라 지나갔노라고
그렇게 이야기 해 줍니다

가을이 말하는 이야기

가을이 오면 바람으로 이야기 합니다
당신의 남겨두었던 추억을 들여다 보라며
아름다웠던 기억들.. 또는 슬펐던 기억들
그 모든 것이 결국에는 다 시간따라 지나갔노라고
그렇게 이야기 해 줍니다

Application 응용하기

Section
04 조각 배경 만들기

이미지를 조각조각 내어 스테인드글라스의 느낌과 같이 만들면 아주 흥미로운 배경을 만들 수 있습니다. 그리고 거기에 컬러까지 입혀주면 더 재미있는 효과를 얻을 수 있습니다.

- 시작파일　part 01〉chapter 01〉p1c1004.jpg
- 완성파일　part 01〉chapter 01〉p1c1004_완성.jpg

01 [New] 대화상자에서 [Preset]을 'International Paper'(국제용지)로 설정하고 [Size]는 'A4', [Resolution]은 '300', [Color Mode]는 'CMYK'로 설정한 후 [OK] 버튼을 클릭합니다. 'p1c1004.jpg' 파일을 불러온 후 (이동 툴)을 선택하고 마우스로 이미지를 클릭한 상태에서 드래그하여 작업창으로 이동합니다.

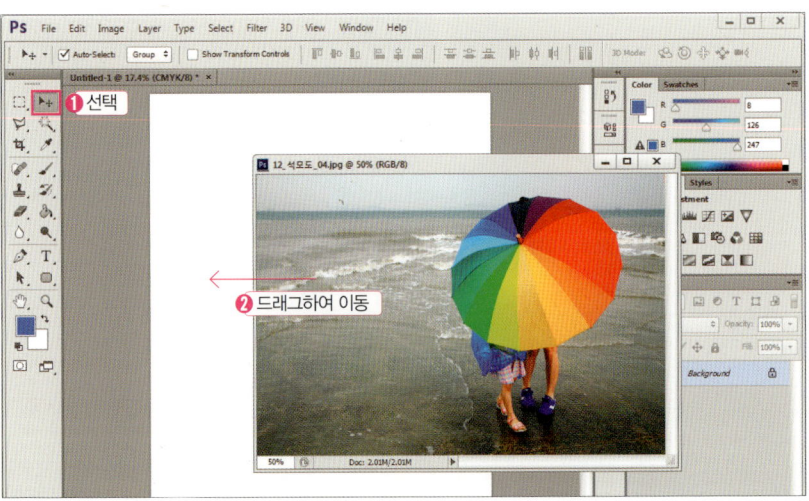

02 Ctrl + T 를 눌러 사방에 생긴 작은 사각형을 Shift 를 누른 상태에서 드래그하여 원하는 크기로 확대합니다. 이미지의 전체를 사용하는 것이 아니라, 어느 한 부분을 사용하기 위해서입니다. 우산이 우측에 살짝 걸쳐질 정도로 확대한 후 더블 클릭하여 적용합니다.

03 새 레이어를 하나 더 만들겠습니다. 레이어 하단의 ▣(Create a new layer)를 클릭하면 새로운 레이어가 생성됩니다.

04 끝이 둥근 도형을 그리기 위해 툴 바의 ▣(둥근 사각형 툴)을 클릭합니다.

05 [Fill](면 색)의 컬러를 'Pure Cyan'으로 설정하고 [Stroke](선 색)은 'No Color'를 선택하고 'Radius'는 끝이 둥근 정도를 결정하므로 '40px'로 설정합니다.

06 마우스 커서가 + 모양으로 바뀌었습니다. 마우스를 드래그하여 도형을 원하는 크기로 그립니다.

07 그려진 사각형 도형을 복사하겠습니다. (이동 툴)을 선택한 후 사각형을 Alt + Shift 를 누른 상태에서 오른쪽으로 드래그하면 복사가 됩니다. (복사가 잘 안 될 때는 복사할 레이어를 (새 레이어)에 드래그하여 가져다 놓으면 복사됩니다. 화살표를 이용하여 위치를 잡아줍니다.)

tip 도형의 복사와 이동

도형의 단순 이동은 (이동 툴)을 클릭하고 드래그하면 됩니다. 이때 Shift 를 누른 상태에서 드래그하면 동일선 상으로 이동됩니다. 도형을 복사할 때는 (이동 툴)을 선택하고 Alt 를 누른 상태에서 드래그합니다. 이때 Shift 를 함께 누르면 동일선 상으로 복사됩니다.

08 도형이 복사됩니다. 같은 방법을 이용하여 다음과 같이 도형 10개를 그립니다.

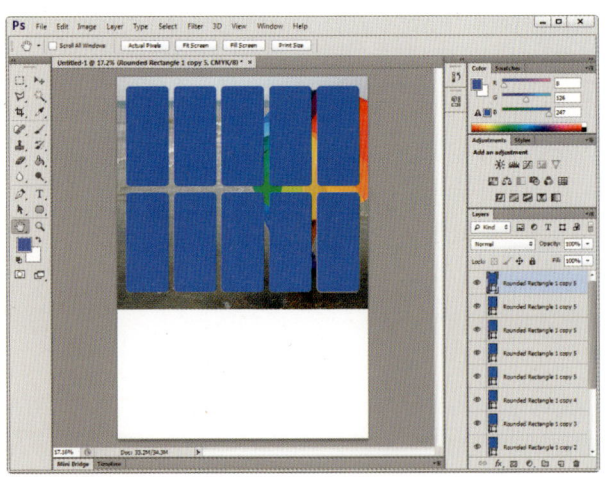

09 복사한 도형을 하나의 레이어로 합치겠습니다. Shift 를 누른 상태에서 복사된 도형 레이어를 모두 선택하고 마우스 오른쪽 버튼을 클릭해 [Merge Shapes] 메뉴를 클릭합니다. 한 개의 레이어로 합쳐진 것을 확인할 수 있습니다.

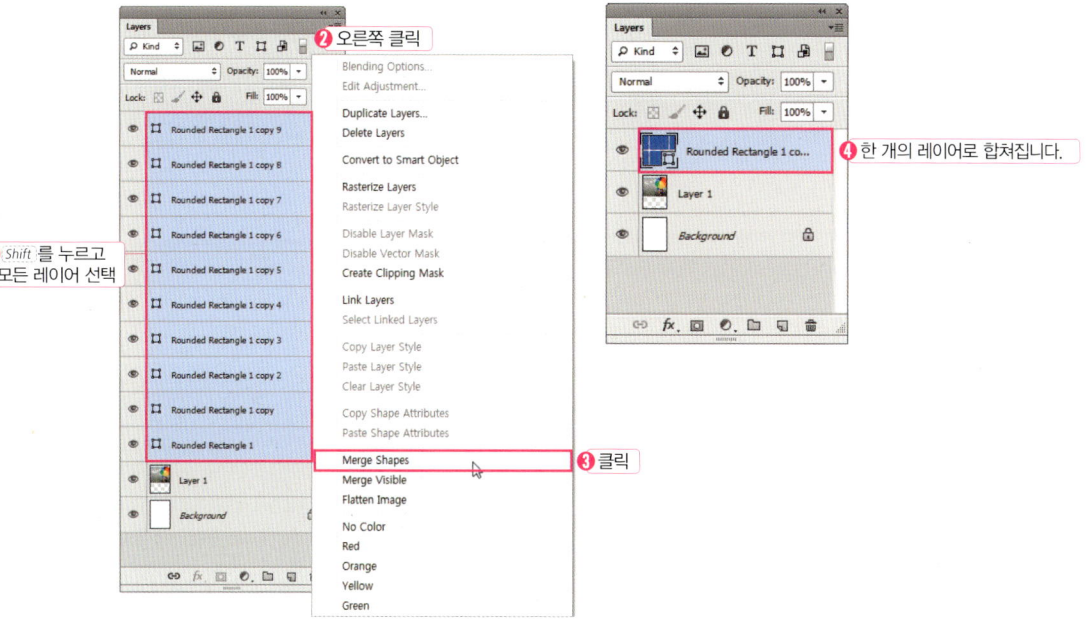

10 복사한 10개의 도형을 모두 선택하겠습니다. Ctrl 을 누른 상태에서 레이어 이름 앞의 이미지 부분을 클릭하면 도형 전체가 선택됩니다.

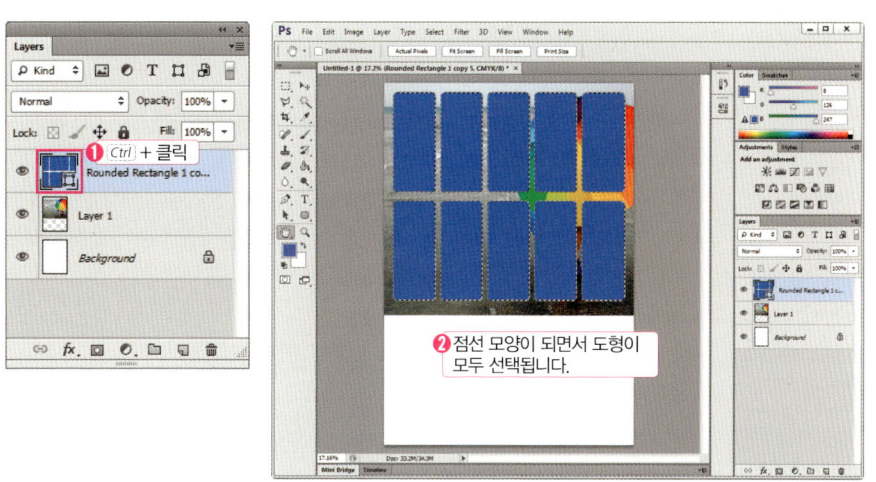

11 도형이 그려진 부분을 제외한 모든 부분을 지우기 위해 Ctrl + Shift + I 를 눌러 선택 영역을 반전시킵니다.

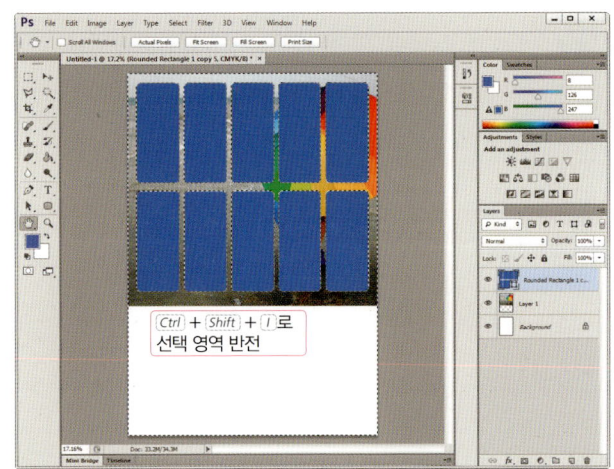

12 선택 영역이 반전되면 이미지를 삽입한 'Layer 1' 레이어를 선택한 후 Delete 를 누릅니다. 선택을 해제하기 위해서 Ctrl + D 를 누릅니다.

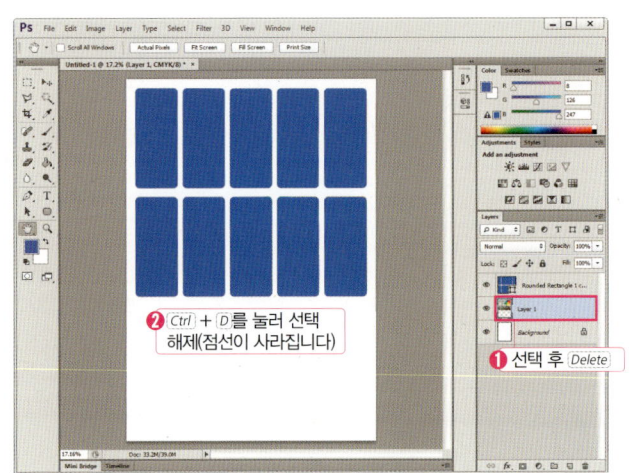

13 도형 레이어를 선택한 후 마우스 오른쪽 버튼을 클릭해 [Rasterize Layer] 메뉴를 선택합니다.

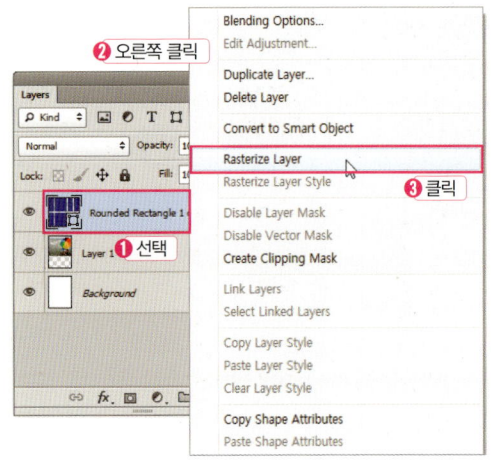

tip Rasterise '래스터라이즈'를 해주는 이유

포토샵은 눈에는 보이지 않지만, 여러 개의 작은 컬러 점들이 모여 이미지가 만들어집니다. 이것을 픽셀(도트) 이미지라고 합니다. 그리고 이러한 점 또는 픽셀로 표현된 방식을 Raster 방식이라고 합니다. 하지만, 이것은 확대 시 점들이 커지므로 이미지가 손상된다는 단점이 있습니다. 일러스트레이터는 이 반대의 개념인 벡터를 사용합니다. 좌표 값으로 이미지가 표현되므로 확대해도 이미지가 손상되지 않는다는 장점이 있습니다. 포토샵은 [Type] 툴을 이용하여 텍스트를 입력할 때, 또한 도형 툴을 이용하여 각각의 도형을 그릴 때 이 벡터 방식이 적용됩니다. 이는 축소나 확대가 매우 자유롭고 확대해도 이미지가 손상되지 않습니다. 하지만 변형하여 수정하거나 Filter 효과 등을 사용할 때 제약이 있습니다. 그래서 이를 포토샵 이미지 방식인 픽셀화해주는 과정을 거칩니다. 이를 '래스터라이즈'라고 합니다.

14 이미지에 필름지 효과를 주기 위해 레이어 왼쪽 상단의 [Mode]를 'Lighten'으로 변경합니다. 기존 컬러인 블루 필름이 겹쳐진 이미지가 표시됩니다.

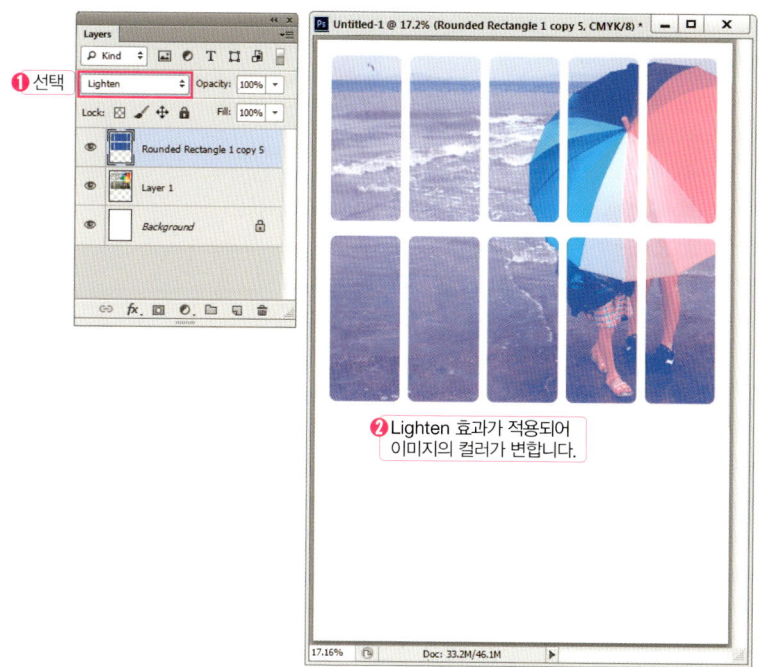

❶ 선택
❷ Lighten 효과가 적용되어 이미지의 컬러가 변합니다.

15 텍스트를 입력하여 마무리합니다. 텍스트를 어떻게 넣느냐에 따라 느낌이 달라질 수 있으니 다양하게 시도합니다. 여기서는 'Rainbow Love'라고 입력하고 각각의 알파벳의 색상을 다르게 지정합니다.

Rainbow Love : 산돌백종렬 필 Bold, '86pt'
다양한 컬러가 모여 하나의 무지개를 이루듯이 내 사랑하는 사람의 여러 가지 모습을
모두 사랑해 줄 수 있는 것이 제일 아름다운 무지개를 만날 수 있는 지혜야.. : 산돌백종렬 필 Regular, 25pt

Chapter 01 배경 화면의 선택 41

> **참고**

텍스트의 컬러를 바꾸는 방법은 다음과 같습니다.

01 원하는 텍스트를 입력합니다.

02 T(가로 문자 툴)을 선택한 후 컬러를 바꾸고자 하는 텍스트 앞에 마우스를 가져다 놓습니다. 커서 모양이 나타날 때 드래그해야 합니다. (사용 폰트 : 나눔손글씨)

03 컬러 변경을 원하는 만큼 글자를 드래그한 후 메뉴 바의 ■(set the text color(텍스트 컬러 변경 메뉴))를 클릭합니다.

04 원하는 컬러를 선택한 후 [OK] 버튼을 클릭해 적용합니다. (▶(이동 툴)을 선택하면 드래그가 해제됩니다.)

tip 각 조각마다 다른 컬러 필름을 입히는 방법

각 조각마다 컬러를 다르게 넣어 여러 가지 색감의 배경으로 만들 수 있습니다. [Color Picker]에서 원하는 컬러를 선택한 후 ♦(페인트 툴)을 선택합니다. 그리고 원하는 조각을 클릭하면 선택한 컬러가 입혀집니다.

참고 다른 모드를 사용했을 때

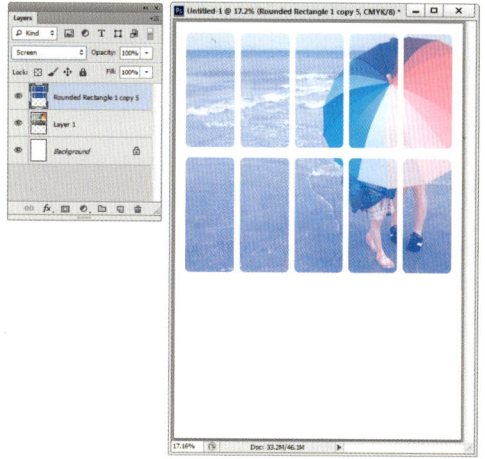

▲ Screen 모드
이미지가 전체적으로 밝아짐

▲ Hue 모드
아래 레이어의 명도와 채도에 위 레이어의 색상이 합쳐짐

이외에도 다양한 블렌딩(Blending Mode)를 사용해보면서 여러 가지 효과를 접해보는 것이 좋습니다. 블렌딩이란 2가지의 레이어를 섞어 또 다른 효과를 만들어 내는 것을 의미합니다. 포토샵의 블렌딩 모드는 원본 이미지는 손상시키지 않으면서 색상, 채도, 밝기 등을 조절하여 다양한 효과를 만들 수 있는 기술입니다. 다음의 두 개의 이미지로 다양한 블렌딩 모드를 만들었을 때의 효과를 비교해 보겠습니다. 모든 효과는 'Layer 1' 이미지에 적용하였습니다. 'Layer 1'이 위쪽 레이어, 'Layer 2'가 아래쪽 레이어입니다.

Layer1

Layer2

❶ Dissolve(디졸브)

Opacity 값을 100% 이하로 낮추었을 때 마치 모래알을 뿌려놓은 것과 같이 표현됩니다.

Dissolve, Opacity 50%

❷ **Multiply(멀티플라이)**

효과를 준 레이어의 이미지와 아래 레이어 이미지를 곱한 듯한 느낌을 가집니다. 이때 효과가 들어간 레이어의 흰색 이미지는 영향을 받지 않지만, 그 외의 컬러는 겹쳐진 컬러가 나타나기 때문에 진하게 나타납니다.

Multiply, Opacity 50%

❸ **Color Burn(컬러 번)**

가장 밝은 컬러와 가장 어두운 컬러를 제외한 모든 부분의 채도를 높이고, 명도를 낮게 하여 마치 빛을 태운 듯한 느낌이 들도록 해 줍니다.

Color Burn, Opacity 70%

❹ **Linear Burn(선형 번)**

화이트 컬러를 제외한 모든 색상의 명도가 낮아집니다. Color Burn과 비슷한 효과를 주지만 Contrast의 변화가 없는 것이 특징입니다.

Linear Brun, Opacity 70%

❺ **Darker color(어두운 컬러)**

모든 채널 값에서 더 낮은 값의 색상을 표현합니다. 전체적으로 어두운 컬러로 바뀝니다.

Darker color, Opacity 70%

❻ **Lighten(라이튼)**

가장 밝은 컬러 값을 강조하고, 어두운 컬러는 흡수시킵니다. 전체적으로 밝은 컬러로 바뀝니다.

Lighten, Opacity 70%

❼ Screen(스크린)

아래 레이어의 명도 반대 컬러를 곱하여 주는 효과로 Lighten 효과보다 더 밝은 효과가 나타납니다.

Screen, Opacity 70%

❽ Color Dodge(컬러 닷지)

작업 레이어를 밝게 한 후 아래 레이어와 합성하여 Dodge(닷지) 효과와 같은 느낌을 줍니다.

Color Dodge, Opacity 70%

❾ Linear Dodge Add(선형 닷지 추가)

블랙 컬러를 제외한 모든 컬러의 명도가 증가합니다. 가장 밝은 컬러를 표현합니다.

Linear Dodge Add, Opacity 70%

❿ Overlay(오버레이)

가장 밝은 컬러와 가장 어두운 컬러를 제외한 컬러 값에 Multiply 효과와 Screen 효과를 함께 줍니다. 즉, 밝은 컬러는 더욱 밝아지고, 어두운 컬러는 더욱 어두워집니다.

Overlay, Opacity 100%

⓫ Soft Light(소프트라이트)

마치 이미지를 중심으로 빛이 확산되는 듯한 느낌을 줍니다. 이때 회색 컬러를 기준으로 회색보다 밝으면 더 밝게, 어두우면 더 어둡게 해줍니다. 즉, Dodge 효과와 Burn 효과를 동시에 준다고 생각하면 됩니다.

Soft Light, Opacity 100%

⓬ **Hard Light**(하드 라이트)

Soft Light와 비슷한 효과이지만 작업 이미지의 어두운 컬러는 그대로 보존됩니다.

Hard Light, Opacity 100%

⓭ **Vivid Light**(선명한 라이트)

합성된 컬러의 밝은 부분은 Color Dodge 느낌을 주고, 어두운 부분은 Color Burn 느낌을 주어 원색들이 매우 잘 보이는 컬러로 변하게 합니다.

Vivid Light, Opacity 100%

⓮ **Linear Light**(선형 라이트)

Vivid Light가 대비를 감소하거나 증가시켜 빛을 준 효과라면 Linear Light는 명도를 감소하거나 증가시켜 빛을 준 효과입니다.

Liner Light, Opacity 100%

⓯ **Pin Light**(핀 라이트)

마치 이미지에 특수 효과를 준 듯한 느낌을 주는 효과로서 중간쯤 컬러를 반전시킵니다.

Pin Light, Opacity 50%

⓰ **Hard Mix**(하드 혼합)

굉장히 강렬한 컬러로 대비되는 효과로서 만화적 이미지나 재미있는 효과를 줄 때 유용합니다.

Hard Mix, Opacity 100%

⓱ Difference(차이)

블랙 컬러를 제외하고, 작업 레이어의 컬러가 아래 레이어보다 밝다면 이를 반전시킵니다.

Difference Opacity 50%

⓲ Exclusion(제외)

Difference 효과와 같지만, 조금 더 밝고 탁하게 만들어 줍니다.

Exclusion, Opacity 50%

⓳ Subtract(빼기)

기본 색상에서 중복된 컬러를 빼고 표현합니다.

Subtract, Opacity 50%

⓴ Divide(나누기)

작업 레이어에서 화이트 컬러에 가까울수록 아래 레이어의 컬러가 드러나 보이게 합니다.

Divide, Opacity 100%

㉑ Hue(색조)

아래 레이어의 컬러를 작업 레이어의 컬러로 바꿉니다.

Hue, Opacity 100%

㉒ Saturation(채도)

작업 레이어의 채도에 따라 아래 레이어의 채도를 변경합니다.

Saturation, Opacity 100%

㉓ Color(색상)

Hue 효과와 Saturation 효과를 동시에 준 것과 같은 효과를 냅니다.

㉔ Luminosity(광도)

작업 레이어의 밝기에 따라 아래 레이어의 밝기를 변경합니다.

Color, Opacity 100%

Luminosity, Opacity 70%

I Love you

우리는 마치 플라타너스 나무처럼
그 간격을 가지고 사랑하는 이처럼
당신은 내게..나는 당신에게
그러한 존재가 되어

Section
05 클립아트를 활용한 배경 만들기

 포토샵은 아주 많은 클립아트를 제공하고 있습니다. 그라데이션 배경에 클립아트의 각도와 Opacity 값을 조절해서 여러 개를 함께 적절하게 배치하면 몽환적 분위기의 배경을 만들 수 있습니다.

● 완성파일　part 01〉chapter 01〉p1c1005_완성.jpg

01 [New] 대화상자에서 [Preset]은 'International Paper'(국제용지), [Size]는 'A4', [Resolution]은 '300', [Color Mode]는 'CMYK Color'로 설정한 후 [OK] 버튼을 클릭합니다. ■(그레이디언트 툴)을 클릭한 후 옵션 바의 ■(그라데이션 선택)을 클릭합니다.

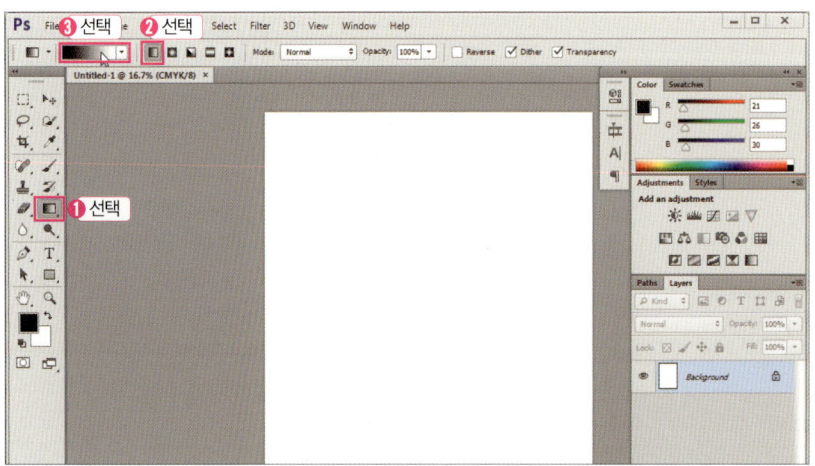

02 [Gradient Editor] 대화상자가 표시되면 그라데이션의 컬러를 선택합니다. 첫 번째 ■(Color Stop)을 더블 클릭합니다.

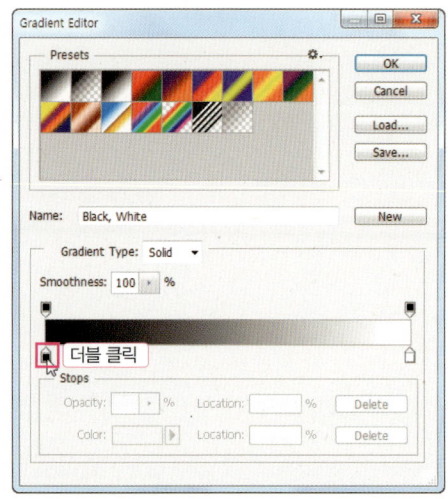

03 [Color Picker] 대화상자에서 첫 번째 컬러로 'C : 2, M : 0, Y : 29, K : 0'으로 설정한 후 [OK] 버튼을 클릭합니다. 컬러는 자유롭게 선택합니다.

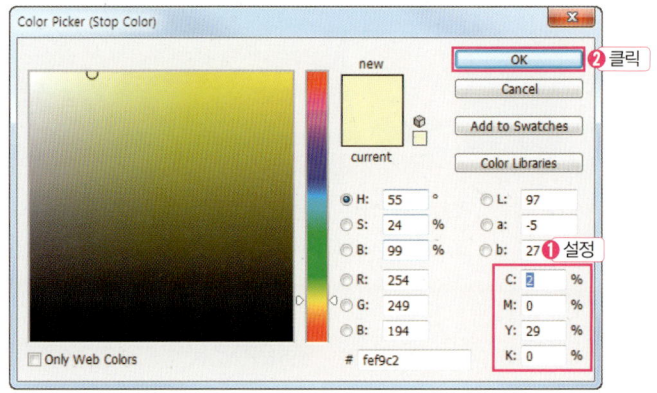

04 두 번째 (Color Stop)을 더블 클릭합니다. 두 번째 컬러는 'C : 33, M : 0, Y : 20, K : 0'으로 설정한 후 [OK] 버튼을 클릭합니다. [Gradient Editor] 대화상자도 [OK] 버튼을 클릭하여 색상 선택을 마무리합니다.

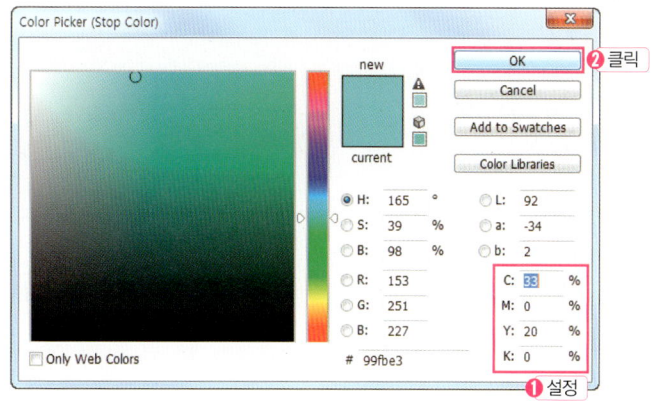

05 레이어 하단의 (Create a new layer)를 클릭하여 새 레이어를 만듭니다. 커서가 + 모양으로 바뀐 상태에서 새 레이어에 수직으로 드래그하여 그라데이션을 적용합니다.

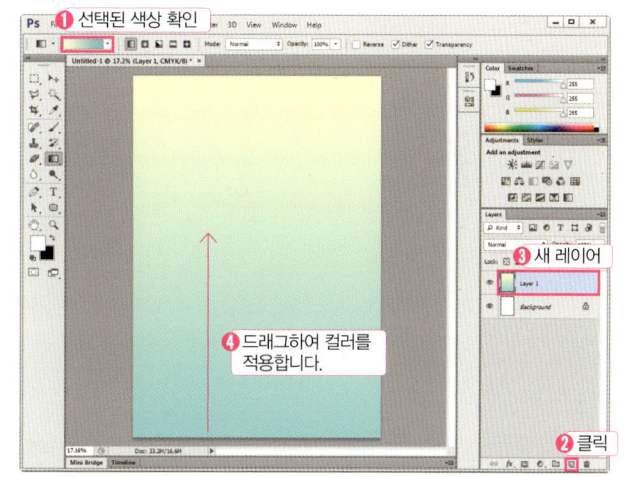

06 새롭게 레이어를 추가한 후 클립아트를 사용해 보겠습니다. (Create a new layer)를 클릭하여 새 레이어를 만듭니다. 포토샵의 클립아트를 꺼내기 위해 툴 바에서 (사용자 모양 툴)을 선택합니다.

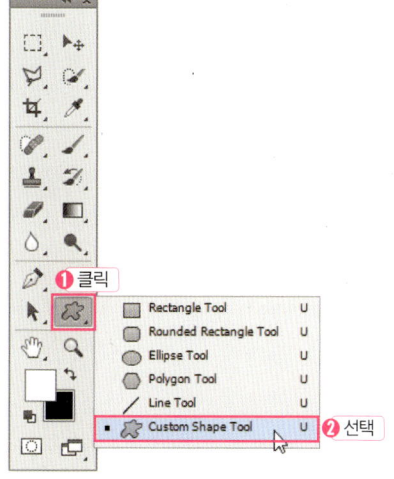

07 옵션 바에서 [Shape]의 목록 버튼을 클릭합니다. 클립아트가 적게 보이는 경우는 ✿.를 클릭한 후 [All] 메뉴를 클릭합니다.

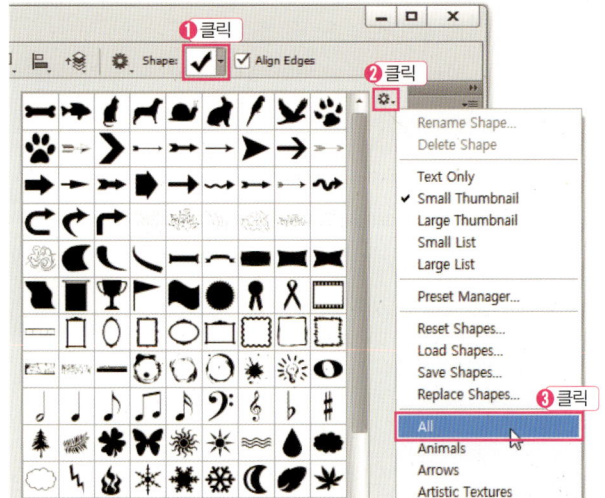

08 클립아트 중에서 원하는 도형을 선택한 후 드래그하여 클립아트를 그립니다.

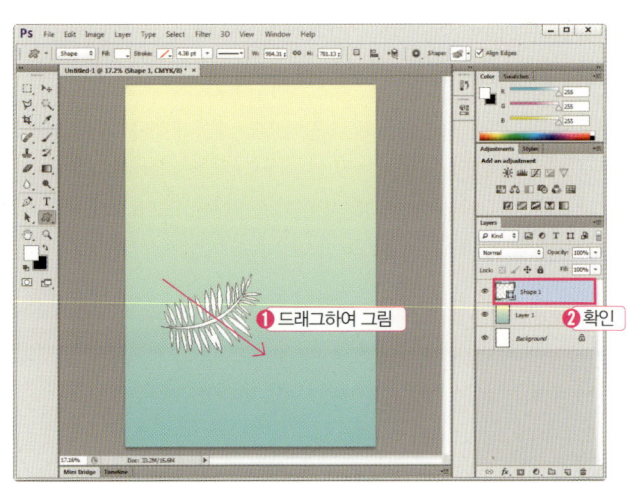

09 그려준 레이어를 선택한 후 마우스 오른쪽 버튼을 클릭해 [Rasterize Layer] 메뉴를 선택합니다.

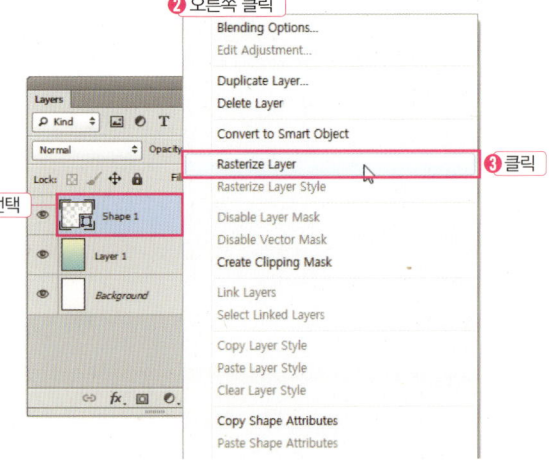

10 클립아트의 위치와 크기를 변경하겠습니다. Ctrl + T를 눌러 오른쪽 상단 모서리 끝을 움직여 크기나 각도를 바꿔줍니다. 회전할 때는 클립아트의 모서리에서 좀 더 마우스를 떼야지만 회전 핸들이 표시됩니다. Enter를 눌러 적용합니다.

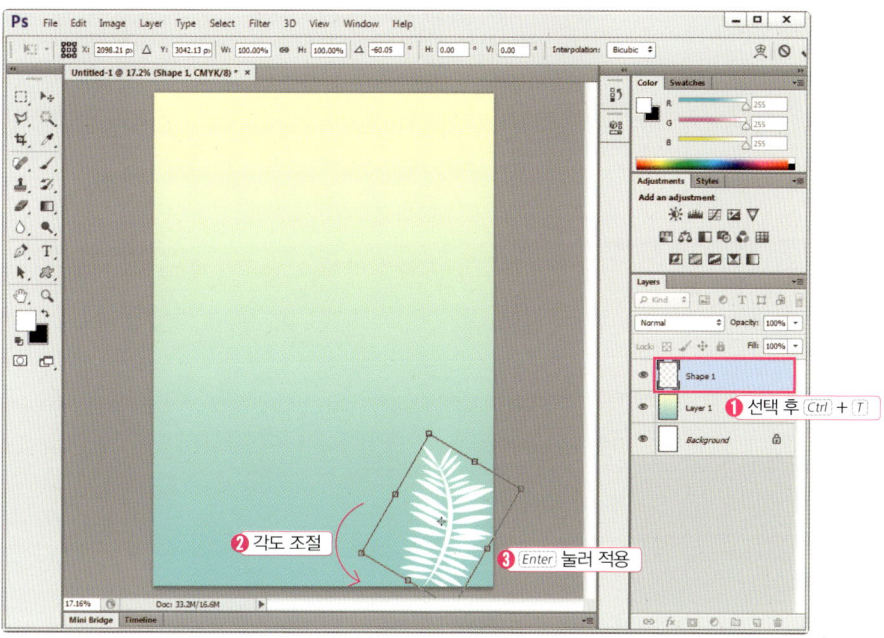

11 툴 바에서 (이동 툴)을 클릭합니다. Alt를 누른 상태에서 클립아트를 마우스로 드래그하여 복사합니다. 레이어 우측 상단의 [Opacity] 값을 '50%'로 설정합니다. Opacity 값은 원하는 투명도로 조절해도 됩니다.

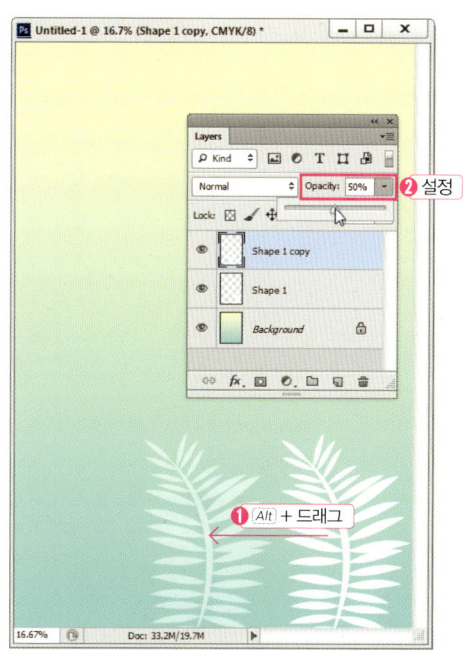

Chapter 01 배경 화면의 선택　53

12 Alt를 누른 상태에서 클립아트를 마우스로 드래그하여 복사합니다. Ctrl + T를 누른 후 크기를 적절히 확대한 후 Enter를 눌러 적용합니다.

13 이번에는 반대로 다른 나뭇잎을 축소해 보겠습니다. Ctrl + T를 누른 후 크기를 적절히 줄이고 Enter를 눌러 적용합니다.

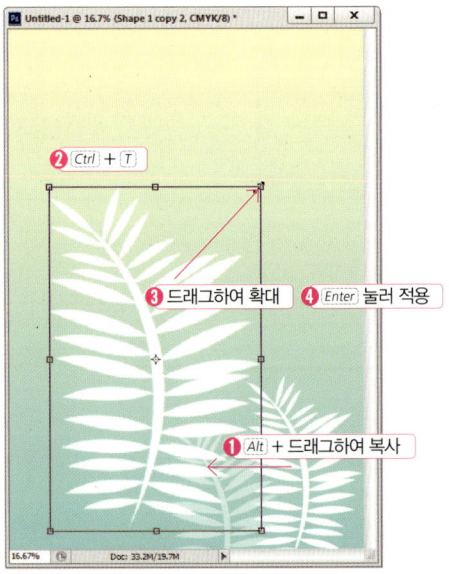

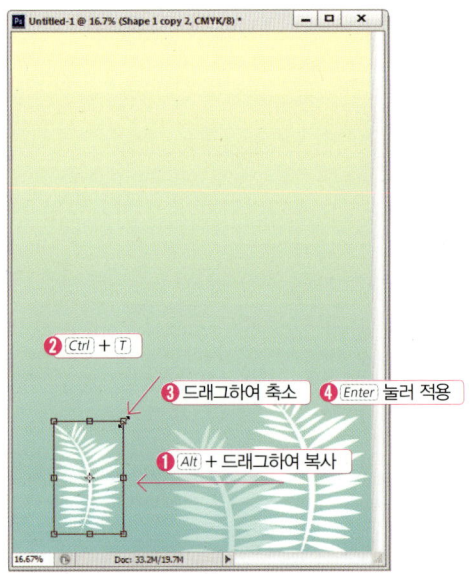

14 Ctrl + T를 눌러 오른쪽 상단 모서리 끝을 움직여 크기나 각도를 바꿔줍니다. 회전할 때는 클립아트의 모서리에서 좀 더 마우스를 떼야지만 회전 핸들이 표시됩니다. 원하는 만큼 회전하고 Enter를 눌러 적용합니다.

15 Ctrl + T를 눌러 왼쪽이나 오른쪽 중앙으로 움직여 좌우로 반전해 봅니다. Enter를 눌러 적용합니다.

> 참고

❶ 좌우 반전시키는 방법

[Edit]-[Transform]-[Flip Horizontal] 메뉴를 선택합니다.

좌우 반전 적용 전

좌우 반전 적용 후

❷ 상하 반전시키는 방법

[Edit]-[Transform]-[Flip Vertical] 메뉴를 선택합니다.

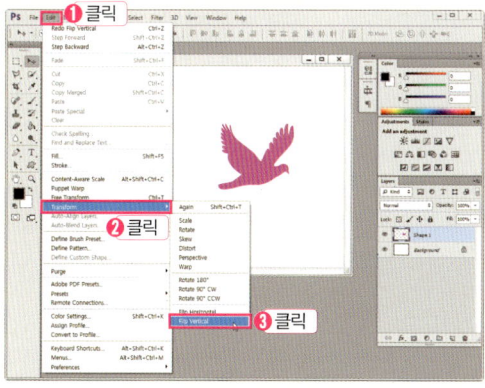
상하 반전 적용 전

상하 반전 적용 후

❸ Ctrl + T 를 이용하여 간단하게 반전시키는 방법

a 좌우 반전

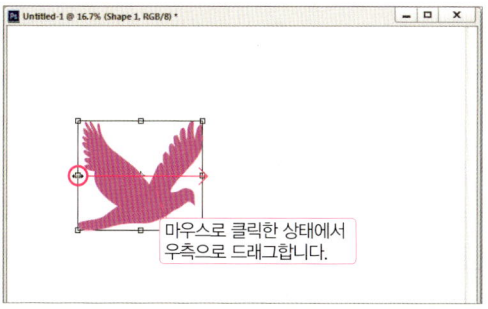

Chapter 01 배경 화면의 선택 55

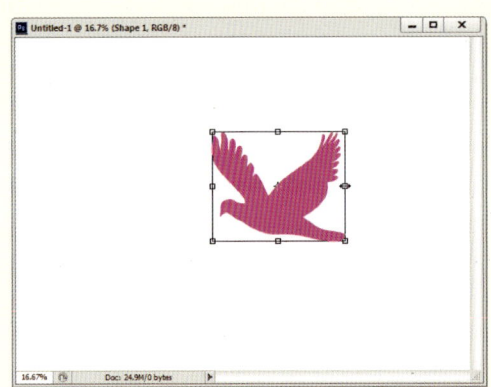

좌우 반전이 완료되었습니다. $Enter$ 를 눌러 적용합니다.

b. 상하 반전

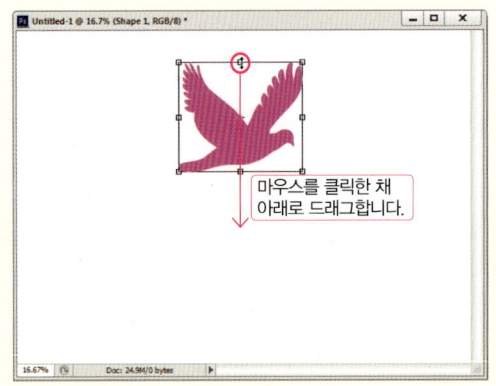
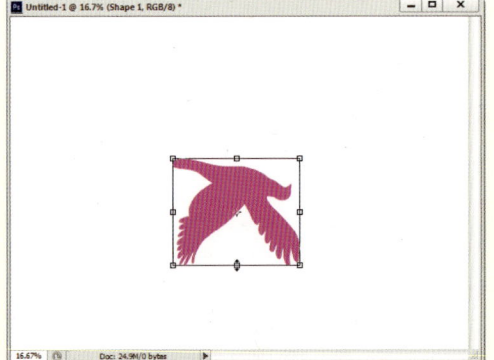

상하 반전이 완료되었습니다. $Enter$ 를 눌러 적용합니다. 단, $Ctrl$ + T 를 이용한 반전은 정확한 비례로 반전되지 않을 수 있습니다. 하지만 쉽고 간편하기 때문에 반전할 경우 이 방법이 주로 사용되고 있습니다.

16 지금까지의 방법으로 여러 개의 나뭇잎을 만듭니다. 나뭇잎을 복사한 후 크기나 방향 등을 조절하고 좌우 반전하면 다른 느낌을 만들 수 있습니다.

▲ 여러 개를 복사한 경우

17 연속하여 복사한 클립아트를 Shift 를 누른 상태에서 모두 선택합니다. 하나의 레이어로 합치기 위해 여러 개의 레이어를 선택한 후 마우스 오른쪽 버튼을 클릭해 [Merge Layers] 메뉴를 클릭합니다.

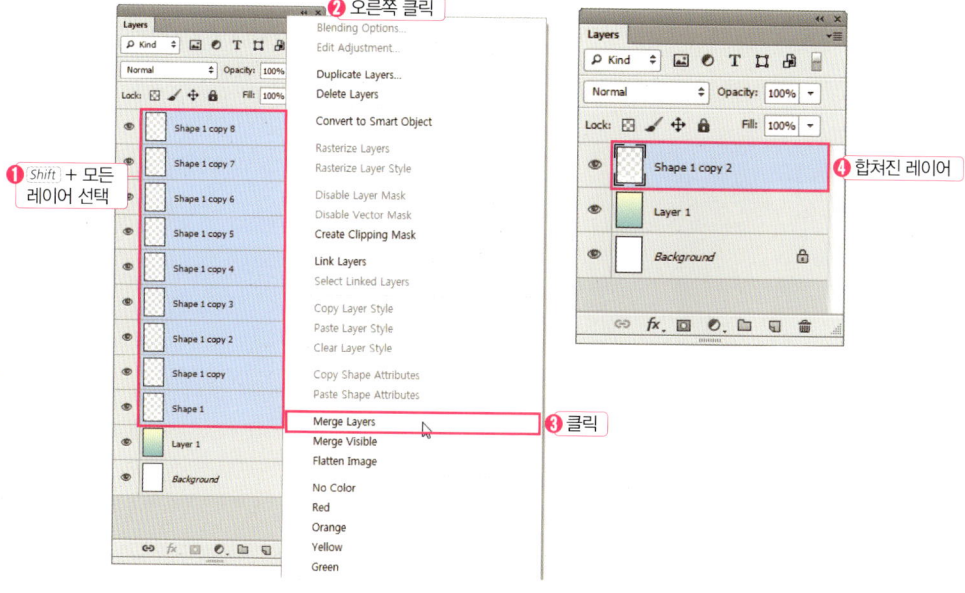

18 로모 효과를 주어 완성하겠습니다. ▣(Create a new layer)를 클릭하여 새로운 레이어를 만들고 전경색을 검정으로 변경합니다. ▣(그레이디언트 툴)을 선택한 후 옵션 바에서 ▣(Foreground to Transparent)를 선택합니다.

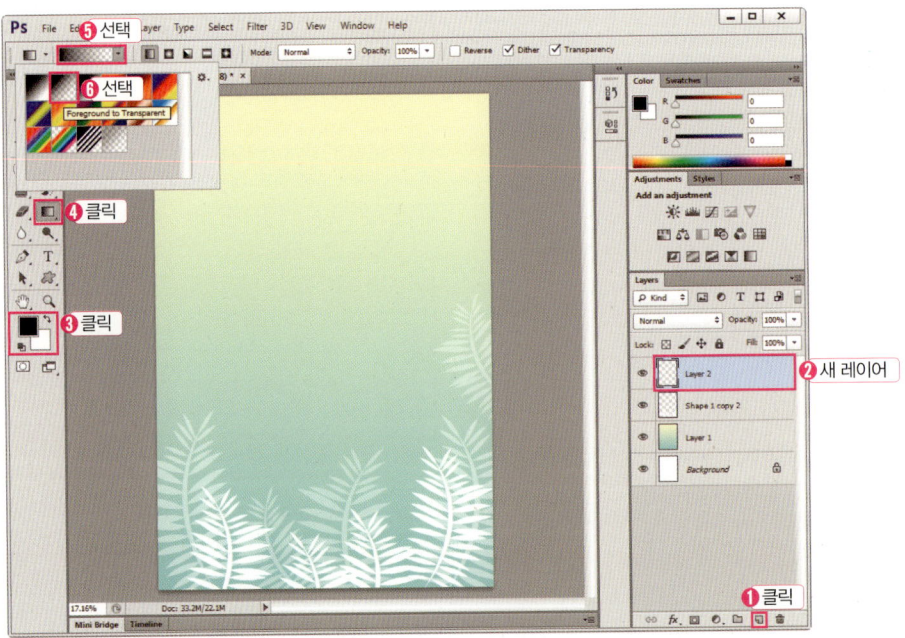

19 네 면과 네 꼭짓점에서 마우스를 안쪽으로 드래그하여 그라데이션을 넣어줍니다.

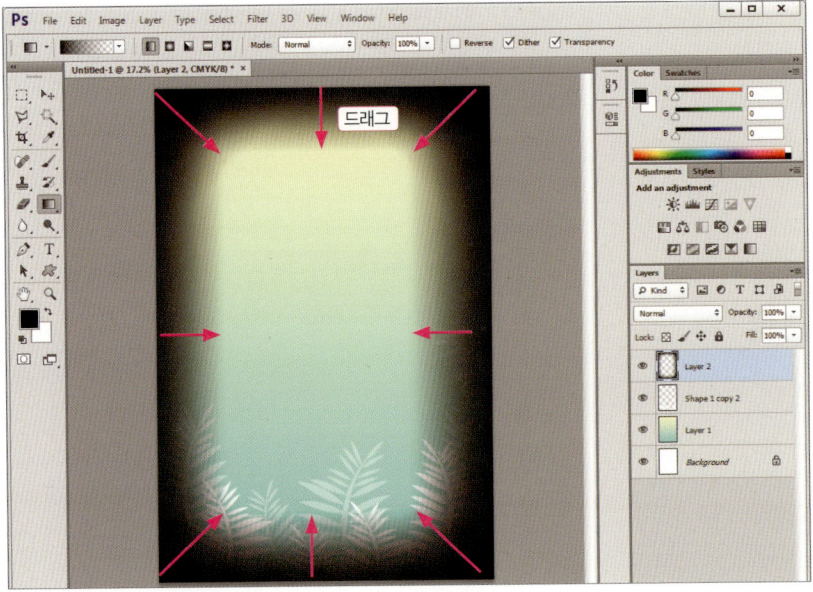

20 레이어 창에서 [Mode]를 'Overlay'로 설정합니다. 로모 효과가 적용되어 나타납니다. Ctrl + J 를 눌러 로모 효과 레이어를 여러 개 복사하면 더 좋은 효과를 줄 수 있습니다.

레이어를 2개 복사한 경우 레이어를 3개 복사한 경우

21 텍스트를 넣어 완성시키면 다음과 같은 느낌을 만들 수 있습니다. 굳이 비싼 클립아트를 사용하지 않더라도 포토샵의 기본 클립아트로 적절하게 변환하여 사용할 수 있습니다.

I Love you : 산돌명조네오 Extra Bold, 65pt

우리는 마치 플라타너스 나무처럼 그 간격을 가지고 사랑하는 이처럼 당신은 내게.

나는 당신에게 그러한 존재가 되어 : 산돌명조네오 Regular, 23pt

tip 배경 만들기는 어렵지 않습니다.

이 책에 나온 5가지의 방법을 다양하게 함께 사용하다 보면 어느새 배경 만들기의 달인이 되어 있을 것입니다. 디자인을 시작할 때 배경 만들기가 완성되면 작업의 50%는 거의 완성된 것이나 마찬가지라고 생각합니다. 배경을 만들 때는 색감이 매우 중요합니다. 배경의 색감은 디자인 전체의 느낌을 좌우하기 때문입니다. 색감에 대한 학습 방법은 다양하지만 혼자 하기에 쉽지는 않습니다. 가장 좋은 방법은 다양한 홈페이지들을 돌아보면서 사용된 색들을 캡처하여 저장해 놓고 공부하는 것입니다. 필자도 색감 공부를 할 때 많이 사용한 방법입니다. 홈페이지나 여러 사이트 등은 그 업체 및 기업의 아이덴티티를 만들어 내기 위해 고심 끝에 나온 컬러이므로 서로의 조합도 매우 잘 맞고 잘 어울리는 컬러입니다. 그러므로 이 컬러들을 눈에 새겨 놓으면 또 다른 색감 공부의 효과를 누릴 수 있을 것입니다.

★ 포토샵+일러스트레이터 작업의 기술 ★

타이틀에서 50%! 디자인 승부는 끝난다!

배경 디자인이 마무리되면 그 다음으로 하게 되는 것이 타이틀 작업입니다. 타이틀은 디자인 작업물의 주제이므로 한눈에 들어와야 합니다. 즉 가독성이 매우 중요합니다. 또한 타이틀의 위치나 모양에 따라 나머지 텍스트의 배치도 달라지므로 이 타이틀을 어떻게 디자인하느냐가 디자인의 50%를 차지한다고 해도 과언이 아닙니다.

Section 01 짧은 타이틀 -배치의 묘미

▲ 배치를 다르게 함으로써 튀게 하기

Section 02 짧은 타이틀 -브러시로 꾸미기

▲ 브러시를 이용해 타이틀 꾸미기

Section 03 긴 타이틀 -배치의 묘미

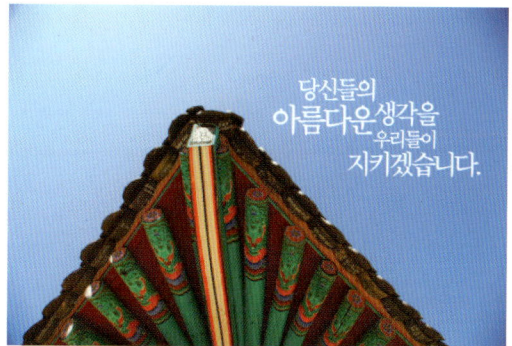
▲ 새로운 레이아웃으로 배열하기

Section 04 긴 타이틀 -바둑판 배열

▲ 규칙적인 바둑판 배열도 효과적인 레이아웃

Section 05 폰트의 재발견

▲ 익숙한 폰트도 포인트에 따라 달라진다

Section 06 내 맘대로 폰트 편집

▲ 서체의 모습 자유자재로 바꾸기

Section 01 짧은 타이틀-배치의 묘미

1~2글자에서 끝나는 매우 짧은 타이틀이 있습니다. 가운데 정렬하자니 너무 휑하고 왼쪽 및 오른쪽 정렬하자니 너무 짧아 매우 어중간한 배치를 하게 됩니다. 이때 효과적으로 디자인할 수 있는 다른 방법을 알아보겠습니다.

- 시작파일 part 01〉chapter 02〉p1c2001.jpg
- 완성파일 part 01〉chapter 02〉p1c2001_완성.jpg

01 'p1c2001.jpg' 파일을 불러옵니다. 툴 바에서 T.(문자 툴)을 클릭하고 메뉴 바에서 원하는 폰트를 선택한 후 □(텍스트 컬러 변경 메뉴)를 클릭해 화이트로 지정합니다. 작업창에 마우스를 클릭하여 '노을'을 입력합니다.

노을 : 산돌공병각 필 Bold, 72pt

02 텍스트 편집을 위하여 (이동 툴)을 클릭한 후 `Ctrl` + `T`를 눌러 크기를 변경합니다. 모서리 끝 쪽에 마우스를 가져다 대면 크기를 변경할 수 있습니다. 변경한 후에는 `Enter`를 눌러 적용합니다. 크기는 이미지에 맞게 적절하게 늘립니다.

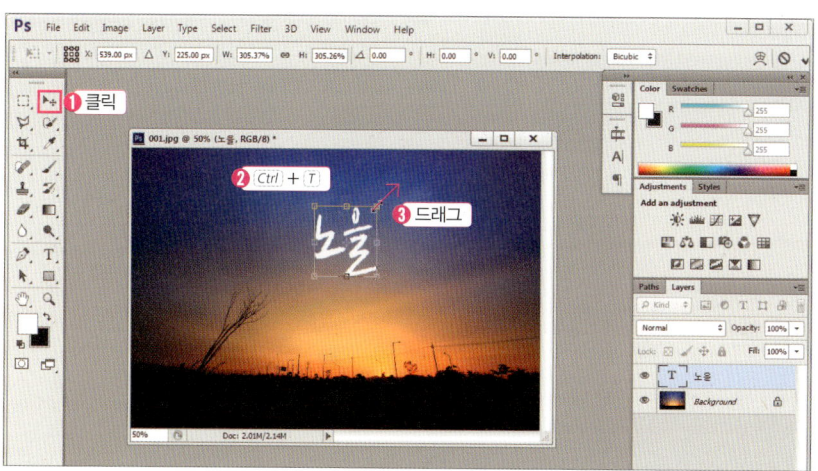

03 타이틀의 컬러를 바꾸기 위하여 (문자 툴)을 클릭한 후 드래그할 텍스트 앞부분에 가져다 놓습니다. 커서가 점선으로 이루어진 사각형 모양이 사라졌을 때 입력한 텍스트를 전체를 드래그합니다.

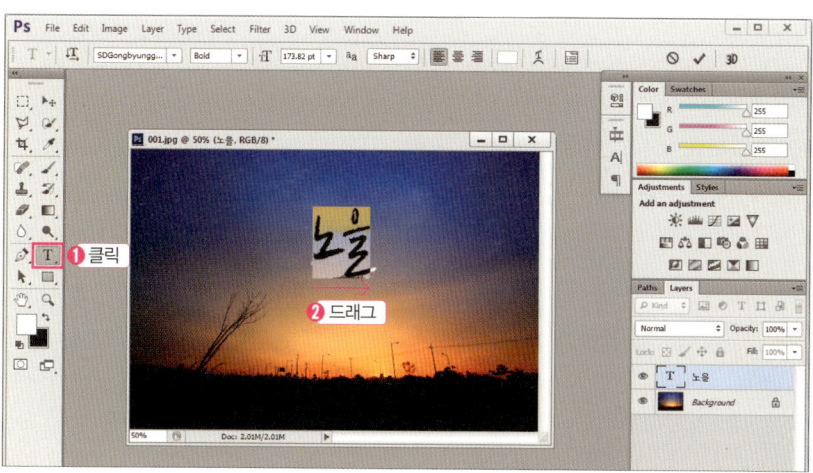

> **tip** 텍스트를 드래그할 때의 주의점
>
> (문자 툴)을 사용하여 드래그할 때에는 마우스 커서 모양이 점선으로 이루어진 사각형 모양이 사라졌을 때 드래그해야 합니다. 텍스트 가까이 가져다 대면 점선으로 이루어진 사각형 모양이 사라집니다. 이때 텍스트를 드래그하여 영역을 설정할 수 있습니다.

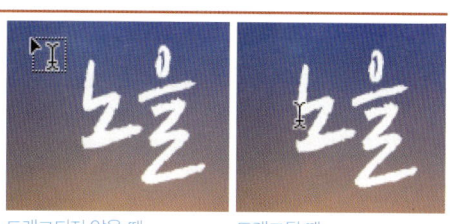

드래그되지 않을 때   드래그될 때

Chapter 02 타이틀에서 50%! 디자인 승부는 끝난다!   **63**

04 [Color Picker] 대화상자가 표시되도록 옵션 바에서 ▭(Set the text color)를 클릭합니다.

05 [Color Picker] 대화상자에서 마우스 커서를 이미지 안쪽으로 이동합니다. 이때 마우스 모양은 스포이드 모양으로 바뀝니다. 원하는 컬러가 있는 곳을 클릭하면 컬러가 자동으로 추출되어 텍스트에 적용됩니다. 이 예제에서는 노을빛이 있는 노란색 부분을 선택하고 [OK] 버튼을 클릭합니다.

참고 타이틀의 컬러를 효과적으로 선택하는 방법

타이틀의 컬러를 선택하는 효과적인 방법은 이미지 내에서 컬러를 추출해 내어 적용하는 것입니다. 이렇게 하면 통일감 있는 컬러를 선택할 수 있으며 컬러를 찾는 수고를 덜어줄 수 있습니다. 순서는 다음과 같습니다.

01 T.(문자 툴)을 사용하여 컬러 변경을 원하는 텍스트를 드래그합니다.

02 메뉴 바의 ☐(Set the text color)를 클릭합니다.

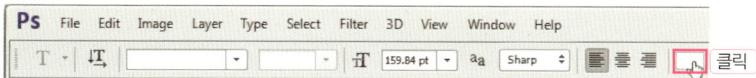

03 [Color Picker] 대화상자에서 마우스 커서를 이미지 내로 이동시킵니다. 스포이드 모양이 자동으로 나타나며 선택하는 곳의 컬러를 추출한 후 [OK] 버튼을 클릭해 적용합니다.

06 (이동 툴)을 선택한 후 입력한 '노을' 텍스트를 오른쪽으로 드래그하여 이동합니다.

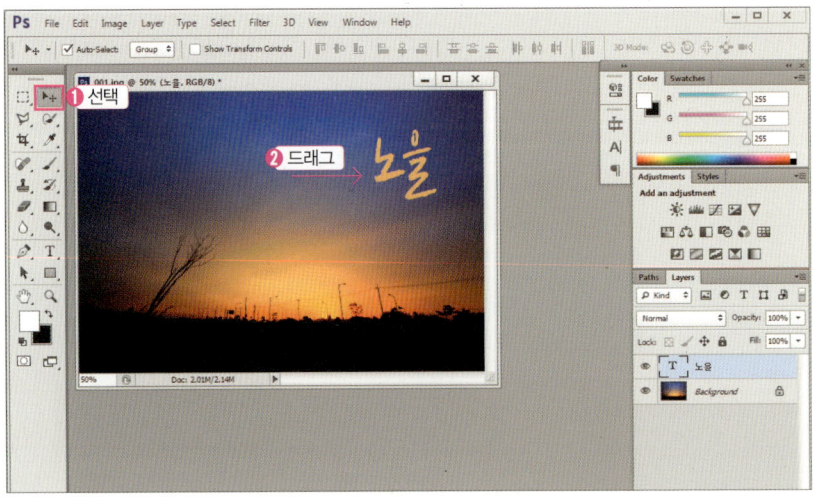

07 나머지 글자를 입력하기 위해 T. (문자 툴)을 클릭하여 다음과 같이 텍스트를 입력합니다. 이때 '0730sat pm5:00' 부분과 '반짝이는~' 부분은 Enter 를 눌러 내려쓰기 하는 것이 아니라 레이어를 따로 만들어 사용하는 것이 좋습니다. 그래야 배치 및 편집이 좀 더 자유롭습니다.

0730sat : 나눔바른고딕, 55pt

pm5:00 : 나눔바른고딕, 55pt

반짝이는 하늘 안쪽으로 하늘이 짙은 눈물을 흘린다. 가는 길이 못내 서운하여 그 추억을 흘리는지 따라가는 하늘도 덩달아 물든다. : 나눔바른고딕, 25pt

Note_ 텍스트의 크기를 정할 때는 크기의 값인 pt에 치중하지 말고, 텍스트를 초기 작성한 후 Ctrl + T 를 눌러 Shift 를 누른 상태에서 원하는 크기로 확대 및 축소하는 것이 더 편리합니다.

---

tip 타이틀의 배치

짧은 타이틀을 돋보이게 하기 위해서는 짧은 타이틀이 중심축이 되도록 나머지 텍스트들을 배치하는 것이 좋습니다. 그렇게 되면 타이틀의 가독성도 높아지고 짧다는 단점을 보완할 수 있습니다.

08 타이틀을 중심으로 가운데 정렬해 보겠습니다. 이미지 중앙 부분의 컬러와 '반짝이는~' 텍스트의 컬러가 겹치므로 '반짝이는~' 텍스트의 컬러를 블랙으로 설정한 후 Shift 를 눌러 텍스트 레이어를 모두 선택합니다.

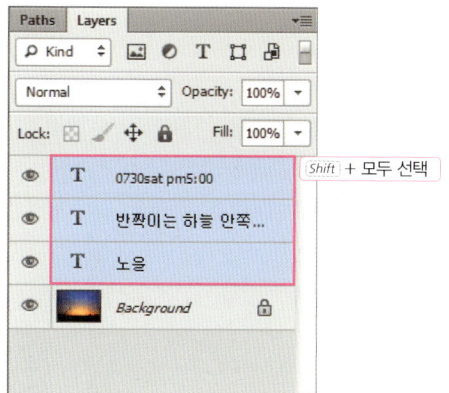

09 가운데 정렬을 위해 옵션 바에서 ⬚ (Align horizontal centers)를 클릭합니다.

10 타이틀을 중심으로 가운데로 정렬된 모습입니다.

11 그 외의 정렬 모습을 살펴보겠습니다. 타이틀의 우측으로 나머지 텍스트들을 배치하거나 타이틀 하단에 세로로 텍스트를 배치할 수도 있습니다. (`Ctrl` + `T`를 눌러 텍스트를 회전합니다.) 타이틀과 텍스트의 배열에 있어서 다양한 변화를 시도해 보면 더 효과적인 배치를 할 수 있습니다.

> **tip 짧은 타이틀일 경우의 폰트 추천**
>
> 짧은 타이틀일 경우에는 고딕이나 명조 계열보다는 손글씨 타입의 폰트를 권장합니다. 나눔손글씨체는 무료로 다운받아 사용할 수 있는 대표적인 손글씨 타입의 폰트입니다. 손글씨 타입의 짧은 타이틀을 썼을 경우에 나머지 텍스트는 반대로 고딕 계열이나 명조로 해주는 것이 타이틀을 돋보이게 해주며 디자인의 완성도를 높여줍니다.

Application 응용하기

Chapter 02 타이틀에서 50%! 디자인 승부는 끝난다!

Section 02 짧은 타이틀-브러시로 꾸미기

짧은 타이틀은 가독성이 매우 중요합니다. 이런 경우 타이틀이 폰트가 아닌 그림처럼 보인다면 어떨까요? 간단하게 브러시로 타이틀을 만들어 단순히 텍스트만 얹은 형태를 이미지처럼 보이게 하는 방식에 대해 알아보겠습니다.

- 시작파일 part 01〉chapter 02〉p1c2005.jpg
- 완성파일 part 01〉chapter 02〉p1c2005_완성.jpg

01 'p1c2005.jpg' 파일을 불러옵니다. 새 레이어를 만들기 위하여 ▢(Create a new layer)를 클릭합니다. 그리고 전경색을 화이트로 설정합니다.

02 ▢(브러시 툴)을 선택한 후 메뉴 바에서 브러시 모양을 변경하기 위해 ▢(브러시 리스트)를 클릭하고 가장 하단의 ▢(털라운드) 툴을 선택합니다.

전경색을 화이트와 블랙으로 바꾸는 방법

툴 바 하단의 컬러 부분의 ❶과 ❷를 번갈아 클릭하면 화이트와 블랙으로 쉽게 변경할 수 있습니다.

 털라운드 툴이 보이지 않는 경우

(털라운드) 툴이 보이지 않는 것은 브러시의 모양 설정이 Reset되어 있지 않기 때문입니다. 설정 아이콘을 클릭한 후 'Reset Brushes'를 클릭합니다.

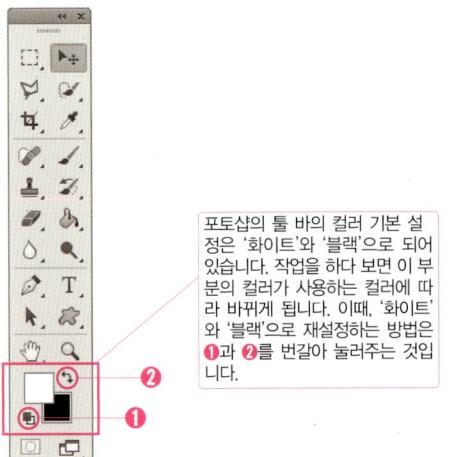

포토샵의 툴 바의 컬러 기본 설정은 '화이트'와 '블랙'으로 되어있습니다. 작업을 하다 보면 이 부분의 컬러가 사용하는 컬러에 따라 바뀌게 됩니다. 이때, '화이트'와 '블랙'으로 재설정하는 방법은 ❶과 ❷를 번갈아 눌러주는 것입니다.

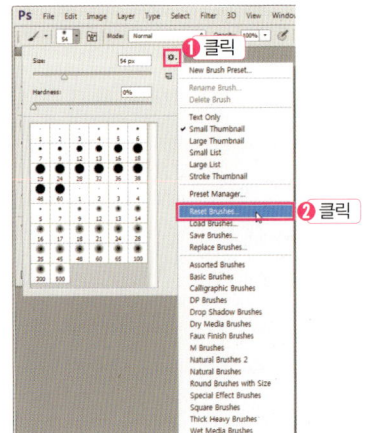

03 [Size]는 '180px'으로 설정합니다. 메뉴 바에서 [Opacity] 값을 '50%'으로 설정합니다.

04 이미지 위에 마우스를 올리면 다음과 같이 선택한 브러시의 모양이 나타납니다. 동그랗게 원을 그리듯이 마우스를 한 바퀴 움직여 브러시를 그립니다.

05 마우스를 떼었다가 다시 한 번 한 바퀴를 그립니다. 다시 마우스를 떼었다가 다시 한 번 한 바퀴를 그립니다. 이렇게 마우스를 떼었다가 덧칠하는 식으로 해야 덧칠하는 느낌으로 만들 수 있습니다.

tip 브러시로 타이틀 도형을 만들 때의 주의점

마우스를 동그랗게 움직여 브러시를 그릴 때 같은 모양을 반복하는 것보다 조금 다른 모양으로 그리는 것이 효과적입니다. Opacity 값을 50%로 했기 때문에 투명도가 제각각 나타나는 것이 더 재미있는 타이틀 도형이 만들어지기 때문입니다. 또한 컬러를 블랙으로 해주었을 때는 마치 먹물을 떨어뜨린 듯한 효과도 낼 수 있습니다.

06 전경색을 검정으로 바꾼 후 타이틀을 입력하기 위해 T.(가로 문자 툴)을 클릭합니다. 텍스트를 입력한 후 Ctrl + T 를 이용하여 그려놓은 브러시 중앙에 텍스트가 꽉 차도록 합니다.

그날 : 나눔손글씨 (크기는 조절)

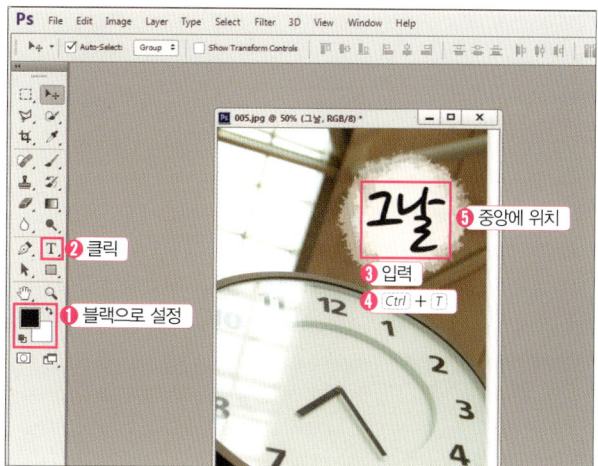

07 텍스트의 편집을 위하여 텍스트 레이어를 선택한 후 마우스 오른쪽 버튼을 클릭해 [Rasterize Type] 메뉴를 선택합니다.

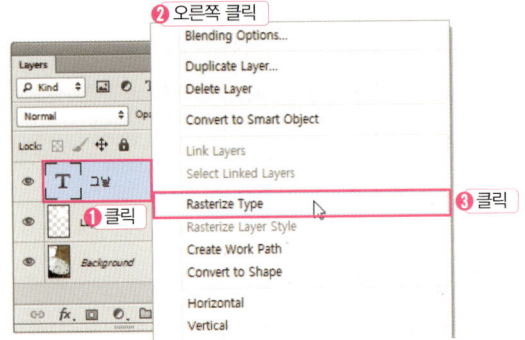

08 래스터화된 레이어의 앞부분(Layer thumbnail)에 글씨 이미지가 나타납니다. 글씨 윤곽선을 선택하기 위해 Ctrl 을 누르고 래스터화된 레이어 앞부분(Layer thumbnail)을 마우스로 클릭합니다. 글씨 이미지가 선택된 것이 점선으로 나타납니다.

09 브러시로 그린 타이틀 도형 레이어(Layer 1)를 선택한 후 Delete 를 누릅니다.

10 '그날'이라고 입력한 텍스트 레이어를 선택하고 점선을 없애기 위해 Ctrl + D 를 누릅니다. Delete 를 눌러 텍스트 레이어를 삭제합니다. 브러시로 그린 도형 안에 타이틀 부분이 지워진 것을 확인할 수 있습니다.

❶ '그날' 레이어 선택 후 Ctrl + D
❷ Delete 하여 레이어 삭제

11 'Layer 1' 이름 부분을 더블 클릭하면 레이어의 이름을 지정할 수가 있습니다. '타이틀'이라고 입력합니다.

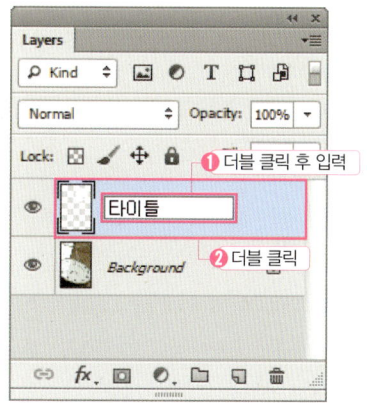

❶ 더블 클릭 후 입력
❷ 더블 클릭

12 타이틀 레이어를 더블 클릭하면 [Layer Style]이 표시됩니다. 컬러를 바꾸기 위하여 [Color Overlay]를 클릭하고 'Set color of Overlay'를 클릭하면 [Color Picker] 대화상자가 나타납니다. 원하는 컬러를 선택한 후 [OK] 버튼을 클릭해 적용합니다.

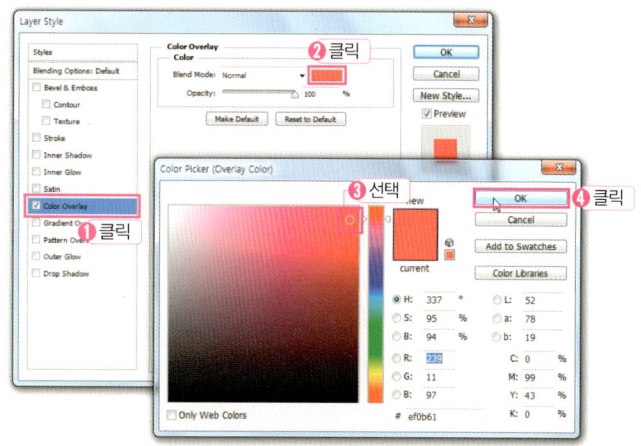

❶ 클릭 ❷ 클릭 ❸ 선택 ❹ 클릭

Chapter 02 타이틀에서 50%! 디자인 승부는 끝난다! **75**

13 [Layer Style] 대화상자에서 [Drop shadow]를 선택한 후 [Blend Mode]는 'Normal', [Opacity]는 '60%', [Size]는 '100px'로 적용하고 [OK] 버튼을 클릭합니다.

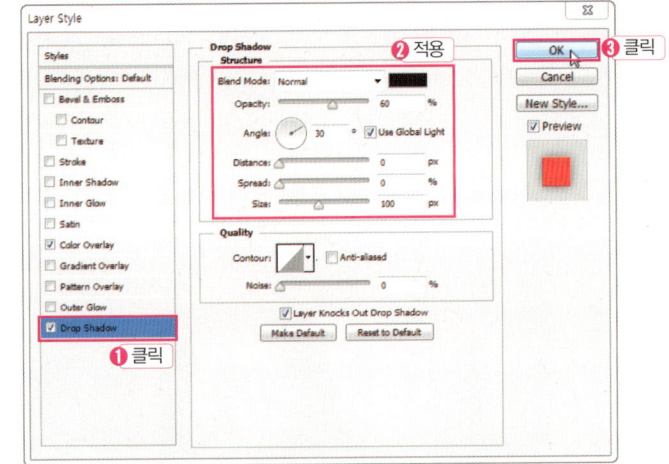

14 완성된 모습입니다. 붓 터치로 다양한 도형과 색을 이용하기 바랍니다.

Application 응용하기

Chapter 02 타이틀에서 50%! 디자인 승부는 끝난다!

Section 03 긴 타이틀-배치의 묘미

타이틀이 문장과 같이 긴 경우가 있습니다. 이때는 일렬로 배열하는 것보다 크기를 달리해서 각각의 레이어에 텍스트를 만든 후 배치를 다시 해주면 느낌 있는 타이틀이 완성됩니다.

- 시작파일   part 01〉chapter 02〉p1c2006.jpg
- 완성파일   part 01〉chapter 02〉p1c2006_완성.jpg

01 'p1c2006.jpg' 파일을 불러옵니다. 전경색을 화이트로 설정한 후 텍스트 입력을 위해 툴 바에서 T.(가로 문자 툴)을 클릭하여 다음과 같이 텍스트를 입력합니다.

당신들의 : 나눔명조 Bold, 60pt

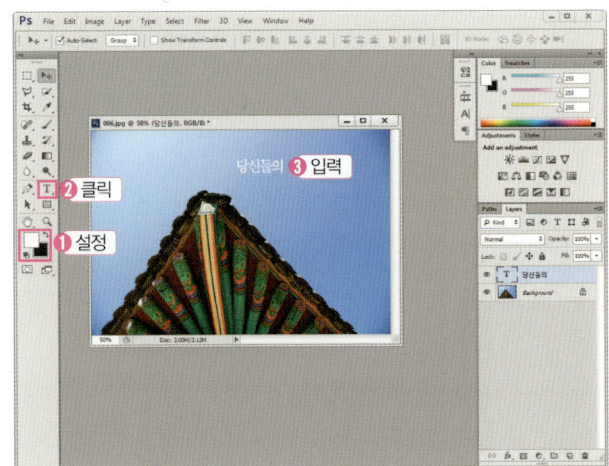

02 (이동 툴)을 선택한 후 Alt 를 누른 상태에서 텍스트를 드래그하여 복사합니다. T.(가로 문자 툴)을 선택한 후 복사한 레이어의 텍스트 내용을 '아름다운'으로 변경합니다.

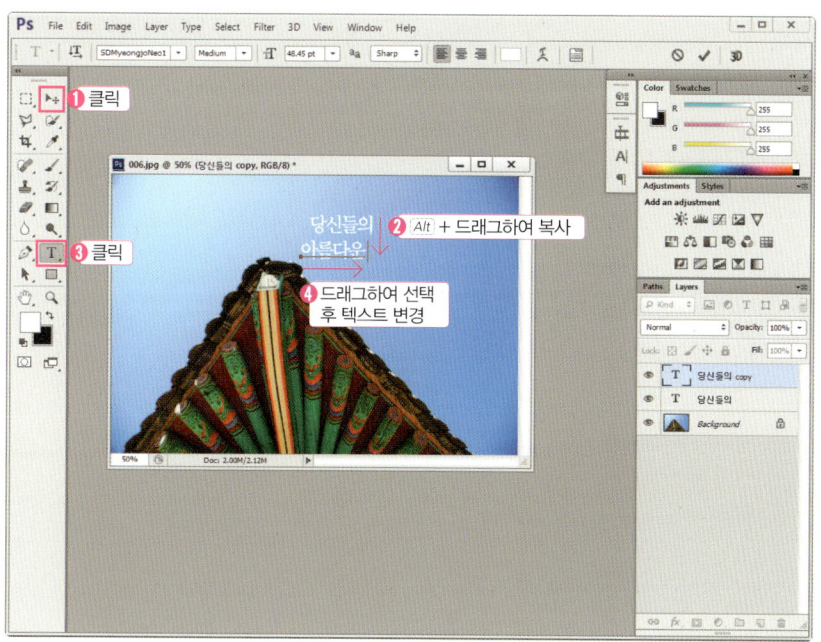

03 텍스트의 크기를 크게 확대하기 위하여 (이동 툴)을 선택한 후 Ctrl + T 를 누릅니다. 오른쪽 모서리 끝을 Shift 를 누른 상태에서 마우스를 드래그하여 확대한 후 Enter 를 눌러 적용합니다.

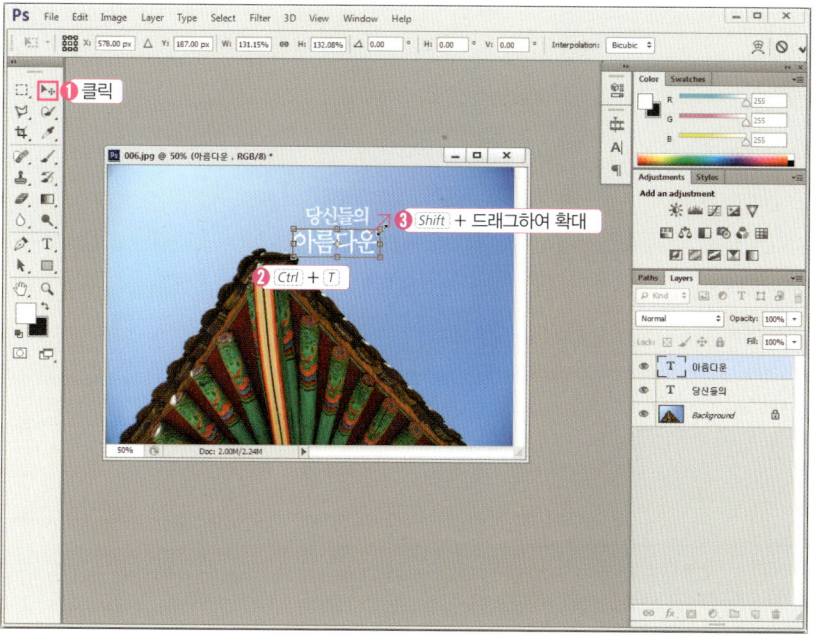

04 같은 방법으로 다음 구절도 입력합니다. 각각 다음과 같이 다른 레이어로 모두 작성합니다. 크기와 위치를 적절히 고민하면서 입력합니다. 텍스트의 문장마다 크기가 다르기 때문에 공간이 발생합니다. 이 공간에 적절히 배치하도록 합니다.

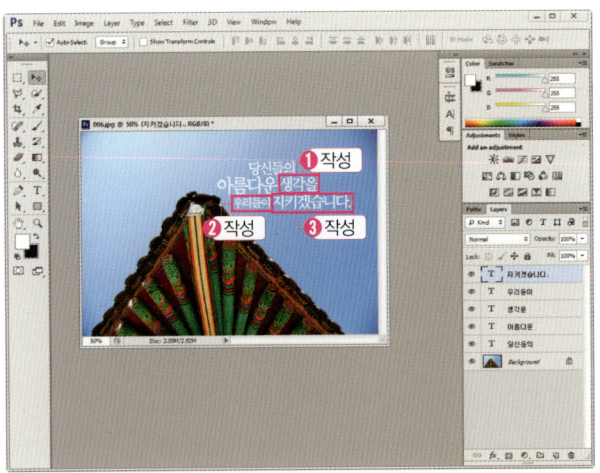 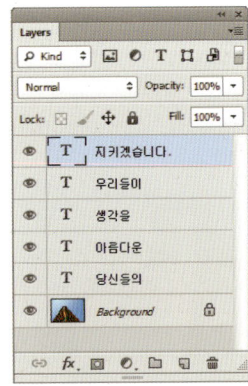

05 다양한 배치로 느낌을 달리 표현할 수 있습니다. 처마의 끝 부분에 맞추거나 처마의 라인에 맞추는 등 상상한 대로 글의 위치를 바꾸어 보세요.

tip 레이어 선택 없이 입력 요소를 이동시키는 [Auto Select(자동 선택)]

이미지나 텍스트 편집을 할 때마다 그 레이어를 선택해서 움직여야 하는 번거로움을 해결해주는 기능입니다. 선택되어 있다면 선택한 이미지나 텍스트를 바로 움직이거나 수정할 수 있습니다. ▶️(이동 툴)을 클릭하면 상단에 [Auto-Select](자동 선택)이 있습니다. 선택해 놓고 작업을 하면 해당 레이어가 선택되지 않은 상태에서도 이동이 가능합니다. 효과적인 작업 환경을 위해 미리 Auto-Select를 선택해 놓고 작업하는 습관을 가지는 것이 좋습니다.

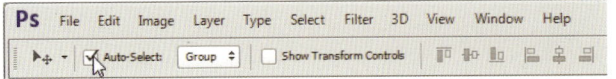

Application

응용하기

> **tip** 긴 타이틀을 각각 배치할 때 좀 더 멋지게 표현하려면?
>
> 모두 같은 텍스트로 작업하되 굵기를 달리해주면 좀 더 멋지게 표현됩니다. Light와 Mideum, Bold 등의 굵기 타입이 여러 가지인 폰트라면 중요한 포인트가 되는 글씨를 Bold로 표현해주고 설명이 되는 글씨는 Light로 표현해주는 것이 좀 더 재미있는 방법입니다. 그러기 위해서는 텍스트를 각각 다른 레이어에 작성해 주는 것이 좋습니다.

Section 04 긴 타이틀-바둑판 배열

가끔은 깔끔하고 모던한 배치를 하고 싶을 때가 있습니다. 타이틀이 길 때, 그리고 그러한 느낌을 살리고 싶을 때 바둑판 배열을 하면 효과가 있습니다.

- 시작파일 : part 01〉chapter 02〉p1c2009.jpg
- 완성파일 : part 01〉chapter 02〉p1c2009_완성.jpg

01 'p1c2009.jpg' 파일을 불러옵니다. 툴 바에서 T.(가로 문자 툴)을 클릭한 후 텍스트를 입력합니다.

밤하늘사이로 수놓듯내리는 별을만나러와 : 나눔바른고딕 Bold ,30pt

82 Part 01 디자인을 결정짓게 해주는 몇 가지 비밀들

02 글자를 축소하기 위하여 ▶︎(이동 툴)을 클릭하고 Ctrl + T를 누른 후 우측 하단 모서리 끝을 마우스로 잡고 Shift를 누른 상태에서 드래그하여 축소하고 Enter를 눌러 적용합니다.

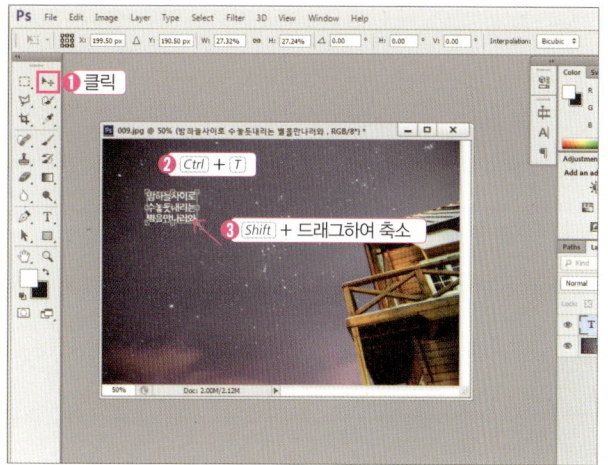

03 행간을 늘이기 위해 T.(가로 문자 툴)을 클릭하여 텍스트를 드래그합니다. Alt를 누른 상태에서 키보드의 화살표를 아래로 누릅니다.

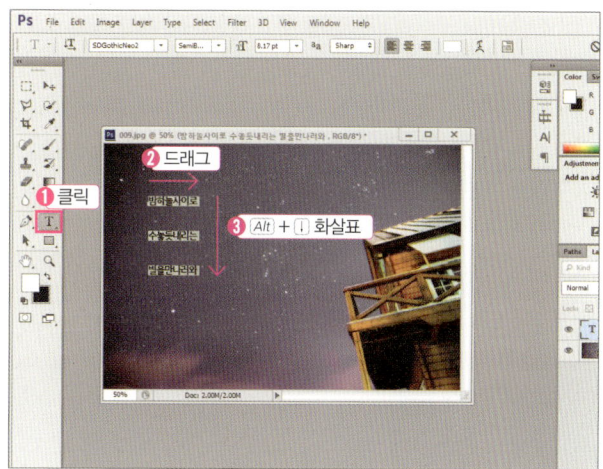

04 자간을 일정한 간격으로 늘이기 위해 [Window]-[Character] 메뉴를 선택합니다.

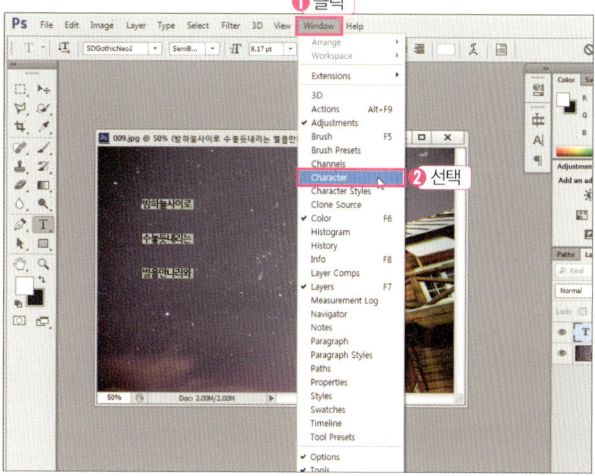

Chapter 02 타이틀에서 50%! 디자인 승부는 끝난다! **83**

05 [Charater] 패널에서 자간을 '2100'으로 설정한 후 (이동 툴)을 눌러 적용을 완료합니다.

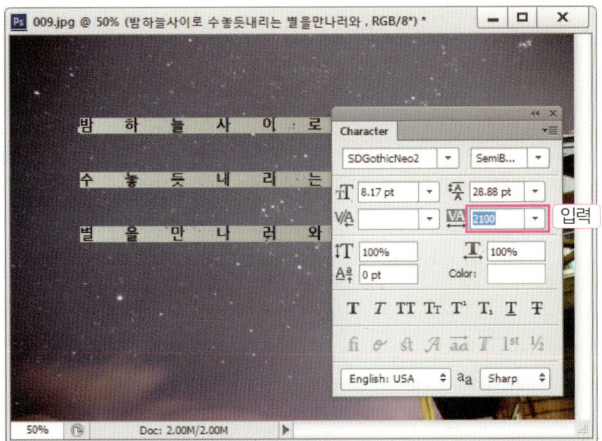

06 텍스트 레이어를 더블 클릭한 후 [Layer Style] 대화상자에서 [Drop shadow]를 클릭합니다. [Opacity]는 '100', [Angel]은 '30', [Distance]는 '0', [Spread]는 '0', [Size]는 '15px'로 설정한 후 [OK] 버튼을 클릭합니다.

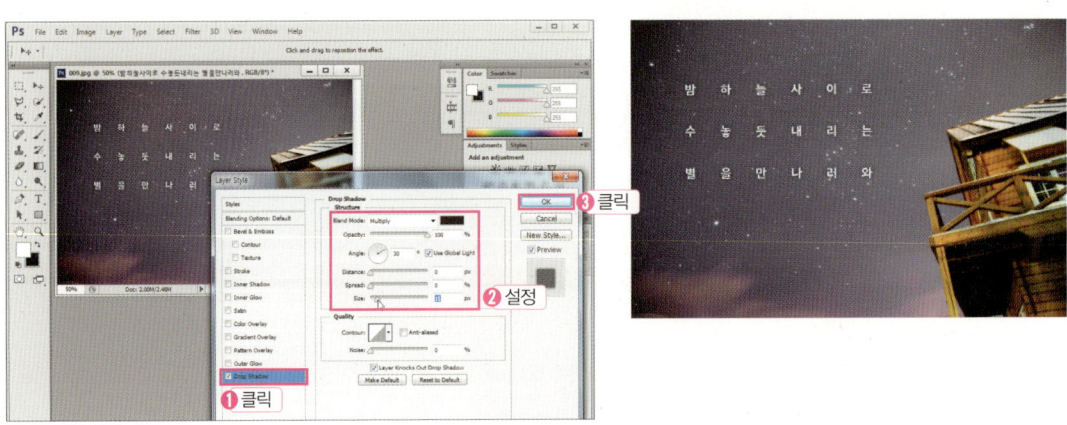

07 나머지 텍스트들을 작성하여 완성한 것입니다.

12/25 : 나눔바른고딕 Bold, 11pt

sat pm5:00 밤빛마을 별다방 guest 북극성 : 나눔바른고딕 Regular, 7pt

그날은 밤하늘에 별로 수를 놓는 날입니다. 함께 오셔서 수놓기놀이를 해보시지 않으실래요? 당신을 초대합니다.

밤빛마을 별다방으로 오세요 : 나눔명조 Regular, 6pt

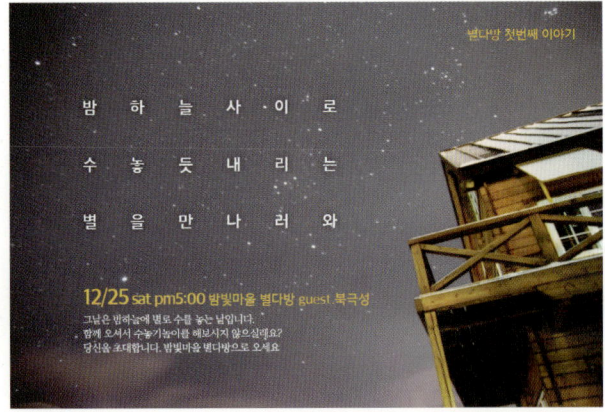

tip 긴 타이틀을 바둑판 모양으로 배치할 때 주의할 점

바둑판 모양으로 배치할 때는 띄어쓰기를 하지 않고 써주어야 합니다. 그리고 행간과 자간을 늘일 때는 행간의 간격과 자간의 간격이 같을 때가 가장 좋아 보입니다. 이미지를 선택할 때는 여러 가지 컬러가 있는 이미지보다는 한 가지의 컬러가 분포되어 있는 이미지를 고르는 것이 바둑판 모양의 타이틀을 돋보이게 해 줍니다.

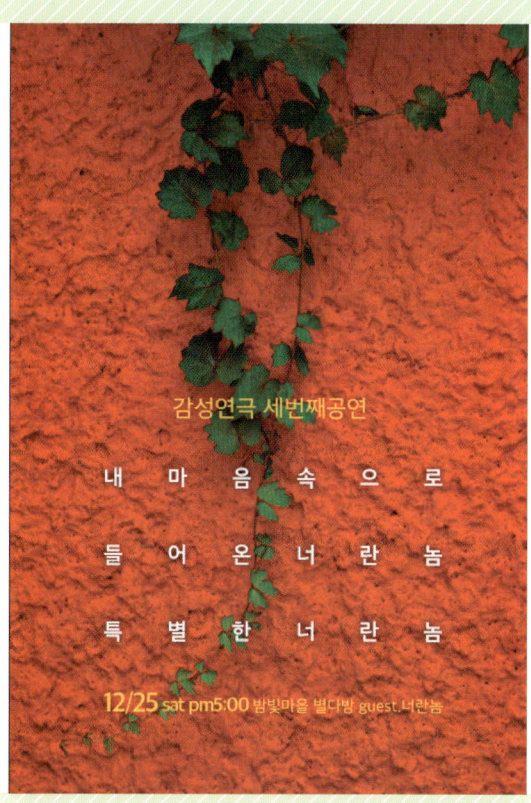

Application

응용하기

Section 05 폰트의 재발견

늘 사용해오던 폰트, 누가 봐도 '아~그 폰트네?' 하는 폰트들이 있습니다. 하지만 여기에서만큼은 여러분들이 폰트 디자이너가 되어 폰트 편집을 해 보도록 하겠습니다. 나만의 타이틀, 나만의 디자인이 완성됩니다.

- 시작파일   part 01〉chapter 02〉p1c2012.jpg
- 완성파일   part 01〉chapter 02〉p1c2012_완성.jpg

01 'p1c2012.jpg' 파일을 불러옵니다. T.(문자 툴)을 클릭하여 전경색을 화이트로 설정한 후 텍스트를 입력합니다.

Think : 산돌고딕네오1 Bold 180pt

86   Part 01 디자인을 결정짓게 해주는 몇 가지 비밀들

02 텍스트의 편집을 위해 래스터화해야 합니다. 레이어를 선택한 후 마우스 오른쪽 버튼을 클릭하여 [Rasterize Type] 메뉴를 선택합니다.

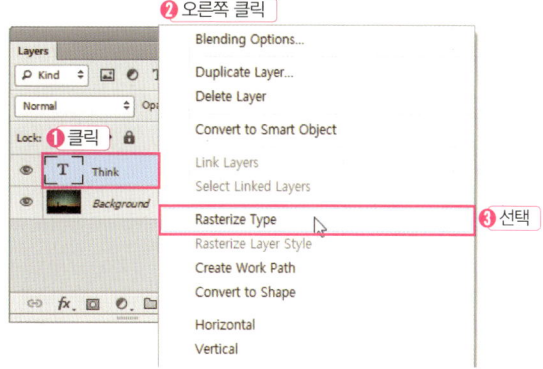

03 Layer thumbnail 부분이 이미지로 바뀝니다.

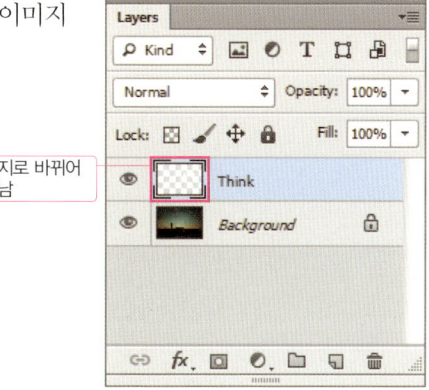

04 편집할 부분을 선택하기 위해 ▢(사각 선택 툴)을 선택한 후 'k'의 윗부분을 사각형 모양으로 선택합니다. 선택된 곳은 점선으로 표시됩니다.

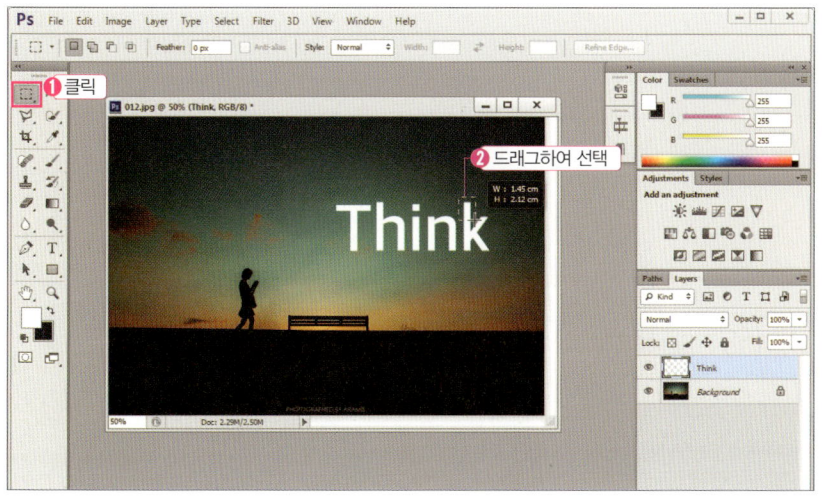

Chapter 02 타이틀에서 50%! 디자인 승부는 끝난다! **87**

05 Ctrl + T를 누른 후 선택한 상단 중앙을 마우스로 잡아 올려봅니다.

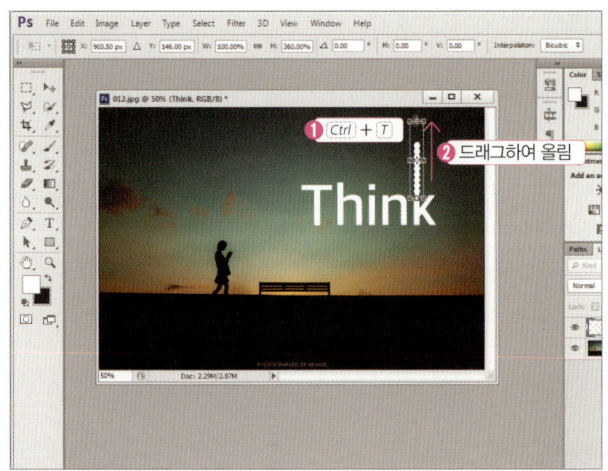

06 Enter를 눌러 적용합니다.

07 같은 방법으로 또 다른 곳을 ▭(사각 선택 툴)을 이용하여 선택한 후 Ctrl + T를 이용하여 늘려줍니다.

08 Enter 를 눌러 적용합니다.

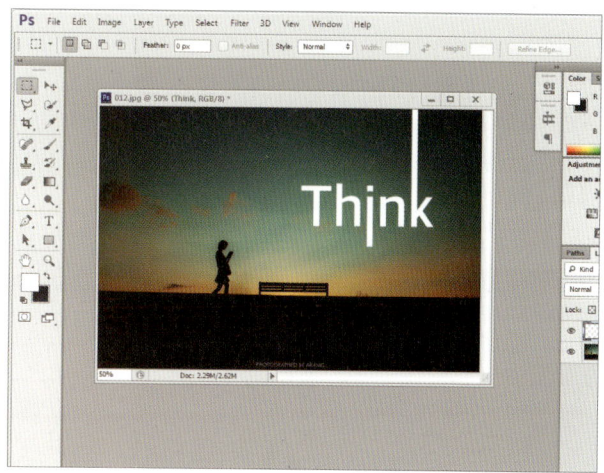

09 T.(가로 문자 툴)을 클릭하여 나머지 텍스트를 입력합니다. Ctrl + T 를 이용하여 각도도 바꾼 후 배치해 봅니다. 완성된 모습입니다.

책을 좋아하는 모임 : 나눔바른고딕 Regular, 27pt
12/25 sat pm6:00 : 나눔바른고딕 Bold, 35pt
책을 손에서 놓을 수 없고, 하루종일 머릿속에 페이지가 넘어가는 분들을 위한 따뜻한 아메리카노 한잔과 함께 책을 읽는 모임이 있습니다. 당신을 초대합니다.
: 나눔바른고딕 Regular, 21pt

 좀 더 세밀한 선택을 할 때는?

□.(사각 선택 툴)은 사각형 모양밖에는 지원하지 않습니다. 다른 모양이나 세밀한 선택을 할 때는 ▷.(다각형 올가미 툴)을 사용합니다. 주로 손글씨 타입의 폰트에 자주 이용됩니다.

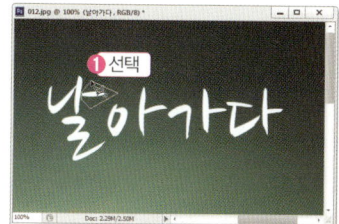 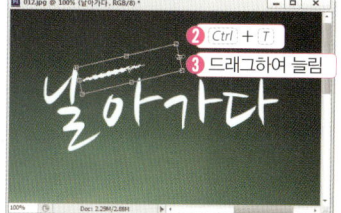 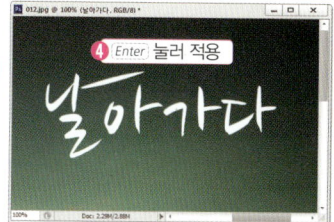

적용 완료된 모습

Section 06 내 맘대로 폰트 편집

있는 그대로 사용하기 싫을 때, 기하학적인 문자를 내 맘대로 만들어 보고 싶을 때, 자유롭게 오리거나 붙여서 내 맘대로 타이틀을 만들어 볼 수 있습니다.

- 시작파일   part 01〉chapter 02〉p1c2013.jpg
- 완성파일   part 01〉chapter 02〉p1c2013_완성.jpg

01 'p1c2013.jpg' 파일을 불러옵니다. T.(가로 문자 툴)을 선택한 후 '자중'과 '하라'를 각각의 레이어에 입력합니다.

자중, 하라 : 나눔명조 Regular, 31pt

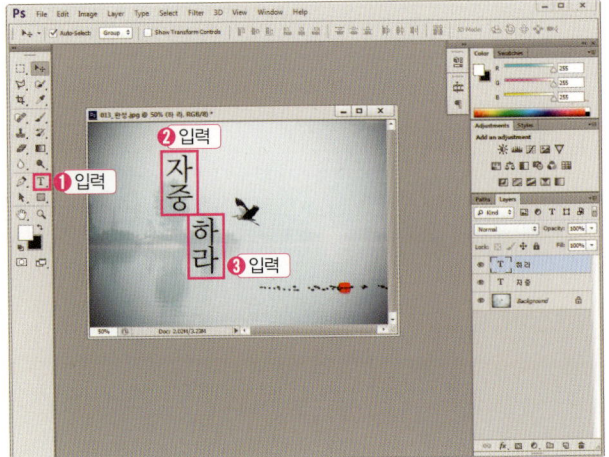

02 텍스트 편집을 위해서 Shift 를 누른 상태에서 텍스트 레이어를 모두 선택한 후 마우스 오른쪽 버튼을 클릭해 [Rasterize Type] 메뉴를 선택합니다.

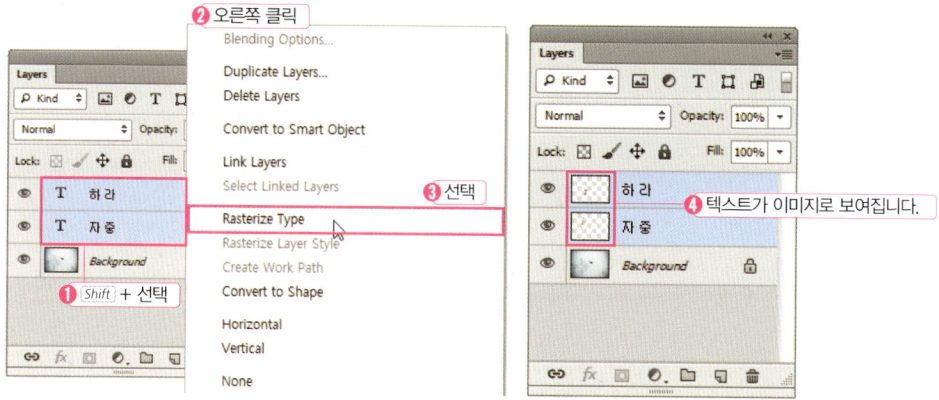

03 '자중' 레이어를 선택한 후 ▢(사각 선택 툴)을 클릭하여 지울 부분을 선택합니다. Delete 를 눌러 지웁니다.

04 같은 방법으로 '하라' 레이어를 선택한 후 ▭(사각 선택 툴)을 이용하여 지울 부분을 선택하고 Delete 를 눌러 지워줍니다.

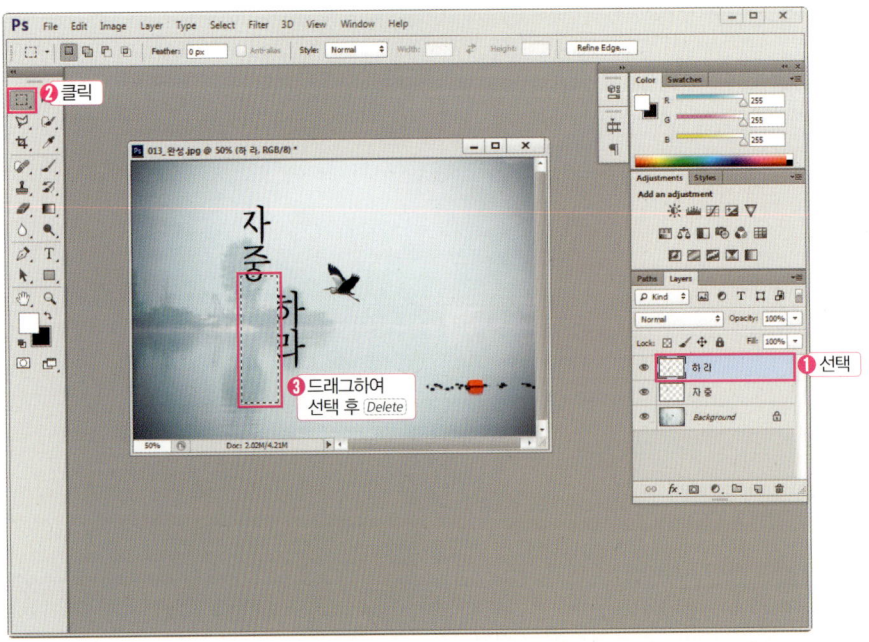

05 Ctrl + D 를 눌러 점선을 없앤 후 ▶(이동 툴)을 이용하여 적절한 위치에 배치하고 완료합니다.

Application 응용하기

Chapter 02 타이틀에서 50%! 디자인 승부는 끝난다! 93

★ 포토샵+일러스트레이터 작업의 기술 ★

Chapter 03 나만의 타이틀을 완성시키는 캘리그라피

캘리그라피는 디자인에 매우 다양하게 활용되고 있습니다. 주로 타이틀로 많이 이용되고 있는데 그 이유는 어디에도 없는 글씨로 나만의 디자인을 완성시켜 주기 때문입니다. 또한 캘리그라피만이 가지고 있는 폰트의 정형화된 틀을 깨는 자유로운 성격이 디자인에서 마치 이미지와 같은 요소가 되어 주기 때문입니다.

Section 01 대세는 캘리그라피!!

주제를 전달하는 가장 좋은 타이틀의 방법은 주제에 어울리는 폰트를 사용하는 것입니다. 하지만, 아무리 찾아봐도 그러한 폰트가 나오지 않을 때 직접 그 느낌을 구현하여 캘리그라피로 만드는 경우도 있습니다. 캘리그라피의 장점은 어디에도 없는 나만의 타이틀을 완성시킬 수 있다는 것입니다.

갈매기가 날아가는 이미지 위에 타이틀을 '날개'라고 썼습니다. 일반 고딕 폰트를 사용했으며 그 아래에는 작은 텍스트로 설명글을 써넣었습니다.

하지만 타이틀의 느낌이 들지 않아 이번에는 손글씨 타입의 폰트를 이용하여 보았습니다.

우리는 디자인을 할 때 클라이언트로부터 "너무 식상한데요…?"라는 이야기를 들어본 적이 있을 것입니다. 위의 두 가지 이미지를 볼 때 가장 먼저 눈에 들어오는 것이 무엇입니까? 바로 타이틀입니다. 타이틀이 가장 먼저 보입니다. 그 이유는 타이틀이 그 작업물의 주제이기 때문입니다. 식상한 느낌을 없애기 위하여 우리는 그 작업물만이 가지고 있는 독특한 무언가를 삽입하려고 합니다. 그것이 타이틀의 경우 캘리그라피가 될 수 있습니다.

캘리그라피를 넣게 되면 식상한 느낌이 아닌 새로운 느낌이 들게 됩니다. 그 이유는 하나밖에 없는 폰트이기 때문입니다. 또한, 캘리그라피는 작업물의 주제를 더욱 잘 설명해 줍니다. 왜냐하면 캘리그라피는 정형화된 모양이 아니라 쓰는 이의 감정과 마음을 그대로 표현할 수 있기 때문입니다.

'리더의 길'이라는 타이틀입니다. 일반 고딕체를 사용한 작업물입니다.

좀 더 역동적인 느낌을 주고 싶어서 손글씨 타입의 폰트를 사용했습니다.

이번에는 캘리그라피를 이용한 작업물을 보겠습니다.

캘리그라피는 이렇게 작업물의 완성도를 높여주기도 합니다. 그 자체가 이미지가 되어 꾸며주기 때문입니다. 여러분도 타이틀을 나만의 캘리그라피로 꾸며보기 바랍니다.

Section 02 나도 써보자 캘리그라피

오랜 시간 서예 공부를 해야 캘리그라피를 할 수 있다는 원칙은 없습니다. 캘리그라피는 글씨를 쓸 수 있는 사람이라면 누구나 할 수 있으며 도구 또한 붓에 한정되어 있지 않습니다. 다양한 도구를 통하여 캘리그라피를 쓸 수 있고, 다양한 종이와 장소에서 사용할 수 있습니다. 이번 섹션에서는 가장 일반적으로 사용되고 있는 화선지와 붓을 이용한 캘리그라피를 해보겠습니다.

1. 도구를 준비합니다.

화선지, 서예용 일반 바닥 깔지, 붓, 먹물, 먹물 그릇, 문진 1set(2개)

❶ 화선지

- 화선지는 가까운 문구점에서도 구입할 수 있으며 요즘에는 다량으로 연습지를 구입해서 쓰는 경우도 많습니다.
- 보관법 : 직사광선을 피하고 습기가 없는 곳에 보관합니다.

❷ 서예용 일반 바닥 깔지

- 인터넷 등에서 쉽게 구입할 수 있습니다. 무릎 담요 등을 써도 무관합니다.
- 보관법 : 사용 후에는 잘 접어 보관합니다.

❸ 붓

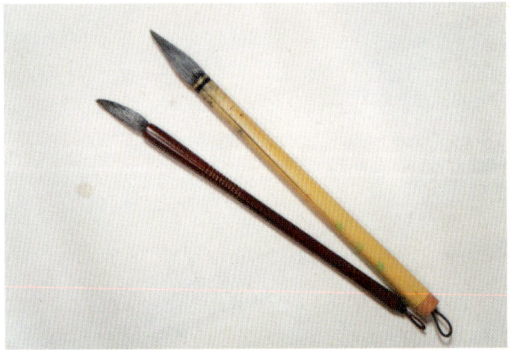

- 너무 큰 붓은 초보자에게는 어려울 수 있습니다. 중간 붓(지름 1cm X 털 길이 4~5cm)이 가장 적당합니다.
- 보관법 : 사용 후에는 흐르는 물에 잘 빨아 걸어 보관합니다.

❹ 먹물과 먹물 그릇

- 벼루에 먹을 갈아 쓰는 것을 권장하지만 먹물을 그대로 사용해도 무관합니다.
- 먹물 그릇은 종지나 종이컵 등을 사용해도 괜찮습니다.
- 보관법 : 사용 후에는 뚜껑을 잘 닫아 마르지 않도록 합니다.

❺ 문진

화선지가 움직이지 않게 고정해 주는 역할을 합니다.

2. 붓은 뿌리까지 먹물을 충분히 적셔준 후 그릇에 쓰다듬어 먹의 양을 조절해 사용합니다.

3. 붓을 잡는 방법

- 붓을 잡을 때는 비스듬히 잡는 것이 아니라, 화선지와 직각이 되도록 잡아주는 것이 좋습니다.
- 붓을 누르는 정도와 속도를 조절하여 얇고 두꺼운 필체를 구사합니다.

캘리그라피는 한 번에 쓰는 것이 좋습니다. 여러 번 덧칠을 하거나 어느 지점에서 붓이 머무르게 되면 먹이 번져 좋은 캘리그라피가 나오기 어렵습니다.

4. 두려워하지 말고, 늘 화선지에 낙서하듯이 자주 써보는 것이 가장 중요합니다. 붓과 친해지기 바랍니다.

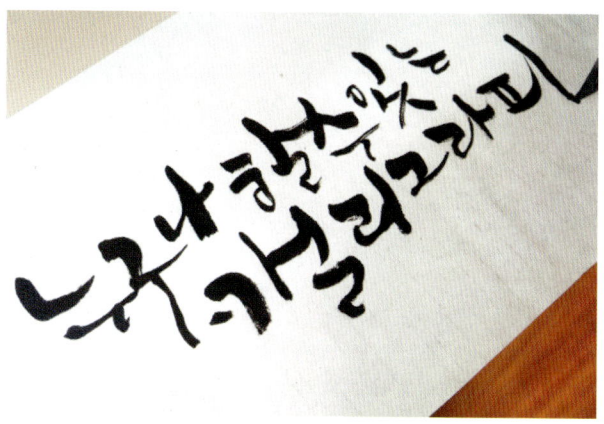

Section 03 필자가 전하는 캘리그라피 잘하는 3가지 방법

캘리그라피를 잘하려면 무엇보다도 글씨 쓰는 것을 좋아해야 합니다. 이것은 매우 중요합니다. 좀 더 멋지게 쓰고 싶고, 좀 더 개성 있게 쓰기 위하여 늘 손에 펜을 잡고 있는 습관을 들이는 것이 좋습니다. 필자는 펜을 잡으면 어떤 종이든 시커멓게 될 때까지 글씨를 씁니다. 애국가를 쓰기도 하고 주기도문을 쓰기도 합니다. 글씨를 쓰는 습관은 캘리그라피를 잘하게 해주는 가장 좋은 방법이기 때문입니다.

1. 틀을 깨기

오랜 시간 동안 여러분의 글씨는 여러분만이 쓸 수 있는 나만의 필체로 발달하였습니다. 그렇기 때문에 'ㅎ'이라는 자음 하나를 써도 A라는 사람과 B라는 사람은 자기만의 필체로 쓰게 되어 있습니다. 틀을 깬다는 것은 매우 어려운 일입니다. 하지만, 캘리그라피를 쓸 때마다 천천히 생각하면서 쓰다 보면 나만의 틀을 깨는 매우 재미있는 방법을 발견하게 될 것입니다.

❶ 'ㅎ'을 각기 다른 모양으로 쓴 모습

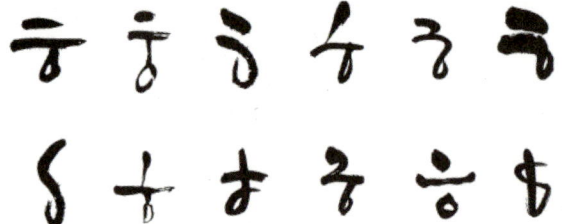

❷ 'ㅈ'을 각기 다른 모양으로 쓴 모습

❸ 'ㄹ'을 각기 다른 모양으로 쓴 모습

❹ 'ㅋ'을 각기 다른 모양으로 쓴 모습

❺ 'ㅂ'을 각기 다른 모양으로 쓴 모습

2. 빈 공간 활용하기

글씨를 쓰다 보면 자음과 모음 사이, 자음과 자음 사이, 모음과 모음 사이에 공간이라는 것이 생깁니다. 형태가 정해져 있는 일반 폰트와는 다르게 캘리그라피는 정형화된 폰트가 아니기 때문에 쓸 때마다 이 공간을 채워 주듯이 잘 활용하여 쓰면 균형감 있고, 짜임새 있는 캘리그라피를 쓸 수 있습니다.

❶ 가난한 부자

가난하다는 것과 부자라는 것은 매우 상반된 의미이지만, 이전에 그러한 생각을 했던 적이 있습니다. 내가 가진 것들에 만족하고, 자족할 줄 아는 마음이 있다면 그것이 가장 부자가 아닐까 하는 생각입니다. 그 마음으로 '가난한 부자'라는 캘리를 써 보았습니다.

먼저 '가난한'이라는 글을 써놓고 난 후 '부자'라는 단어를 쓰기 전에 생각해 보았습니다. 어느 위치가 가장 예쁜 캘리그라피가 나올 위치일까? 물론 정답은 없습니다. 하지만, 비어있는 공간을 볼 줄 안다면 조금 더 빨리 그 위치를 알 수 있습니다.

'가'와 '난' 사이 A와 '난'과 '한' 사이 B가 바로 그 위치입니다. 다음에 쓸 '부자'라는 단어가 이 공간들을 활용할 수 있다면 매우 좋습니다. 먼저 '부'를 써보겠습니다. 빈 공간에 'ㅂ'의 세로선을 넣듯이 써봅니다.

이제 '부'와 '한' 사이의 공간이 보입니다. 이곳에 '자'를 씁니다.

이와 같이 캘리그라피가 마무리됩니다. 빈 공간들을 적절히 활용한 모양이기 때문에 균형감이 느껴집니다. 하지만, 이때 너무 가까이 붙은 글씨는 가독성을 떨어뜨리므로 주의하여야 합니다. 적당한 간격은 유지하면서 공간을 활용하는 것이 중요합니다.

tip 캘리그라피를 돋보이게 해주는 편집 방법 1

캘리그라피를 다 쓴 후 돋보이게 해주는 방법은 정형화되어 있지 않은 캘리그라피와 정형화되어 있는 일반 폰트를 함께 배열하는 것입니다. 단, 일반 폰트는 작은 size로 넣는 것이 좋습니다.

완성된 모습입니다.

❷ 너는 너무나 아름다워

우리는 우리 스스로가 얼마나 존귀한 사람인지 모르고 있는 경우가 많습니다. 내게 있는 장점보다는 단점이 더 많이 드러나 남보다 더 낮게 여겨지는 것입니다. 당신은 가장 아름다운 존재이고, 가장 귀한 사람임을 말해주고 싶어서 쓰게 된 캘리그라피입니다.

'아름다워'라는 글을 쓰기 전에 어느 위치가 가장 적당한지를 살펴보겠습니다. 캘리그라피에서 적절한 위치라는 것은 사실 존재하지 않습니다. 하지만, 적당한 위치는 존재합니다. '무'라는 글자가 'ㅜ'라는 모음으로 인해 '너'와 '나'에 비해 아래 공간을 더 많이 사용하고 있습니다. 그렇기 때문에 A와 B의 공간이 생기게 됩니다.

공간 A에 '아'를 먼저 써보겠습니다.

'름'을 써보겠습니다. '아'의 'ㅏ'가 만들어낸 공간에 'ㄹ'을 적절히 배치합니다.

공간 B에 '다워'를 써서 완성합니다.

캘리그라피를 돋보이게 해주는 편집 방법 2

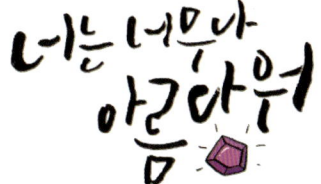

캘리그라피를 다 쓴 후 돋보이게 하는 방법은 옆의 이미지와 같이 그림을 그려주는 방법입니다. 손그림 그리기를 좋아한다면 꼭 한 번 그려 넣기를 권합니다. 훨씬 더 멋진 이미지가 될 것입니다.

3. 그림이 되게 하라!

캘리그라피는 읽혀야 합니다. 여러분이 원하는 그 의미가 캘리그라피를 통해서 더 잘 읽히게 하기 위해서는 캘리그라피가 그림이 되면 됩니다. 물론, 그림이 되었을 때 잘 읽히는 것이 중요합니다.

❶ '날개'가 그림이 된 캘리그라피

❷ '봄'이 그림이 된 캘리그라피

❸ 그 밖의 그림이 된 캘리그라피

Section 04 손글씨를 AI 파일로 만드는 방법

화선지나 종이에 쓴 캘리그라피를 디자인에 활용하려 할 때, AI 파일로 만드는 과정을 반드시 거쳐야 합니다. 그렇지 않으면 벡터 이미지가 아니므로 해상도가 낮을 시 현수막처럼 큰 size의 작업물에는 사용하지 못하는 일이 발생하기 때문입니다. 물론, 포토샵에서 채널을 이용하여 캘리그라피를 추출해 내는 방법도 있지만, 되도록 AI 파일로 만들어 사용하는 것을 권장합니다.

● 시작파일　part 01〉chapter 03〉p1c3017.jpg

01 먹물이 마른 캘리그라피를 스캐너로 스캔하여 포토샵으로 불러옵니다. 'p1c3017.jpg' 파일을 불러옵니다.

Note_ 스캐너를 이용하는 이유는 캘리그라피의 획과 느낌을 최대한 모두 불러오기 위함입니다. 하지만 스캐너가 준비되어 있지 않은 경우 사진기로 찍어 파일을 불러와도 괜찮습니다.

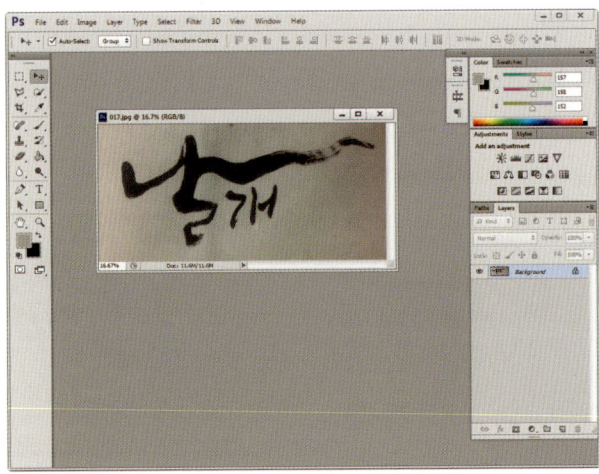

02 블랙과 화이트를 구분하는 작업을 하기 위하여 [Image]-[Adjustment]-[Curves](Ctrl + M) 메뉴를 선택한 후 [Curves] 대화상자에서 🖉 (화이트 포인트)를 클릭합니다.

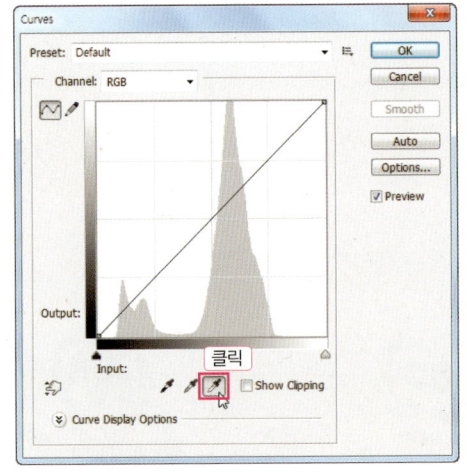

tip Curves에서 set point 스포이드 기능 알아보기

- 🖉 (블랙 포인트) : 이미지에서 선택한 픽셀 값보다 어두운 픽셀은 모두 블랙으로 변경합니다.
- 🖉 (그레이 포인트) : 선택 픽셀의 명도 값을 중간의 명도 값으로 변경합니다.
- 🖉 (화이트 포인트) : 이미지에서 선택한 픽셀 값보다 밝은 픽셀은 모두 화이트로 변경합니다.

03 (캘리를 제외한) 가장 어두운 곳을 🖋(화이트 포인트)로 클릭합니다.

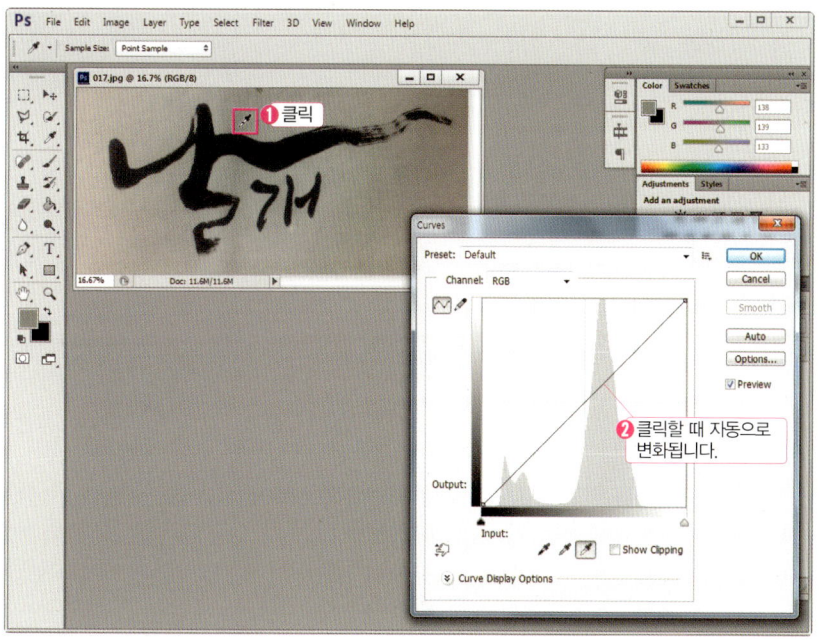

04 (캘리를 제외한) 아직 남은 어두운 곳을 추가적으로 🖋(화이트 포인트)로 클릭한 후 [OK] 버튼을 클릭해 적용합니다.

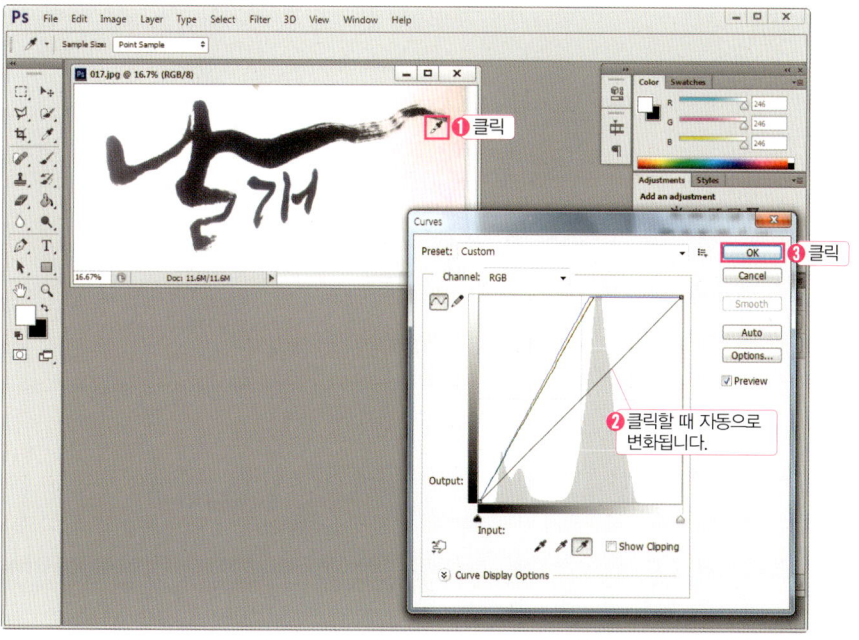

05 캘리그라피를 제외한 부분이 거의 화이트 톤으로 조정되었습니다. (추가 보정이 있으므로 완벽한 화이트가 아니어도 괜찮습니다)

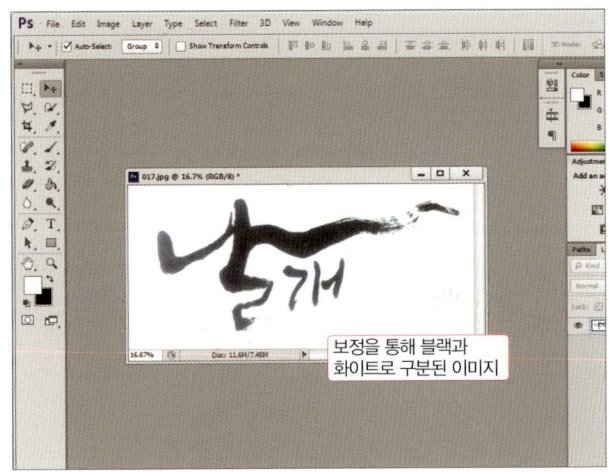

보정을 통해 블랙과 화이트로 구분된 이미지

06 블랙과 화이트의 완벽한 구분을 위한 추가 보정을 위해 [Image]-[Adjustment]-[Levels](Ctrl + L) 메뉴를 선택합니다.

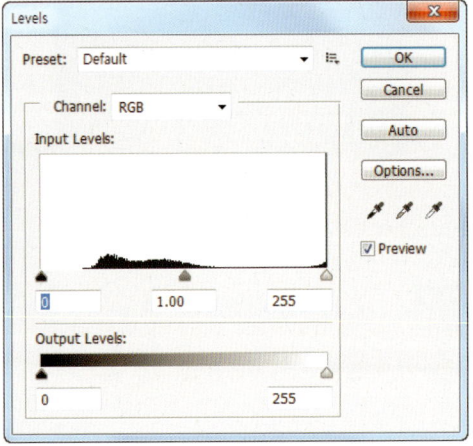

tip Level에서 3개의 슬라이더 기능 알아보기

A (쉐도우 입력 슬라이더) : 검정 값을 더 어둡게 해주는 포인터입니다.
B (미드톤/감마 슬라이더) : 회색 값을 정해주는 포인터입니다.
C (하이라이트 입력 슬라이더) : 흰색 값을 더 밝게 해주는 포인터입니다.

07 (쉐도우 입력 슬라이더)를 오른쪽으로 이동하여 글씨 부분을 더욱 진하게 합니다. 여기서는 159까지 이동합니다.

08 △(하이라이트 입력 슬라이더)를 왼쪽으로 이동하여 글씨를 제외한 부분이 완벽한 화이트가 되도록 합니다. 여기서는 210까지 이동합니다.

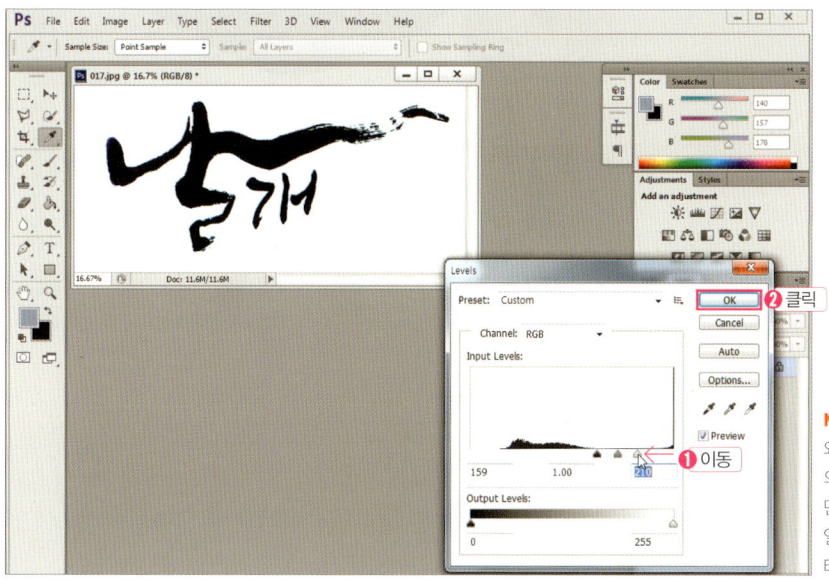

Note_ ▲(쉐도우 입력 슬라이더)와 △(하이라이트 입력 슬라이더)의 값은 정해져 있지 않습니다. 화면에서 캘리그라피가 깨끗하게 보일 때까지 사용자에 따라 다르게 나타나기 때문입니다.

09 저장을 위하여 [File]-[Save As] 메뉴를 선택합니다. [Save As] 대화상자에서 원하는 폴더에 [파일 이름]은 '날개캘리그라피', [Format]은 'JPEG'로 선택한 후 [저장] 버튼을 클릭합니다.

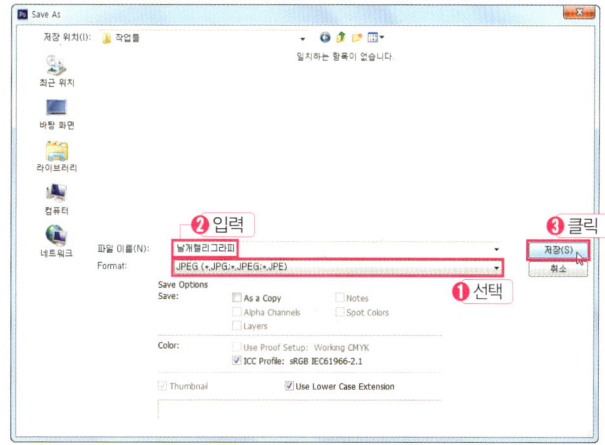

10 [JPEG Options] 대화상자가 표시되면 [Image Options]의 'Quality' 슬라이더를 최대 '12'(large file)로 한 후 [OK] 버튼을 클릭하여 적용합니다.

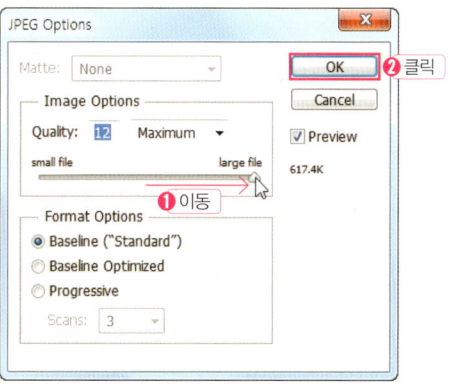

11 일러스트레이터(illustrator CS6)를 열어 '날개캘리그라피' 파일을 불러옵니다. 전체 이미지가 보이도록 왼쪽 하단의 미리 보기 크기를 '25%'로 설정합니다.

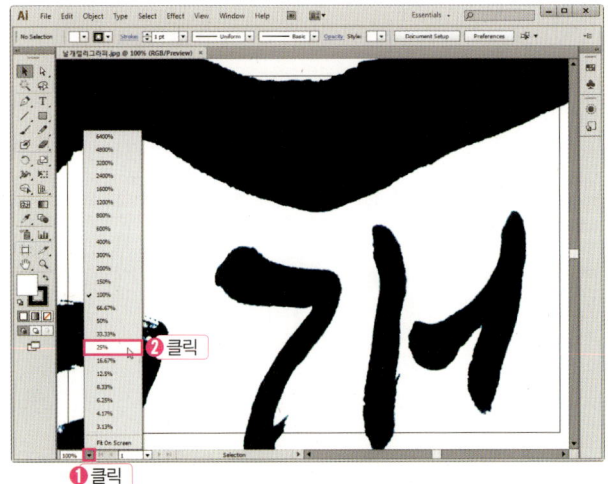

12 (선택 툴)을 선택한 후 이미지를 선택하고 이미지 트레이스 작업을 위해 [Window]-[Image Trace] 메뉴를 선택합니다. [Image Trace] 패널에서 Trace 옵션을 설정하기 위해 [Advanced]를 클릭하여 열어줍니다.

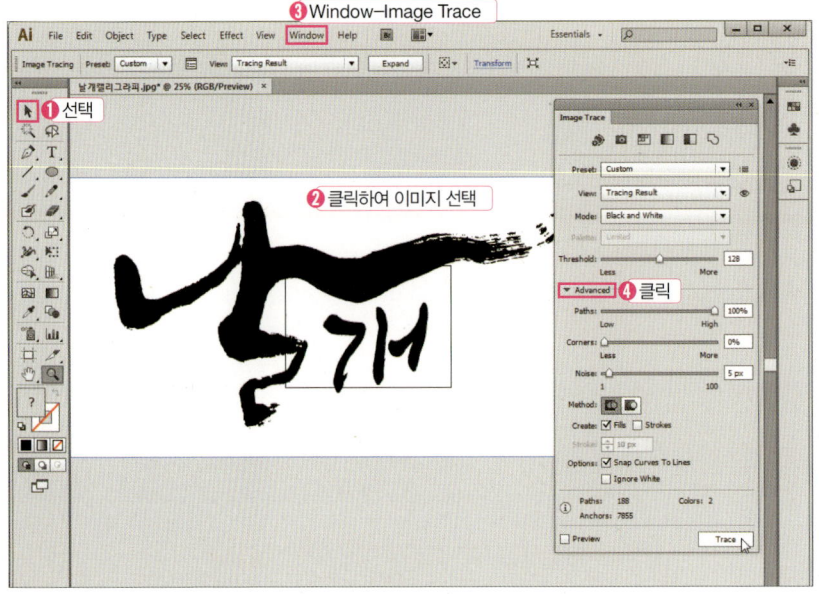

tip Image Trace 작업

Image Trace 작업은 비트맵(픽셀) 이미지를 벡터 이미지로 바꾸기 위해 꼭 거쳐야 하는 과정입니다. 비트맵(픽셀) 이미지는 작은 사각형으로 구성되어 있기 때문에 벡터로 바꾸기가 어렵습니다. 벡터 이미지로 바꾸기 위해서는 컬러를 추출해 내는 Trace 작업이 필수입니다.

Trace 전   Trace 후   확대해 본 모습

13 [Image Trace] 패널에서 [Preset]은 'Custom', 'View-Tracing Result', 'Mode-Black and White', 'Threshold-128', 'Path-100%', 'Corners-0%', 'Noise-5px'로 지정한 후 [Trace]를 클릭합니다. (왼쪽 하단의 Preview를 통해 미리보기를 할 수 있습니다)

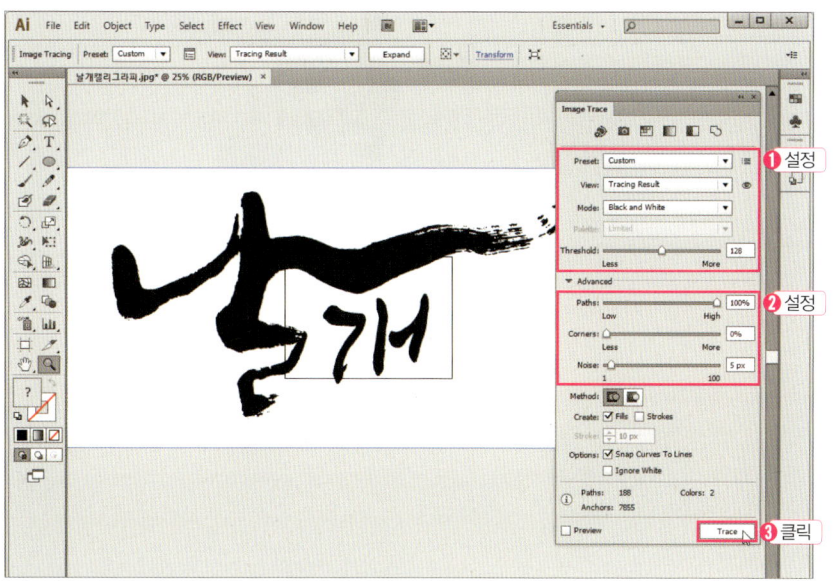

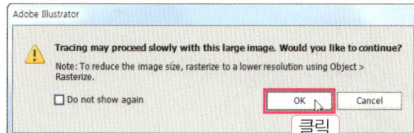

Note_ 경고 창이 뜰 경우 [OK] 버튼을 클릭합니다. 파일의 용량이 클 경우 시간이 걸린다는 것을 의미합니다.

14 옵션 바의 [Expand]를 클릭합니다.

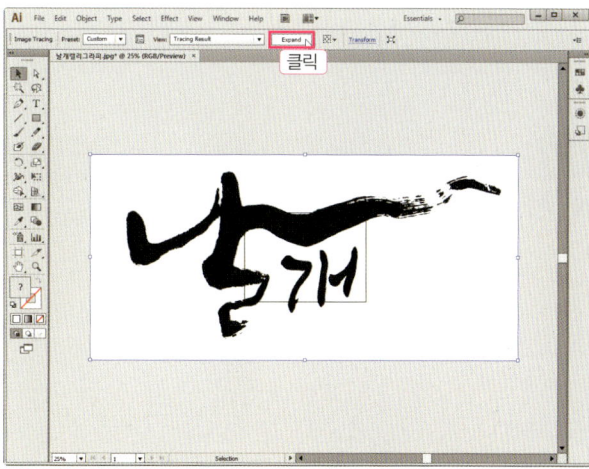

15 일러스트레이터의 오브젝트로 변환이 되어 앵커포인트와 패스가 보입니다.

 앵커포인트와 패스

앵커포인트에 기준하여 꺾이거나 변환이 된 패스들이 모여 만들어진 2개의 오브젝트입니다.

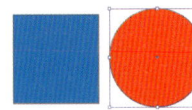

- 오브젝트 : 일러스트에서 마우스로 선택했을 때 선택이 되는 개체를 뜻합니다.
- 앵커포인트 : 패스가 꺾이거나 변환되는 어떠한 지점을 뜻합니다.
- 패스 : 선택했을 때 테두리에 보이는 선을 뜻합니다.

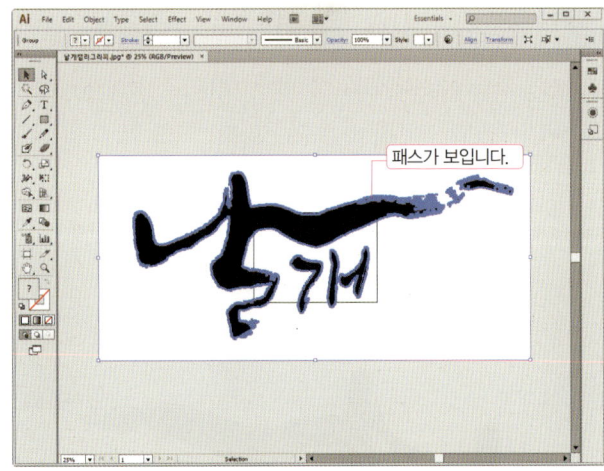

16 (자동 선택 툴)을 선택한 후 바깥쪽(화이트)을 선택하고 Delete 를 누릅니다.

17 필요 없는 바탕 부분이 지워진 것을 확인할 수 있습니다.

18 저장하기 위해 (선택 툴)을 선택한 후 글씨를 클릭하여 선택합니다. 선택된 캘리를 Shift 를 누른 상태에서 화면 크기에 맞게 끝을 마우스로 잡고 드래그하여 축소해 줍니다. 여기서는 '25%'로 설정합니다. (크기가 맞게 설정되어 있으면 생략해도 됩니다.)

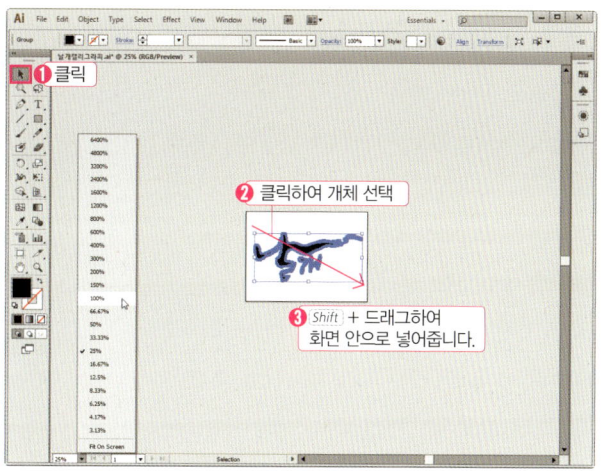

19 저장하기 위하여 [File]-[Save As] 메뉴를 선택합니다.

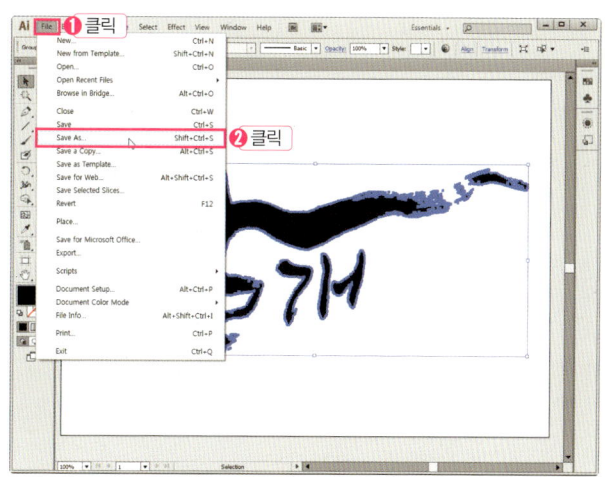

20 원하는 폴더에 제목은 '날개캘리그라피', [Format]은 AI로 설정한 후 [저장] 버튼을 클릭합니다.

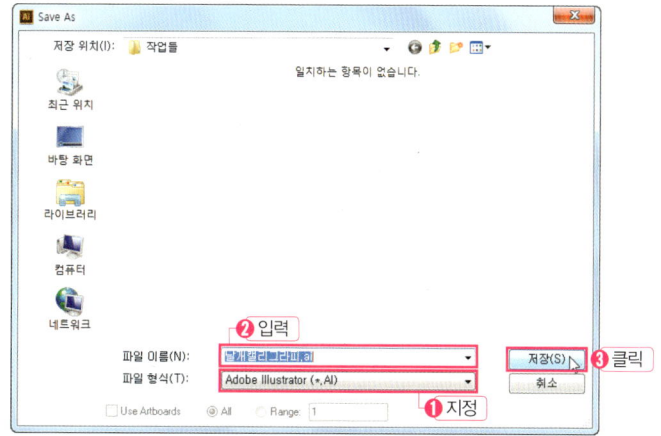

Chapter 03 나만의 타이틀을 완성시키는 캘리그라피 **113**

21 [Illustrator Options] 대화상자가 표시되면 Version을 선택해야 합니다. 여러분이 가지고 있는 버전이 상단 Version에 표시됩니다. 만약, 인쇄용으로 사용하기 원한다면 Illustrator CS 버전으로 낮추어 저장하면 좋습니다. (파일을 공유할 다른 컴퓨터가 버전이 낮을 경우 열리지 않는 문제가 발생할 수 있습니다. 그러므로 가장 보편적인 Illustrator CS 버전으로 저장하여 공유하는 것이 좋습니다.)

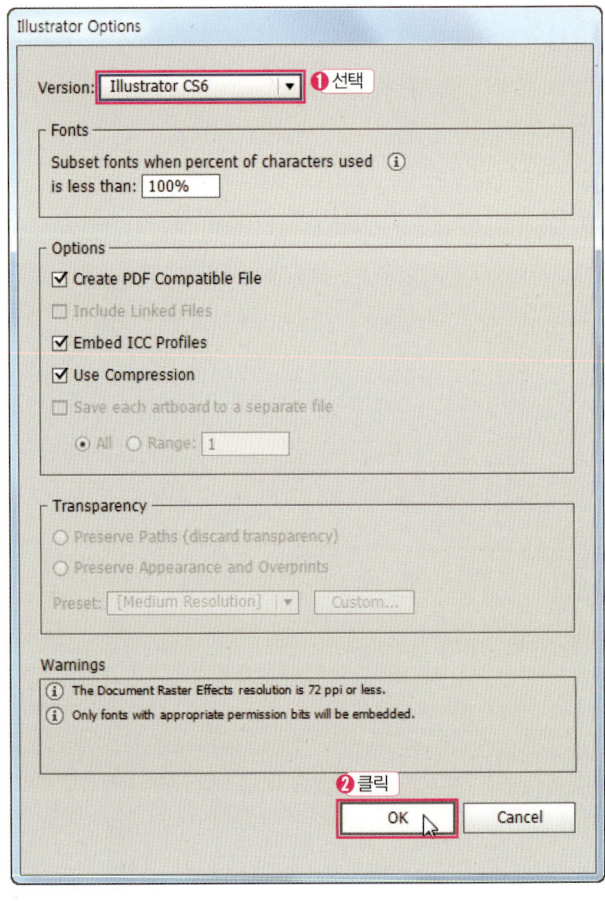

Section 05 AI로 만들어진 손글씨의 무한한 활용 세계

벡터 이미지(AI)로 변환된 캘리그라피는 다양하게 사용할 수 있습니다. 사이즈가 큰 현수막은 물론이고, 버튼이나 로고 또는 영상 편집까지 사용 가능합니다.

- 시작파일 part 01〉chapter 03〉p1c3018.jpg
- 완성파일 part 01〉chapter 03〉p1c3018_완성.jpg

01 'p1c3018.jpg' 파일을 불러옵니다. 캘리그라피의 사이즈 선택을 위하여 선택한 이미지의 사이즈를 먼저 알아두어야 합니다. 마우스를 이미지 상단 바에 갖다 대고 마우스 오른쪽 버튼을 클릭하여 [Image Size] 메뉴를 선택합니다.

Note_
- Duplicate : 파일을 그대로 복사해서 보여주는 명령
- Image Size : 현재 이미지의 크기를 알려주며 같은 비율로 확대 및 축소가 가능합니다.
- Canvas Size : 현재 이미지의 크기를 알려주며 원하는 비율로 Background의 확대 및 축소가 가능합니다.

Chapter 03 나만의 타이틀을 완성시키는 캘리그라피 115

02 [Image Size] 대화상자에서 사이즈를 확인합니다.

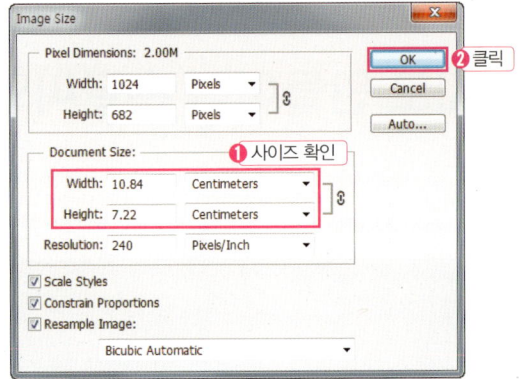

Note_ 캘리그라피를 불러오기 전 이미지 사이즈를 확인할 때는 보통 가로 사이즈를 기억해 두도록 합니다.

03 '날개캘리그라피(AI)'를 불러옵니다. [Inport PDF] 창이 나오면 미리 열어둔 [Image Size]를 이미지 사이즈의 가로 사이즈와 같게 설정한 후(세로는 비율에 맞게 자동 변경됩니다) [OK] 버튼을 클릭해 열어줍니다.

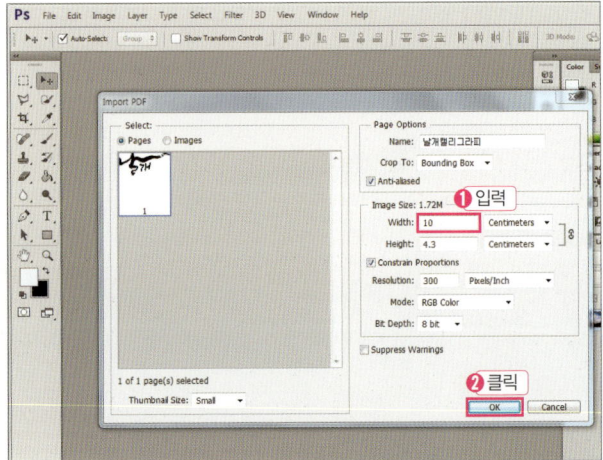

04 캘리그라피 파일이 열리고 파일 이름 부분을 마우스로 잡아 아래로 내려주면 이미지 도큐멘터리와 캘리 도큐멘터리가 화면에 모두 보입니다.

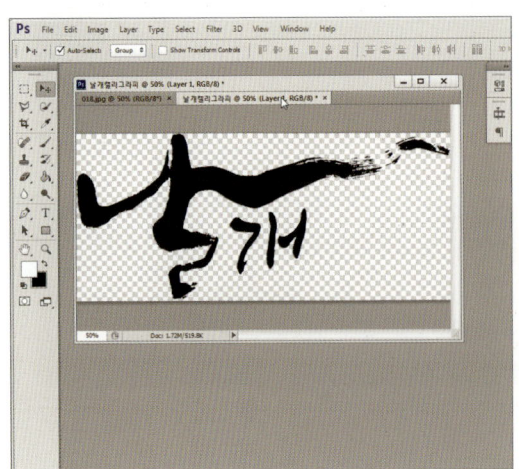 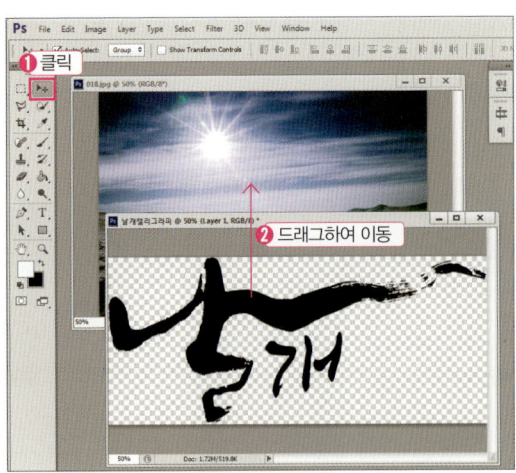

05 (이동 툴)을 선택한 후 날개 캘리그라피를 선택하여 이미지로 드래그합니다. 이때 경고창이 표시되면 [OK] 버튼을 클릭합니다.

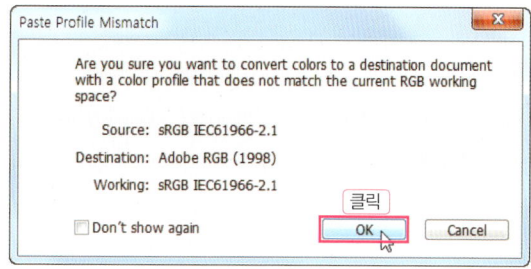

06 Layer 1 안에 캘리그라피가 이미지로 옮겨졌습니다.

07 Ctrl + T를 누르고 원하는 사이즈로 맞춘 후 Enter를 눌러 적용합니다.

Chapter 03 나만의 타이틀을 완성시키는 캘리그라피 **117**

08 옮겨진 캘리그라피 레이어인 Layer 1을 더블 클릭하면 [Layer Style] 창이 표시됩니다. [Color Overlay]를 더블 클릭하여 컬러를 화이트로 바꿔줍니다.

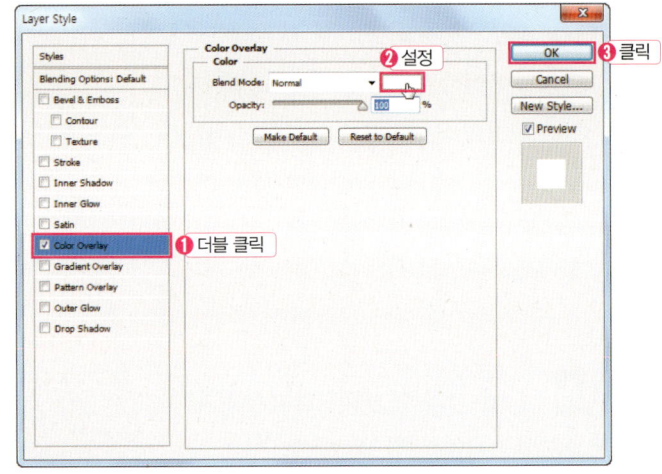

09 [Drop shadow]를 더블 클릭하여 'Blend Mode-Multiply', 'Opacity-100%', 'Distance-0px', 'Spread-0%', 'Size-15px'로 설정한 후 [OK] 버튼을 클릭해 적용합니다.

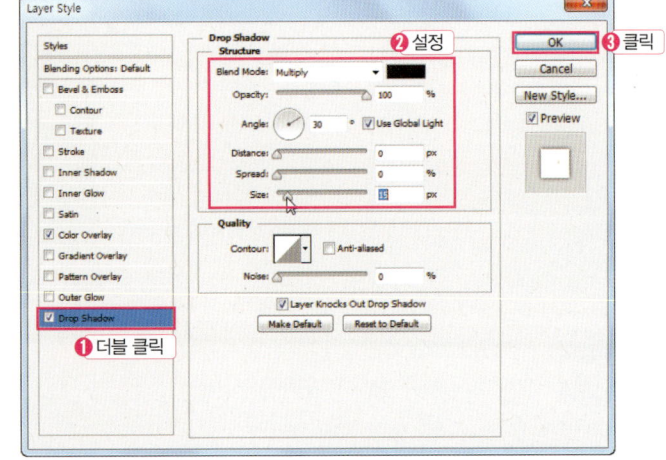

10 캘리그라피가 적용되었습니다.

Section 06 컴퓨터 안에서의 캘리 재편집!

캘리그라피의 편집이 가능할까요? 네, 가능합니다. 화선지에 쓴 처음 그 이미지로만 사용하라는 법은 없습니다. 스캔을 한 후 포토샵에서도 모양 변경이 가능하며, 일러스트레이터에서 벡터(AI) 이미지로 바꾼 후에도 변경이 가능합니다. 아날로그로 표현하지 못한 느낌을 그래픽 프로그램으로 옮겨와 원하는 느낌으로 변경하는 방법을 배워보겠습니다.

- 시작파일   part 01>chapter 03>p1c3019.jpg, p1c3020.jpg
- 완성파일   part 01>chapter 03>p1c3019_완성.jpg, p1c3020_완성.jpg

01 'p1c3019.jpg' 파일을 불러옵니다. '여름'이라는 캘리를 조금 더 움직이는 느낌으로 바꾸고 싶어졌습니다. [New] 대화상자에서 [Width]는 '1000pixels', [Height]는 '700pixels', [Resolution]은 '300', [Color Mode]는 'RGB', [Contents]는 'White'로 설정한 후 [OK] 버튼을 클릭합니다.

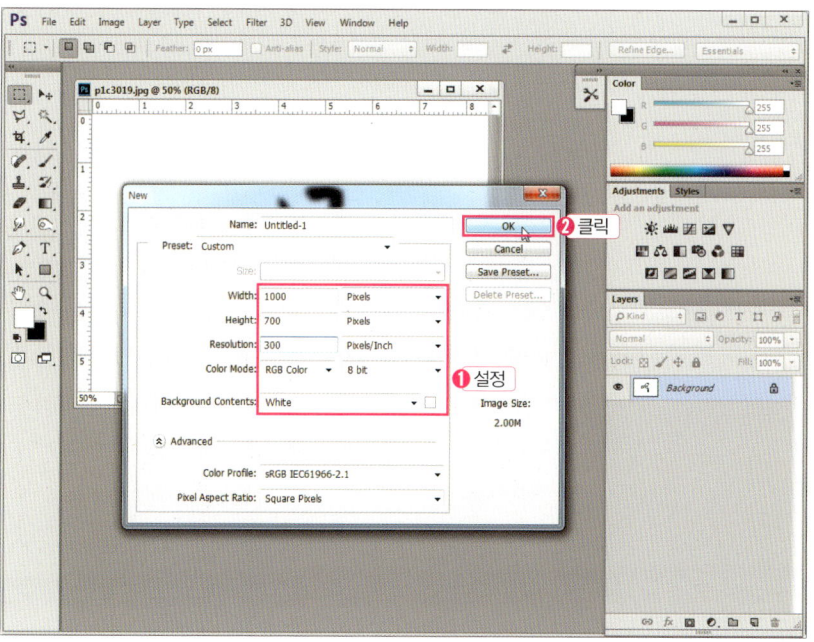

Chapter 03 나만의 타이틀을 완성시키는 캘리그라피

02 ▫(사각 선택 툴)을 선택한 후 '여름' 부분을 클릭합니다. ▸(이동 툴)을 선택한 후 마우스로 드래그하여 새 창으로 이동합니다.

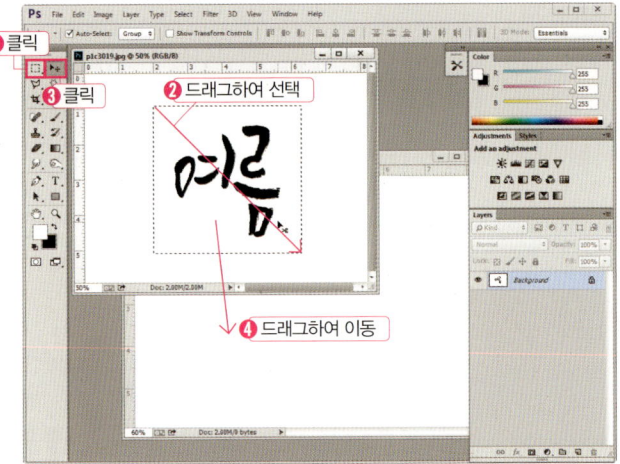

03 Ctrl + T를 누르면 글씨 주변으로 사각형이 보입니다. 이때 Ctrl을 누른 상태에서 모서리 끝을 마우스로 잡아당깁니다.

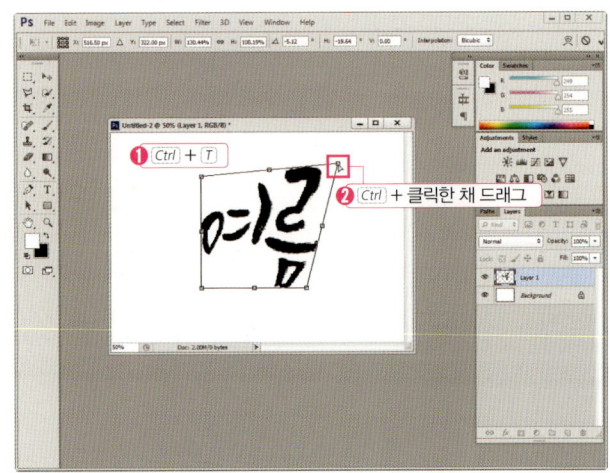

04 또 다른 부분을 Ctrl을 누른 상태에서 마우스로 잡아 움직입니다.

05 원하는 모양으로 변경을 마무리한 후 Enter 를 눌러 적용합니다. 포토샵에서의 캘리그라피 편집이 완료되었습니다.

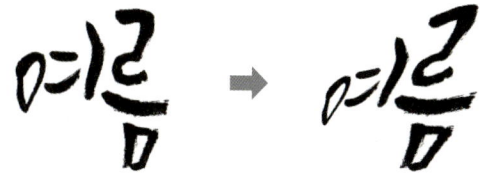

변경 전　　　　　　변경 후

06 글자를 좀 더 디테일하게 변경해 보겠습니다. 일러스트레이터의 [File]-[Open] 메뉴를 선택한 후 'p1c3020.jpg' 파일을 불러옵니다. 🔍(돋보기 툴)을 클릭한 후 글씨 부분을 마우스로 드래그하여 선택합니다.

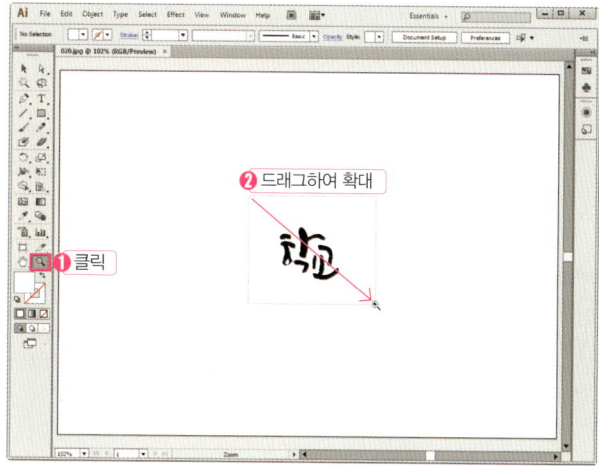

07 ▶(선택 툴)을 선택한 후 이미지를 선택하고 이미지 트레이스 작업을 위해 [Window]-[Image Trace] 메뉴를 선택합니다. [Image Trace] 패널에서 Trace 옵션을 설정하기 위해 [Advanced]를 열어줍니다. 'Preset-Custom', 'View-Tracing Result', 'Mode- Black and White', 'Threshold-128', 'Path-100%', 'Corners-0%', 'Noise-5px'로 지정한 후 [Trace]를 클릭합니다. (왼쪽 하단의 Preview를 통해 미리보기를 할 수 있습니다)

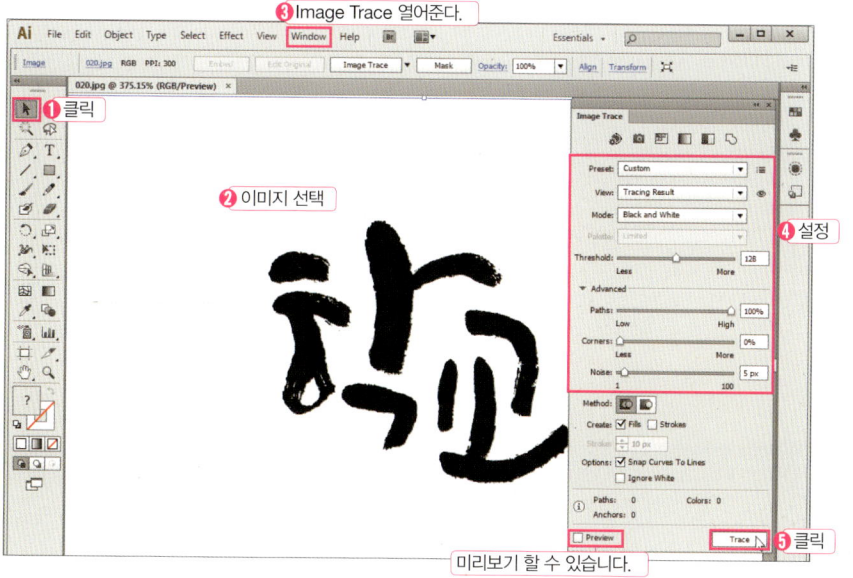

08 벡터 이미지로 바꿔주기 위해 옵션 바에서 [Expand]를 클릭합니다.

09 글씨 부분만 남기기 위해 ✨(자동 선택 툴)을 눌러 바깥쪽(화이트)을 선택한 후 Delete 를 누릅니다.

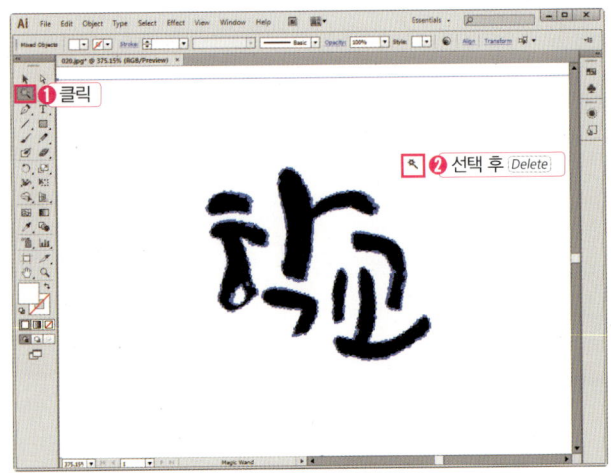

10 ▶(직접 선택 툴)을 선택하고 '학'의 모음 'ㅏ'를 늘리기 위해 드래그하여 부분을 선택합니다. (선택된 부분은 색깔이 들어간 앵커포인트로 보입니다. 반대로 선택되지 않은 부분은 색깔이 들어가지 않은 앵커포인트로 보입니다.)

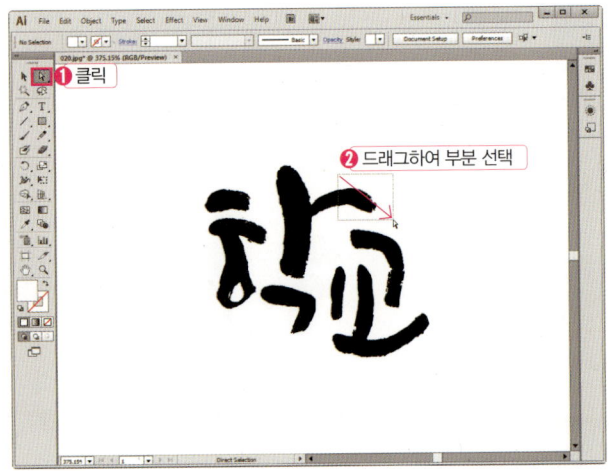

11 선택된 앵커포인트 중 한 부분을 클릭한 상태에서 오른쪽으로 드래그합니다. (선택된 부분만 늘어나는 것을 확인할 수 있습니다.)

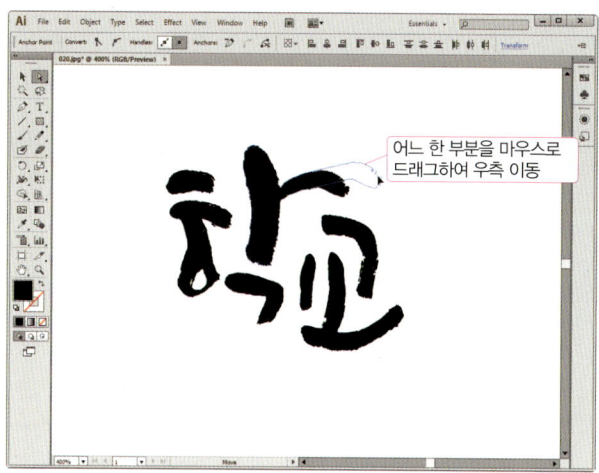

12 (직접 선택 툴)을 선택한 후 '학'의 자음 'ㅎ'의 윗부분을 선택합니다.

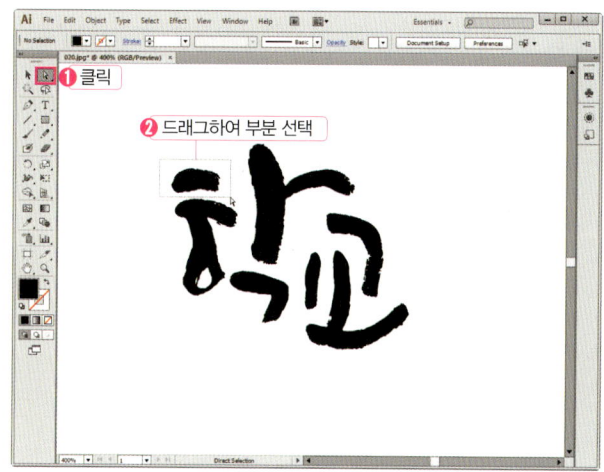

13 모서리 끝 부분을 마우스로 움직여 각도를 바꿔줍니다.

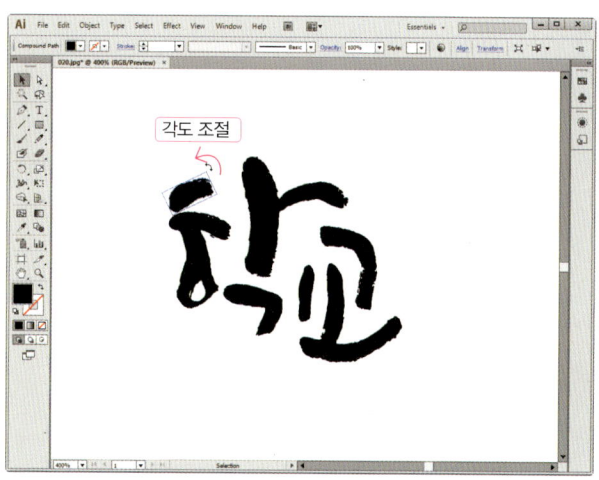

14 (직접 선택 툴)을 선택한 후 '교'의 모음 'ㅛ'의 끝 부분을 클릭합니다.

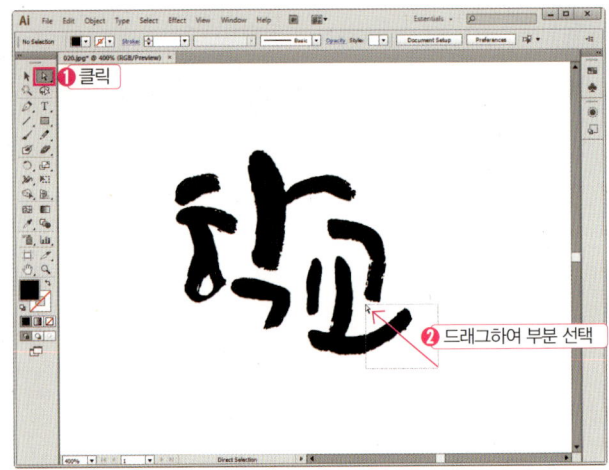

15 선택된 앵커포인트 중 한 부분을 드래그하여 우측으로 움직여 봅니다.

16 일러스트레이터에서의 캘리그라피 편집이 완료되었습니다.

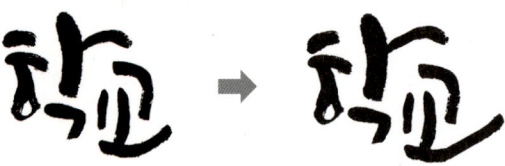

변경 전   변경 후

 캘리그라피의 편집은 포토샵과 일러스트레이터 두 개의 프로그램에서 모두 가능하지만, 벡터(AI) 이미지로 바꾸기 전인 포토샵에서 모양 변경을 해주는 것을 권장합니다. 그 이유는 일러스트에서 벡터(AI) 이미지로 변환한 후보다 변환하기 전인 픽셀 이미지일 때가 변경이 더 쉽고 다양하기 때문입니다.

★ 포 토 샵 + 일 러 스 트 레 이 터 작 업 의 기 술 ★

타이틀 컬러와 주변 컬러의 선택

>> 컬러의 선택은 디자인 전체의 느낌을 결정해주는 매우 중요한 요소입니다. 타이틀 컬러의 선택, 서브 타이틀 컬러의 선택, 텍스트의 선택, 도형 컬러의 선택 등 우리는 디자인할 때마다 컬러를 선택해야 하는 상황에 놓입니다. 더 빨리, 더 효율적으로 컬러를 선택하는 방법을 알아보도록 하겠습니다.

Section 01 함께 쓰면 좋은 빈티지 컬러의 조합, 그리고 타이틀 컬러

주제를 전달하는 가장 좋은 타이틀을 만드는 방법은 주제에 어울리는 폰트를 사용하는 것입니다. 하지만, 아무리 찾아봐도 그러한 폰트가 나오지 않을 때 직접 그 느낌을 구현하여 캘리그라피로 만드는 경우도 있습니다. 캘리그라피의 장점은 어디에도 없는 나만의 타이틀을 완성시킬 수 있다는 것입니다.

1. 컬러의 채도 값을 낮춰주면 쉽게 빈티지 느낌의 컬러를 얻을 수가 있습니다. 다음 컬러를 빈티지 컬러로 바꾸어 보겠습니다.

R198 G29 B35
C10 M100 Y100 K10

2. [Image]-[Adjustment]-[Hue/Saturation](Ctrl + U) 메뉴를 선택합니다. [Hue/Saturation] 대화상자에서 Saturation(채도)을 -42로 낮춰줍니다. (수치는 취향에 따라 결정합니다.)

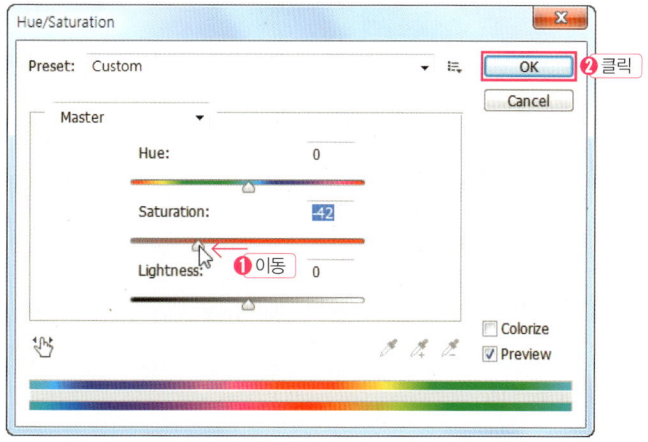

3. 채도가 약해지면서 빈티지스러운 컬러로 바뀌었습니다.

4. 빈티지 컬러 차트와 타이틀 컬러

❺

R98 G34 B57
C45 M90 Y55 K45

R192 G199 B196
C25 M15 Y20 K0

R105 G121 B109
C60 M40 Y55 K15

R29 G50 B56
C85 M65 Y60 K55

Section 02 함께 쓰면 좋은 사랑스러운 파스텔톤 컬러의 조합, 그리고 타이틀 컬러

때로는 사랑스럽게, 때로는 깨끗하게 디자인하고 싶을 때 우리는 파스텔톤의 컬러를 생각하게 됩니다. Level을 이용하여 쉽게 파스텔 컬러로 바꾸는 방법과 여러 가지 파스텔톤 컬러 차트를 통해 타이틀 컬러를 알아보겠습니다.

1. 컬러의 레벨 값을 조절해 주면 쉽게 파스텔톤 컬러를 얻을 수가 있습니다. 다음 컬러를 파스텔톤 컬러로 바꾸어 보겠습니다.

R3 G78 B162
C100 M80 Y0 K0

2. [Image]-[Adjustment]-[Levels](Ctrl + L) 메뉴를 선택합니다. [Levels] 대화상자에서 Output Levels의 2개의 삼각형 중 검은색 삼각형을 우측으로 '159'만큼 옮겨봅니다. 이것은 컬러의 명암을 조절하는 것입니다. (수치는 취향에 따라 결정합니다.)

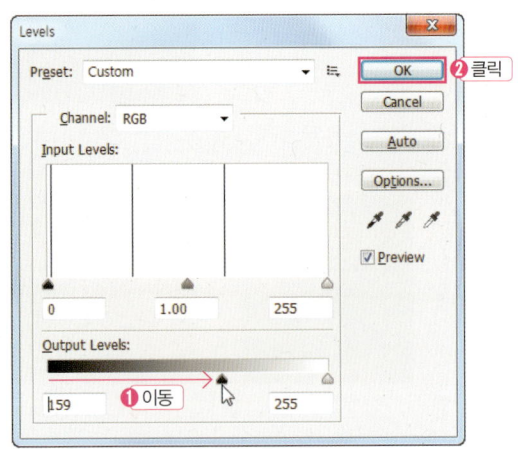

3. 명도가 높아지면서 파스텔톤 컬러로 바뀌었습니다.

참고 파스텔 컬러로 변경된 예 //

R237 G3 B124
C0 M100 Y15 K0

→ Output Level의 검정 삼각형을 200으로 변경

R255 G242 B0
C0 M0 Y100 K0

→ Output Level의 검정 삼각형을 200으로 변경

R46 G49 B146
C100 M100 Y0 K0

→ Output Level의 검정 삼각형을 180으로 변경

4. 파스텔톤 컬러 차트와 타이틀 컬러

❶

R251 G212 B218
C0 M20 Y5 K0

R204 G194 B192
C20 M20 Y20 K0

R149 G146 B165
C45 M40 Y25 K0

R202 G134 B159
C20 M55 Y20 K0

❷
R255 G252 B213
C0 M0 Y20 K0

R156 G202 B178
C40 M5 Y35 K0

R194 G216 B179
C25 M4 Y35 K0

R170 G151 B179
C35 M40 Y15 K0

❸
R255 G251 B204
C0 M0 Y25 K0

R229 G200 B158
C10 M20 Y40 K0

R144 G121 B79
C40 M45 Y75 K15

R98 G104 B68
C60 M45 Y80 K25

❹
R255 G253 B233
C0 M0 Y0 K0

R246 G162 B168
C0 M45 Y20 K0

R214 G208 B213
C15 M15 Y10 K0

R30 G48 B99
C100 M90 Y30 K25

❺

R132 G187 B166
C50 M10 Y40 K0

R98 G124 B120
C65 M40 Y50 K10

R239 G236 B234
C5 M5 Y5 K0

R227 G243 B241
C10 M0 Y5 K0

Section
03 함께 쓰면 좋은 비비드 컬러의 조합, 그리고 타이틀 컬러

강렬한 느낌을 원할 때, 그리고 경쾌함, 세련됨을 표현하고 싶을 때 우리는 원색에 가까운 컬러를 생각하게 됩니다. Hue/Saturation을 이용하여 쉽게 비비드 컬러로 바꾸는 방법과 여러 가지 비비드톤 컬러 차트를 통해 타이틀 컬러를 알아보겠습니다.

1. 컬러의 Saturation 값을 조절해 준 후 Hue 값을 이동하여 쉽게 비비드톤 컬러를 얻을 수가 있습니다. 다음 컬러를 비비드톤 컬러로 바꾸어 보겠습니다.

R132 G187 B166
C50 M10 Y40 K0

2. [Image]-[Adjustment]-[Hue/Saturation] (Ctrl + U) 메뉴를 선택합니다. [Hue/Saturation] 대화상자에서 [Saturation]을 최고점(+100)으로 올려줍니다. Saturation은 채도를 뜻하며, 비비드 컬러의 원색을 표현하기 위해 채도를 가장 높이 올려주는 것입니다.

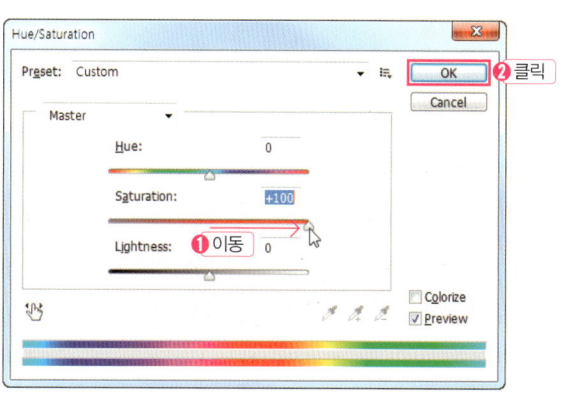

3. Hue를 움직여 원하는 컬러를 찾아봅니다.

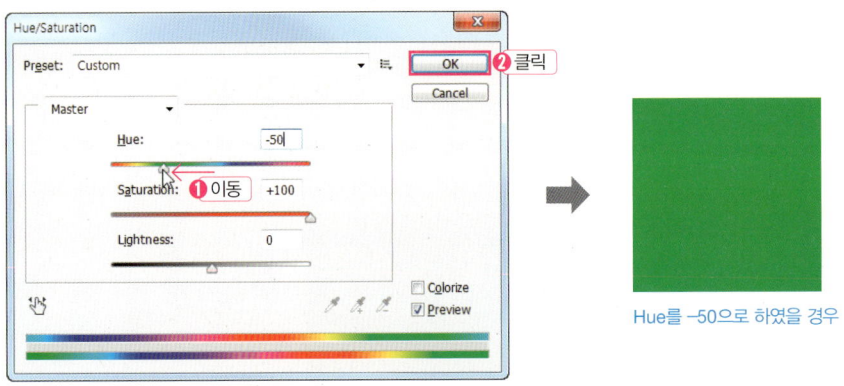

Hue를 -50으로 하였을 경우

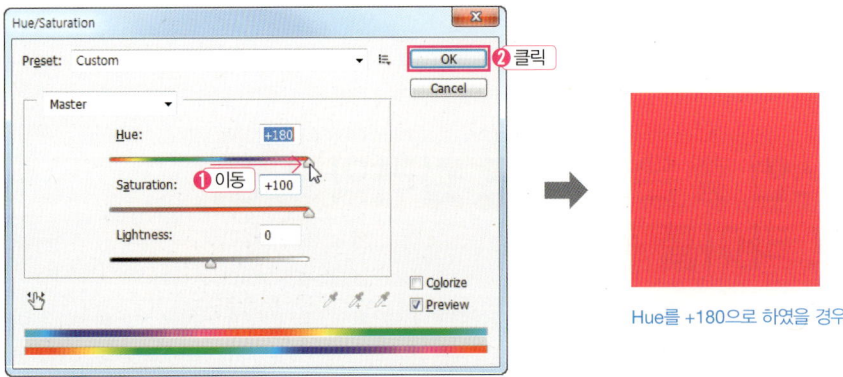

Hue를 +180으로 하였을 경우

참고 비비드 컬러로 변경된 예

R173 G213 B129
C35 M0 Y65 K0

Hue -30, Saturaion 180
으로 변경

R151 G138 B147
C45 M45 Y35 K0

Hue -90, Saturaion 100
으로 변경

R198 G161 B65
C25 M35 Y90 K0

Hue -30, Saturaion 100
으로 변경

4. 비비드톤 컬러 차트와 타이틀 컬러

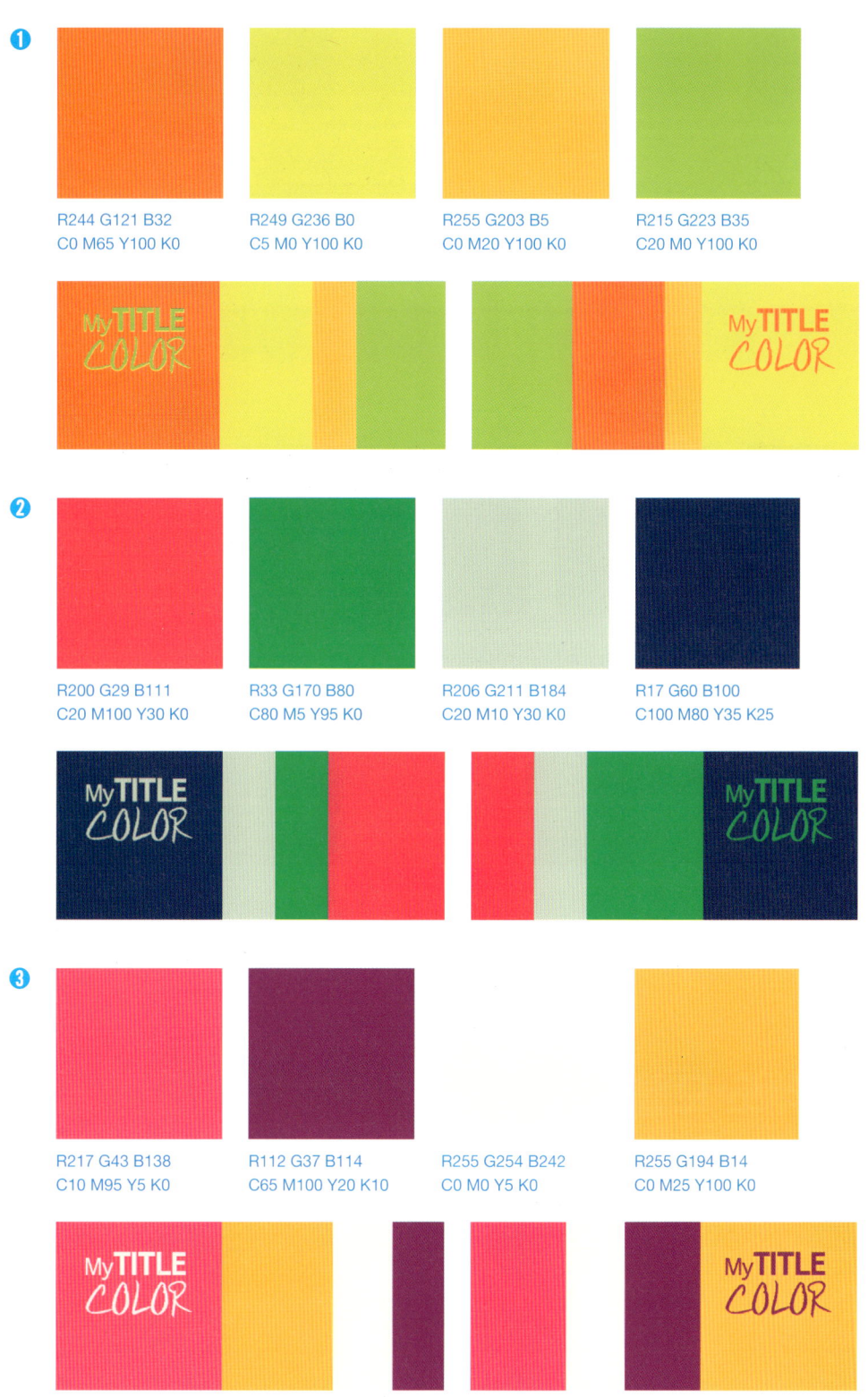

Section 04 그래도 모를 때! 간단히 컬러를 선택할 수 있는 지혜로운 방법

포스터나 전단지를 만들 때 또는 어떠한 작업물을 진행할 때 타이틀의 컬러나 그 외 텍스트의 컬러, 넓게는 도형 및 소스 하나까지도 어떠한 컬러를 선택해야 하는지 도저히 생각이 나지 않을 때 아주 쉽게 컬러를 선택하는 방법이 있습니다.

- 시작파일   part 01〉chapter 04〉p1c4021.jpg, p1c4022.jpg
- 완성파일   part 01〉chapter 04〉p1c4021_완성.jpg, p1c4022_완성.jpg

01 'p1c4021.jpg' 파일을 불러옵니다. 폴라로이드 느낌의 사진 하단에 텍스트를 쓰기 위하여 T.(가로 문자 툴)을 눌러 적당한 문구를 입력합니다.

가을날의 동화 : 나눔손글씨, 12pt

02 텍스트의 컬러를 선택하려고 합니다. 텍스트를 드래그하기 위하여 T.(가로 문자 툴)을 눌러 글씨를 드래그합니다. 상단의 ▢(텍스트 컬러 변경 메뉴)를 클릭합니다.

03 [Color Picker] 대화상자가 표시되면 마우스를 이미지 내로 이동합니다. 🖋 모양이 나타나면 원하는 곳의 컬러를 추출합니다.

04 추출한 컬러가 자동으로 텍스트에 적용된 것을 확인할 수 있습니다.

추출한 컬러 적용됨

05 이번에는 배경으로 사용할 색을 추출한 후 텍스트를 올리는 작업을 해보겠습니다. 'p1c4022.jpg' 파일을 불러옵니다. (새 레이어)를 눌러 새 레이어를 열어준 후 들어갈 도형의 컬러를 추출하기 위하여 툴 바에서 (스포이드 툴)을 눌러 이미지 내의 레미콘 앞부분을 클릭합니다. 컬러가 추출된 것이 보입니다.

06 사각형을 그리기 위하여 툴 바에서 (사각형 툴)을 클릭하고 화면을 넓게 한 후 사각형을 그립니다.

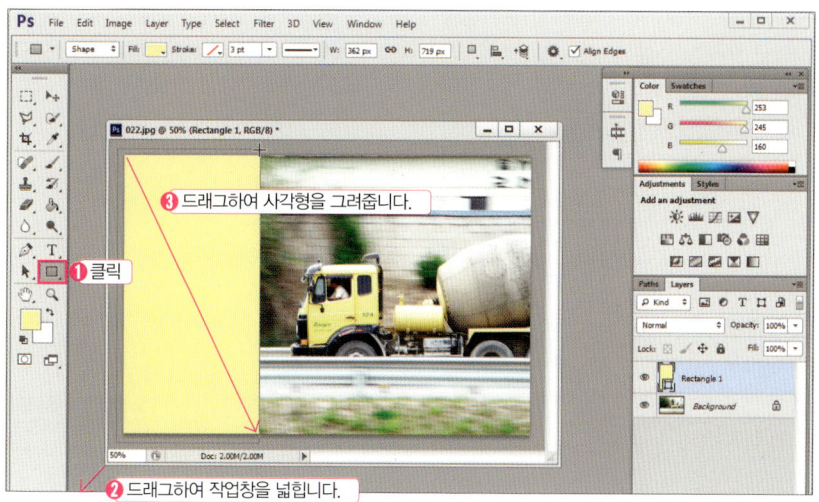

Chapter 04 타이틀 컬러와 주변 컬러의 선택 **137**

07 사각형 레이어는 마우스 오른쪽 버튼을 클릭해서 [Rasterise Layer] 메뉴를 선택합니다.

08 레이어 우측 상단의 [Opacity] 값을 '75%'로 설정합니다.

09 텍스트의 컬러를 추출하기 위하여 툴 바에서 (스포이드 툴)을 선택해 이미지 상단 부분을 클릭하여 컬러를 추출합니다. 추출된 컬러가 툴 바 하단에 보입니다.

10 원하는 텍스트를 입력합니다.

ABCDE : 나눔바른고딕 Bold, 60pt

11 `Ctrl` + `T`를 눌러 우측 상단 꼭짓점 부분에 마우스를 갖다 놓은 후 움직여 각도를 90도로 변경합니다. `Enter`를 눌러 적용합니다.

12 전과 같은 방법으로 나머지 텍스트도 입력한 후 `Ctrl` + `T`를 이용하여 크기를 줄여 마무리합니다.

13 완성된 모습입니다.

tip 포인트를 주기 위하여 텍스트 중 일부만 드래그하여 컬러를 바꿔주는 방법도 있습니다. 이때도 마찬가지로 이미지 내에 있는 컬러를 추출하여 만들면 작업물에 통일감을 줄 수 있습니다.

포토샵과 일러스트레이터의 병행 작업

디자인 작업을 하다 보면, 포토샵과 일러스트레이터 그 어떤 한 개의 프로그램만으로는 작업이 어려울 때가 있습니다. 포토샵과 일러스트레이터를 병행하면 훨씬 편하고 쉽게 작업할 수 있습니다. 포토샵은 이미지 작업에 최적화되어 있는 프로그램이고, 일러스트레이터는 텍스트 작업에 최적화되어 있는 프로그램이기 때문에 작업 내용에 따라 2개의 프로그램을 적절히 사용하는 것이 좋습니다.

★포토샵+일러스트레이터 작업의 기술★

배경과 이미지 작업은 포토샵에서

>> 포토샵은 이미지 편집 및 수정 작업에 매우 편리한 프로그램으로, 색감이나 모양을 바꿀 수가 있습니다. 하지만 텍스트가 많은 작업일 경우 문자 툴을 눌러 텍스트를 쓸 때마다 새로운 레이어를 만들어야 하기 때문에 매우 많은 양의 레이어를 만들게 되는 단점이 있습니다. 그래서 포토샵에서 이미지 작업을 완료한 후 이를 저장하여 일러스트레이터에서 텍스트 작업을 마무리하는 방법을 권장합니다.

Section 01 작업 환경 만들기

배경 작업을 위한 작업창을 설정할 때는 여분까지 생각하여 사이즈를 정해야 합니다. 또한 배경 이미지를 만들 때는 텍스트가 들어갈 위치를 예상하여 적절한 공간이 생기도록 작업해 주어야 합니다.

01 A4 전단지를 예를 들어 보겠습니다. [New] 대화상자에서 [Preset]은 'International paper', [Size]는 'A4'로 설정합니다. 이때 주의할 점은 미리 여분을 주어야 한다는 점입니다. 재단선은 보통 각 면마다 2mm~3mm를 추가로 주게 되는데 A4의 가로가 210mm이므로 왼쪽 면과 오른쪽 면에 각각 3mm를 준다고 하면 설정 시 주어야 하는 Size는 216mm가 됩니다. 같은 방법으로 세로는 297mm의 윗면과 아랫면의 각각 3mm를 더한 값인 303mm가 됩니다. [Color Mode]는 'CMYK', [Resolution]은 '300dpi', [Background Contents]는 'White'로 설정한 후 [OK] 버튼을 클릭합니다.

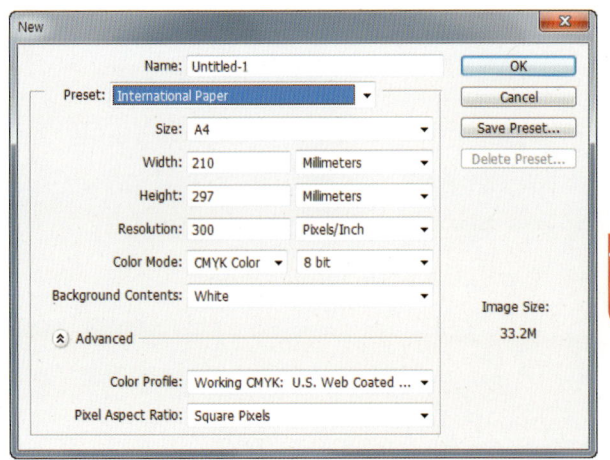

tip 전단지, 포스터에 가장 많이 사용되는 사이즈별 작업창 사이즈

A5 Size(148mm X 210mm) → 작업창(154mm X 216mm)
B5 Size(176mm X 250mm) → 작업창(182mm X 256mm)
A4 Size(210mm X 297mm) → 작업창(216mm X 303mm)
B4 Size(250mm X 353mm) → 작업창(256mm X 359mm)
A3 Size(297mm X 420mm) → 작업창(303mm X 426mm)

02 작업을 진행할 때 미리 텍스트가 들어갈 자리를 고려하여 작업해 주는 것이 중요합니다.

Section 02 배경 작업물 저장하기

작업한 자료는 반드시 원본 파일(psd)로 저장해 두어야 합니다. 일러스트레이터로 옮겨 텍스트 작업을 할 경우 포토샵에서 이미지 배치를 조금씩 수정해야 할 일이 생기기 때문입니다. 또한 일러스트레이터에서 작업하기 위해 jpeg 파일로도 저장해야 합니다.

01 작업을 완료한 후 psd 원본 파일의 저장을 위하여 [File]-[Save As] 메뉴를 선택합니다.

Chapter 01 배경과 이미지 작업은 포토샵에서 145

02 저장 옵션 대화상자가 표시되면 [Format]을 'Photoshop(PSD)'로 설정하고 원하는 파일 이름을 입력한 후 [저장] 버튼을 클릭합니다.

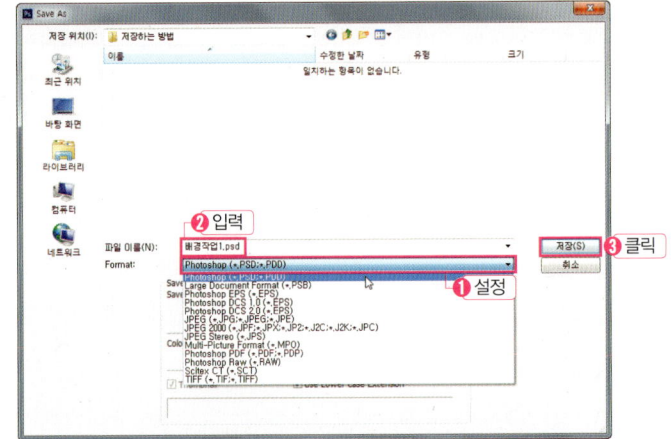

03 저장 경고창이 나타나면 [OK] 버튼을 클릭합니다.

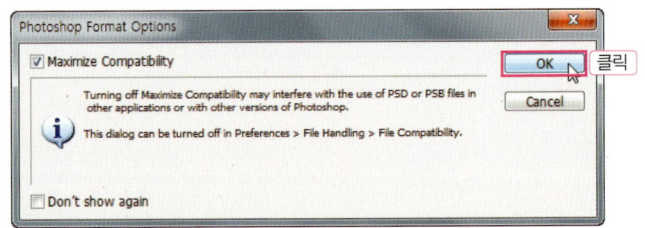

04 같은 방법으로 [File]-[Save As] 메뉴를 클릭해 [Save As] 대화상자에서 [Format]을 'JPEG'로 설정하고 원하는 파일 이름을 입력한 후 [저장] 버튼을 클릭합니다.

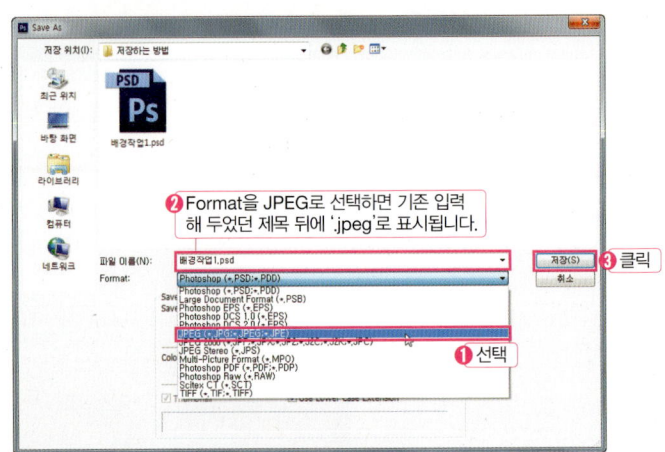

05 [JPEG Options] 대화상자가 표시되면 'Quality' 슬라이드를 최대로 설정한 후 [OK] 버튼을 클릭합니다.

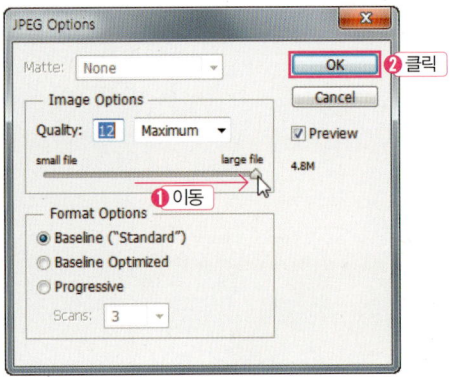

★ 포 토 샵 + 일 러 스 트 레 이 터 작 업 의 기 술 ★

텍스트 작업은 일러스트레이터에서

>> 일러스트레이터는 텍스트 작업 시 새로 레이어를 만들지 않고 미리 설정한 레이어 내에서 모든 텍스트 작업이 가능합니다. 또한 스포이드 툴 기능으로 원하는 문장의 성격(서체, 크기, 자간, 행간 등)을 모두 복사해 올 수 있습니다. 그러므로 텍스트 작업이 많을 경우에는 가급적이면 일러스트레이터 프로그램을 사용하는 것이 좋습니다.

Section 01 작업 환경 만들기

포토샵과 일러스트레이터에서의 새 창 열기는 거의 흡사하지만 재단선 지정 방법이 조금 다릅니다. 포토샵에서는 재단선을 사이즈에 더하여 새 창을 여는 데 반해 일러스트는 재단선을 따로 지정해준 뒤 열게 됩니다.

01 A4 전단지를 예로 설명하겠습니다. [New Document] 대화상자에서 [Size]는 'A4', [Orientation]은 '세로'로 설정한 후 재단선을 설정하는 'Bleed' 값을 포토샵에서 열어줄 때 더한 재단선만큼 입력합니다. (Chapter1에서 0.3cm씩 넣어 주었으므로 값을 0.3cm로 모두 설정합니다.) [Advanced]에서 [Color Mode]는 'CMYK', [Raster Effects]는 '300ppi', [Preview Mode-Default(기본)]로 설정한 후 [OK] 버튼을 클릭합니다.

02 일러스트레이터의 작업 창이 열렸습니다. 텍스트 작업을 할 기초 작업을 마쳤습니다.

Section 02 포토샵에서 작업한 배경 이미지 불러오기

미리 저장한 배경 jpeg 파일을 불러온 뒤 일러스트 작업창에 배치하는 작업입니다.

시작파일   part 02〉p1c2001.jpg

01 일러스트레이터에서 [File]-[Open] 메뉴를 선택한 후 'p1c2001.jpg' 파일을 선택하고 [OK] 버튼을 클릭합니다.

148 Part 02 포토샵과 일러스트레이터의 병행 작업

02 미리 열어놓은 새 창과 이미지를 모두 보이게 하기 위해 열린 이미지의 옵션 바를 마우스로 클릭하여 아래로 움직입니다.

03 (선택 툴)을 선택한 후 마우스로 이미지를 드래그하여 새 창으로 이동합니다.

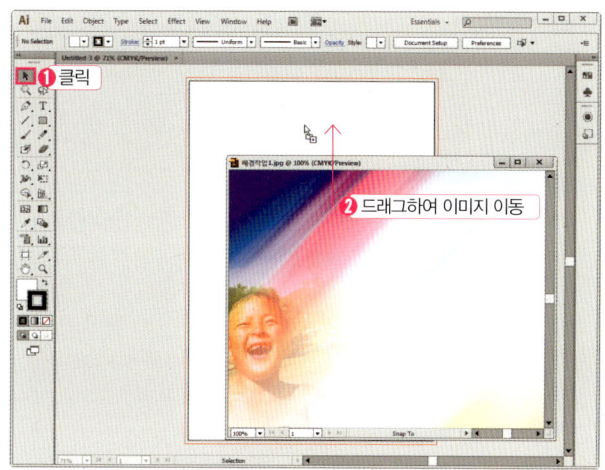

04 옮겨진 배경 이미지를 재단선에 맞게 배치한 후 [Window]-[Layers] 메뉴를 선택합니다.

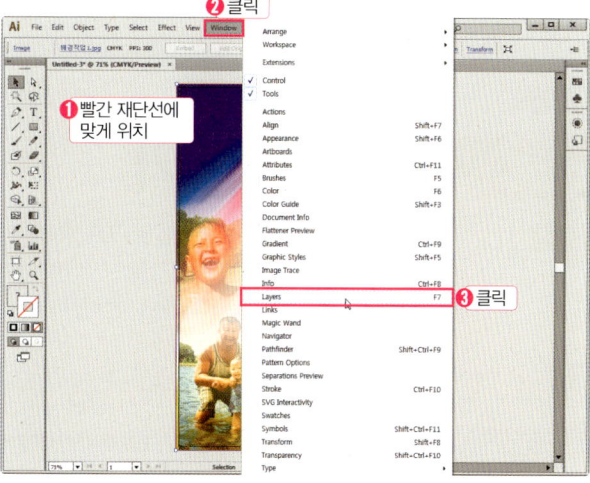

05 배경 레이어 앞부분을 클릭하면 열쇠 모양이 나타나면서 더 이상 움직이지 못하도록 잠가둘 수 있습니다. 이렇게 하는 이유는 텍스트 작업 시 뒷배경이 움직이지 않도록 하여 더욱 편리한 작업을 하기 위함에 있습니다.

06 작업하기 위한 레이어를 생성하기 위해 (새 레이어)를 클릭하여 'Layer 2'를 열어줍니다. 이곳이 바로 여러분이 텍스트를 작업할 수 있는 작업창이 됩니다.

Section 03 텍스트 작업하기

일러스트레이터에서의 텍스트 작업은 포토샵보다 더 간편합니다. 확대 및 축소하는 방법도 Ctrl + T 를 누르지 않아도 가능하며 스포이드 기능으로 쉽게 원하는 폰트의 모양 복사가 가능합니다. 여기서는 일러스트레이터에서 텍스트 작업을 하는 기본적인 내용에 대해서 간략하게 알아보겠습니다.

01 툴 바에서 (문자 툴)을 클릭한 후 원하는 위치에 텍스트를 입력합니다. 편집을 위해 입력한 글을 드래그하여 영역 설정합니다.

02 [Type]-[Font] 메뉴를 선택한 후 '산돌고딕네오2 Medium'으로 선택했습니다.

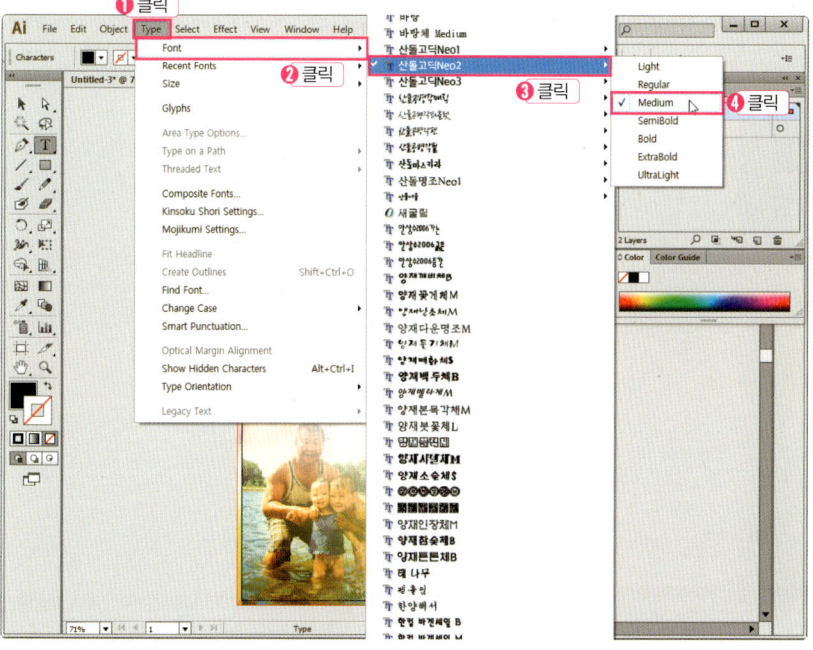

Note_ 산돌고딕네오 폰트는 유료 폰트입니다. 여러분은 원하는 폰트로 설정한 후 작업해 보기 바랍니다.

03 [Type]-[Size] 메뉴를 선택한 후 '24pt'를 선택합니다.

04 한 번에 이 모든 기능을 편리하게 하기 위하여 [Window]-[Type]-[Character] 메뉴를 클릭하여 텍스트 편집기를 열어주어도 됩니다.

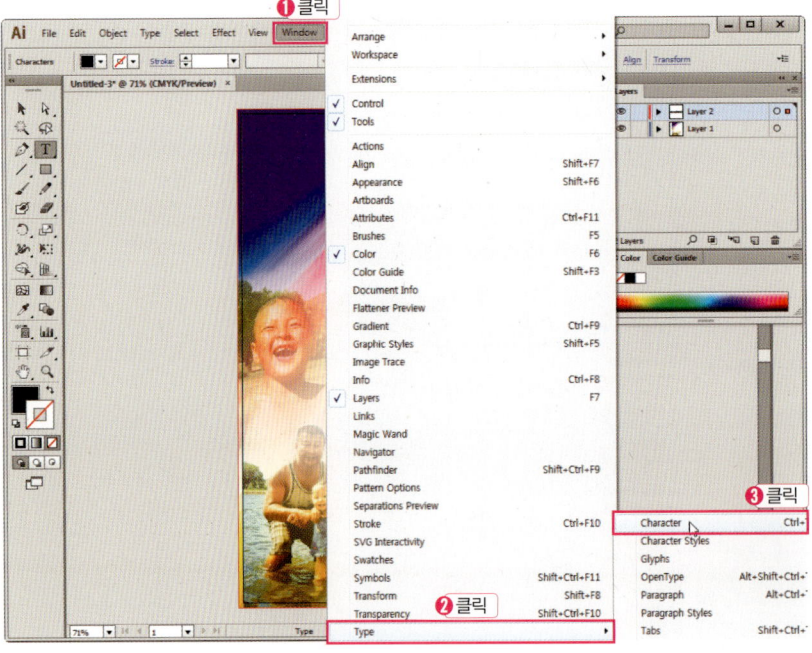

05 텍스트 편집기에서 텍스트 및 크기 등의 편집이 가능합니다. [텍스트 편집기]에서 [Character]에서 폰트 종류 'Medium', 폰트 스타일 'Medium', 텍스트 사이즈 '23.62', 행간 '28.35', 세로 폭 '100%', 가로 폭 '100%'로 설정합니다.

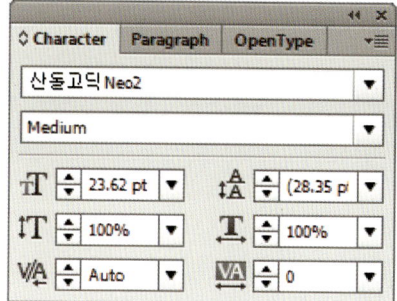

 일러스트레이터 Character 패널에 대하여

- T(텍스트 사이즈) : 텍스트를 원하는 사이즈로 변경합니다.
- A(행간 조절) : 텍스트의 행간을 조절합니다.
- T(세로 폭 조절) : 텍스트의 세로폭을 조절합니다.
- T(가로 폭 조절) : 텍스트의 가로폭을 조절합니다.
- VA(한 글자 자간 조절) : 한 글자의 자간을 조절할 때 사용합니다.
- VA(전체 자간 조절) : 전체 텍스트의 자간을 조절할 때 사용합니다.

 일러스트레이터에서 텍스트를 확대/축소할 때는

[Type]-[Size] 메뉴에는 한정된 사이즈만 보입니다. 그러므로 일러스트레이터에서 텍스트를 확대 및 축소할 경우는 ▶(선택 툴)을 선택한 후 텍스트를 클릭하면 텍스트 주변으로 사각형 모양이 생성됩니다. 이때 Shift 를 누른 상태에서 확대 및 축소할 수 있습니다. 포토샵에서 Ctrl + T 를 누르는 기능과 같습니다.

06 입력한 텍스트를 이동할 경우 별도의 레이어 선택 없이 마우스로 글씨를 클릭하여 드래그하면 원하는 위치로 이동할 수 있습니다.

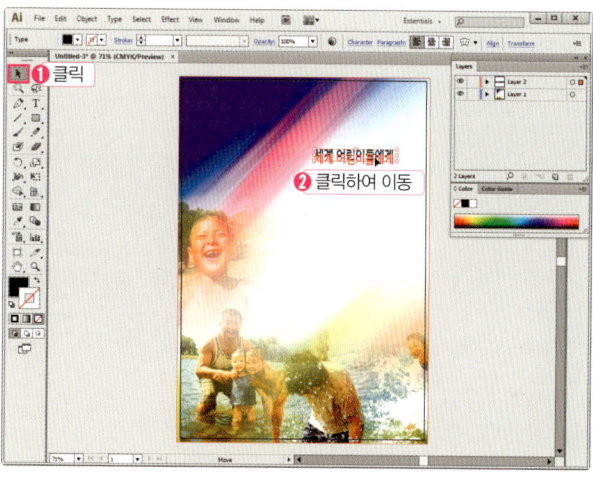

Chapter 02 텍스트 작업은 일러스트레이터에서 **153**

Section 04 행간과 자간 조절하기

키보드의 Alt 를 누른 후 화살표를 움직여 쉽게 행간과 자간을 조절할 수 있습니다.

01 행간과 자간을 조절하는 방법입니다. 툴 바에서 T (문자 툴)을 선택하고 원하는 위치에 2줄로 텍스트를 입력한 후 입력한 텍스트를 마우스로 클릭하여 선택합니다.

02 자간을 늘이거나 줄이려면 Alt 를 누른 상태에서 키보드의 좌/우 화살표를 누릅니다.

03 행간을 늘이거나 줄이려면 Alt 를 누른 상태에서 키보드의 화살표를 위/아래쪽으로 누릅니다.

04 입력한 텍스트 오브젝트를 정렬하려면 Shift 를 누른 상태에서 정렬할 텍스트를 모두 클릭하여 선택한 후 옵션 바의 ≣(오른쪽 정렬)을 클릭하면 오른쪽 정렬이 됩니다. (≣(왼쪽 정렬), ≣(가운데 정렬))

05 두 개의 텍스트 오브젝트를 왼쪽 정렬하려면 Shift 를 누른 상태에서 원하는 오브젝트를 모두 선택합니다. 옵션 바의 ▤(왼쪽 정렬)을 눌러 정렬할 수 있습니다.

06 이번에는 모든 텍스트를 화면의 정중앙에 위치시켜 보겠습니다. 모든 텍스트를 중앙으로 정렬하기 위해서는 텍스트만 선택해서 정렬해주면 텍스트끼리 중앙 정렬되므로 전체 화면의 중앙 정렬은 되지 않습니다. 이때는 기준이 되어줄 도형이 하나 필요합니다. 그것이 배경 이미지가 될 수도 있고, 임의로 만든 도형이 될 수도 있습니다.

07 기준이 되어줄 배경 화면의 사용을 위해 'Layer 1'의 잠금을 해제한 후 화면 전체를 드래그하여 가운데 정렬할 모든 개체를 선택합니다.

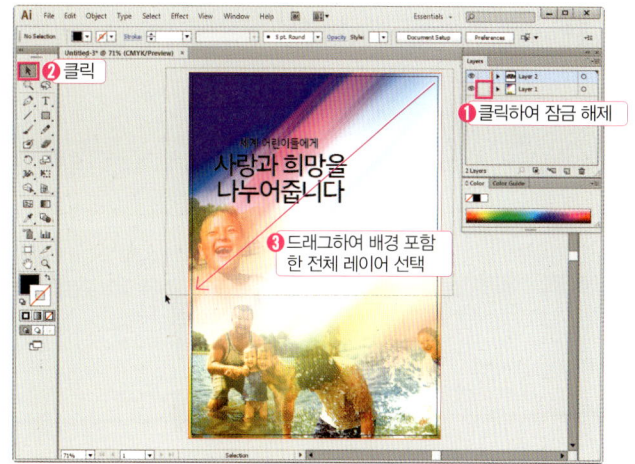

08 배경 화면과 텍스트가 모두 선택되면 옵션 바의 ◆(수직 중앙 정렬)을 클릭합니다.

09 선택된 레이어가 모두 수직으로 중앙 정렬됩니다. 그대로 마우스를 움직여 재단선에 맞게 재배치해줍니다.

10 T,(문자 툴)로 나머지 텍스트를 입력한 후 드래그하여 영역을 설정합니다.

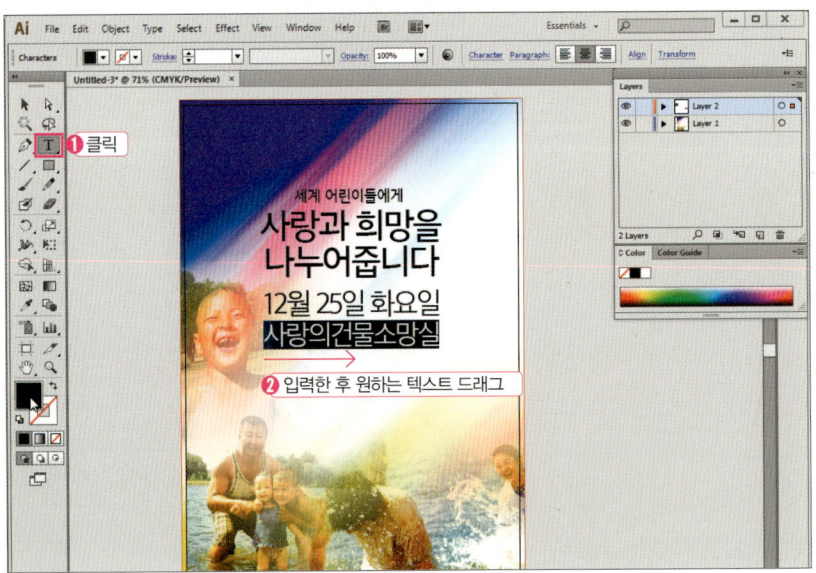

11 툴 바 하단의 ■을 더블 클릭합니다. [Color Picker] 대화상자에서 컬러를 'C : 0, M : 100, Y : 100, K : 0'으로 선택한 후 [OK] 버튼을 클릭합니다.

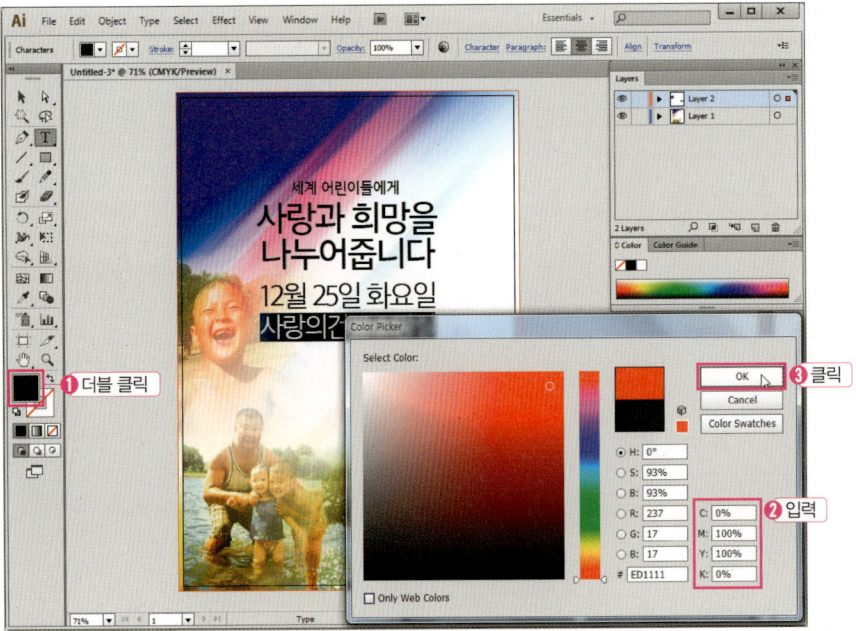

12 텍스트에 선택한 컬러가 적용되었습니다.

13 또 다른 컬러 적용 방법을 알아보겠습니다. T.(문자 툴)을 선택한 후 컬러를 변경할 텍스트를 드래그합니다. 툴 바에서 (스포이드 툴)을 설정하고 이미지 내의 상단 좌측의 파란색 중간 부분을 클릭합니다.

14 추출된 컬러가 텍스트에 적용된 것을 확인할 수 있습니다.

Chapter 02 텍스트 작업은 일러스트레이터에서 **159**

Section
05 글씨 윤곽선에 컬러 입히기

툴 바의 [Stroke]에서 글자의 컬러를 지정하고 스트로크의 컬러를 지정합니다.

01 (선택 툴)을 선택하고 윤곽선을 넣을 글씨를 선택하고 툴 바 하단의 [Stroke]을 더블 클릭합니다.

02 [Color Picker] 대화상자에서 컬러를 'C : 10, M : 0, Y : 95, K : 0'으로 설정한 후 [OK] 버튼을 클릭합니다.

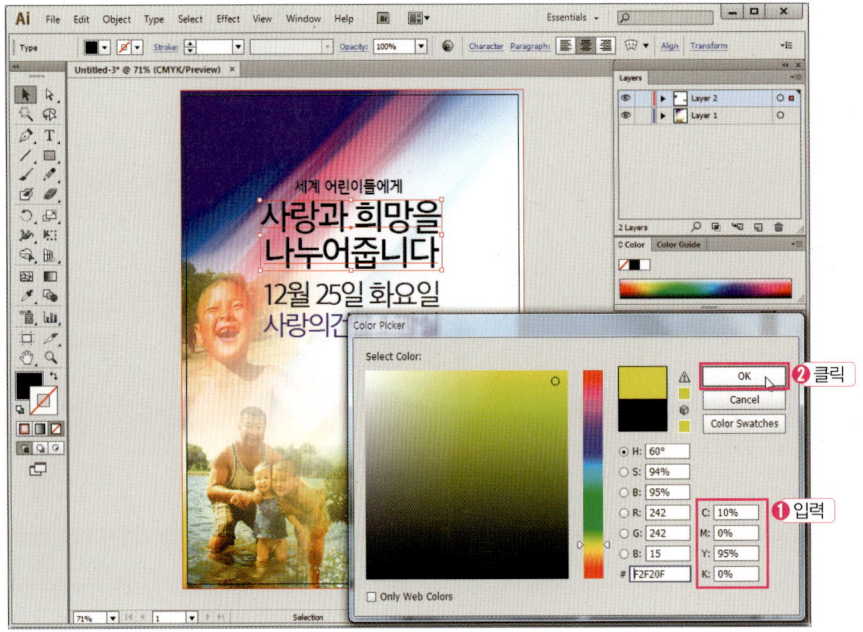

03 상단의 [Stroke]에서 굵기를 '3pt'로 설정합니다.

tip 스트로크나 컬러를 해제하는 방법

일러스트레이터에서는 이전 단계로 가기 위해서 Ctrl + Z 를 누릅니다. Ctrl + Z 를 반복적으로 누름으로써 작업의 이전 5단계, 10단계 전까지도 돌아가는 것이 가능합니다. 하지만 컬러를 없애거나 스트로크를 없애는 방법은 툴 바 하단의 버튼 하나로 쉽게 할 수 있습니다.

컬러를 해제할 경우는 [Fill]을 클릭하고 하단의 [None]을 클릭합니다.

스트로크의 컬러를 해제할 경우는 [Stroke]을 클릭하고 하단의 [None]을 클릭합니다.

Section

06 문단 모양 복사하기

스포이드 툴로 텍스트를 선택하면 문단 모양이 복사됩니다.

01 컬러를 추출할 때와 마찬가지로 텍스트를 선택하고 (스포이드 툴)을 선택한 후 상단의 '세계 어린이들에게' 텍스트를 선택합니다. 마우스 옆으로 T 자가 나타납니다.

02 텍스트의 모양이 모두 복사되어 나타납니다.

 일러스트레이터에서 스포이드 툴은?
텍스트의 성격(컬러, 자간, 행간, 글씨체, 크기 등)과 일러스트레이터에서 작업된 이미지의 효과까지도 모두 복사하여 적용하는 툴이므로 매우 자주 사용됩니다.

Section 07 아웃라인 따기

일러스트레이터에서 작업한 자료는 반드시 인쇄용을 넘기기 전 아웃라인을 딴 뒤 인쇄소에 넘겨야 합니다. 아웃라인을 따지 않고 넘기게 되면 아무리 멋진 폰트를 사용했다고 해도 인쇄 시 폰트가 깨지기 때문입니다.

01 Shift 을 누른 상태에서 모든 텍스트를 선택한 후 [Type]-[Create Outlines] 메뉴를 선택합니다.

02 텍스트가 아웃라인이 따져서 마치 도형과 같이 인식됩니다. (단축키 : Ctrl + Shift + O)

tip 상대방이 내가 작업한 파일을 수정하고자 할 경우

최종 인쇄용이 아닐 경우 상대방이 작업 파일을 수정코자 할 때 사용한 폰트를 함께 보내주어야 합니다. 그래야 폰트가 깨지지 않고 상대방의 컴퓨터에서 열리게 됩니다. 아웃라인을 따게 되면 텍스트가 아닌 도형으로 바뀌는 것이기 때문에 더 이상 수정이 불가능합니다.

Section 08 작업 파일로 저장하기

일러스트레이터에서 작업한 파일을 인쇄용으로 넘길 때는 2가지의 저장 방식을 사용하면 됩니다. 그것은 EPS와 PDF입니다. AI는 일러스트레이터에서 작업을 하고 나면 만들어지는 일러스트레이터의 고유 이미지 파일 포맷입니다. 일러스트의 작업용 파일은 AI로 저장해야 하는데 만약, 인쇄용으로 넘길 경우는 EPS로 변환하여 넘기는 것이 좋습니다. 하지만 필요에 따라 AI 파일을 넘기기도 합니다.

01 작업 파일로 저장하기 위하여 [File]-[Save As] 메뉴를 선택합니다.

02 [Save As] 대화상자가 표시되면 파일 형식을 AI로 설정한 후 [저장] 버튼을 클릭합니다.

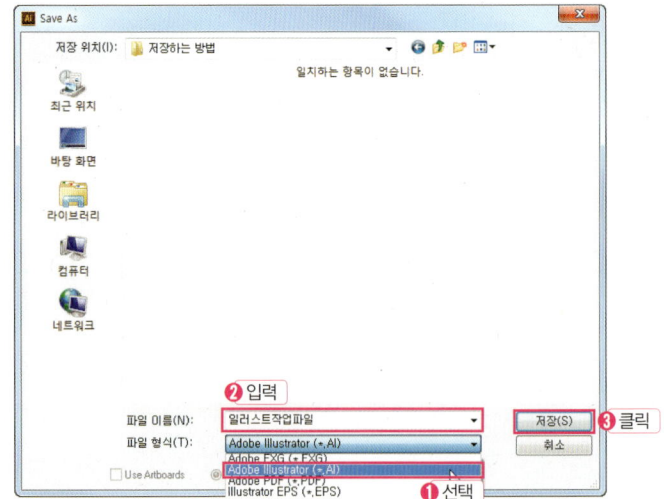

03 옵션 창이 뜨면 작업용으로 저장할 경우는 현재 여러분이 가지고 있는 일러스트레이터 버전으로 저장해야 합니다. 그렇지 않으면 다음의 파일을 열 경우 깨짐 현상이 일어납니다. 버전을 선택한 후 [OK] 버튼을 클릭합니다. 현재 작업하고 있는 버전이 최상위에 나타나면 'illustrator CS6' 을 클릭합니다.

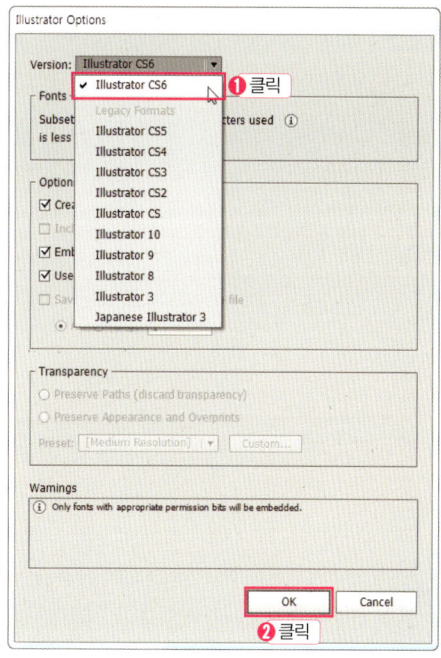

Section 09 인쇄 파일(EPS)로 저장하기

인쇄 파일(EPS)은 출력을 위해서 특별히 만들어진 파일 포맷입니다. 하지만 AI 파일이 인쇄용으로 쓰이기도 합니다. PDF는 시안용임과 동시에 인쇄용으로 가능한 저장 방식입니다. 텍스트가 많을 경우 되도록 EPS로 인쇄용을 만드는 것이 좋습니다.

01 잠겨 있는 레이어가 없도록 해주어야 합니다.

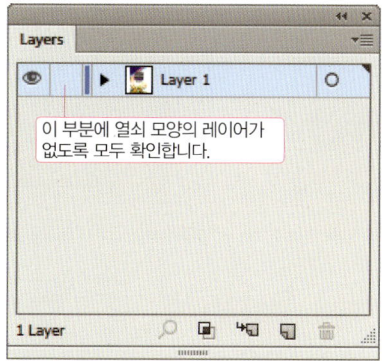

02 [File]-[Save As] 메뉴를 선택한 후 [Save As] 창에서 '저장 방식'을 'EPS'로 선택해주고 파일 이름을 입력한 후 [저장] 버튼을 클릭합니다.

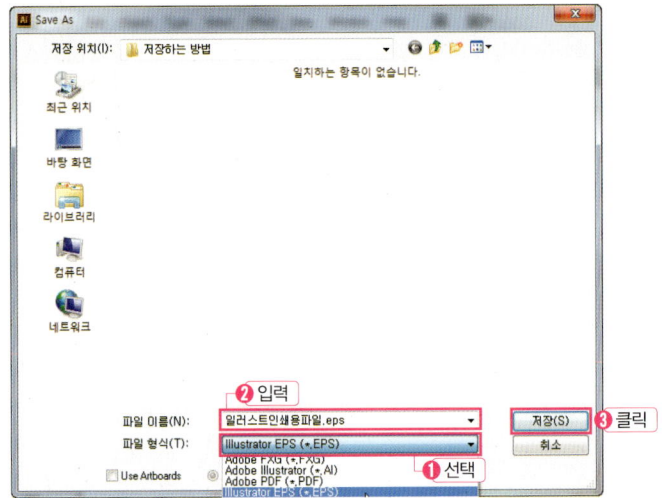

03 EPS 옵션 창이 표시되면 작업용 저장 버전과는 다르게 조금 낮은 버전으로 저장해주어야 합니다. 그 이유는 작업한 컴퓨터의 일러스트 버전보다 인쇄소의 일러스트 버전이 낮으면 인쇄소에서 파일을 열지 못할 수 있기 때문입니다. (미리 인쇄소에 버전을 물어본 뒤 그 버전으로 저장하는 것도 좋지만, Illustrator CS3 EPS 버전으로의 저장을 권장합니다.)

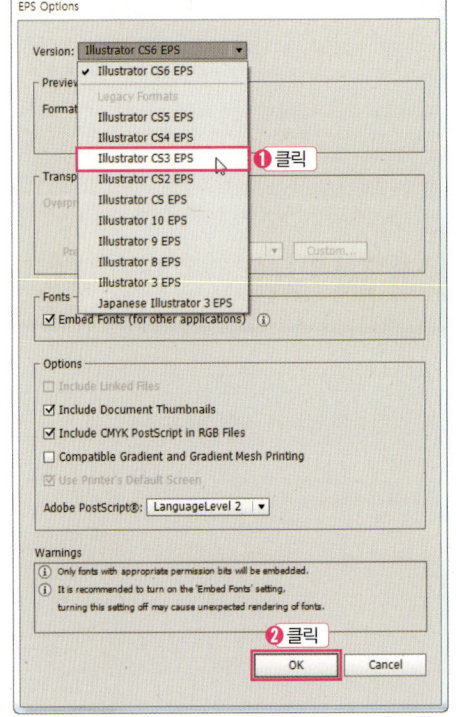

04 경고창이 뜨면 [OK] 버튼을 클릭합니다. (현재 버전보다 낮은 버전으로 저장할 경우 지원되지 않는 기능이 있다는 의미입니다. 하지만 저장 시 무시해도 좋습니다.)

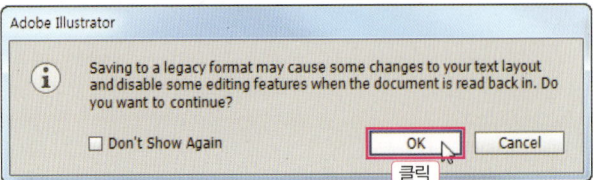

Section 10 인쇄 파일(PDF)로 저장하기

작업 소스를 유출하지 않고 저장하려면 PDF로 저장하는 것도 좋은 방법입니다.

01 인쇄 파일(PDF)로 저장하기 위해서 [File]-[Save As] 메뉴를 선택합니다.

02 [Save As] 대화상자에서 '저장 방식'을 'PDF'로 선택하고 원하는 파일명을 입력한 후 [저장] 버튼을 클릭합니다.

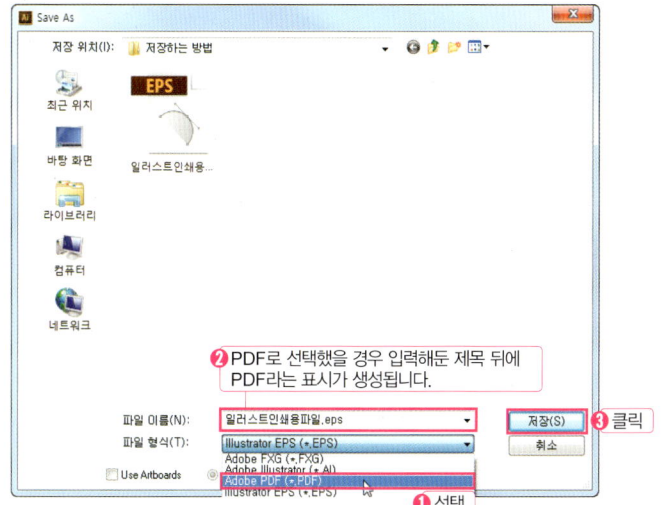

Chapter 02 텍스트 작업은 일러스트레이터에서 167

03 PDF 저장 옵션 창이 나오면 왼쪽의 [General]을 선택한 후 [Options]에서 'View PDF after Saving'을 선택합니다. (저장한 후 저장화면을 미리보기로 보여주도록 하는 것입니다.)

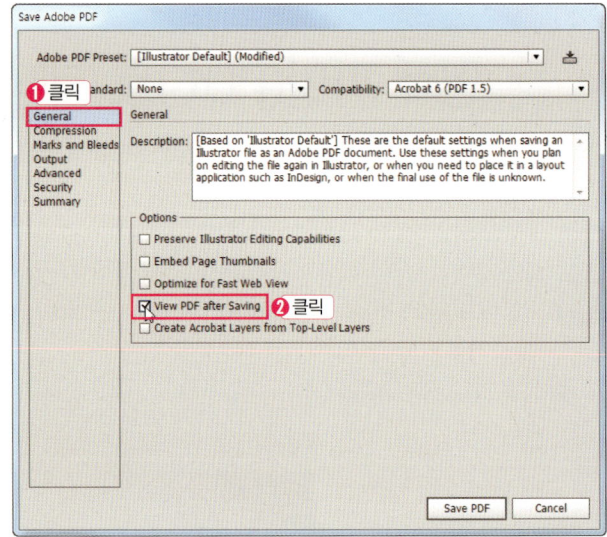

04 왼쪽에서 [Marks and Bleeds]를 누른 후 우측의 [Marks]에서 'Trim Marks' 만 선택하고 나머지는 해제합니다. (재단선이 표시되도록 해주는 것입니다.)

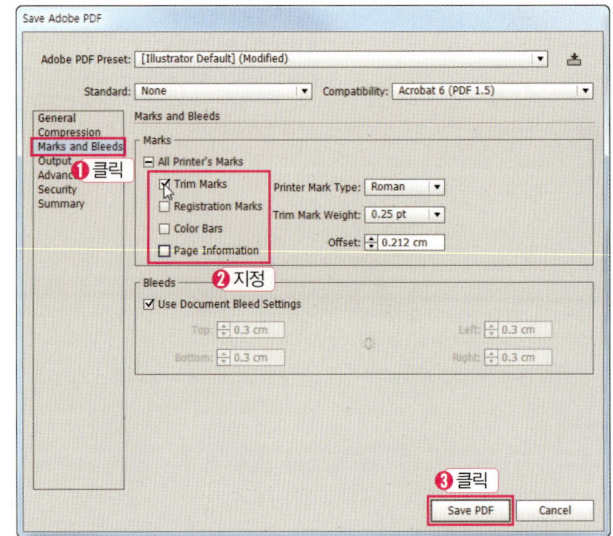

05 PDF로 저장하면 일러스트 편집 기능이 해제될 수 있다는 경고창이 나타납니다. [OK] 버튼을 클릭합니다.

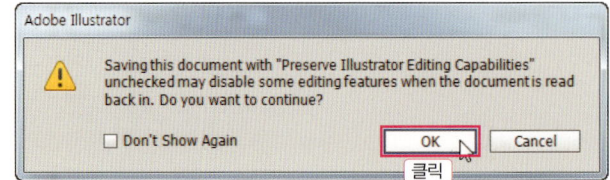

06 저장된 PDF 파일이 미리보기로 보입니다.

tip 인쇄소에 넘기기 전 체크리스트

인쇄 파일로 저장하였으면, 이제 인쇄소에 파일을 넘겨야 합니다. 이때 몇 가지 주요한 사항만 체크한 후 인쇄소에 파일을 넘기면 됩니다.

1. 사이즈 : 최종 인쇄물의 사이즈(가로X세로)를 미리 알고 있어야 한다.
2. 종이 재질 : 종이 재질은 어떠한 것으로 할지 정해두어야 한다.
3. 수량 : 몇 장 혹은 몇 부를 할 것인지 알아두어야 한다.
4. 컬러 정보 : 1도, 2도, 4도인지를 알고 있어야 한다.
5. 수령 정보 : 수령자 이름, 연락처, 주소를 알고 있어야 한다.
6. CMYK 값으로 작업하였는가?
7. 재단선(사방 2mm~3mm)을 지정해 주었는가?
8. 해상도는 300dpi로 해주었는가?
9. 일러스트 작업을 완료한 후 아웃라인을 따주었는가?
10. 인쇄 파일이 PDF라면 돋보선이 보이는가?

Chapter 03

★ 포 토 샵 + 일 러 스 트 레 이 터 작 업 의 기 술 ★

표 작업은 일러스트레이터에서

>> 표 작업 또한 선 하나하나마다 새로운 개체이므로 포토샵에서 할 경우 수많은 레이어를 만들 수밖에 없습니다. 그러므로 표 작업은 일러스트에서 하는 것이 바람직합니다.

Section 01 표 그리기 툴 사용하기

일러스트레이터에는 기본적으로 표를 그릴 수 있는 툴이 마련되어 있습니다. 줄 수와 칸 수를 미리 입력하여 원하는 표를 그려낼 수 있습니다.

01 툴 바에서 ▦(표그리기 툴)을 클릭합니다.

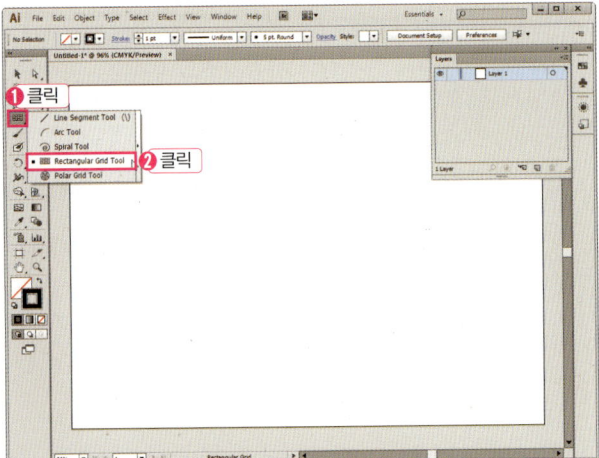

02 표 그리기 옵션 창이 표시되면 'Horizontal Divider Number'-'4'로 하고, 'Vertical Dividers Number'-'6'을 입력한 후 [OK] 버튼을 클릭합니다.

> **tip 표 그리기 옵션 창**
> - Default Size : 표의 너비
> - Horizontal Dividers Number : 위, 아래를 제외한 가로선의 개수
> - Vertical Dividers Number : 왼쪽 끝과 오른쪽 끝을 제외한 세로선의 개수
> [Horizontal Divider Number]를 5로 하고, [Vertical Dividers Number]를 5로 할 경우 실제로 그려지는 표는 가로 6칸, 세로 6칸으로 그려지게 됩니다. 4개의 바깥 면은 자동으로 그려지기 때문입니다.

Note_ 표의 너비는 사실상 의미가 없습니다. 추후 수정을 해주어야 하기 때문입니다.

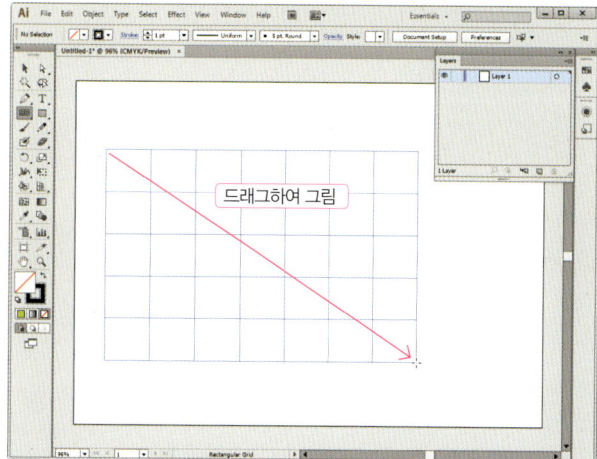

03 + 모양이 나타나면 마우스를 드래그하여 표를 그려냅니다.

04 툴 바에서 (직접 선택 툴)을 클릭한 후 가장 위에 있는 가로선을 클릭하여 Shift 를 누른 상태에서 내려 봅니다.

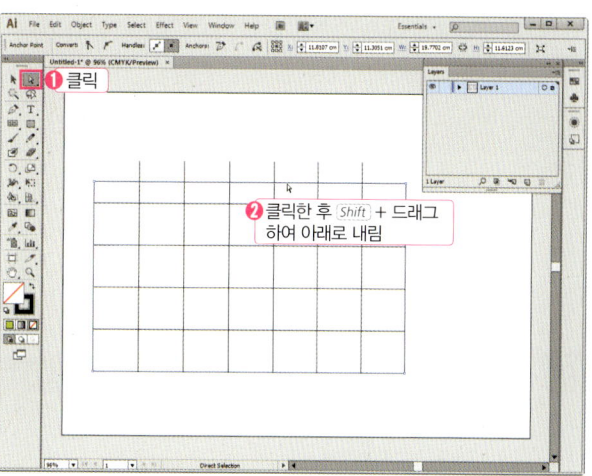

05 (직접 선택 툴)을 선택한 후 상단에 나와 있는 6개의 세로선의 윗부분만 드래그합니다.

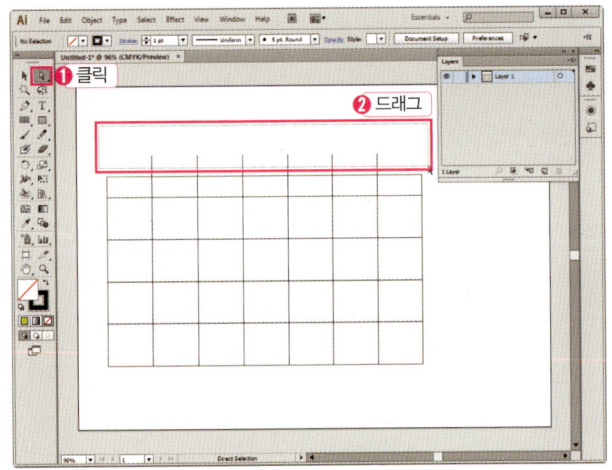

06 세로선이 모두 선택되면 Shift 를 누른 상태에서 그중 한 개의 꼭짓점을 클릭한 채로 아래로 내려 첫 번째 가로선에 맞추어 봅니다.

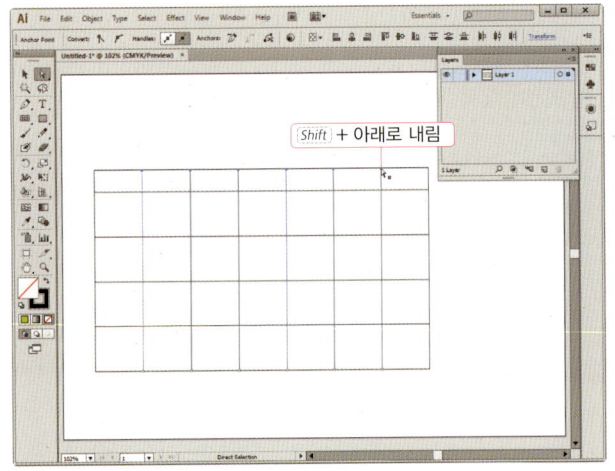

07 표를 드래그한 후 툴 바에서 (버킷 툴)을 클릭합니다. [Window]-[Color] 메뉴를 선택한 후 [Color] 패널에서 컬러를 'C : 64, M : 0, Y : 43, K : 0'으로 설정합니다.

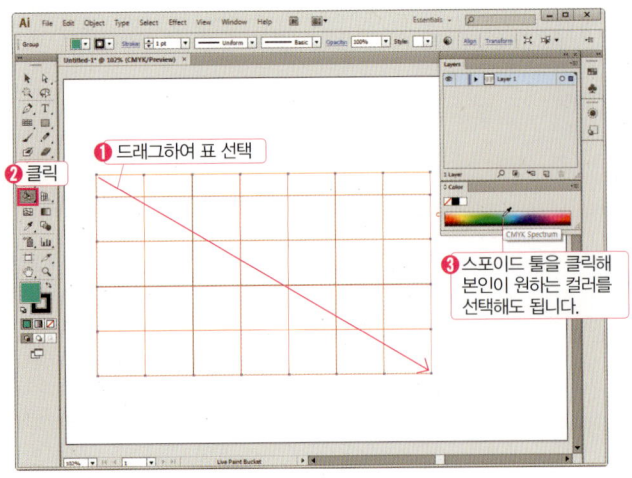

08 원하는 도형에 마우스를 클릭하면 선택한 컬러가 입혀집니다.

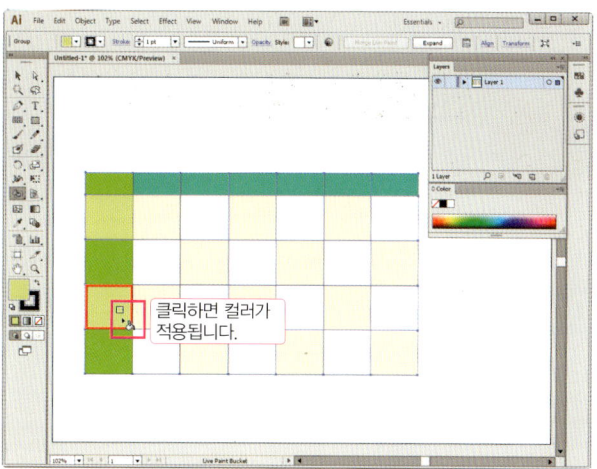

09 ▶(선택 툴)을 선택하고 툴 바 하단의 외곽선을 선택한 후 컬러를 화이트로 선택합니다.

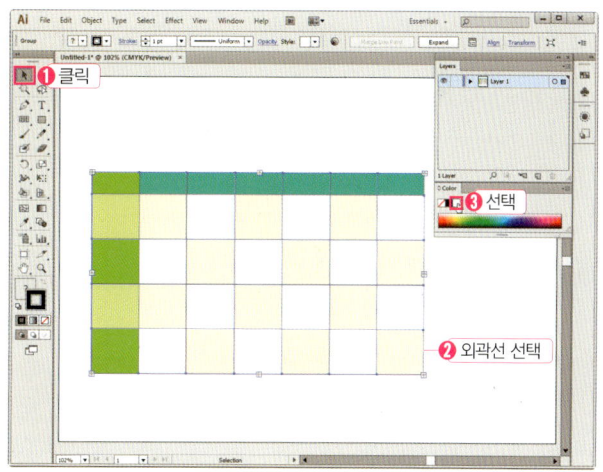

10 원하는 텍스트를 입력하여 마무리합니다.

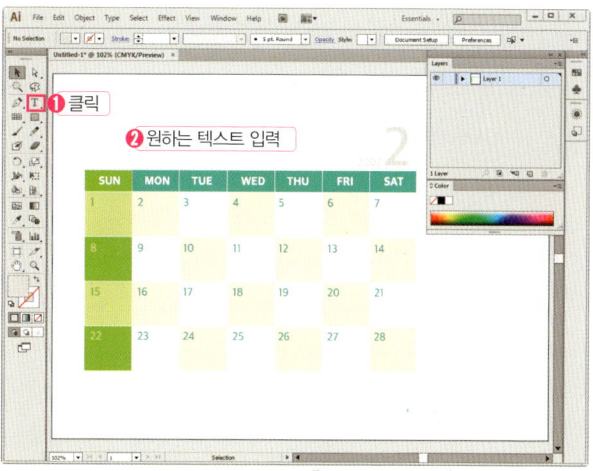

Section 02 펜 툴로 직접 그리기

일러스트레이터에서 제공되는 표 그리기로 그리지 않고, 펜 툴을 이용해 하나하나 그리는 경우도 많습니다. 일러스트레이터에는 원하는 표의 모양을 자유자재로 그려내기 쉽다는 장점이 있습니다.

01 그리기 편하도록 [View]-[Show Grid] 메뉴를 선택합니다.

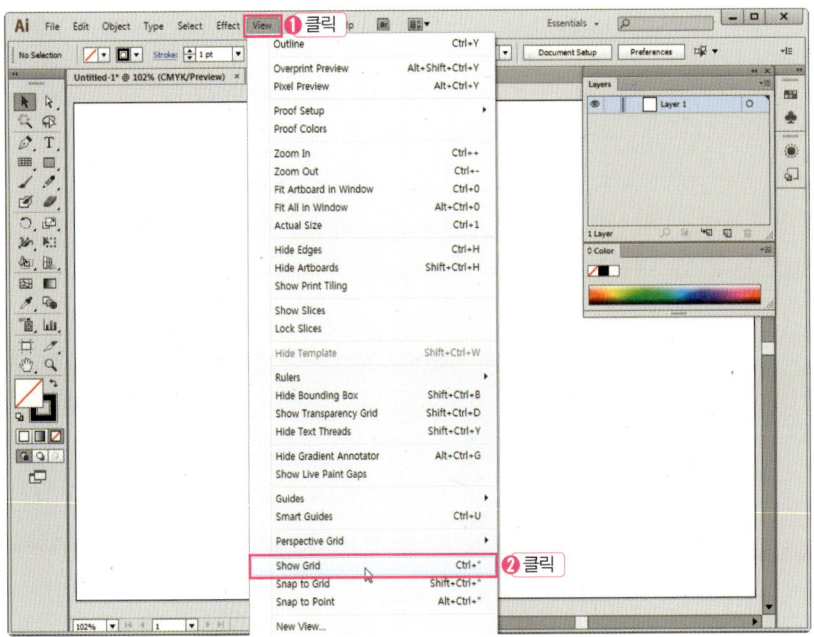

02 전경색은 없애고, 외곽선은 블랙으로 한 후 툴 바에서 (펜 툴)을 선택하고 Shift 를 누른 상태에서 클릭하여 가로 직선을 그립니다.

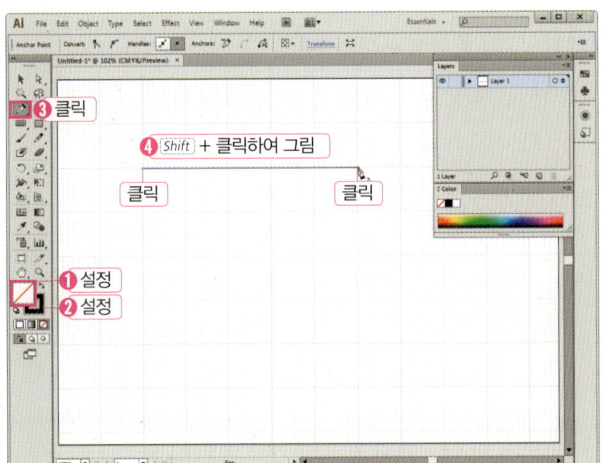

Note_ 펜 툴로 선을 그릴 경우에는 다음 선을 그리기 전 (선택 툴)을 클릭한 후 빈 공간을 클릭하여 패스를 비활성화해주어야 합니다.

03 선 굵기를 다르게 하기 위하여 원하는 패스를 선택하고 상단의 [Stroke]를 클릭한 후 '0.5pt'로 선택합니다.

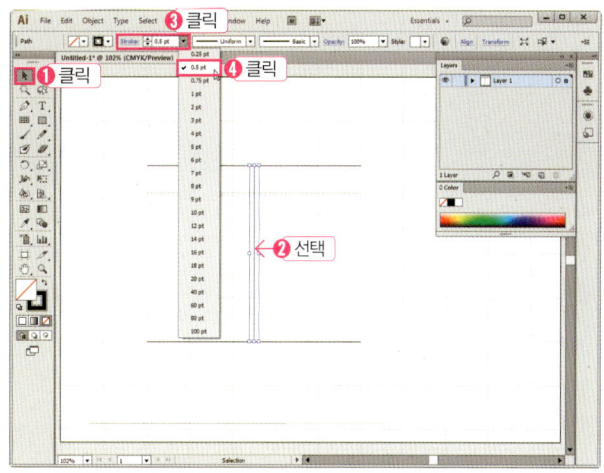

04 선에 컬러를 주고 싶을 때는 원하는 패스를 선택하고 툴 바 하단의 외곽선을 클릭한 후 'C : 84, M : 63, Y : 0, K : 0'으로 설정합니다.

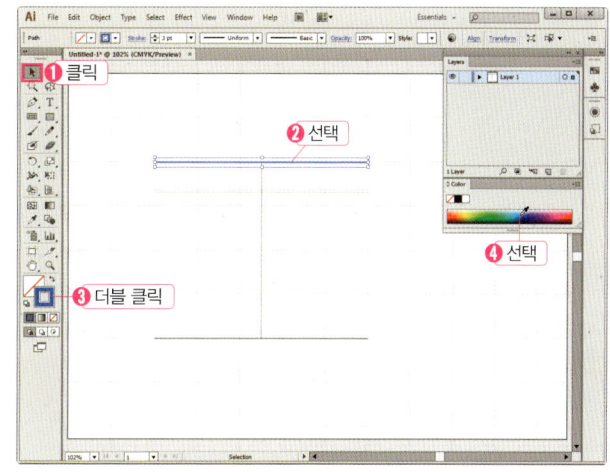

05 면에 컬러를 주고 싶을 때는 툴 바에서 ▫.(사각형 툴)을 클릭합니다. 전경색을 'C : 50, M : 0, Y : 100, K : 0'으로 설정한 후 마우스를 드래그해서 그립니다.

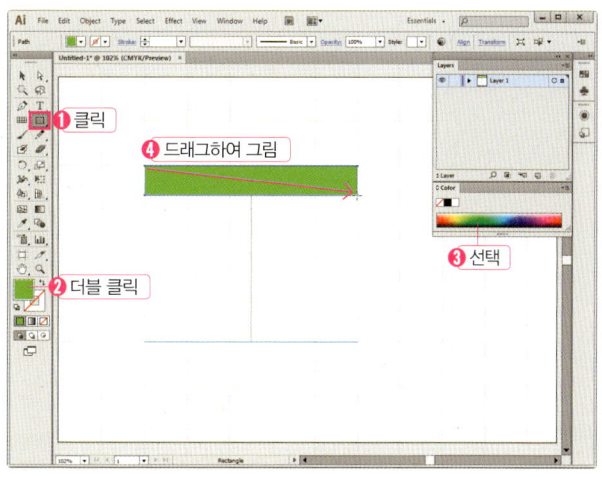

06 선 뒤로 면을 보내기 위해 마우스 오른쪽 버튼을 클릭한 후 [Arrange]-[Send to Back] 버튼을 선택합니다.

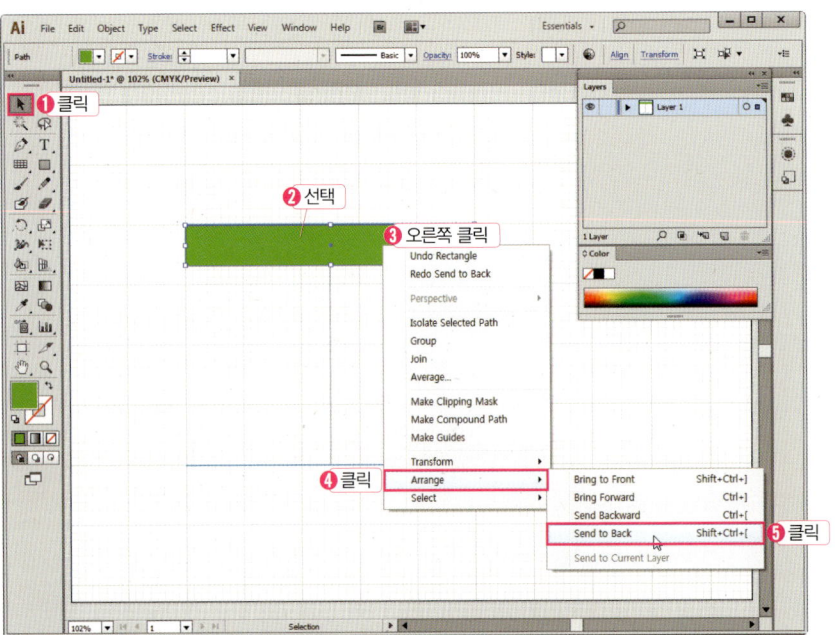

07 원하는 텍스트를 입력하여 표를 완성합니다.

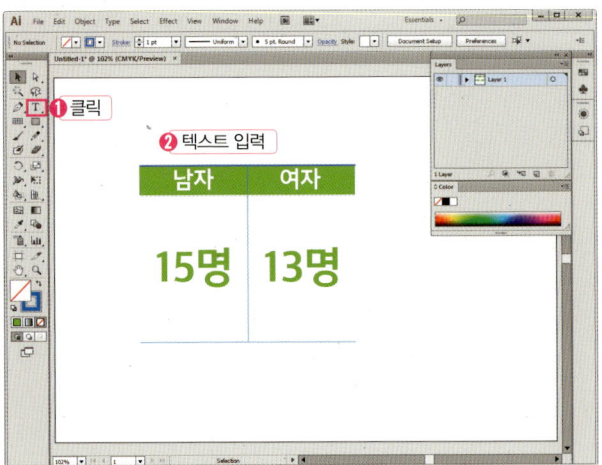

Note_ [View]-[Hide Grid] 메뉴를 선택하면 그리드가 없어집니다.

Section

03 엑셀에서 표 복사해오기

엑셀에 만들어 놓은 표를 복사한 후 그대로 붙여넣기 하는 방법도 있습니다. 하지만 이 방법은 다른 모양으로 수정하고자 할 때 수정 절차가 매우 복잡하므로 엑셀에서 작업한 모양 그대로 사용하기 원할 때만 사용하기를 권장합니다.

01 엑셀에서 원하는 표를 드래그한 후 Ctrl + C 를 눌러 복사합니다.

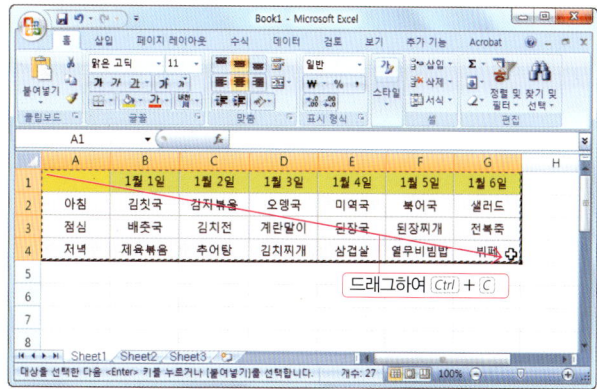

02 일러스트레이터에서 Ctrl + V 하여 붙여넣기를 합니다.

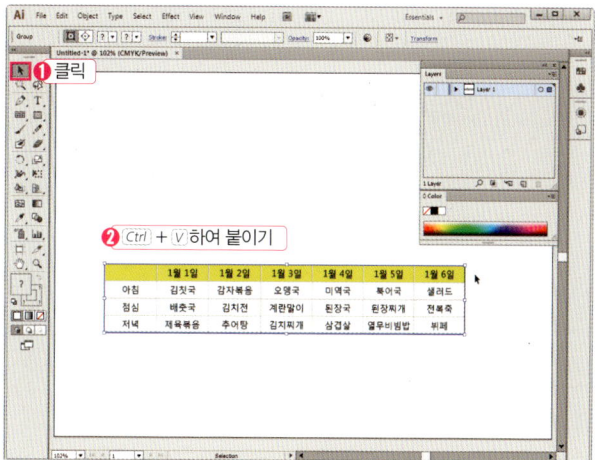

03 수정하고자 할 때는 표를 선택한 후 마우스 오른쪽 버튼을 클릭해 [Ungroup] 메뉴를 선택합니다.

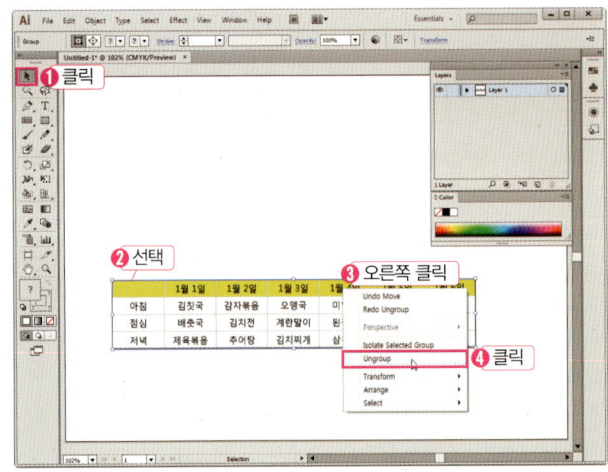

04 다시 마우스 오른쪽 버튼을 클릭해 [Release Clipping Mask] 메뉴를 선택합니다.

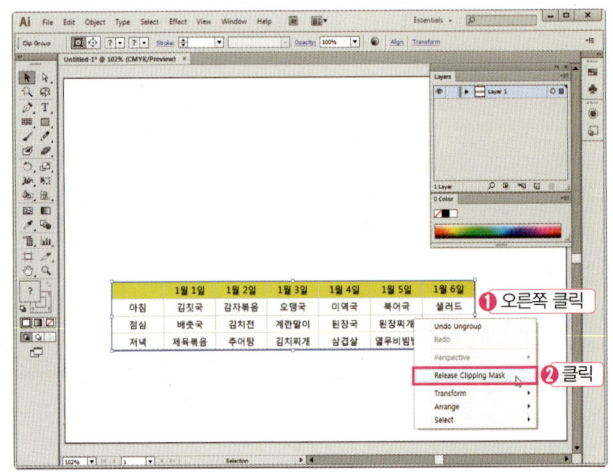

05 텍스트와 패스 그리고 면 도형까지 모두 수정이 가능하도록 패스의 모양이 나타납니다. 원하는 선 굵기와 컬러로 수정할 수 있습니다.

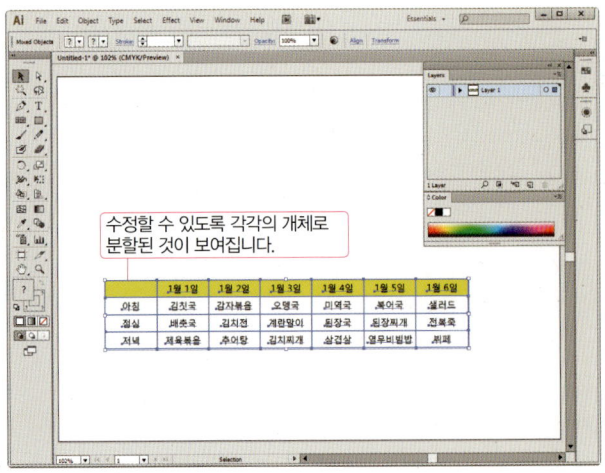

Section 04 일러스트레이터에서 만든 표 포토샵에서 활용하기

일러스트레이터에서 만든 표를 복사하여 포토샵으로 붙여넣기 하면 그 모양 그대로 사용이 가능합니다. 단, 포토샵으로 옮겨진 표는 수정이 불가능하기 때문에 모든 작업은 일러스트레이터에서 완료한 후 옮기는 것이 좋습니다. 만약, 일러스트레이터에서 모든 작업을 마무리하기 원한다면 포토샵에서 배경 작업을 마친 후 텍스트 작업과 표 작업은 일러스트레이터에서 마무리하는 것이 더 좋을 수도 있습니다.

● 시작파일 part 02〉p1c2001.jpg

01 일러스트레이터에서 작업한 표는 모두 드래그합니다. Ctrl + G를 눌러 그룹으로 묶어주고 Ctrl + C를 눌러 복사합니다.

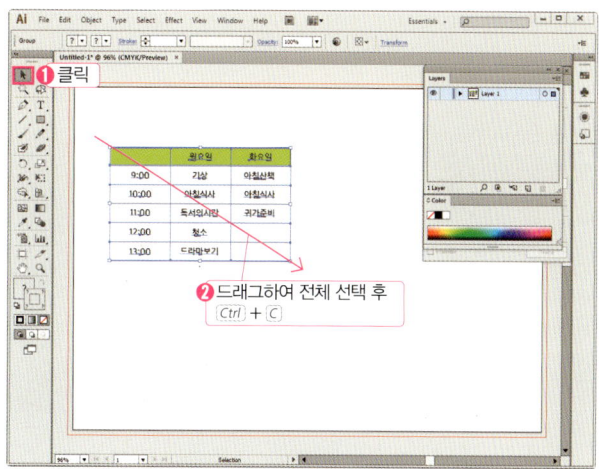

02 포토샵으로 돌아온 후 Ctrl + V를 눌러 붙여넣기합니다. [Paste] 대화상자가 표시되면 [Smart Object]를 선택한 후 [OK] 버튼을 클릭합니다.

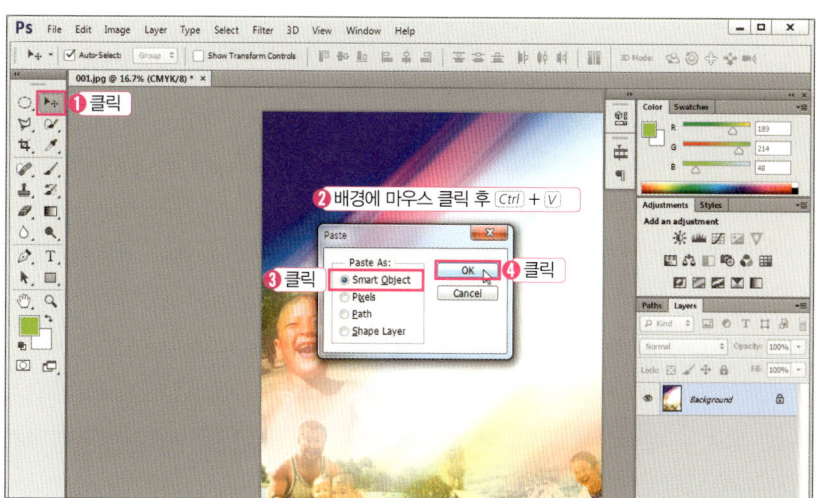

03 Shift를 누른 상태에서 원하는 크기로 맞춰주고, 적당한 위치에 가져다 놓습니다. Enter를 눌러 적용합니다.

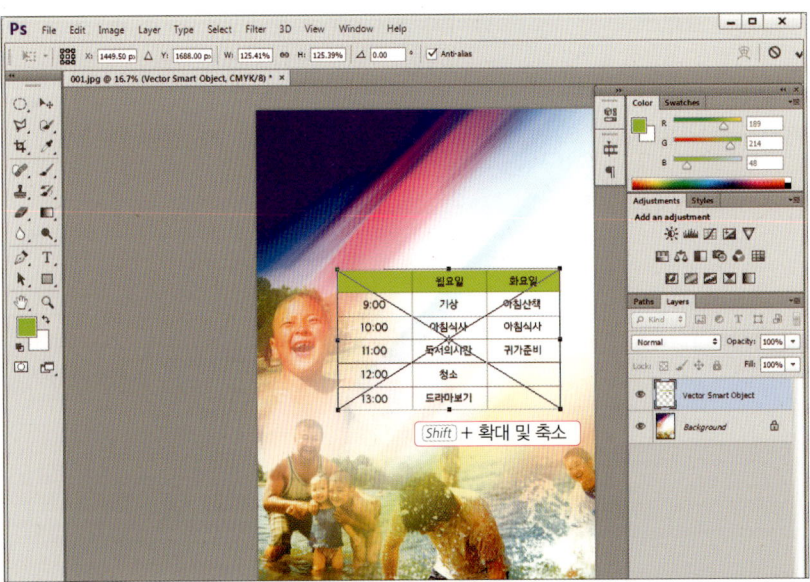

일러스트레이터에서 복사해 온 개체는 레이어에 이러한 표시가 나타납니다.

참고 텍스트가 적어 포토샵에서 마무리하고자 할 때 //

포토샵에서 이미지 편집을 한 뒤 텍스트가 그리 많지 않다면, 굳이 일러스트레이터로 옮겨가서 작업하지 않아도 됩니다. 포토샵에서 모두 완료한 뒤 인쇄를 넘겨도 괜찮습니다. 단, 해상도가 반드시 300dpi가 되어야 합니다.
작업한 레이어는 깔끔하게 정리해주어야 합니다. 예를 들어 사용하지 않은 레이어는 지워주고, 여러 가지의 효과를 주어 만든 배경이라면 하나로 합쳐주는 것이 좋습니다.

❶ 불필요한 레이어는 미리보기 부분이 비활성화되어 있습니다. 이러한 레이어는 선택한 후 [Delete]를 눌러 지워줍니다.

❷ 여러 가지의 소스로 이루어진 이미지는 [Shift]를 눌러 모두 선택한 후 마우스 오른쪽 버튼을 클릭해 'Merge Layers' 메뉴를 선택합니다.

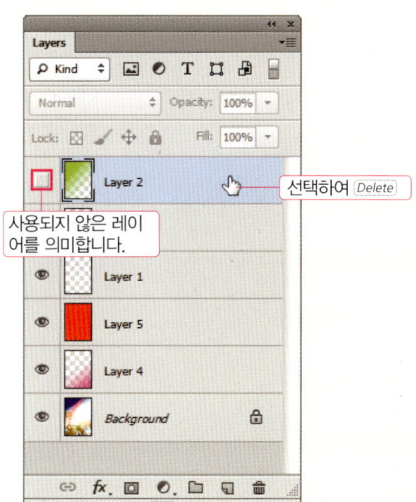
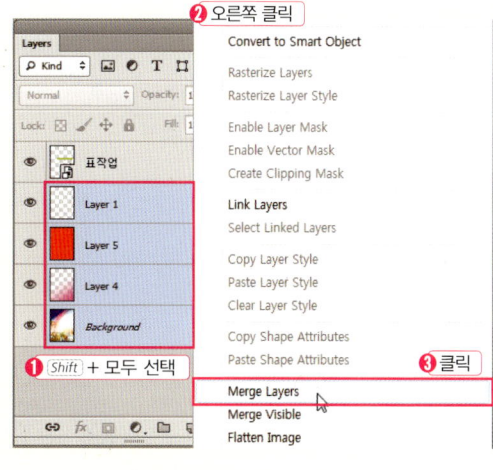

인쇄 파일은 JPEG, PDF, EPS 등 다양한 포맷 방식으로 저장할 수 있습니다. 주로 현수막을 제외한 파일은 JPEG, PDF로 저장하는 것이 좋고, 현수막은 EPS로 저장하는 것이 좋습니다. 인쇄 파일에 대한 명확한 포맷 방식이 구분되어 있는 것은 아니지만, 일반적으로 JPEG 저장 방식이 EPS 저장 방식의 컬러보다 조금 뚜렷하지 못하다는 견해가 있습니다. 그렇기 때문에 큰 사이즈로 출력이 되어야 하는 현수막일 경우는 EPS 저장 방식이 조금 더 뚜렷하게 출력되게 됩니다. 저장한 파일은 인쇄소의 웹하드나 이메일을 이용하여 인쇄 발주를 넣게 됩니다.

현직
프리랜서에게
듣는
실무 테크닉

주변의 실생활에서 필요한 다양한 예제들을 포토샵으로 직접 만들어 보면서 실무에서 사용되는 유용한 스킬들을 배워보겠습니다.

Chapter 01

★ 포토샵+일러스트레이터 작업의 기술 ★

현수막 만들기

> 현수막은 사이즈가 매우 다양합니다. 작은 롤스크린부터 X 배너, 외부용 홍보 현수막 등 다양한 사이즈의 작업물을 직접 만들어 보겠습니다. 현수막 만들기의 가장 중요한 점은 새 창 열기라고 할 수 있겠습니다.

Section 01 [포토샵] 돌잔치 롤스크린 만들기

가로 1m, 세로 1m 30cm의 돌잔치 롤스크린을 만들어 보겠습니다. 아이의 사진을 귀엽고 앙증맞게 배치하고 각양각색의 파티 플래너로 상단을 꾸며보겠습니다.

시작파일	part 03〉chapter 01〉part3-001.jpg
완성파일	part 03〉chapter 01〉part3-001_완성.jpg

01 현수막은 실제 사이즈가 크기 때문에 포토샵에서 새 창을 열 때 실제 사이즈의 1/10 사이즈로 설정합니다. [New] 대화상자에서 [Width]는 '10cm', [Height]는 '13cm', [Resolution]은 '300Pixels', [Color Mode]는 'CMYK Color', [Background Contents]는 'White'로 설정하고 [OK] 버튼을 클릭합니다.

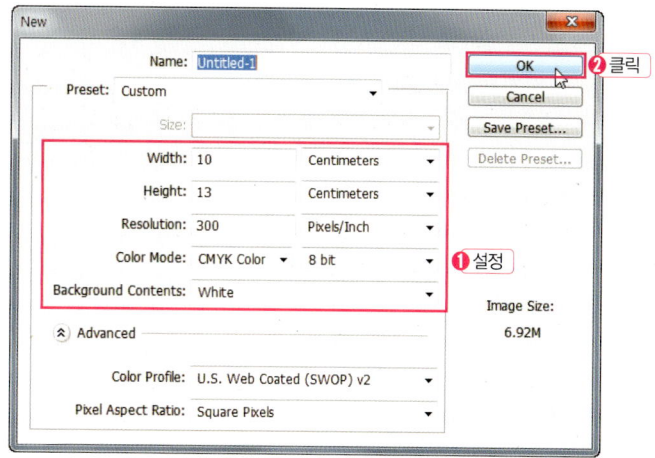

02 'part3-001.jpg' 파일을 불러옵니다. (이동 툴)을 선택한 후 불러온 이미지를 새 창으로 드래그하여 이동합니다.

03 [Edit]-[Free Transform](Ctrl + T) 메뉴를 선택한 후 Shift 를 누른 상태에서 이미지를 적당한 크기로 드래그하여 확대하고 Enter 를 눌러 적용합니다.

Chapter 01 현수막 만들기 **185**

04 전경색을 화이트로 바꾸고 툴 바에서 ■(그레이디언트 툴)을 선택한 후 이미지의 윗부분과 아랫부분을 드래그하여 화이트 그라데이션 효과를 줍니다.

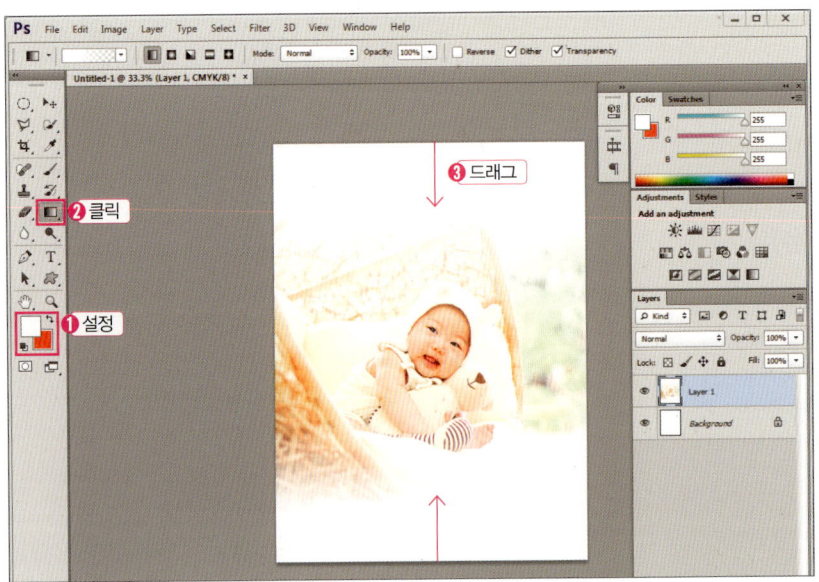

05 툴 바에서 ✿(모양 툴)을 선택합니다.

06 옵션 바에서 [Shape]의 메뉴를 클릭한 후 삼각형 모양(Triangle)을 더블 클릭합니다.

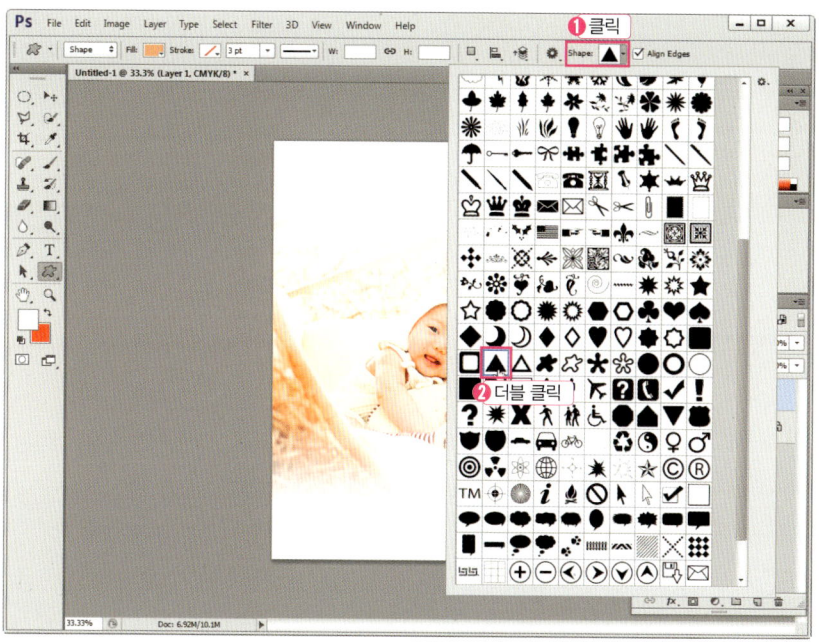

07 옵션 바에서 [Fill]을 클릭하고 원하는 컬러를 선택합니다. 여기에서는 [Color Picker] 대화상자에서 컬러 값을 'C : 0, M : 58, Y : 58, K : 0'으로 설정합니다.

08 마우스로 드래그하여 삼각형을 그립니다. Ctrl + T를 누른 후 삼각형을 180도 회전하여 거꾸로 그려지면 Enter를 눌러 적용합니다.

09 다시 Ctrl + T를 누른 후 삼각형을 드래그하여 크기를 줄이고, 각도를 좌측으로 살짝 틀어준 후에 이미지 왼쪽 상단으로 이동하고 Enter를 눌러 적용합니다.

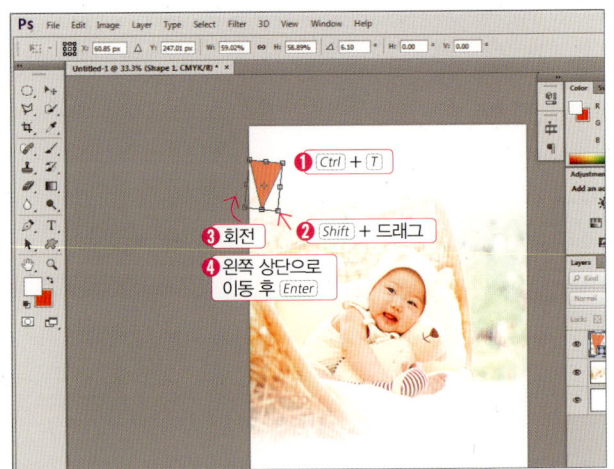

10 삼각형 레이어를 선택합니다. (이동 툴)을 선택한 후 Alt를 누른 상태에서 드래그하면 복사됩니다. 적당한 위치로 이동한 후 Enter를 눌러 적용합니다.

11 컬러 수정을 위해 그려진 도형을 래스터화해주어야 합니다. 복사된 레이어 [Shape 1 Copy]를 선택한 후 마우스 오른쪽 버튼을 클릭해 [Rasterize Layer] 메뉴를 선택합니다.

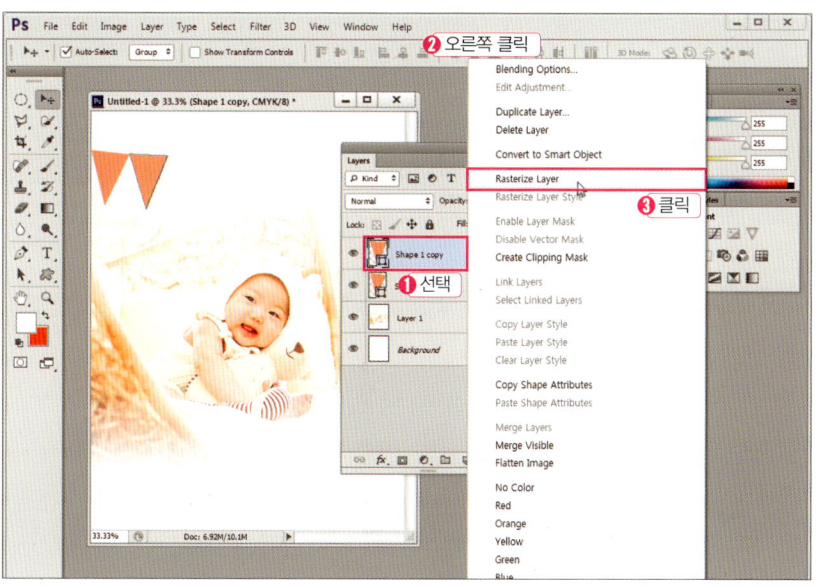

12 [Image]-[Adjustments]-[Hue/Saturation](Ctrl + U) 메뉴를 선택한 후 [Hue/Saturation] 대화상자에서 [Hue] 슬라이더를 '-30'으로 설정하고 [OK] 버튼을 클릭합니다.

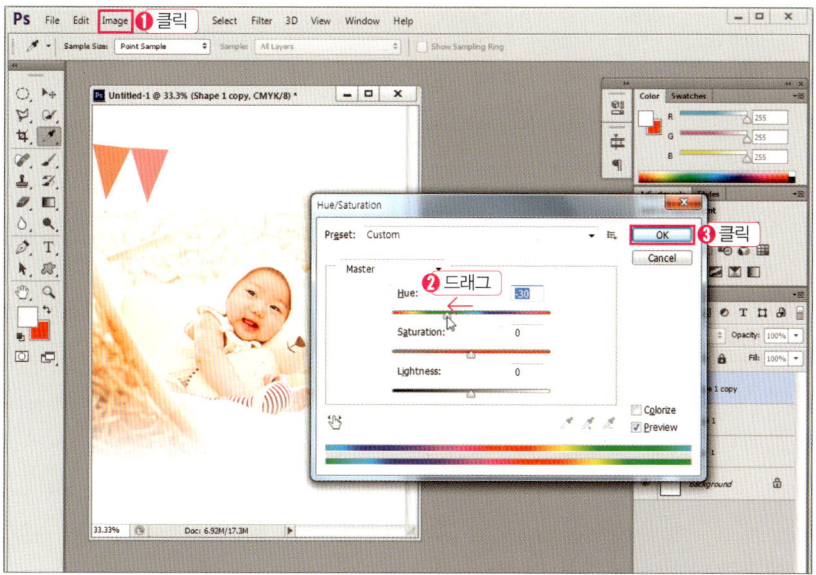

13 복사된 레이어 [Shape 1 Copy 2]를 선택한 후 마우스 오른쪽 버튼을 클릭해 [Rasterize Layer] 메뉴를 선택합니다. Ctrl + U를 눌러 [Hue/Saturation] 대화상자에서 [Hue] 슬라이더를 '+61'로 설정하여 컬러를 바꿔줍니다.

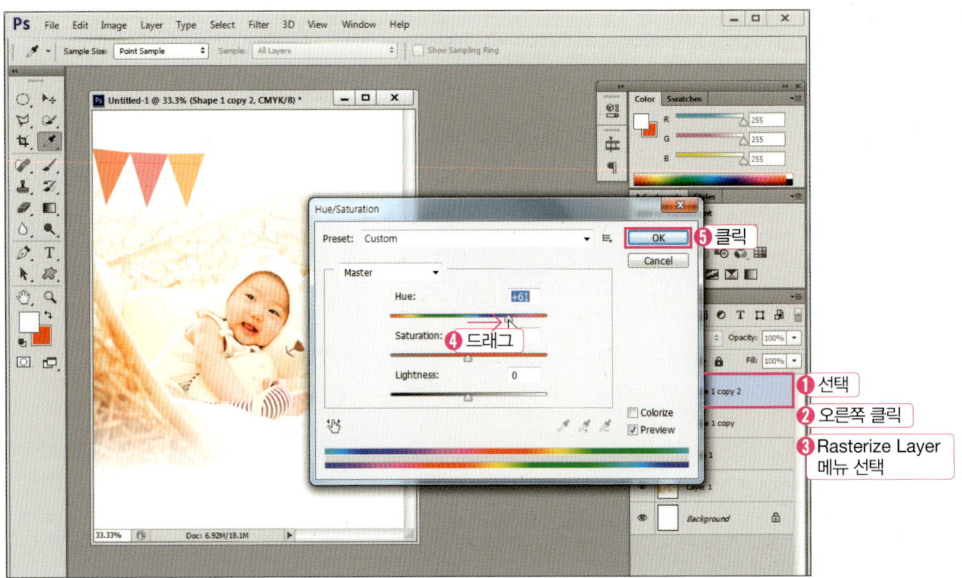

14 여러 개를 만들어 파티 플래너를 완성합니다. 여러 가지 모양으로 변형해 봅니다.

15 파티 플래너 레이어를 하나로 합치기 위하여 삼각형 레이어 [Shape 1]부터 [Shape 1 Copy 7]을 Shift 를 누른 상태에서 선택한 후 마우스 오른쪽 버튼을 클릭해 [Merge Layers] 메뉴를 선택합니다. 합쳐진 레이어가 보입니다.

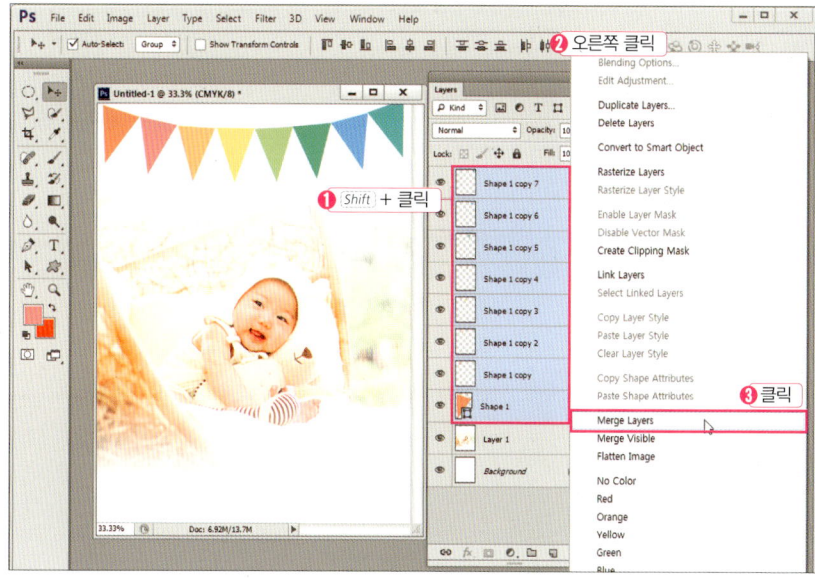

Note_ 합쳐진 레이어를 선택한 후 Ctrl + U 를 이용하여 컬러를 바꾸면 한꺼번에 바뀌므로 더 좋은 효과를 줄 수 있습니다.

16 T.(가로 문자 툴)을 선택하여 텍스트를 입력합니다. 이때 텍스트를 한 번에 쓰는 것보다 각각의 레이어를 만들어 배치하는 것이 더 좋습니다.

17 T.(가로 문자 툴)을 선택하여 나머지 텍스트를 입력하고 마무리합니다.

Lovely : 산돌고딕네오2 Light, 39pt

Baby : 산돌고딕네오2 Bold, 39pt

12/12 pm2:00 디자인아트홀 : 산돌고딕네오2 Light, 11pt

18 완성되었습니다.

19 다양한 레이아웃으로 변형해 봅니다.

20 작업용 파일은 반드시 PSD 파일로 저장해 두어야 합니다. [File]-[Save As] 메뉴를 클릭한 후 [Save As] 대화상자에서 [Format]을 'Photoshop(*.PSD;*.PDD)'로 선택하고 [파일 이름]은 [돌잔치 롤스크린 만들기]로 입력한 후 [저장] 버튼을 클릭합니다.

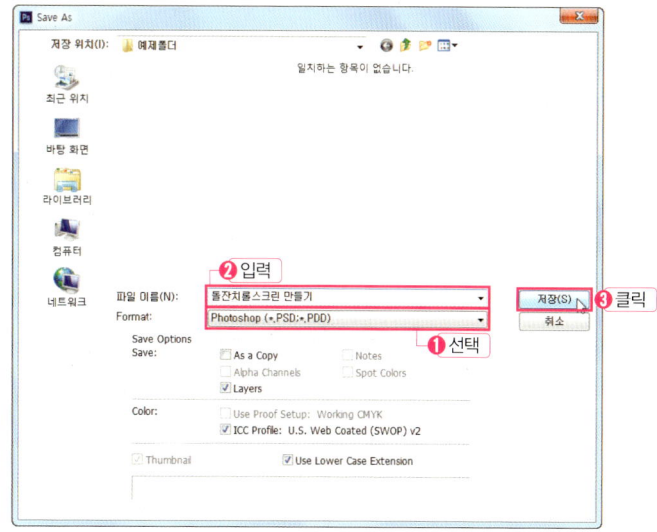

21 경고창이 뜨면 [OK] 버튼을 클릭합니다.

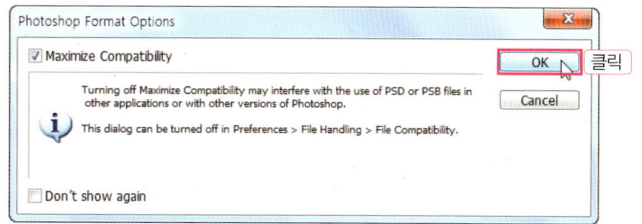

22 인쇄용 파일로 저장하기 위해 레이어를 정리해야 합니다. 텍스트를 제외한 배경 이미지 레이어를 Shift 를 누른 상태에서 모두 선택한 후 마우스 오른쪽 버튼을 클릭해 [Merge Layers] 메뉴를 선택합니다.

23 [File]-[Save As] 메뉴를 클릭한 후 [Save As] 대화상자에서 [Format] 방식은 'Photoshop EPS'로 선택하고 [파일 이름]은 '돌잔치스크린 인쇄용파일'이라고 입력하고 [저장] 버튼을 클릭합니다.

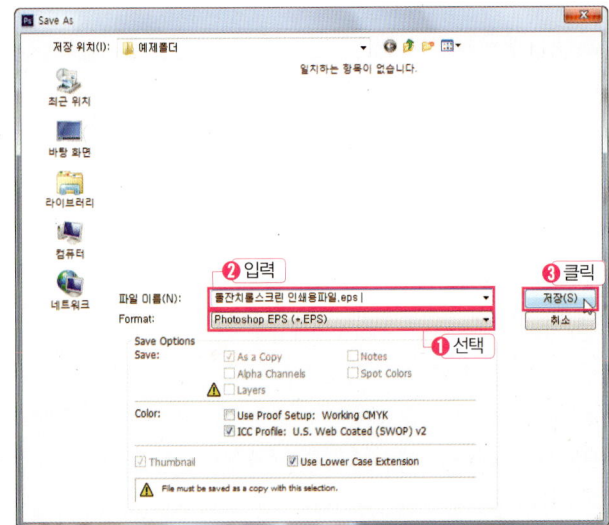

24 [EPS Options] 대화상자가 표시되면 [OK] 버튼을 클릭합니다.

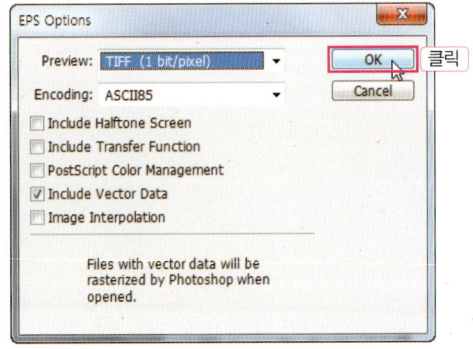

25 [File]-[Open] 메뉴를 클릭한 후 [Open] 대화상자에서 예제폴더에 저장된 파일들을 확인할 수 있습니다.

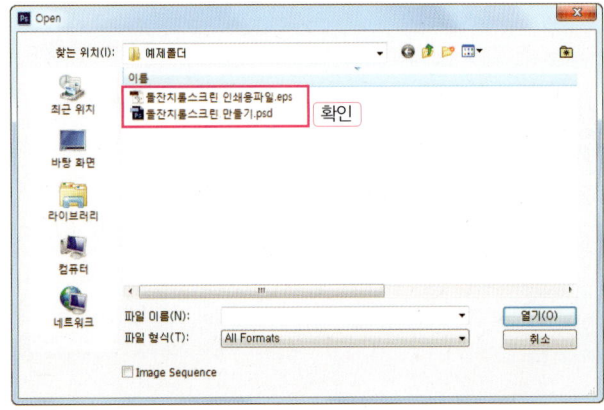

Note_ 인쇄소에 인쇄를 의뢰할 때는 인쇄되어야 하는 정사이즈를 이야기하고, 10배 확대 출력해 달라고 이야기해야 합니다.

Section 02 [포토샵] 외부용 뮤지컬 공연 현수막 만들기

외부용 현수막을 사용할 때 가장 기본적인 사이즈는 가로 5~6m, 세로 90cm입니다. 인쇄 가격도 저렴하여 가장 많이 디자인되는 사이즈입니다. 원하는 이미지를 배경과 합성하여 자연스런 느낌의 현수막을 만들어 보겠습니다.

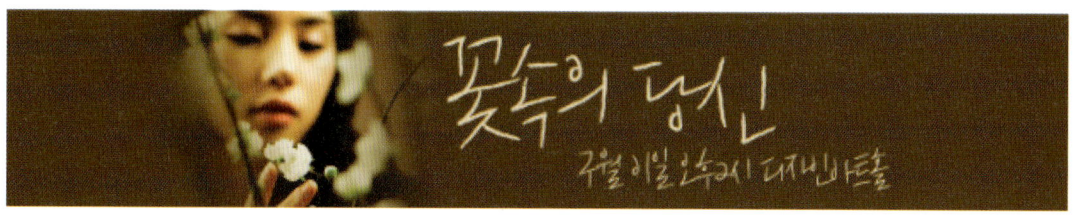

● 시작파일   part 03〉chapter 01〉part3-002.jpg
● 완성파일   part 03〉chapter 01〉part3-002_완성.jpg

01 가로 5m, 세로 90cm의 현수막을 만들기 위해서 포토샵에서는 1/10 사이즈인 50cm×9cm의 새 창을 만듭니다. [New] 대화상자에서 [Width] '50cm', [Height] '9cm', [Resolution] '300', [Color Mode] 'CMYK Color', [Background Contents] 'White'로 설정한 후 [OK] 버튼을 클릭합니다.

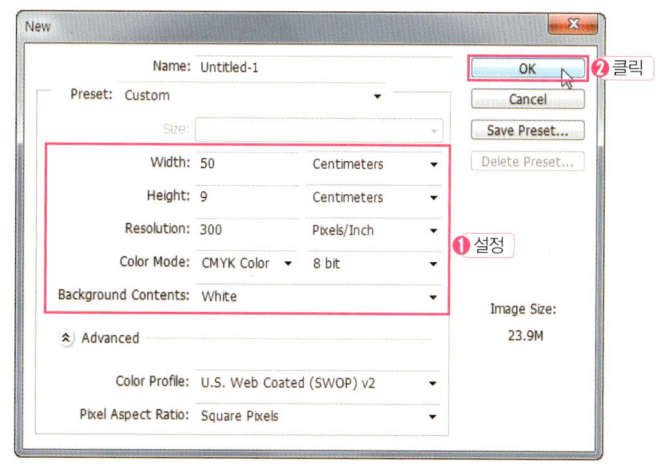

02 [File]-[Open] 메뉴를 선택한 후 'part3-002.jpg' 파일을 불러옵니다.

Chapter 01 현수막 만들기 195

03 툴 바에서 ![이동툴](이동 툴)을 선택한 후 이미지를 새 창으로 드래그하여 이동합니다. `Ctrl`+`T`를 누른 후 `Shift`를 누른 상태에서 드래그하여 이미지를 적당한 크기로 확대하고 `Enter`를 눌러 적용합니다.

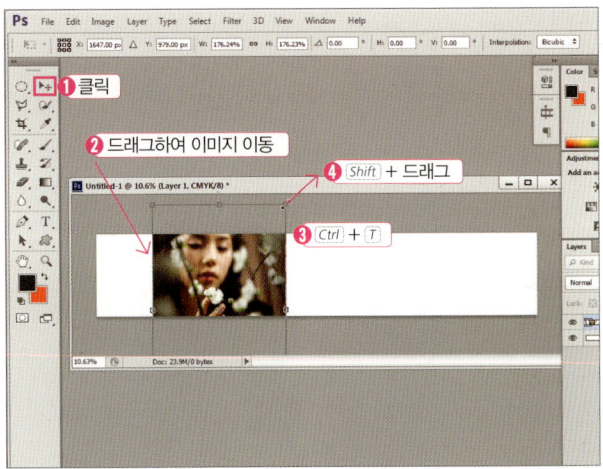

04 [Background] 레이어를 선택한 후 하단의 새 레이어를 클릭해 새 레이어 [Layer 2]를 열어줍니다. (※옮겨온 이미지 아래에 새 레이어가 만들어져야 합니다.)

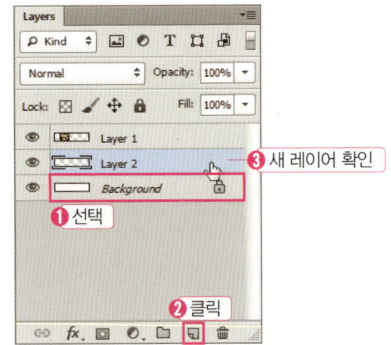

05 컬러를 추출하기 위해 툴 바에서 스포이드 툴을 선택한 후 이동한 이미지의 배경이 되는 부분을 선택하여 컬러를 추출합니다. 추출된 컬러가 전경색에 표시됩니다.

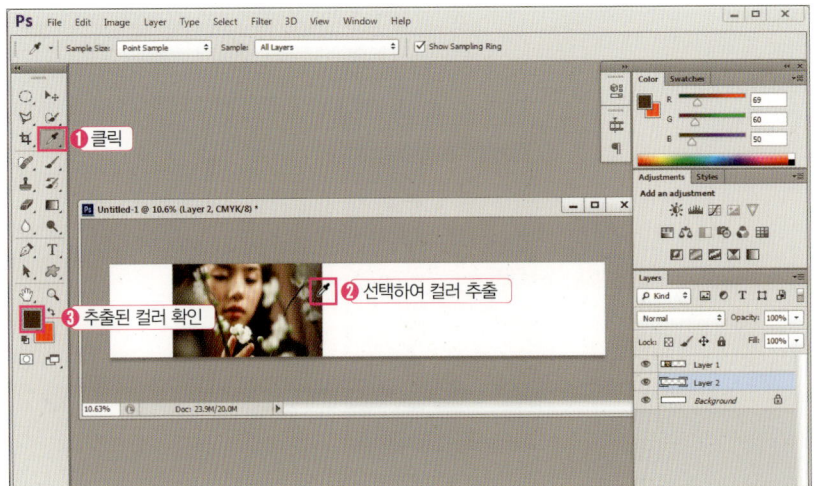

06 추출된 컬러를 적용하기 위해 (페인트 툴)을 선택한 후 새로 만들어진 새 레이어 [Layer 2]가 선택된 상태에서 바탕에 클릭하면 컬러가 입혀집니다.

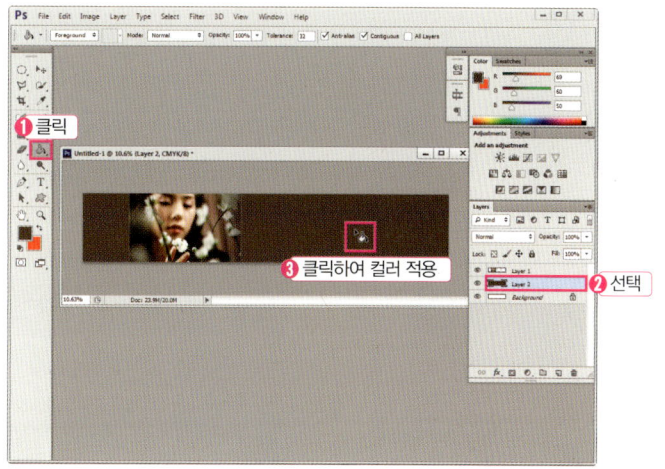

07 배경과 이미지를 합성하기 위해 [Layer 1]을 선택한 후 하단의 (레이어 마스크 추가)를 클릭합니다.

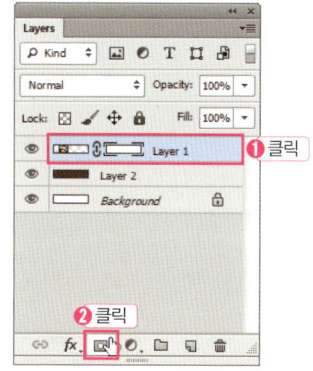

08 전경색을 블랙으로 설정하고 (그레이디언트 툴)을 선택합니다. 옵션 바에서 (블랙에서 투명의 옵션)을 선택합니다.

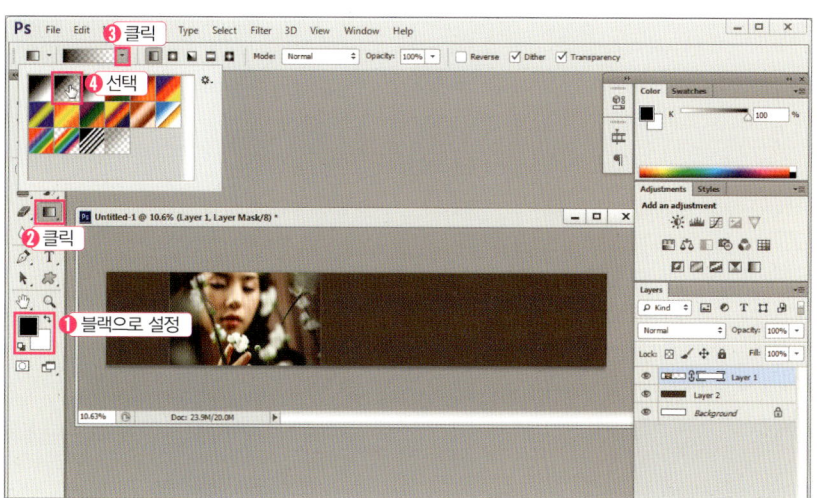

Chapter 01 현수막 만들기   197

09 + 모양이 나타나면 이미지의 경계선 부분을 이미지의 밖에서 안쪽으로 여러 번 드래그하여 배경과 자연스럽게 합성되도록 합니다.

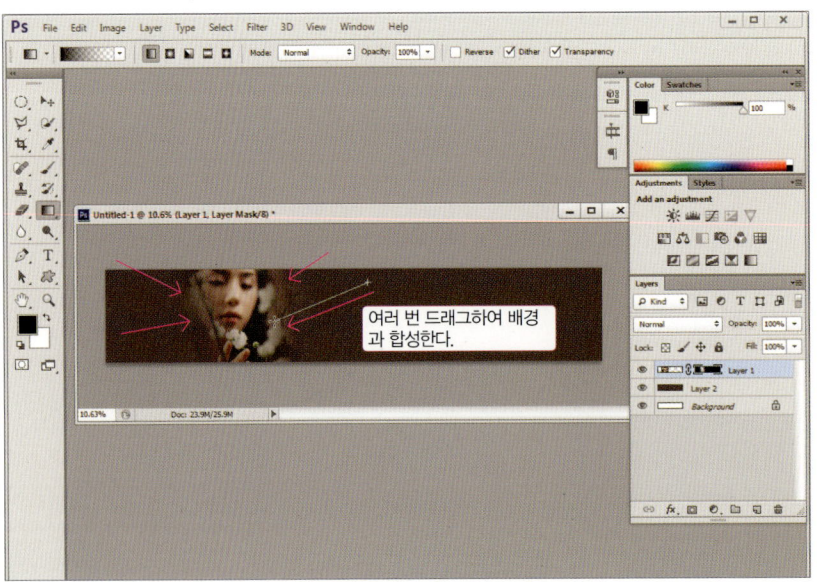

10 Shift를 누른 상태에서 [Layer 1]과 [Layer 2]를 모두 선택한 후 마우스 오른쪽 버튼을 클릭해 [Merge Layers]를 선택합니다. 레이어가 하나로 합쳐집니다.

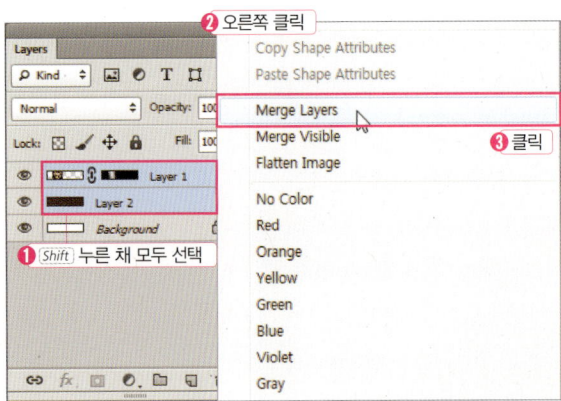

Note_ 하나의 레이어로 합쳐진 이미지는 한 번에 보정할 수 있기 때문에 더 효과적인 배경을 만들 수 있습니다. 그러므로 합성을 이용하여 디자인할 때는 합성된 것을 하나의 레이어로 합친 후에 후보정을 해주면 좋습니다.

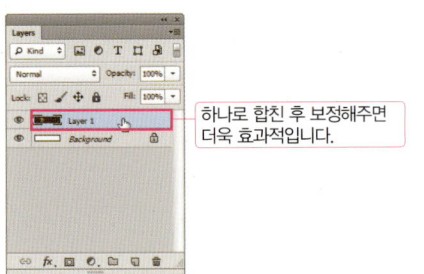

하나로 합친 후 보정해주면 더욱 효과적입니다.

11 [Image]-[Adjustment]-[Curves](Ctrl + M) 메뉴를 선택한 후 [Curves] 대화상자에서 S자형으로 살짝 보정해봅니다([Input]은 '71', [Output]은 '83'). 하나의 레이어로 합쳐졌기 때문에 자연스럽게 함께 보정이 진행됩니다.

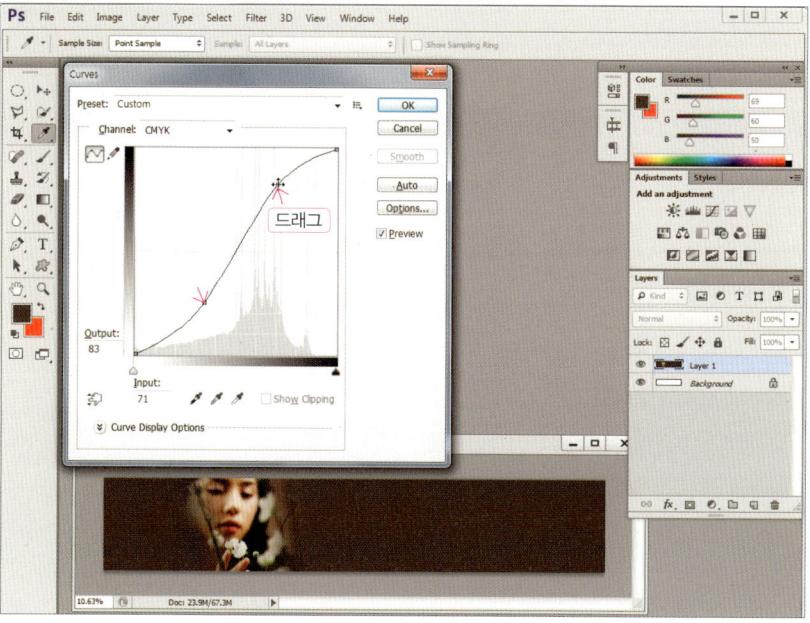

12 [Image]-[Adjustment]-[Color Balance](Ctrl + B) 메뉴를 선택한 후 [Color Balance] 대화상자에서 [Cyan]은 '+40', [Magenta]는 '+40', [Yellow]는 '-50'으로 설정합니다. 이미지의 컬러 느낌이 달라지는 것을 확인할 수 있습니다.

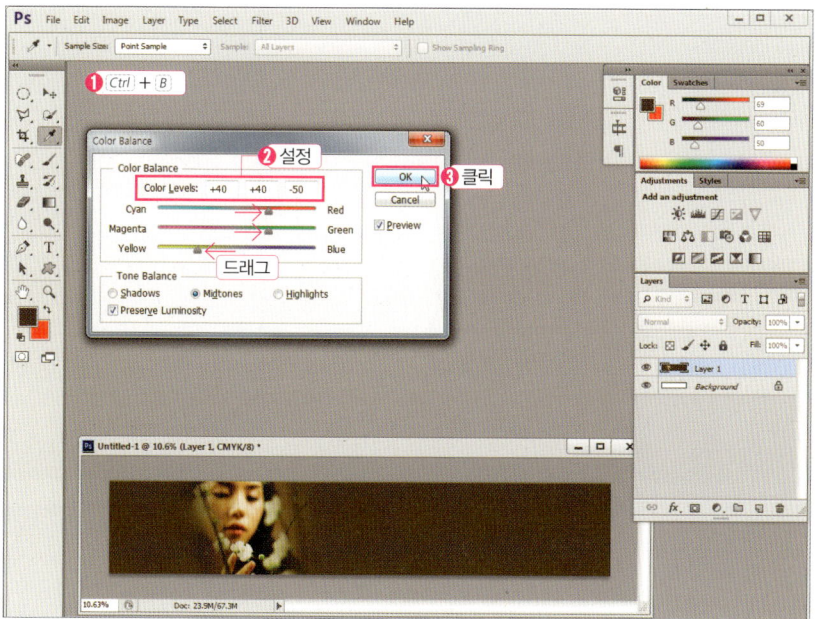

13 ▮(가로 문자 툴)을 선택해 공연 제목과 공연 정보 등을 입력합니다. 이때 제목과 정보는 각각의 레이어를 만들어서 입력하는 것이 좋습니다.

꽃속의 당신 : 산돌공병각 태블릿 Midium, 150pt

구월 이일 오후2시 디자인아트홀 : 산돌공병각 태블릿 Midium, 58pt

tip 완성도 있는 디자인을 위한 설정

❶ 폰트의 컬러는 이미지 내에 있는 컬러로 적용해주는 것이 좋습니다.
▮(스포이드 툴)을 이용하여 컬러를 추출한 후 적용하면 전체적으로 균형 잡힌 컬러로 디자인할 수 있습니다.

❷ 다양한 폰트를 가지고 있는 것이 좋습니다. 직접 쓰는 캘리그라피가 아니라면 공연 포스터 등의 작업은 개성 있는 손글씨 타입의 폰트가 그 느낌을 잘 살려줄 수 있기 때문입니다.

14 완성되었습니다.

15 [Curves]와 [Color Balance]를 이용하여 다른 느낌으로도 보정해 보았습니다. 작업용 파일은 반드시 PSD로 저장하고, 인쇄용 파일은 EPS로 저장하여 10배 확대하여 출력 의뢰합니다.

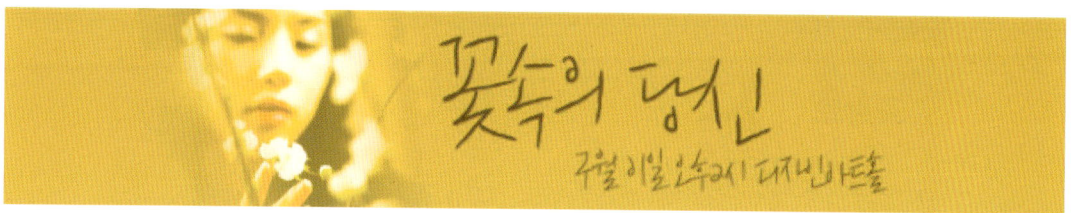

Note_ 현수막 작업을 할 경우는 화면을 넓게 보며 작업하는 것이 좋습니다. 합성, 효과 등을 작업할 때 클립보드의 창이 넓을수록 전체적인 느낌이 모두 보입니다.

여기를 마우스로 잡고 드래그하면 작업창을 넓게 할 수 있습니다.

Section 03 [포토샵] 우리 교회 환영 X 배너 만들기

X 배너는 세워두는 현수막을 의미합니다. 가장 기본적인 사이즈인 가로 60cm X 세로 180cm의 X 배너를 만들어 보겠습니다. 특별히 캘리그라피를 이용하여 친근한 느낌이 들도록 디자인해보겠습니다.

- 시작파일 part 03〉chapter 01〉part3-003.jpg, part3-004.jpg
- 완성파일 part 03〉chapter 01〉part3-003_완성.jpg

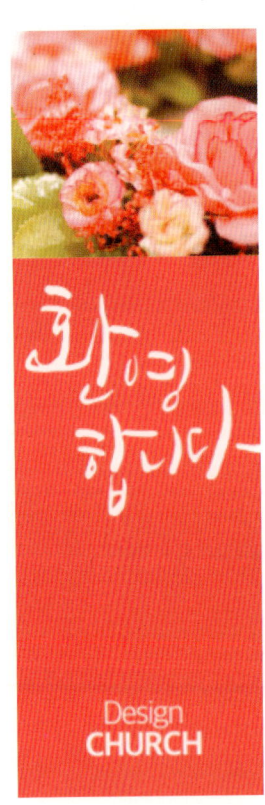

01 가로 60cm, 세로 180cm의 현수막을 만들기 위해서 1/10 사이즈인 6cm×18cm의 새 창을 만들어야 합니다. [New] 대화상자에서 [Width]는 '6cm', [Height]는 '18cm', [Resolution]는 '300', [Color Mode]는 'CMYK Color', [Background Contents]는 'White'로 설정한 후 [OK] 버튼을 클릭합니다.

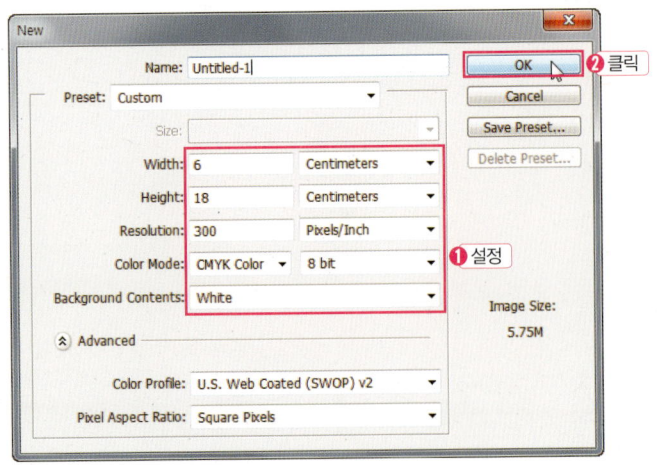

02 [File]-[Open] 메뉴를 선택한 후 'part3-003.jpg' 파일을 불러옵니다. 툴 바에서 ▶(이동 툴)을 선택한 후 이미지를 새 창으로 드래그하여 이동합니다.

03 Ctrl + T 를 누른 후 Shift 를 누른 상태에서 이미지를 상단 부분에 꽉 차도록 드래그하여 확대하고 Enter 를 눌러 적용합니다.

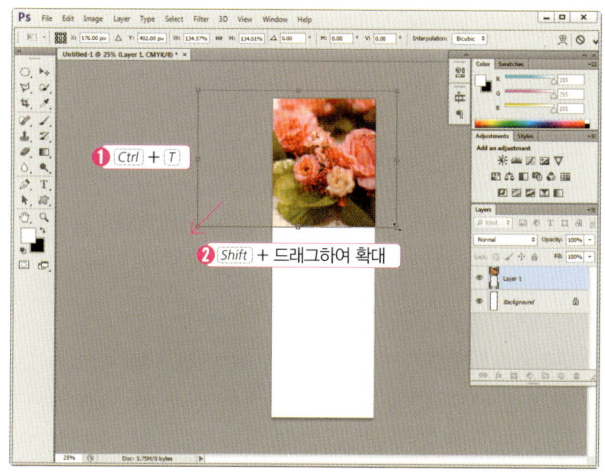

04 [Image]-[Adjustment]-[Curves] (Ctrl + M) 메뉴를 선택한 후 [Curves] 대화상자에서 가운데 선을 마우스를 이용하여 아래로 살짝 끌어당겨 조금 밝게 보정해 줍니다. ([Input]은 '32', [Output]은 '13')

05 레이어 하단의 (새 레이어)를 클릭해 새 레이어 [Layer 2]를 열어줍니다.

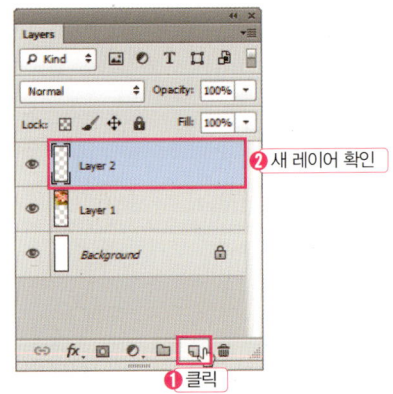

06 컬러를 추출하기 위해 (스포이드 툴)을 선택한 후 옮겨온 이미지의 원하는 컬러 부분을 선택하여 컬러를 추출합니다. 추출된 컬러가 전경색에 표시됩니다. 여기에서 추출한 컬러 값은 C : 0, M : 92, Y : 55, K : 0입니다.

07 컬러가 들어간 사각형을 그리기 위해 (사각형 툴)을 클릭한 후 상단 꽃 이미지를 조금 걸친 사각형을 그려줍니다. 인쇄창 외에는 인쇄되지 않기 때문에 인쇄창을 벗어나 그려도 상관없습니다.

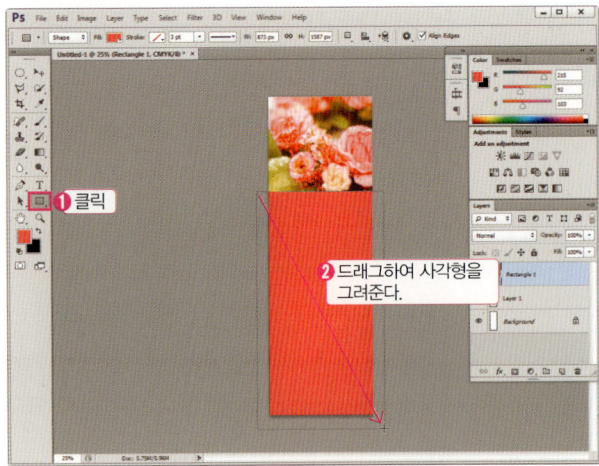

08 [File]-[Open] 메뉴를 선택한 후 'part3-004.jpg' 파일을 불러옵니다.

09 검정색의 글씨 부분만 선택하기 위하여 을 선택한 후 Shift 를 누른 채로 '환영' 검정 글씨 부분을 선택해 나갑니다. (글씨를 선택하는 중 화이트 배경이 선택될 경우 Ctrl + D 를 눌러 선택 해제한 후 다시 처음부터 진행합니다.)

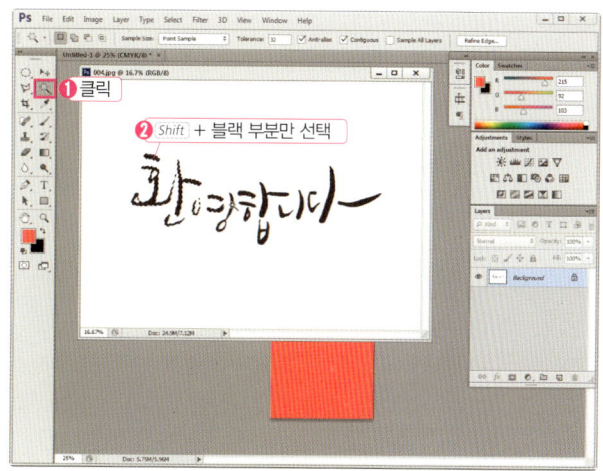

10 글씨를 이동하기 위해 을 클릭해 선택되어 있는 글씨 내부에 마우스 커서를 갖다 놓습니다. 이때 가위 모양이 나타나야 이동이 가능합니다.

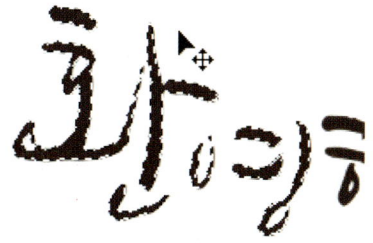
이동 불가능(선택 내부에 커서가 있지 않을 경우)

이동 가능(선택 내부 안에 커서가 있는 경우)

11 마우스로 클릭한 상태에서 드래그하여 작업창으로 이동합니다. Ctrl + T 를 누르고 Shift 를 누른 상태로 적당한 사이즈를 맞춘 후 Enter 를 눌러 적용합니다.

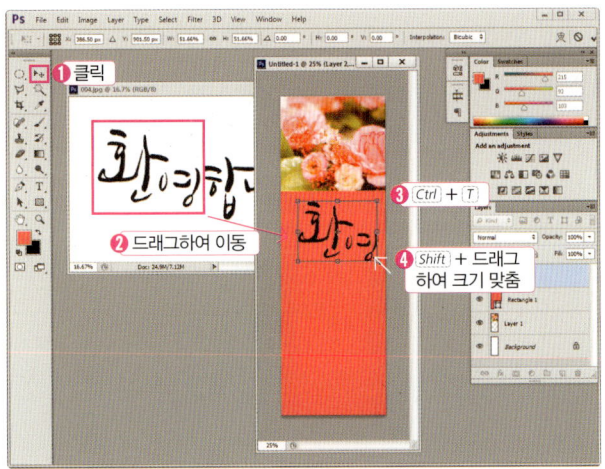

12 같은 방법으로 나머지 글씨인 '합니다'도 이와 같이 이동하여 알맞은 자리에 적용시킵니다.

13 옮겨진 글씨 레이어 [Layer 2], [Layer 3]을 Shift 를 누른 상태에서 모두 선택한 후 마우스 오른쪽 버튼을 클릭해 [Merge Layers] 메뉴를 선택합니다. 합쳐진 레이어는 레이어 제목 부분을 더블 클릭하여 '환영합니다'라는 레이어 제목을 입력합니다.

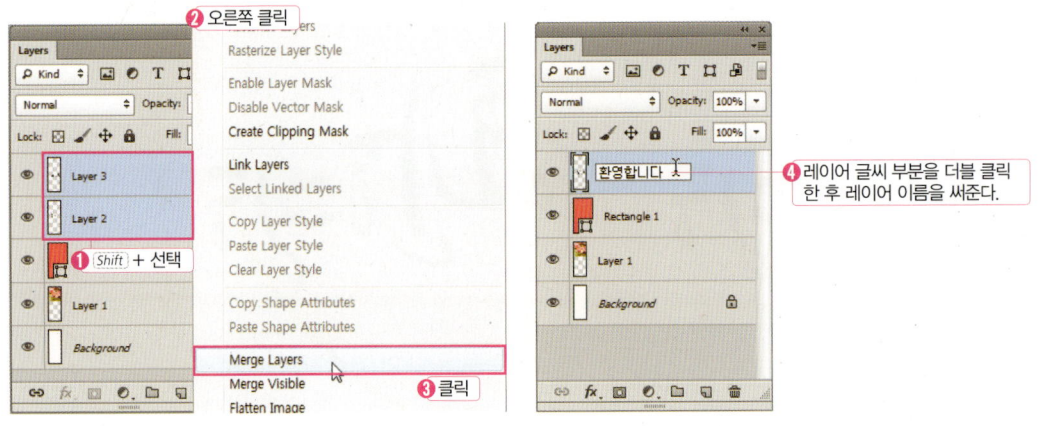

14 글씨의 컬러를 바꾸기 위하여 [환영합니다] 레이어를 더블 클릭한 후 [Layer Style] 대화상자에서 [Color Overlay]를 선택합니다. [Color]-[Blend Mode]를 화이트로 변경한 후 [OK] 버튼을 클릭해 적용합니다.

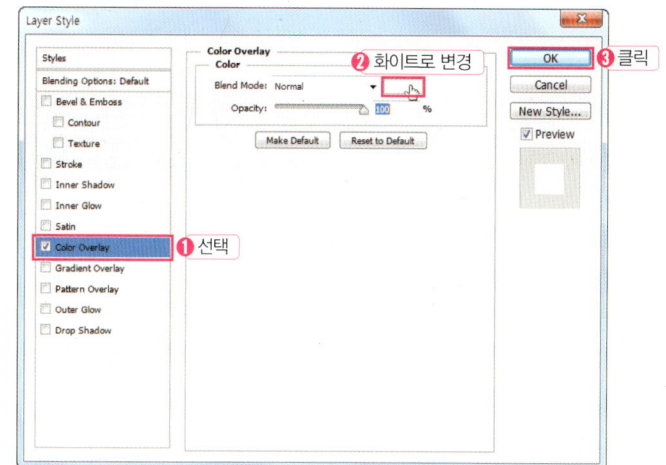

15 T.(가로 문자 툴)을 선택한 후 나머지 텍스트를 입력하고 마무리합니다.

Design : 산돌고딕네오2 Light, 21pt
CHURCH : 산돌고딕네오2 Bold, 21pt

16 완성되었습니다. 다른 컬러로도 작업해 봅니다.

 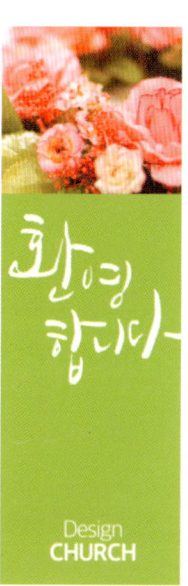 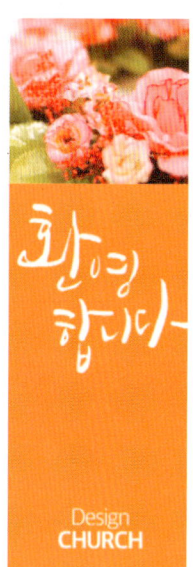

Note_ 캘리그라피를 활용하는 방법은 여러 가지가 있습니다. 만약, 사용하고자 하는 캘리그라피가 매끈하게 써졌거나 획의 특징이 그다지 없는 캘리그라피라면 (마술봉 툴)을 이용하는 방법을 추천합니다.

Chapter 01 현수막 만들기 **207**

★ 포토샵+일러스트레이터 작업의 기술 ★

전단지 만들기

>> 현수막에 비해 텍스트가 비교적 많이 들어가지만 리플릿보다는 텍스트가 적은 것이 전단지입니다. 간단한 티켓 및 초대장 등은 포토샵으로 작업을 완성하는 것이 좋습니다. 하지만 텍스트가 많을 경우는 〈Chapter 04 리플릿 만들기〉를 참고하여 일러스트레이터와 병행 작업을 하는 것이 좋습니다.

Section 01 [포토샵] 우리 아이 생일잔치 초대장 만들기

가로 10cm X 세로 15cm 엽서 사이즈의 우리 아이 생일잔치 초대장을 만들어 보겠습니다. 강조 배경 만들기와 사진을 동그랗게 잘라내어 배치하는 방법을 배워보도록 하겠습니다.

- 시작파일   part 03〉chapter 02〉part3-005.jpg, part3-006.jpg, part3-007.jpg
- 완성파일   part 03〉chapter 02〉part3-005_완성.jpg

01 포토샵에서 10cm × 15cm 사이즈의 엽서를 만들어 보겠습니다. 가정용 프린터기로 인쇄할 경우에는 굳이 재단선을 만들 필요는 없습니다. [New] 대화상자에서 [Width]는 '10cm', [Height]는 '15cm', [Resolution]은 '300', [Color Mode]는 'CMYK Color', [Background Contents]는 'White'로 설정하고 [OK] 버튼을 클릭합니다.

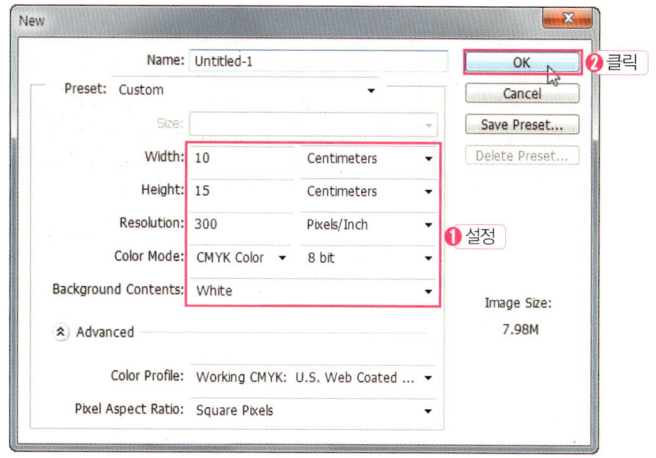

02 전경색을 'C : 0, M : 0, Y : 15, K : 0(R : 255, G : 252, B : 223)'으로 설정한 후 [OK] 버튼을 클릭합니다.

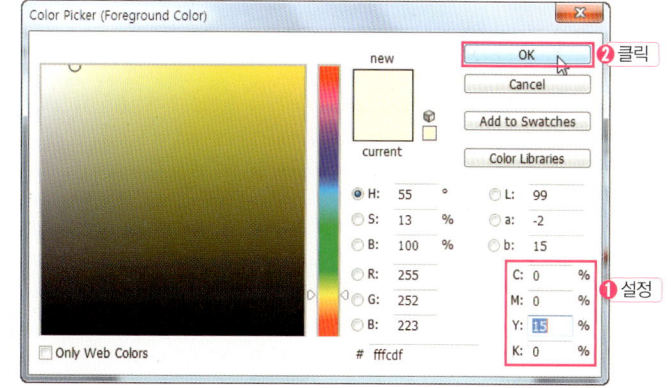

03 백그라운드 컬러를 바꾸기 위해 툴바에서 (페인트 툴)을 선택한 후 작업창에 클릭합니다.

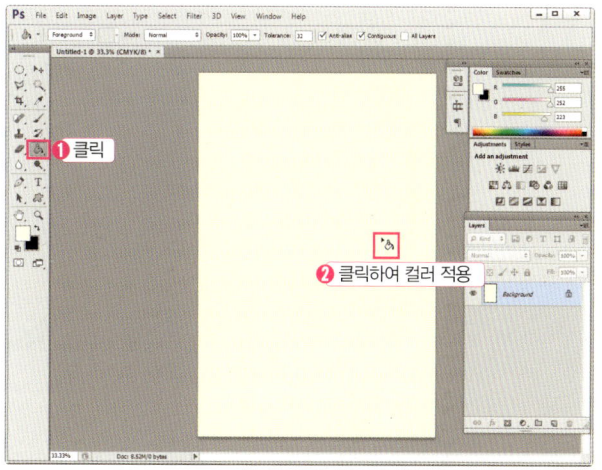

04 ▫(새 레이어)를 클릭해 'Layer 1'을 열어준 후 [Color Picker] 창에서 전경색을 'C : 15, M : 0, Y : 0, K : 0(R : 212, G : 239, B : 252)'로 설정한 후 [OK] 버튼을 클릭합니다.

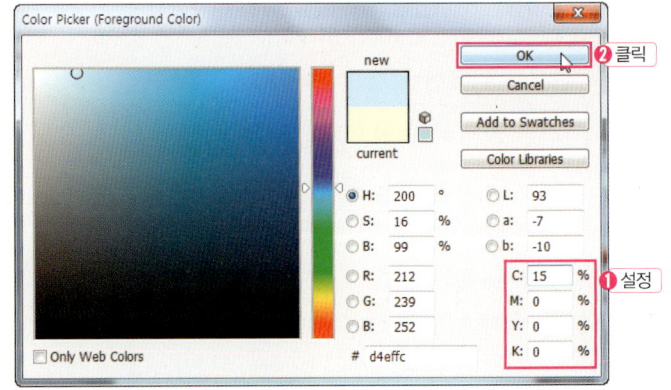

05 새 레이어 'Layer 1'을 클릭하고 ▫(페인트 툴)을 선택한 후 작업창을 클릭합니다.

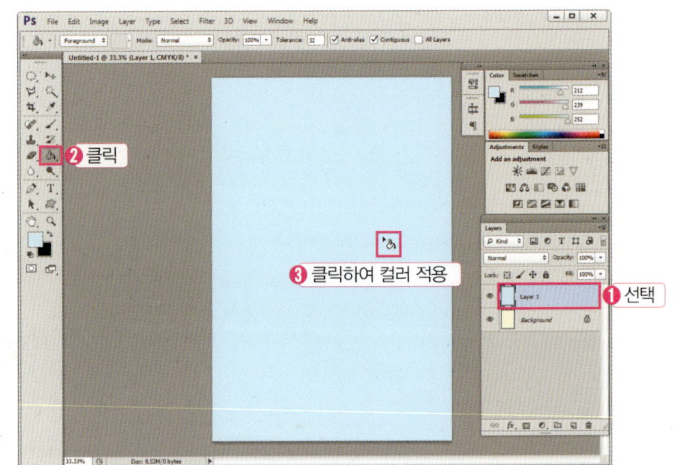

06 ▫(다각형 올가미 툴)을 클릭해 지워나갈 부분을 선택합니다. 점선으로 나타나면 Delete를 눌러 지웁니다.

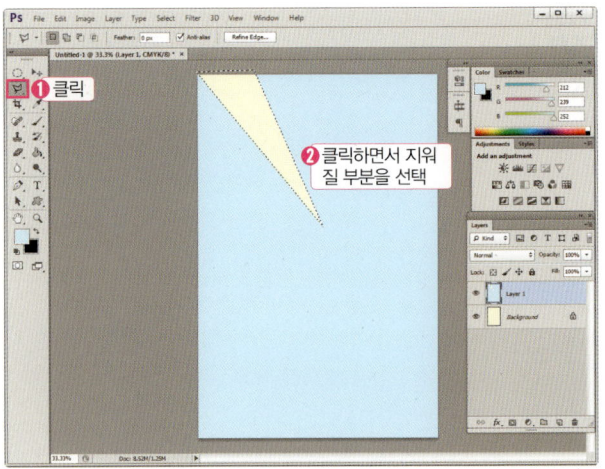

07 이 방법을 반복하여 강조하는 듯한 이미지로 만들어냅니다. Ctrl + D 를 눌러 점선을 해제하여 마무리합니다.

08 전경색을 'C : 0, M : 100, Y : 0, K : 0(R : 236, G : 0, B : 140)'으로 설정한 후 [OK] 버튼을 클릭합니다.

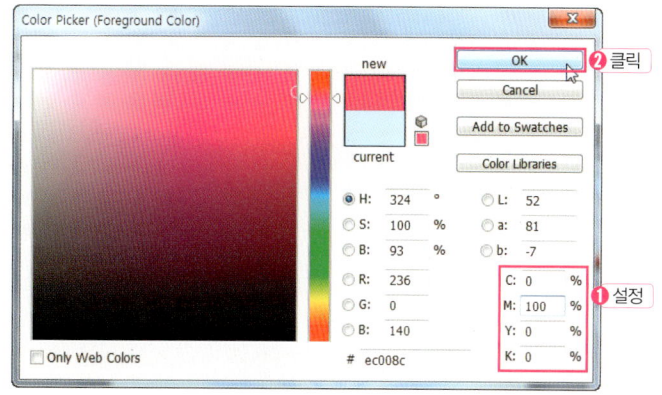

09 ■,(사각 도형 툴)을 선택한 후 상단 부분에 사각형을 그립니다.

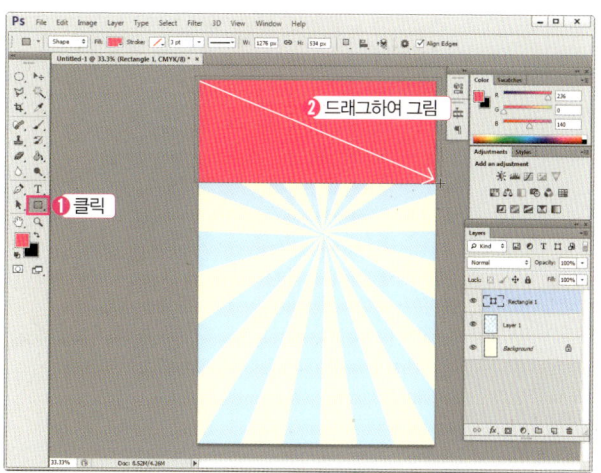

10 'part3-005.jpg' 파일을 불러옵니다. ◯.(원형 선택 툴)을 클릭하여 이미지의 얼굴 부분을 Shift 를 누른 상태에서 동그랗게 그립니다. 작업창으로 옮기기 위해 ▶+(이동 툴)을 선택한 후 점선 안쪽에서 가위 모양으로 바뀔 때 마우스를 클릭한 채로 작업창에 드래그하여 이동합니다.

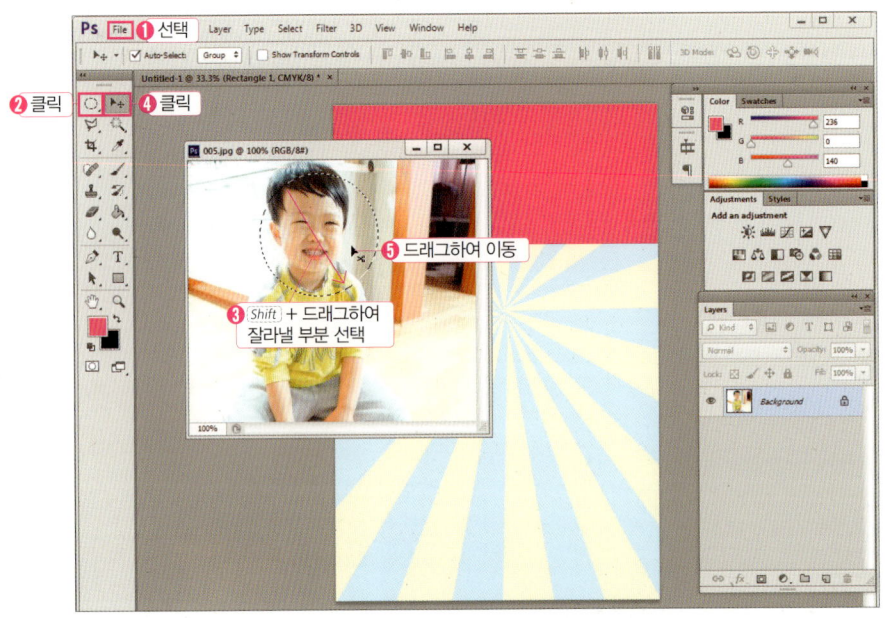

11 옮겨진 이미지는 Ctrl + T 를 눌러 적당한 크기로 맞춰준 후 Enter 를 눌러 적용합니다.

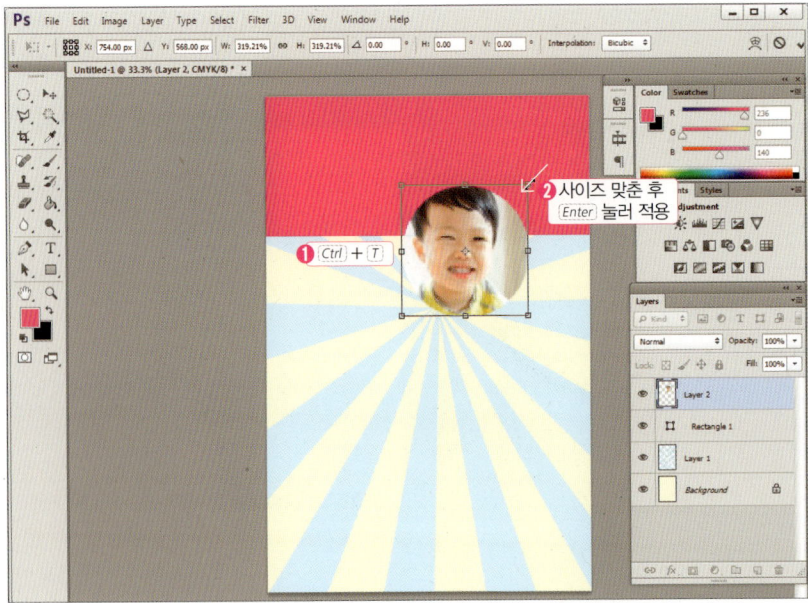

12 옮겨진 이미지 레이어 'Layer 2'를 더블 클릭하여 [Layer Style] 대화상자가 표시되면 [Stroke]을 선택하고 [Fill Type]의 [Color]는 화이트로 설정하고 [Size]는 '18'로 설정한 후 [OK] 버튼을 클릭합니다.

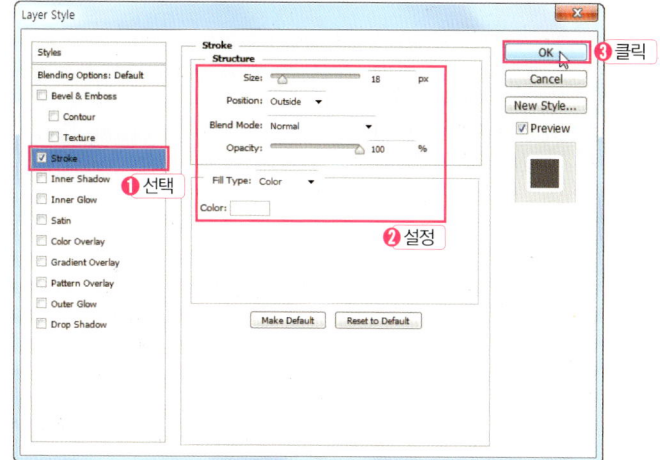

13 완성되었습니다. 이와 같은 방법으로 예제파일의 'part3-006.jpg', 'part3-007.jpg' 파일을 불러와서 머리 부분만 동그랗게 잘라 옮겨 줍니다.

14 옮겨온 두 개의 이미지 또한 **12**의 방법을 이용하여 테두리를 만들어준 후 적당한 위치에 배치합니다.

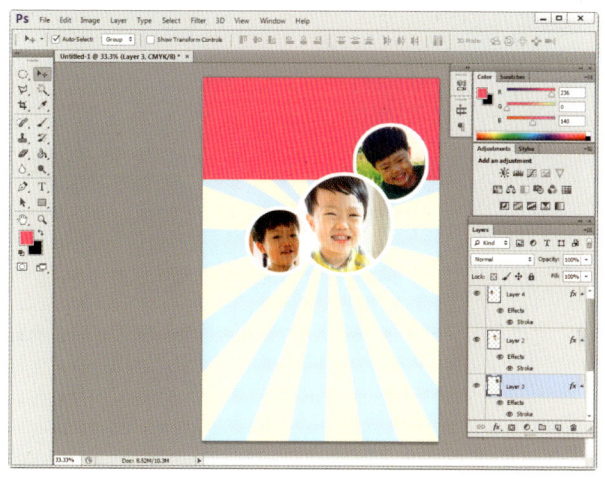

15 전경색을 'C : 0, M : 0, Y : 15, K : 0'으로 설정하고 ![모양] (모양 툴)을 선택한 후 옵션 바의 [Shape]에서 원하는 이미지를 더블 클릭합니다. 여기서는 음악 기호 [Eighth Notes]를 더블 클릭합니다.

16 Shift 를 누른 상태에서 그려줍니다. Ctrl + T 를 눌러 그림과 같이 우측을 아래로 살짝 내려 각도를 바꿔준 후 Enter 를 눌러 적용합니다.

17 이와 같은 방법으로 여러 개의 클립아트를 드래그하여 그려 넣어 봅니다.

Note_ 클립아트의 컬러를 바꾸기 원할 때는 ▣(새 레이어)를 클릭하여 새 레이어를 연 후 전경색을 바꾸고 그립니다. 또한 그려 넣은 후 레이어 우측 상단의 Opacity 값을 줄여주면 투명한 클립아트 모양이 완성됩니다.

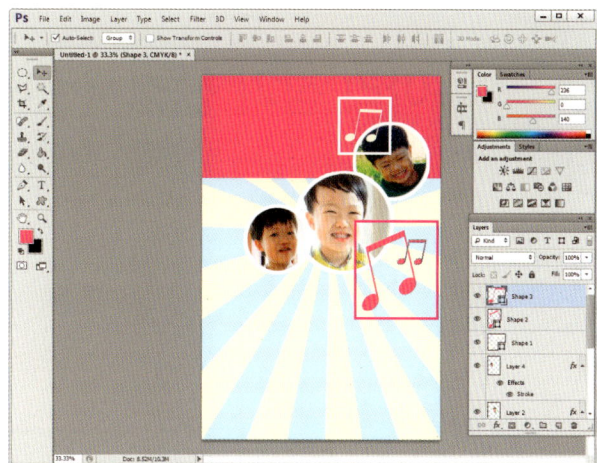

18 T.(가로 문자 툴)을 선택한 후 원하는 텍스트를 입력하고 마무리합니다.

Happy Birthday : 산돌고딕네오2 Extra Bold, 40pt

사랑하는 인호의 생일에 너를 초대하고 싶어!!
10월 25일 화요일 오전11시 인호네 집으로 오렴^^ : 산돌고딕네오2 Mideum, 15pt

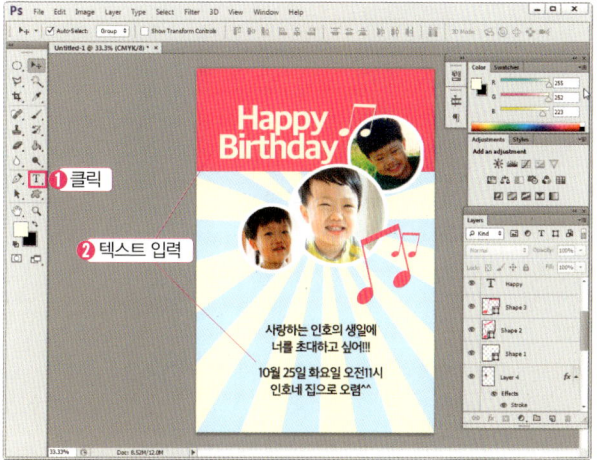

19 완성되었습니다.

Chapter 02 전단지 만들기

Section 02 [포토샵] 동아리 참가 신청서 만들기(절취선 삽입)

가로 15cm × 세로 7cm의 동아리 참가 신청서를 만들어 보겠습니다. 텍스트가 이미지로 변하면 다양한 편집을 해 볼 수 있습니다. 또한 포토샵 CS6에서의 점선 그리기도 해보겠습니다. 그리고 대량 인쇄가 아닌 홈 프린터로 작업할 수 있도록 A4 용지에 앉히는 방법도 배워보겠습니다.

완성파일 | part 03〉chapter 02〉part3-008_완성.jpg

01 [New] 대화상자에서 선택한 후 [Preset]을 'International Paper'로 설정하고 [Width]는 '210', [Height]는 '297'로 설정하고 [OK] 버튼을 클릭합니다.

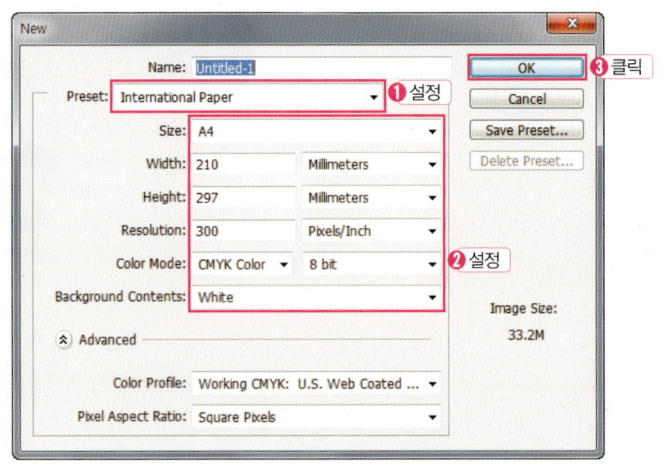

02 (가로 문자 툴)을 선택한 후 원하는 텍스트를 입력합니다. 이때 굵은 서체를 사용하는 것이 효과적입니다.

들어올래 안들어올래 : 나눔 바른 고딕 Bold, 60pt

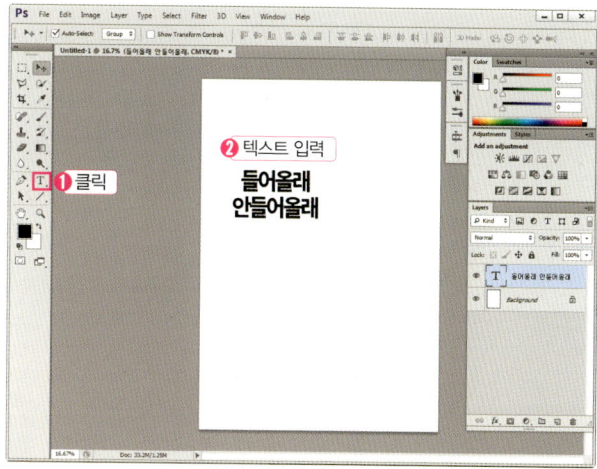

03 텍스트를 이미지로 바꿔주기 위하여 텍스트 레이어 '돌아올래 안들어올래'를 선택한 후 마우스 오른쪽 버튼을 클릭해 [Rasterize Type] 메뉴를 선택합니다.

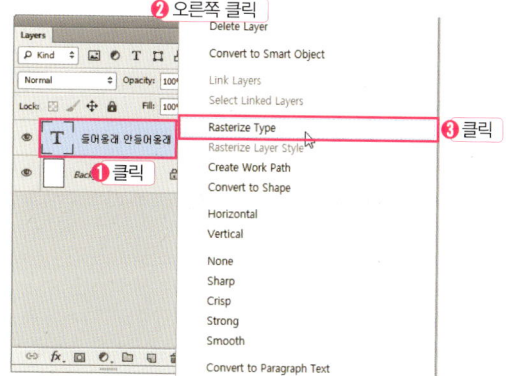

04 [Edit]-[Transform](Ctrl + T) 메뉴를 선택한 후 글씨 주변에 사각 틀이 나타나면 Ctrl 을 누른 상태에서 꼭짓점들을 마우스로 움직입니다. 그림과 같이 원하는 모양을 만듭니다. 각 모서리를 움직여 글씨가 아래에서 위로 향하는 듯한 모양으로 해주고 완성된 후에는 Enter 를 눌러 마무리합니다.

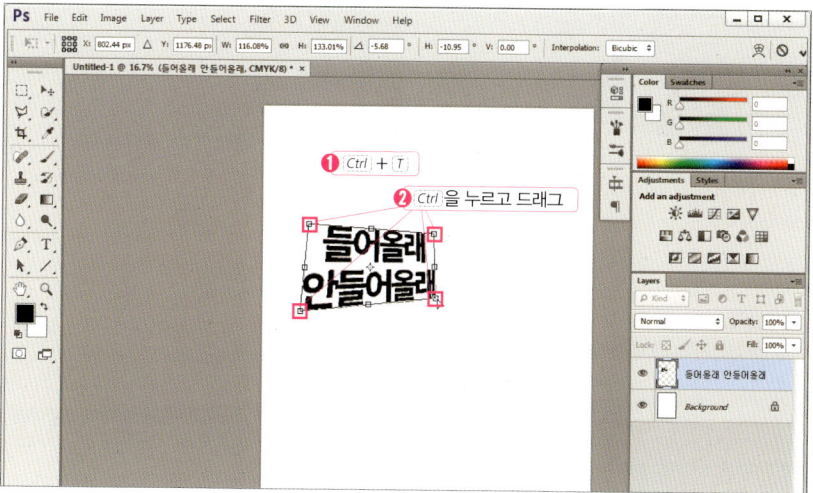

05 클립아트를 그리기 위해서 툴 바에서 (모양 툴)을 선택합니다. 옵션 바에서 [Fill]은 컬러를 블랙으로 설정하고 [Stroke]은 컬러를 지정하지 않습니다. 이때 툴 바의 [Fill]이 블랙으로 되어 있으므로 옵션 바의 [Fill]도 블랙으로 보입니다.

06 옵션 바의 [Shape]에서 원하는 클립아트 (Pedestrian)을 선택한 후 더블 클릭합니다.

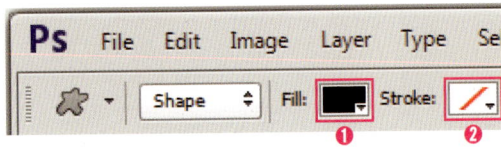

07 Shift 를 누른 상태에서 드래그하여 선택한 클립아트를 그리고, 클립아트의 방향을 왼쪽에서 오른쪽으로 전환하려면 [Edit]-[Transform Path]-[Filp Horizontal] 메뉴를 선택합니다.

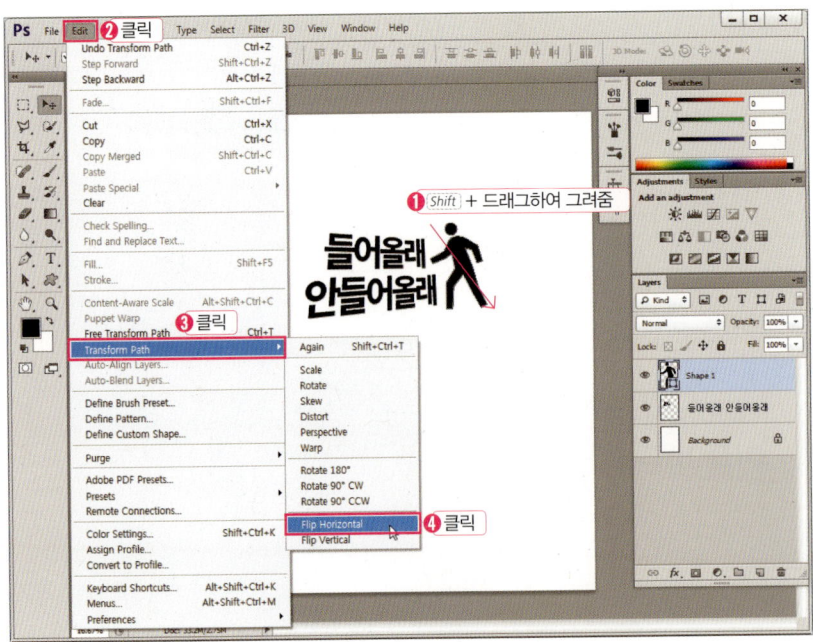

08 이번에는 클립아트 ♥(Sign 5)를 선택합니다. 컬러는 나중에 한꺼번에 바꿀 것이니 염려하지 않아도 됩니다.

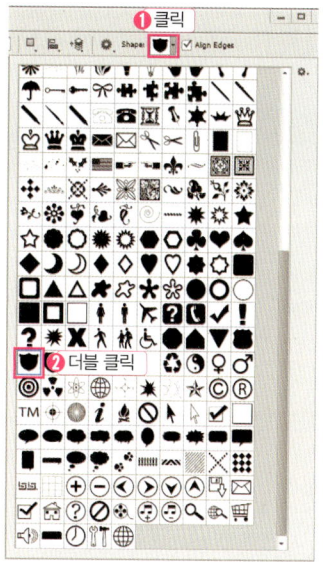

09 Shift 를 누른 상태에서 드래그하여 그립니다. Ctrl + T 를 눌러 오른쪽 상단 모서리 쪽에 마우스를 가져가고 각도를 오른쪽 위로 살짝 올려준 후 Enter 를 누릅니다.

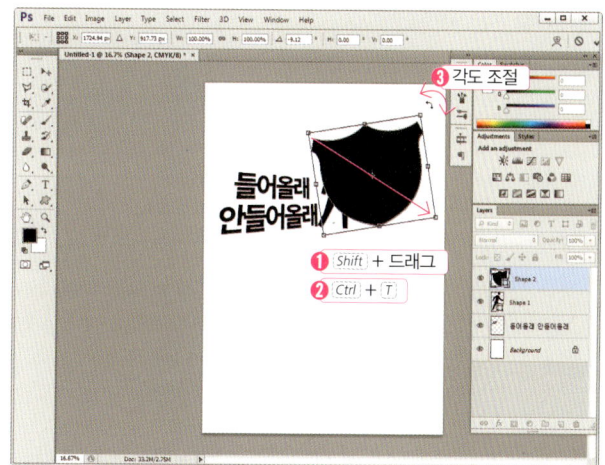

10 T.(가로 문자 툴)을 클릭한 후 다음과 같은 서체로 설정하고 '최강동아리'와 '달려육상부'를 입력합니다. 각각 Ctrl + T 를 이용하여 왼쪽으로 살짝 내려 클립아트와 각도가 맞도록 합니다.

최강동아리 : 나눔바른고딕 Bold, 30pt
달려육상부 : 나눔바른고딕 Bold, 58pt

11 레이어를 정리합니다. 상위 레이어에 있어야 할 것들은 마우스로 끌어다가 올립니다.

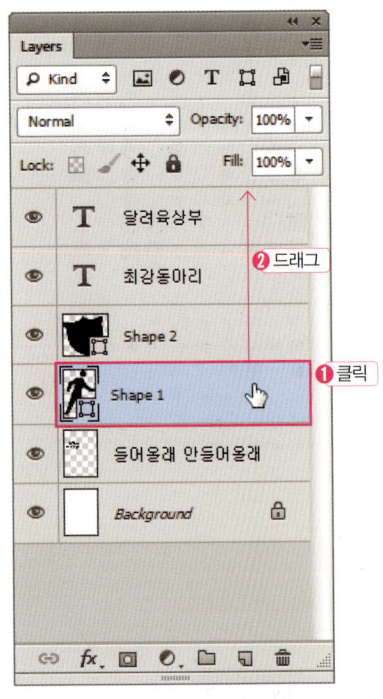
옮기기 전

옮긴 후

12 이제 컬러를 설정합니다. [Shape 1] 레이어를 더블 클릭하면 [Layer Style] 대화상자가 나타납니다. [Color Overlay]를 선택해 원하는 컬러(C : 0, M : 59, Y : 100, K : 0)로 설정하고, [Stroke]을 선택해 테두리도 화이트(C : 0, M : 0, Y : 0, K : 0)로 설정합니다.

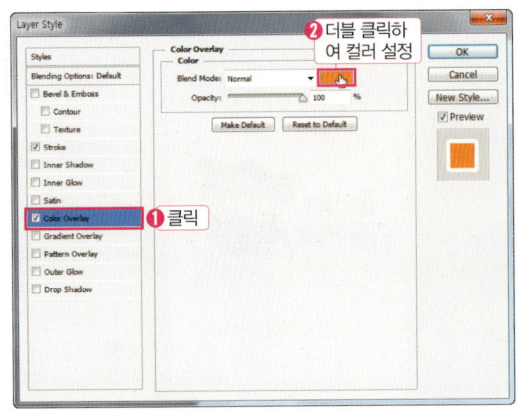
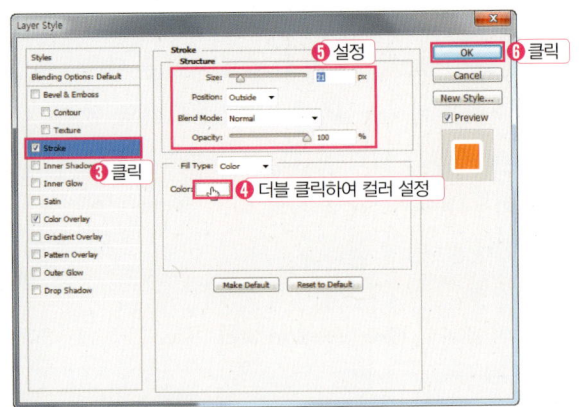

13 같은 방법으로 다른 레이어도 컬러를 설정합니다. [들어올래 안들어올래] 레이어를 더블 클릭하여 [Layer Style] 대화상자에서 컬러를 'C : 80, M : 10, Y : 60, K : 0'으로 설정합니다.

더블 클릭하여 Color Overlay
에서 컬러 설정

14 (이동 툴)을 선택한 후 모든 이미지를 아우르도록 드래그합니다. 레이어에 모든 레이어가 선택되면 Ctrl + G를 눌러 그룹으로 설정합니다.

15 그룹으로 묶인 이미지를 한꺼번에 Ctrl + T를 눌러 크기를 줄입니다.

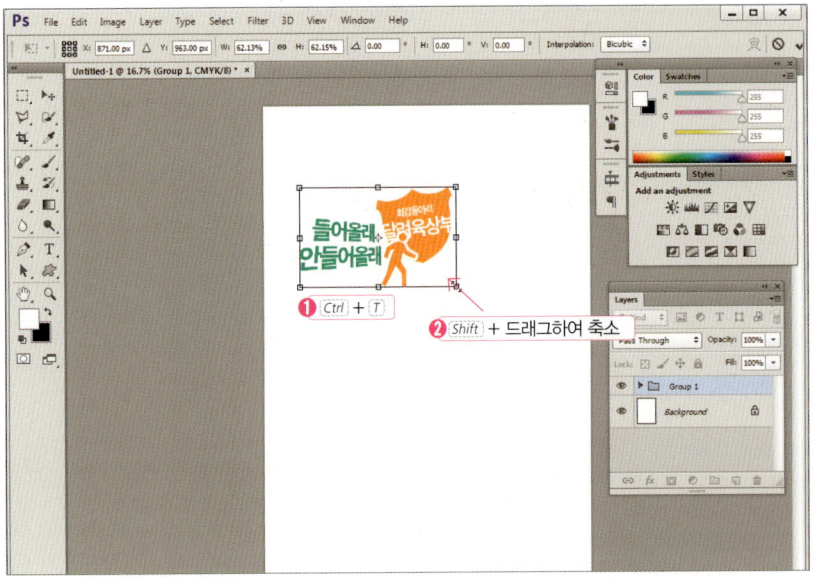

16 점선을 그리기 위해 툴 바에서 (직선 툴)을 클릭합니다. 점선을 그리기 위하여 옵션 바에서 [Fill]은 '컬러 없음'으로 설정하고 [Stroke]을 클릭해 원하는 컬러를 설정합니다. [Stroke Options]를 선택하고 [More Options]를 클릭한 후 [Storke] 대화상자에서 원하는 점선을 만듭니다. 여기서는 [Dashed Line]을 선택하고 [Dash]는 2, [Gap]은 2로 설정합니다.

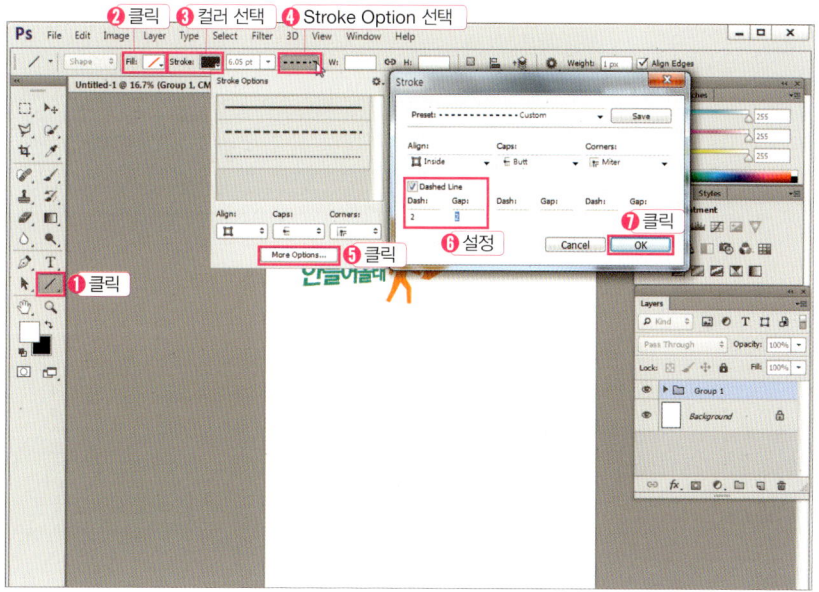

17 (직선 툴)을 선택한 상태에서 드래그하여 원하는 곳에 선을 그립니다. 이때 90도나 180도 선으로 그려야 한다면 Shift 를 누른 상태에서 드래그하면 정확한 직선이 그려집니다.

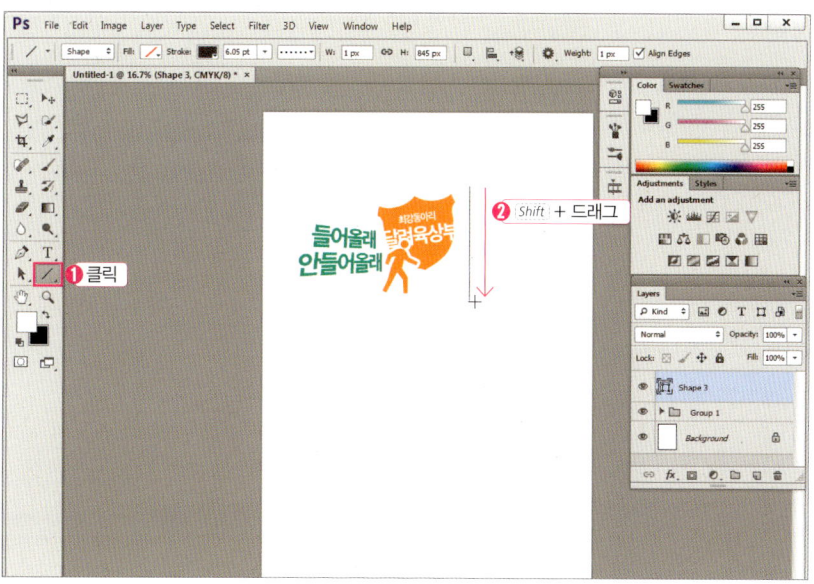

Chapter 02 전단지 만들기 223

18 T.(가로 문자 툴)을 선택한 후 원하는 텍스트를 입력합니다. (모양 툴)을 선택하고 옵션 바의 [Shape]에서 가위 모양 클립아트를 선택한 후 점선 위에 그립니다.

신청합니다 : 나눔바른고딕 Bold, 21pt
이름, 연락처 : 나눔바른고딕 Bold, 18pt

19 또다시 전체 레이어를 선택한 후 Ctrl + G를 눌러 그룹을 만듭니다. Ctrl + T를 눌러 Shift를 누른 상태에서 크기를 줄이고 상단으로 이동한 후 Enter를 눌러 적용합니다.

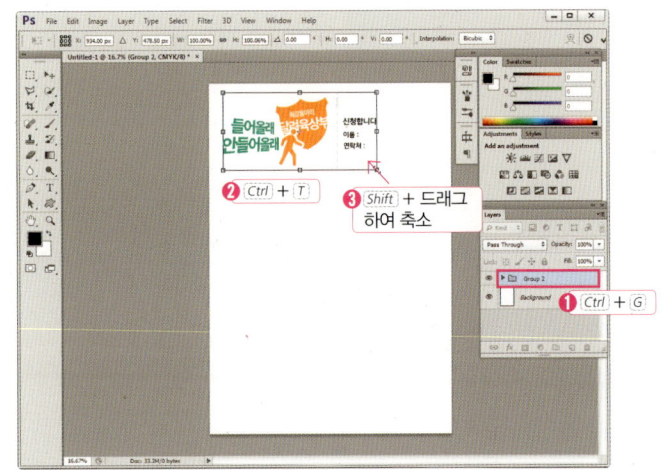

20 복사를 위하여 이미지를 클릭한 후 Alt를 누른 상태에서 아래로 드래그합니다. 같은 방법으로 A4 종이에 4개를 앉혀줍니다.

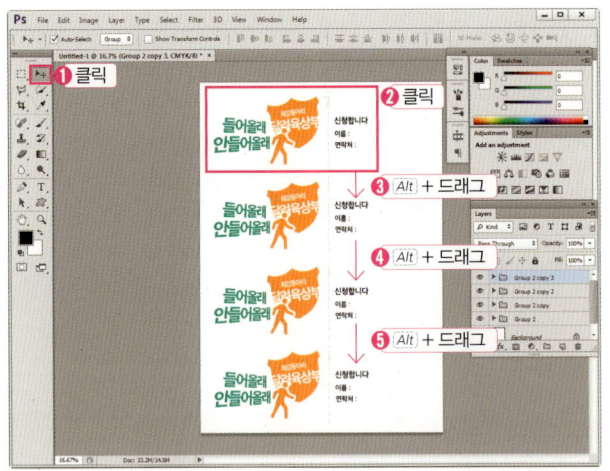

21 작업 파일인 PSD로 저장하고, JPEG로 저장한 후 홈 프린터에서 출력하여 사용합니다. 완성되었습니다.

Section 03 [포토샵] 영화 티켓 사이즈의 공연 초대장 만들기

가로 20cm×세로 7cm의 공연 초대장을 만들어 보겠습니다. 특별히 이번 강의에서는 부득이하게 해상도가 낮은 사진을 사용해야 할 경우 효과적으로 편집할 수 있는 방법을 알아보도록 하겠습니다.

- 시작파일 part 03〉chapter 02〉Part3-009.jpg
- 완성파일 part 03〉chapter 02〉Part3-009_완성.jpg

01 초대장 사이즈는 20cm×7cm로 해 보겠습니다. [New] 대화상자에서 [Width]는 '20cm', [Height]는 '7cm', [Resolution]은 '300', [Color Mode]는 'CMYK Color', [Background Contents]는 'White'로 설정한 후 [OK] 버튼을 클릭합니다.

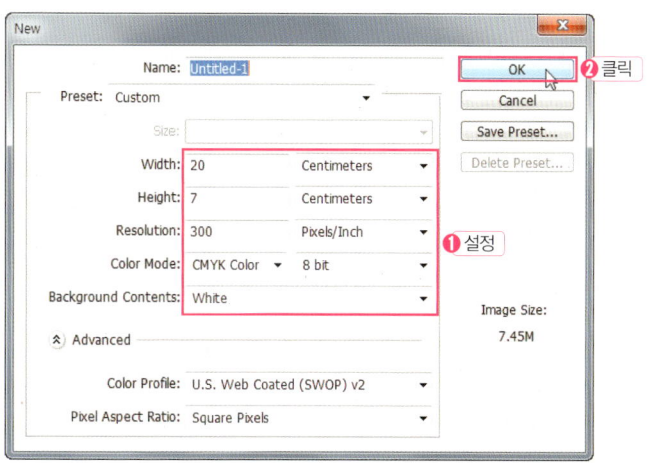

02 'part3-009.jpg' 파일을 불러옵니다. 불러온 이미지를 (이동 툴)을 이용하여 새 창에 드래그합니다.

Note_ 사용해야 하는 이미지의 해상도가 너무 낮을 경우 부득이하게도 꼭 그 이미지를 사용해야 한다면 [Filter]-[Blur]-[Gaussian blur] 메뉴를 선택하여 'Gaussian blur' 효과로 이미지를 편집하는 방법이 있습니다. 단, 이때 원본 레이어는 살려두고 그 레이어를 복사해 Gaussian blur 효과를 준 후, 블렌딩 효과는 Multiply로 해 줍니다.

03 (새 레이어)를 클릭한 후 새 레이어를 만들고 이미지 레이어 아래로 이동합니다. 마우스로 클릭한 상태에서 이동하고 싶은 곳으로 옮겨다 놓으면 이동됩니다.

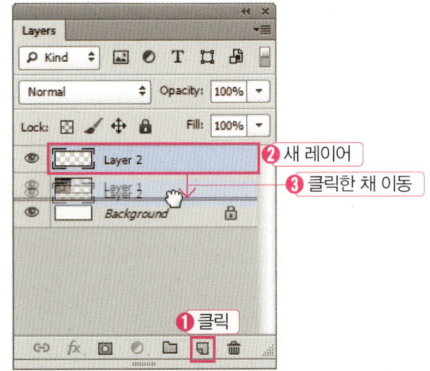

04 (스포이드 툴)을 선택합니다. 이미지 내의 가장 짙은 부분을 선택하고 (페인트 툴)을 클릭한 후 바탕에 컬러를 적용합니다.

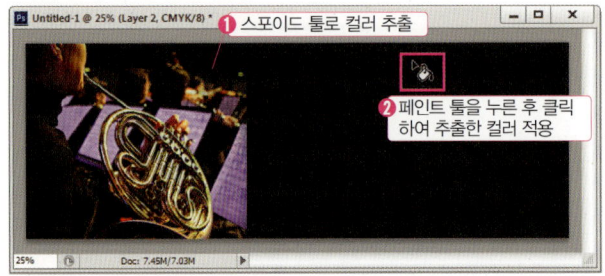

05 [Layers] 패널은 다음과 같은 모양이 됩니다.

06 원본 이미지 레이어 [Layer 1]을 선택한 후 Ctrl + J를 눌러 레이어를 복사합니다.

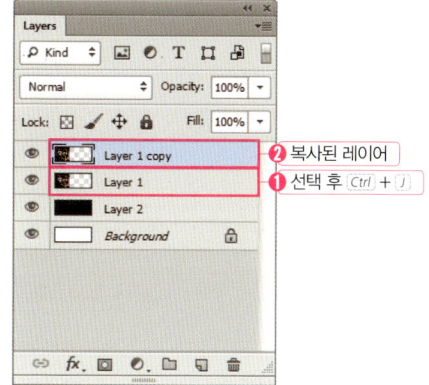

07 복사된 레이어를 클릭한 후 [Filter]-[Blur]-[Gaussian Blur] 메뉴를 선택합니다.

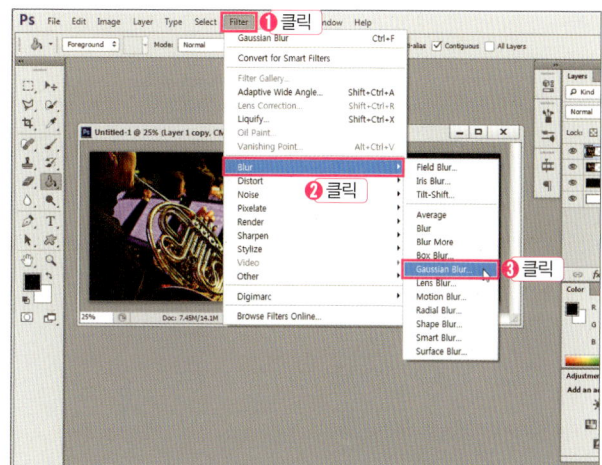

08 [Gaussian Blur] 대화상자가 나타나면 이미지가 너무 흐려지지 않을 만큼만 조절하고 [OK] 버튼을 클릭합니다. 여기서는 'Radius'를 '8.0' pixel로 설정합니다.

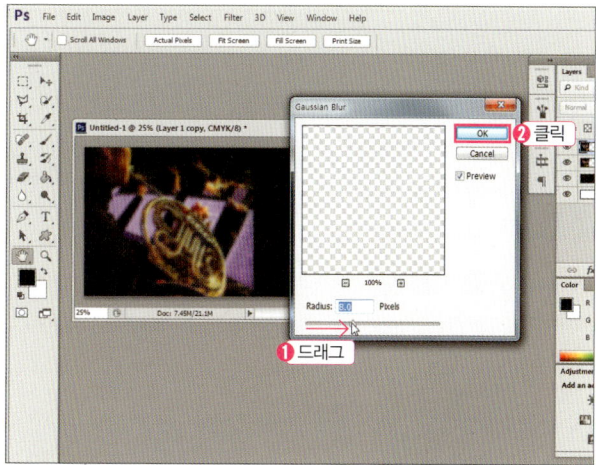

Chapter 02 전단지 만들기 227

09 [Layers] 패널에서 효과를 준 레이어의 블렌딩 모드를 'Multiply'로 설정합니다.

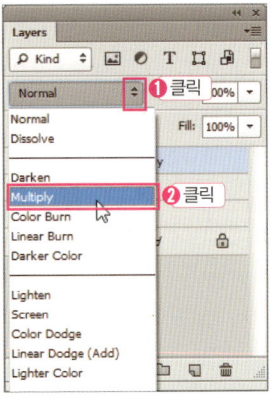

10 원본 이미지 레이어 [Layer 1]과 복사된 이미지 레이어 [Layer 1 Copy]를 Shift 를 누른 상태에서 선택한 후 마우스 오른쪽 버튼을 클릭해 [Merge Layers] 메뉴를 선택합니다.

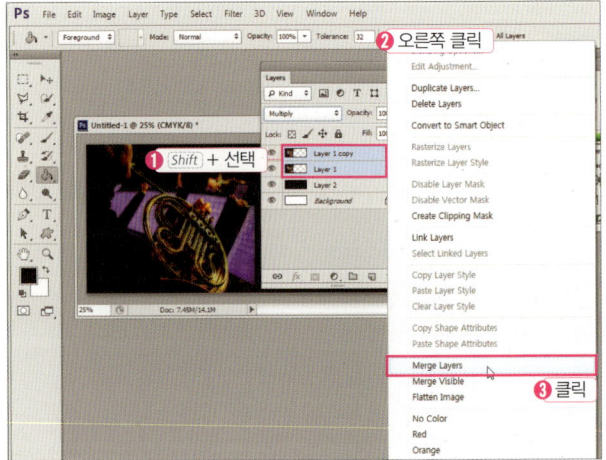

11 합쳐진 레이어를 선택한 후 Ctrl + M 을 누릅니다. [Curves] 대화상자에서 커브를 움직여 보정합니다. 여기서는 [Output]은 '64', [Input]은 '67'로 설정합니다.

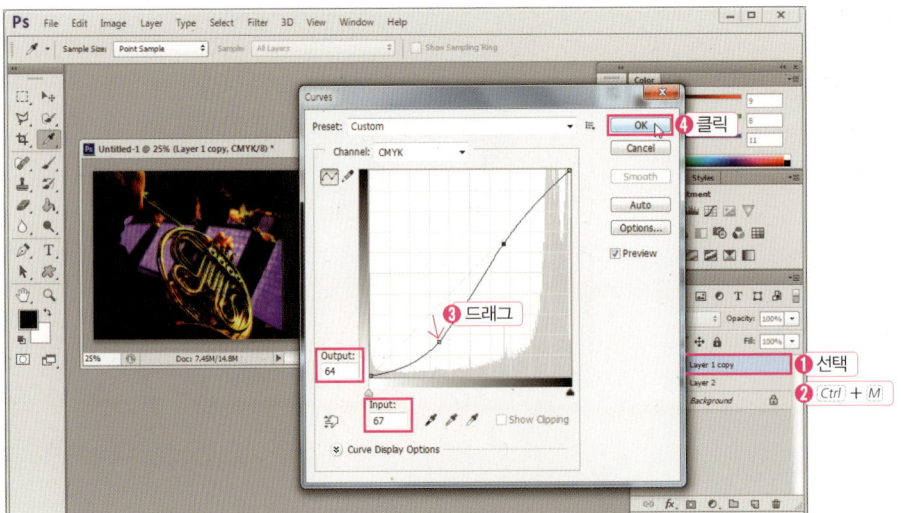

12 배경과 이미지의 합성을 위해 합쳐진 레이어를 선택한 후 하단의 ▢(레이어 마스크 추가)를 클릭합니다. 전경색을 블랙으로 설정하고, ▨(그레이디언트 툴)을 선택한 후 옵션 바에서 ▨(Foreground to Transparent) 옵션을 선택합니다. 화면에 마우스를 가져간 후 + 모양이 나타나면 드래그하여 배경과 합성합니다.

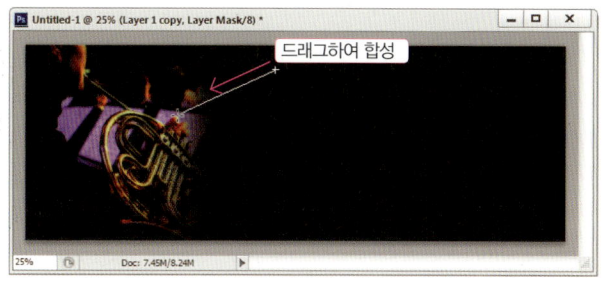

13 ✎(스포이드 툴)을 선택한 후 악보 이미지의 보랏빛 컬러를 추출합니다.

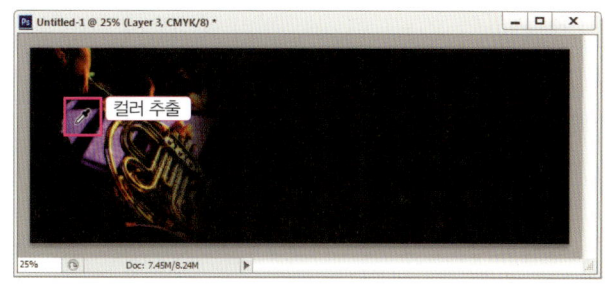

14 ✿(모양 툴)을 선택한 후 원하는 모양을 더블 클릭합니다.

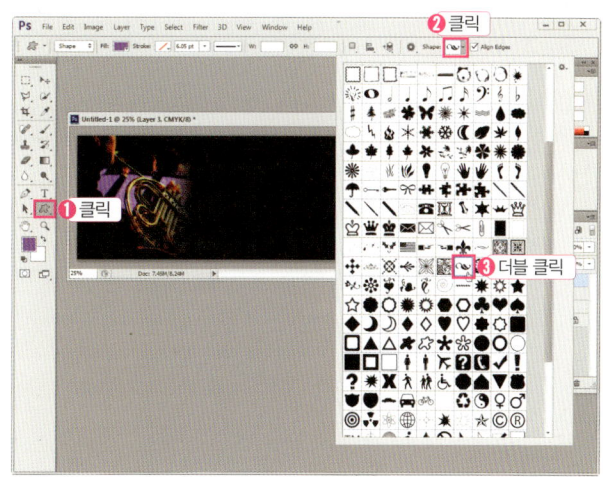

15 Shift 를 누른 상태로 그립니다. 각도를 바꾸기 위해서는 Ctrl + T 를 눌러 바꾼 후에 Enter 를 클릭합니다. 이렇게 다양하게 무늬를 넣어줍니다.

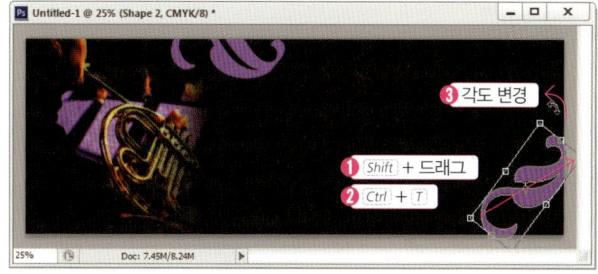

16 텍스트를 입력하기 위해 T.(가로 문자 툴)을 선택한 후 텍스트를 입력합니다.

한여름밤의 연주회 : 나눔손글씨 브러시, 53pt
9/12 pm7:30 여름숲 콘서트홀 : 나눔고딕 Regular, 15pt

17 [File]-[Save As] 메뉴를 선택한 후 [Save As] 대화상자의 원하는 폴더에서 [Format]을 'JPEG'로 저장하고 [파일 이름]을 '공연티켓작업'이라고 입력한 후 [저장] 버튼을 클릭합니다.

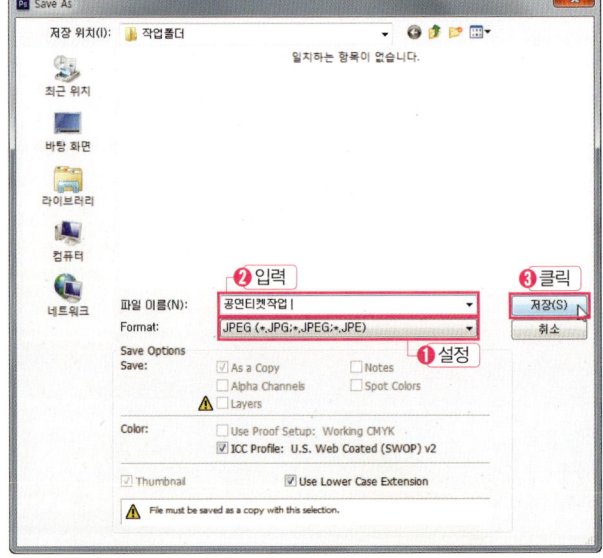

★ 포 토 샵 + 일 러 스 트 레 이 터 작 업 의 기 술 ★

포스터 만들기

포스터의 사이즈는 다양하지만 주로 A3, A2가 대부분입니다. 포스터 작업의 가장 중요한 것은 레이아웃과 타이틀입니다. 정보성이 매우 중요하기 때문에 타이틀이 잘 만들어져 배치되어야 나머지 텍스트를 잘 배열할 수 있습니다. 또한 반드시 300dpi로 제작한 후 jpeg로 저장하여 인쇄용을 만들어야 합니다.

Section 01 [포토샵] 여름 수련회 포스터 만들기

 여름 수련회이니만큼 배경이 역동적이면서도 밝아야 좋습니다. 맑은 날 햇빛이 비추는 듯한 느낌의 사진 보정 방법과 다양한 편집 방법을 통해 A3의 포스터를 만들어 보도록 하겠습니다.

● 시작파일 　　part 03〉chapter 03〉part3-010.jpg
● 완성파일 　　part 03〉chapter 03〉part3-010_완성.jpg

01 [New] 대화상자에서 [Preset]을 'International Paper'로 설정하고 [Size]를 'A3'로 설정합니다. 인쇄용으로 하기 위해서는 사방 2mm씩 재단선을 미리 지정해 주어야 하므로 [Width]는 '301mm', [Height]는 '424mm', [Resolution]은 '300', [Color Mode]는 'CMYK Color', [Background Contents]는 'White'로 설정한 후 [OK] 버튼을 클릭합니다.

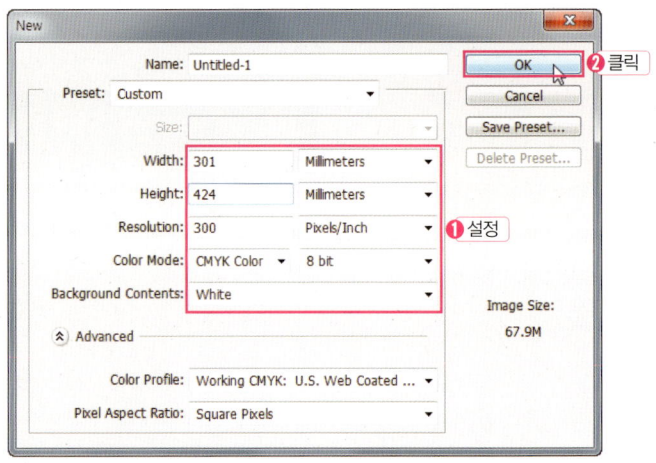

02 'part3-010.jpg' 파일을 불러옵니다. 불러온 이미지를 (이동 툴)을 이용하여 새 창에 드래그합니다. Ctrl + T 를 눌러 Shift 를 누른 상태에서 화면의 크기만큼 크기를 키운 후 Enter 를 누릅니다.

03 Ctrl + M 을 누른 후 [Curves] 대화상자가 표시되면 커브를 움직여 보정합니다. 여기서는 [Output]은 '77', [Input]은 '67'로 설정합니다.

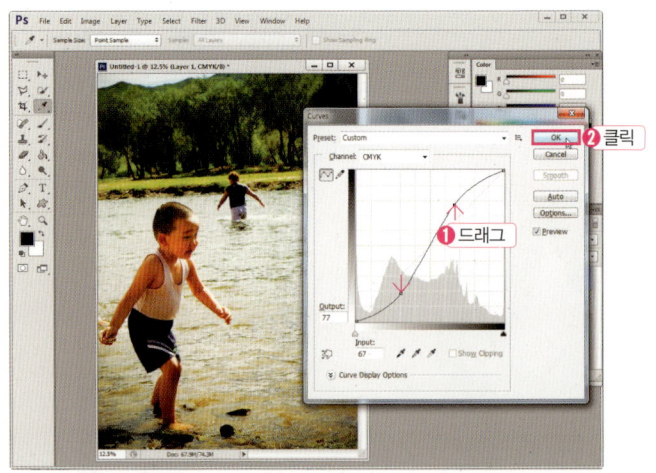

04 　(새 레이어)를 클릭해 새 레이어 'Layer 2'를 만든 후 전경색을 블랙으로 합니다. (페인트 툴)을 선택한 후 새 레이어 작업창을 클릭하여 블랙 컬러를 입힙니다.

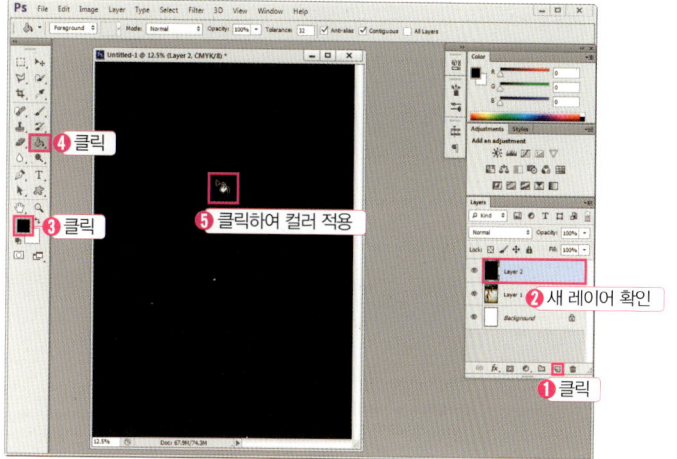

05 [Layers] 패널에서 컬러가 들어간 레이어의 블렌딩 모드를 'Vivid Light'로 바꾸고, [Opacity]를 '50'으로 설정합니다.

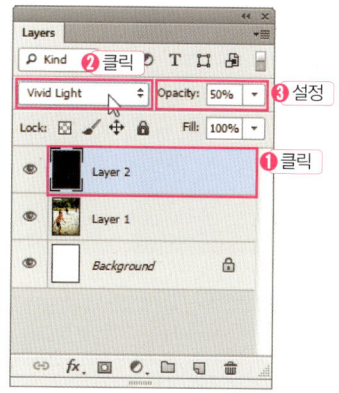

06 가운데 부분에 번지는 듯한 구멍을 뚫어주기 위해 레이어 하단의 　(레이어 마스크 추가)를 클릭한 후 전경색은 블랙으로 설정합니다. (브러시 툴)을 선택한 후 옵션 바의 브러시 옵션에서 번지는 브러시를 선택한 후 [Size]를 '2000px'로 설정합니다.

07 이미지의 가운데 부분을 브러시로 동그랗게 문질러 주듯 지워나갑니다. 뒤의 그림이 서서히 나타나면서 양 끝에 사진의 모노 효과와 같은 부분만 남게 됩니다. 이때 아무런 변화가 느껴지지 않을 수도 있습니다. 하지만 효과는 적용되고 있는 것이므로 계속 진행합니다.

08 ■(새 레이어)를 선택한 후 새 레이어 'Layer 3'을 클릭합니다. 전경색을 'C : 0, M : 0, Y : 100, K : 0(R : 255, G : 242, B : 0)'으로 설정합니다. ■(브러시 툴)을 선택한 후 옵션 바의 브러시 옵션은 번지지 않는 브러시를 선택하고 [Size]를 '500px'로 설정합니다.

09 새 레이어에 브러시로 그려줍니다.

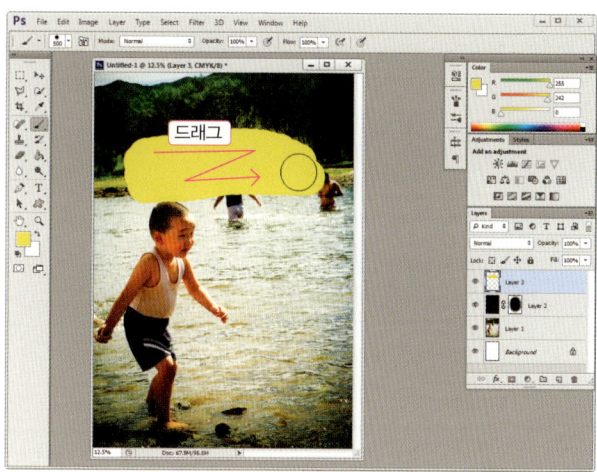

10 전경색을 'C : 50, M : 0, Y : 0, K : 0(R : 109, G : 207, B : 246)'으로 설정한 후 또 그립니다.

11 [Filter]-[Blur]-[Motion Blur] 메뉴를 선택합니다.

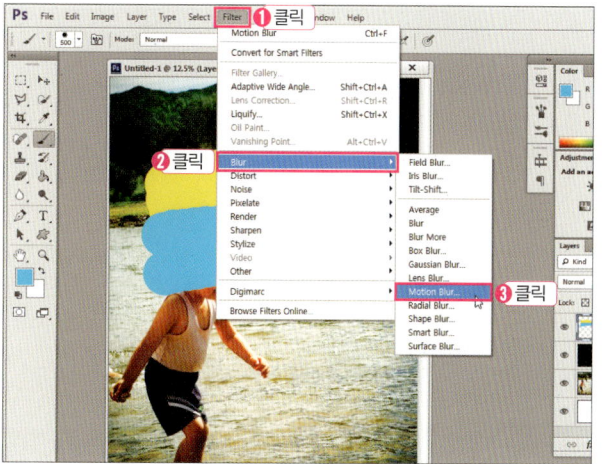

Chapter 03 포스터 만들기 **235**

12 [Motion Blur] 대화상자에서 [Angle]는 '45', [Distance]는 '2000' pixel로 설정한 후 [OK] 버튼을 클릭합니다.

13 빛 효과로 바뀐 레이어의 블렌딩 모드를 'Screen'으로 설정합니다. 좀 더 밝은 빛의 느낌을 주기 위해 빛 레이어 'Layer 3'을 선택한 후 Ctrl + J를 눌러 복사합니다.

14 T.(가로 문자 툴)을 이용하여 타이틀 및 나머지 텍스트를 입력합니다.

summer : 나눔명조 Regular, 100pt
CAMP : 나눔명조 Regular, 121pt
9, 25 : 나눔명조 Extra bold, 102pt
/, sat : 나눔명조 Regular, 102pt
seoulforest : 나눔명조 Regular, 75pt

tip 뒤의 배경과 텍스트가 잘 어우러지게 하기 위해서는 텍스트를 입력한 후 블렌딩 모드를 'Mulitiply'로 바꿔주는 것이 좋습니다. 또한 날짜를 쓸 때에도 예를 들어 9/25일 경우 '9', '25'는 두꺼운 서체로, '/'는 얇은 서체로 해주는 것이 더욱 좋습니다.

9/25 → 9/25

15 완성되었습니다.

Section 02 [포토샵] 사진전 포스터 만들기

사진전 포스터는 깔끔하면서도 모던하게 만들어주는 것이 중요합니다. 여러 가지 합성 등 편집을 사용하기 보다는 사진 그대로의 느낌을 살려 사각 프레임의 규칙을 지키며 작업해 주는 것이 좋습니다. 이번 작업을 통해 사진의 테두리를 깔끔하게 넣는 방법을 배워보도록 하겠습니다.

- 시작파일 : part 03>chapter 03>part3-011.jpg
- 완성파일 : part 03>chapter 03>part3-011_완성.jpg

01 포스터사이즈 A2는 420mm×594mm입니다. 인쇄용으로 하기 위해서는 사방 2mm씩 재단선을 미리 지정해 주어야 하므로 [Width]는 '424mm', [Height]는 '598mm', [Resolution]은 '200', [Color Mode]는 'CMYK', [Background Contents]는 'White'로 설정해준 후 [OK] 버튼을 클릭합니다.

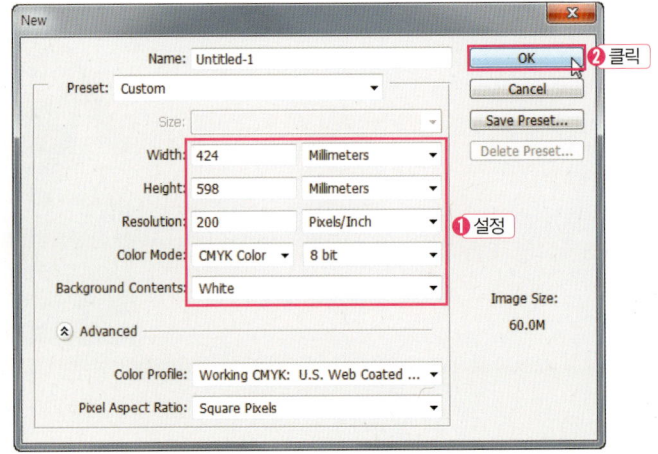

02 전경색을 'C : 0, M : 0, Y : 10, K : 0(R : 255, B : 253, B : 233)'으로 설정한 후 (페인트 툴)을 선택하고 [Background] 레이어의 작업창을 클릭하여 컬러를 입혀줍니다.

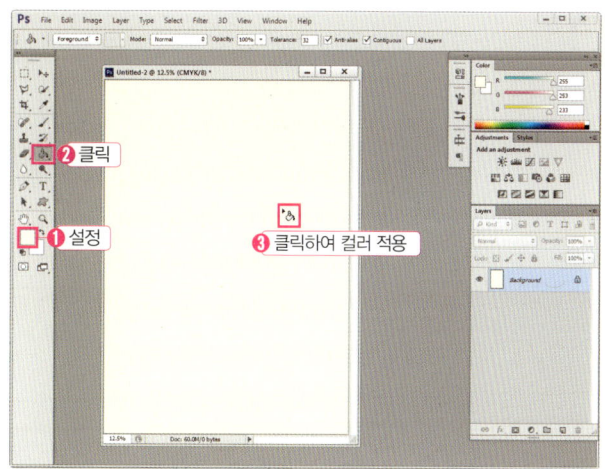

03 'part3-011.jpg' 파일을 불러옵니다. 불러온 이미지를 (이동 툴)로 작업창에 드래그합니다. Ctrl + T 를 눌러 Shift 를 누른 상태에서 크기를 키워준 후 Enter 를 누릅니다.

04 이미지 레이어 'Layer 1'을 더블클릭합니다. [Layer Style] 대화상자에서 'Stroke'을 클릭한 후 컬러를 선택해 이미지 내의 가장 진한 부분(배경 부분)을 클릭하여 컬러를 설정합니다. [Position]은 'Inside'로 설정한 후 [Size]는 '5px'로 설정하고 [OK] 버튼을 클릭합니다.

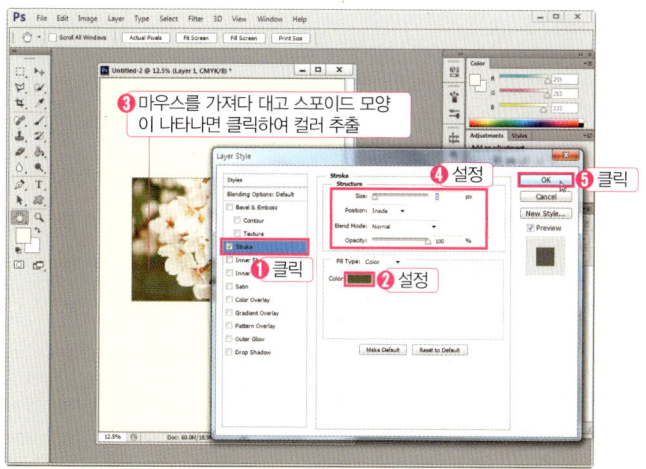

Chapter 03 포스터 만들기 **239**

05 텍스트를 입력하기 위해 **T**(가로 문자 툴)을 클릭하여 텍스트를 입력합니다.

[사진전] : 산돌명조네오 Right, 34pt

꽃과 향기 : 산돌공병각체 타블렛 Light, 232pt

11/24 sun hyang hall : 산돌명조네오 Right, 42pt

작은 글씨들은 산돌명조네오 Right, 21pt

06 [File]-[Save As] 메뉴를 선택한 후 [Save As] 창에서 원하는 폴더에 [Format] 은 JPEG로 저장합니다.

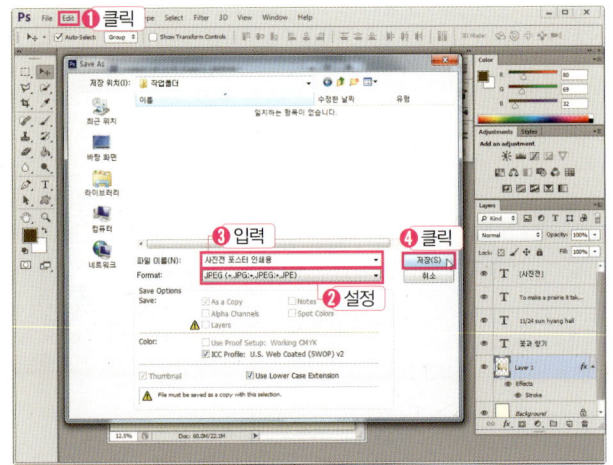

07 [JPEG Options] 대화상자가 표시되면 'Quality'를 슬라이드를 최대 '12'로 올린 후 [OK] 버튼을 클릭해 저장합니다.

08 완성되었습니다.

09 다른 레이아웃으로도 작업해 보세요.

Section 03 [포토샵] 강연회 포스터 만들기

A3의 강연회 포스터 만들기를 통해 깔끔한 강연회 포스터 만들기를 해보겠습니다. 그리고 브러시 툴을 이용해 타이틀을 꾸며보도록 하겠습니다.

◉ 시작파일　part 03〉chapter 03〉part3-012.jpg
◉ 시작파일　part 03〉chapter 03〉part3-012_완성.jpg

01 포스터 사이즈는 A3입니다. 'part3-012.jpg' 파일을 불러옵니다. 불러온 이미지를 ▶︎(이동 툴)을 선택한 후 작업창에 드래그합니다. Ctrl + T를 누르고 Shift를 누른 상태에서 그림과 같이 상체 부분이 오른쪽 하단 중간에 꽉 찰 만큼 크기를 키운 후 Enter를 누릅니다.

02 　(새 레이어)를 클릭해 새 레이어 'Layer 2'를 만든 후 이미지 아래로 이동합니다. 전경색을 'C : 0, M : 20, Y : 100, K : 0(R : 255, G : 203, B : 5)'로 설정한 후 　(페인트 툴)을 선택한 후 작업창에 컬러를 입혀줍니다.

03 　배경과 이미지의 합성을 위해 이미지 레이어를 선택한 후 하단의 　(레이어 마스크 추가)를 클릭합니다. 전경색을 블랙으로 설정하고 　(그레이디언트 툴)을 선택한 후 옵션 바에서 　(Foreground to Transparent) 옵션을 선택합니다. 작업창에 마우스를 가져간 후 + 모양이 나타나면 드래그하여 배경과 합성합니다.

Chapter 03 포스터 만들기 243

04 ▭(새 레이어)를 클릭하여 새 레이어를 열고 전경색을 'C : 50, M : 50, Y : 100, K : 50(R : 83, G : 74, B : 25)'로 설정합니다. ✎(브러시 툴)을 클릭하고 상단의 옵션에서 (털 라운드)를 선택한 후 [Size]는 '500px'로 설정합니다.

05 화면에 동그라미를 그리듯이 브러시로 그립니다. 이때 레이어 블렌딩 모드는 Multiply로 설정해 줍니다.

06 텍스트를 입력하기 위해 T.(가로 문자 툴)을 선택한 후 텍스트를 입력합니다. 입력한 글자를 드래그하여 Alt 를 누른 상태에서 화살표를 위로 눌러 행간을 줄입니다.

Design School : 나눔명조 Bold, 170pt

07 텍스트를 이미지로 바꾸기 위해 Shift 를 누른 상태로 텍스트 레이어를 모두 선택한 후 마우스 오른쪽 버튼을 클릭해 [Rasterize Type] 메뉴를 선택합니다.

08 다시 마우스 오른쪽 버튼을 클릭해 [Merge Layers] 메뉴를 선택합니다.

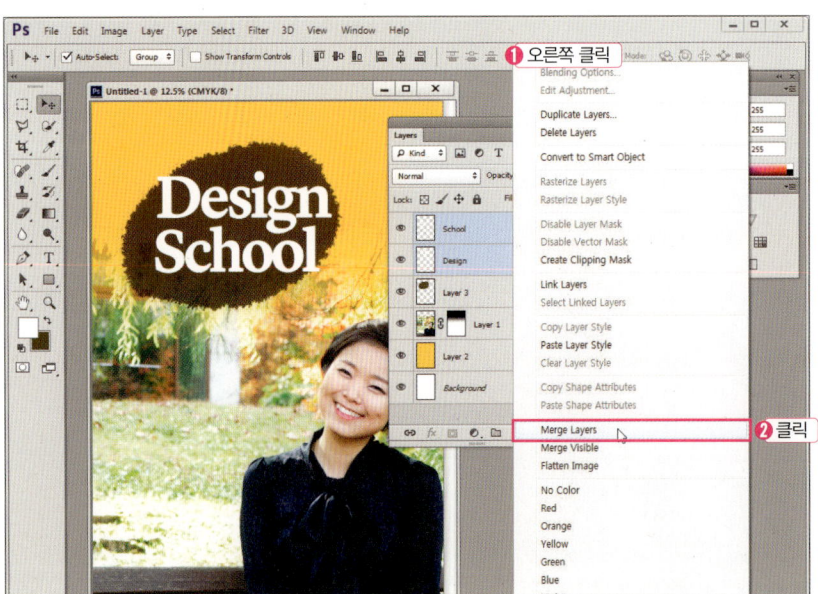

09 Ctrl 을 누른 상태로 레이어 앞부분 'Layer thumbnail'을 선택하면 제목 텍스트의 윤곽선이 점선으로 바뀝니다.

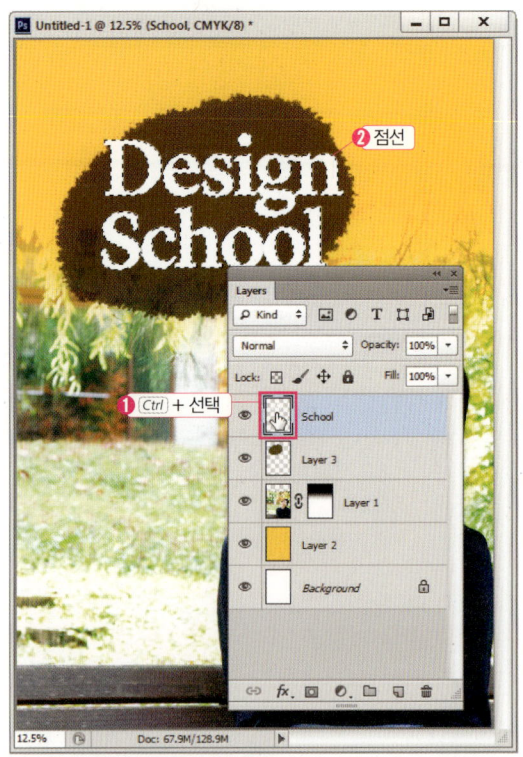

10 이제 브러시로 그린 레이어를 선택한 후 Delete 를 누릅니다. 텍스트 레이어의 미리보기를 끈 후에 Ctrl + D 를 눌러 점선을 삭제합니다.

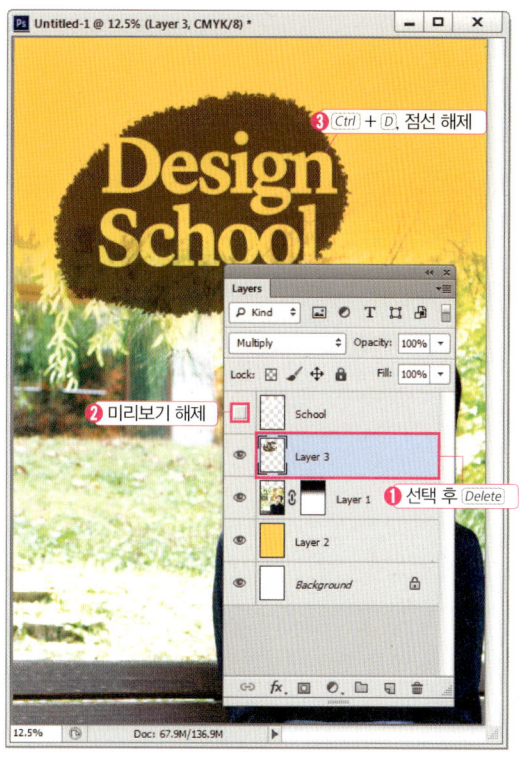

11 만들어진 타이틀의 끝 부분을 살짝 지워주는 효과를 주기 위해 타이틀 레이어 'Layer 3'을 선택한 후 하단의 ▭(레이어 마스크 추가)를 클릭합니다. 전경색을 블랙으로 설정하고, ▭(그레이디언트 툴)을 선택한 후 옵션 바에서 ▭(Foreground to Transparent) 옵션을 선택합니다. 작업 창에 마우스를 가져간 후 + 모양이 표시되면 드래그하여 타이틀 끝 부분을 살짝 살짝 지웁니다.

Chapter 03 포스터 만들기 247

12 ￼(새 레이어)를 클릭해 새 레이어(Rectangle 1)를 엽니다. ￼(스포이드 툴)을 선택한 후 브러시로 만든 타이틀의 윗부분의 진한 곳을 클릭하여 컬러를 추출합니다. ￼(사각 도형 툴)을 선택한 후 하단에 사각형을 그립니다.

13 ￼(가로 문자 툴)을 선택한 후 원하는 텍스트를 입력하고 마무리합니다.

강사_정윤선디자이너 : 산돌고딕네오1 Mideum, 30pt

12/6 mon pm4:00 Design hall : 산돌명조네오1 Regualr, 37pt

14 완성되었습니다.

Chapter 04

★ 포토샵+일러스트레이터 작업의 기술 ★

리플릿 만들기

리플릿은 포토샵과 일러스트레이터를 병행해야 합니다. 배경 작업은 포토샵에서 하되, 텍스트 작업은 일러스트레이터에서 하는 것이 좋습니다. 다양한 도형과 텍스트 입력하기를 이용하여 편집 기술을 배워보고, 일러스트 작업 시 꼭 알아두어야 할 인쇄용 파일의 변환에 대하여 알아보도록 하겠습니다.

Section 01 [포토샵+일러스트레이터]
살기 좋은 우리 동네를 알리는 2단 접지 4면 리플릿 만들기

가장 보편적인 리플릿은 펼쳤을 때 A4, 접었을 때 A5인 2단 접지 4면 리플릿입니다. 배경을 만들어 일러스트로 옮겨오는 방법과 일러스트에서 2단 접지 작업창 만드는 방법을 배우고, 약도를 만들어 보겠습니다.

 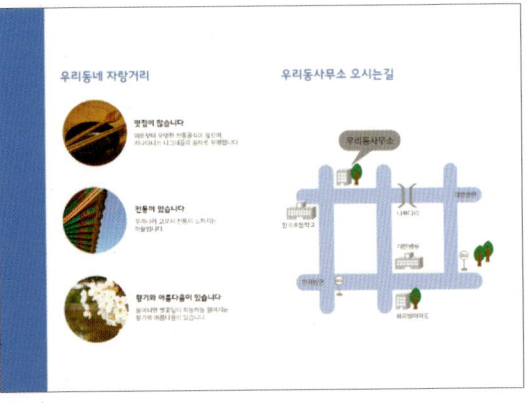

- 시작파일 : part 03〉chapter 04〉part3-013, part3-014, part3-015, part3-016, part3-017jpg, 약도아이콘.ai
- 완성파일 : part 03〉chapter 04〉part3-013_앞면완성, 내부면완성.jpg

리플릿을 작업하기 위해서 가장 먼저 해야 할 것은 표지를 만드는 작업입니다. 표지 작업은 포토샵에서 하는 것이 가장 좋습니다. 포토샵은 사진 편집 및 다양한 효과를 이용하여 멋진 배경을 만들어 낼 수 있기 때문에 포토샵에서 작업을 한 후 Jpeg로 저장하여 일러스트레이터로 옮겨 나머지 텍스트 작업을 하게 됩니다.

01 포토샵에서 리플릿 표지 사이즈는 A5입니다. [Preset]을 'International Paper'로 설정하고 [Size]를 'A5'로 설정합니다. 인쇄용으로 하기 위해서는 사방 2mm씩 재단선을 미리 지정해 주어야 합니다. 이때 표지는 왼쪽 종이와 연결되므로 가로는 2mm만 추가합니다. [Width]는 '150mm', [Height]는 '214mm', [Resolution]는 '300', [Color Mode]는 'CMYK', [Background Contents]는 'White'로 설정한 후 [OK] 버튼을 클릭합니다.

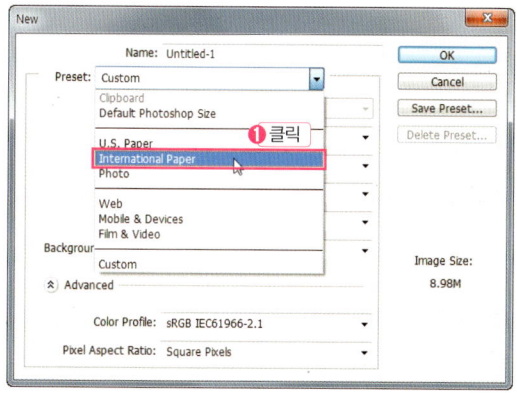 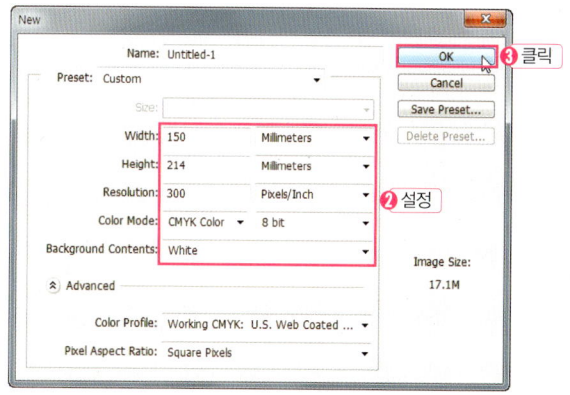

02 'part3-013.jpg', 바람개비 이미지를 불러옵니다. 불러온 이미지를 ▸⊕(이동 툴)을 선택한 후 새 창에 드래그합니다. Ctrl + T 를 클릭하고 Shift 를 누른 상태에서 이미지가 새 창에 가득 차도록 크기를 키운 후 Enter 를 누릅니다.

03 'part3-014.jpg' 파일을 불러옵니다. 마찬가지로 ▸⊕(이동 툴)을 선택한 후 새 창에 드래그합니다. Ctrl + T 를 누르고 Shift 를 누른 상태에서 이미지가 새 창에 가득 차도록 크기를 키운 후 Enter 를 누릅니다. 이때 바람개비 이미지는 하늘 이미지에 가려집니다.

04 하늘 이미지를 합성시키기 위해 하늘 레이어를 선택한 후 하단의 ▣(레이어 마스크 추가)를 클릭합니다. 전경색을 블랙으로 설정하고, ▣(그레이디언트 툴)을 선택한 후 옵션 바에서 ▣(Foreground to Transparent) 옵션을 클릭합니다. 화면에 마우스를 가져간 후 + 모양이 나타나면 드래그하여 하늘 이미지의 하단 부분을 지워나갑니다.

05 마찬가지로 바람개비 이미지 레이어 'Layer 1'을 클릭한 후 하단의 ▣(레이어 마스크 추가)를 클릭합니다. 전경색을 블랙으로 설정하고, ▣(그레이디언트 툴)을 선택한 후 옵션 바에서 ▣(Foreground to Transparent) 옵션을 선택합니다. 화면에 마우스를 가져간 후 + 모양이 나타나면 드래그하여 상단 부분 또한 같은 방법으로 지웁니다.

06 Shift 를 선택한 상태에서 서로 합성된 이미지 레이어 'Layer 1', 'Layer 2'를 모두 선택한 후 마우스 오른쪽 버튼을 클릭하여 [Merge Layers] 메뉴를 선택합니다.

07 합쳐진 레이어를 Ctrl + M을 누른 후 [Curves] 대화상자에서 커브를 조정하여 보정합니다. 여기서는 [Input]은 '29', [Output]은 '16'으로 설정합니다.

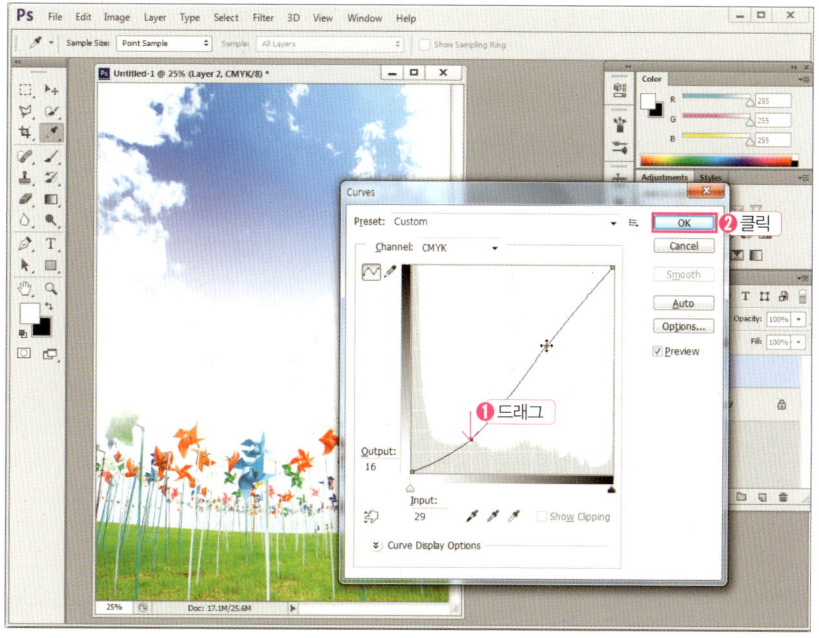

Note_ 여러 가지의 이미지를 서로 합성하였을 경우에는 최종적으로 모든 레이어를 [Merge Layers] 메뉴로 설정한 후 한 번에 후보정하는 것이 좋습니다. 그래야 자연스러운 보정이 이루어집니다.

08 저장하기 위해 [File]-[Save As] 메뉴를 선택한 후 원하는 파일명을 입력합니다. [Format] 방식은 'JPEG'로 선택하고 [OK] 버튼을 클릭합니다.

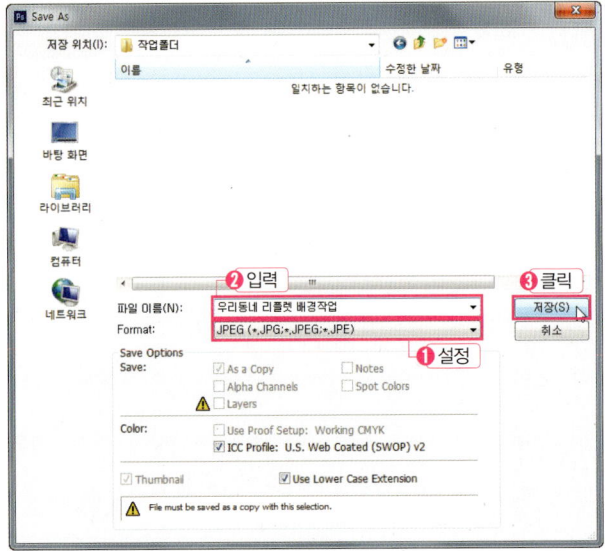

09 [JPEG Options] 대화상자가 나타나면 최대 Quality 슬라이더를 '12'로 설정한 후 [OK] 버튼을 클릭합니다.

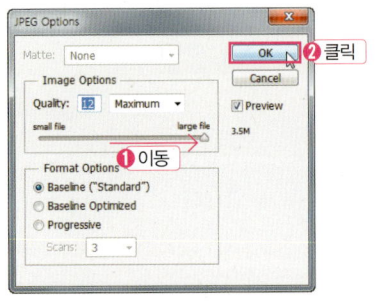

10 일러스트레이터 CS6를 엽니다. 작업창을 만들기 위해 [File]-[New] 메뉴를 선택하여 [Size]를 'A4'로 설정하고 [Orientation]을 '가로형'으로 설정합니다. 인쇄 재단선을 위해 'Bleed'를 모두 0.2cm로 설정한 후 [OK] 버튼을 클릭합니다.

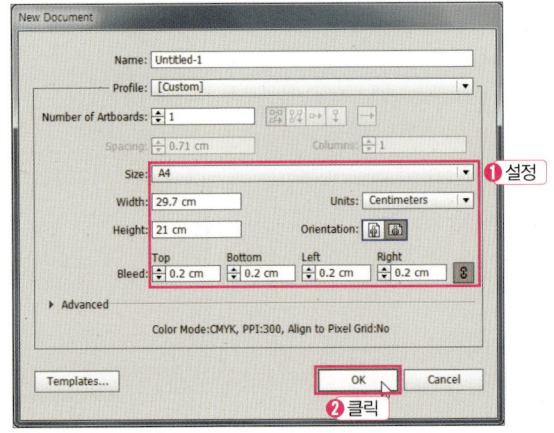

11 새 창이 열리면 Ctrl + R을 눌러 눈금자를 꺼냅니다. 왼쪽 눈금에 마우스를 가져다놓은 후 클릭한 채로 마우스를 끌어 1/2 되는 지점에 갖다 놓으면 가이드라인이 만들어집니다.

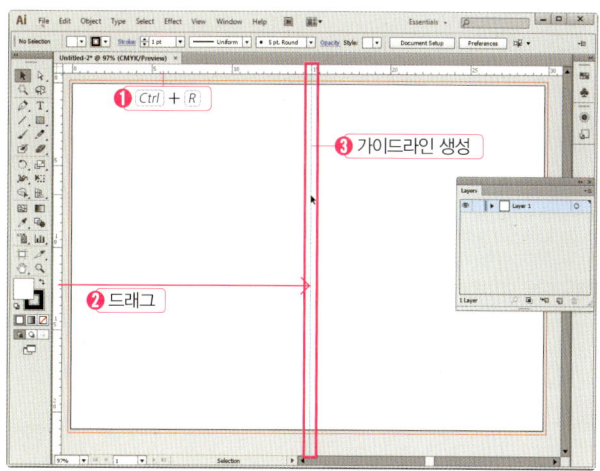

12 [View]-[Guide]-[Lock Guide] 메뉴를 선택하여 가이드라인을 움직이지 않도록 잠급니다.

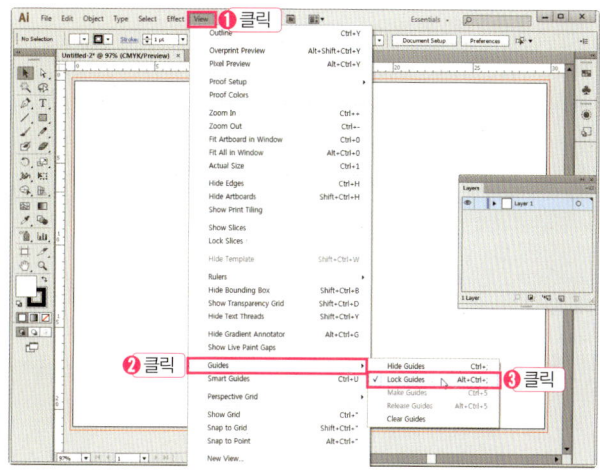

13 포토샵에서 만들어 놓은 배경을 가져오기 위하여 [File]-[Open] 메뉴를 선택한 후 배경을 불러옵니다. 새 창에 드래그하여 맞는 위치에 배치합니다. [Window]-[Layers] 메뉴를 선택해 배경이 있는 레이어를 움직이지 않도록 [Toggles Lock]을 눌러 잠급니다.

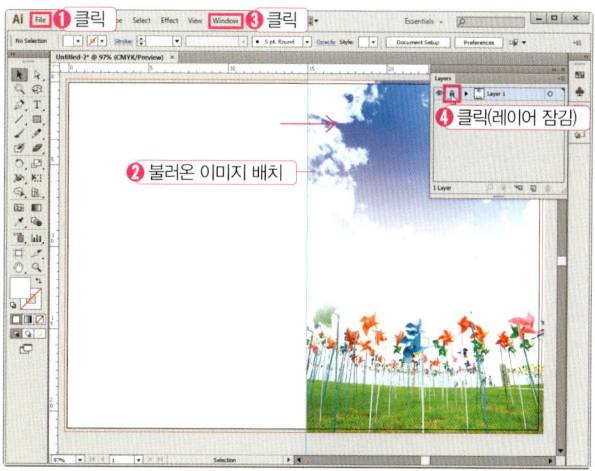

Chapter 04 리플릿 만들기 **255**

14 ▫(새 레이어)를 선택한 후 새 레이어를 엽니다. ✎(스포이드 툴)을 선택한 후 이미지의 하늘 쪽의 컬러를 추출하고 ▫(사각 도형 툴)을 선택한 후 왼쪽 면에 꽉 차도록 사각형을 그립니다. 이 레이어도 잠가 놓아 텍스트 작업 시 움직이지 않도록 합니다.

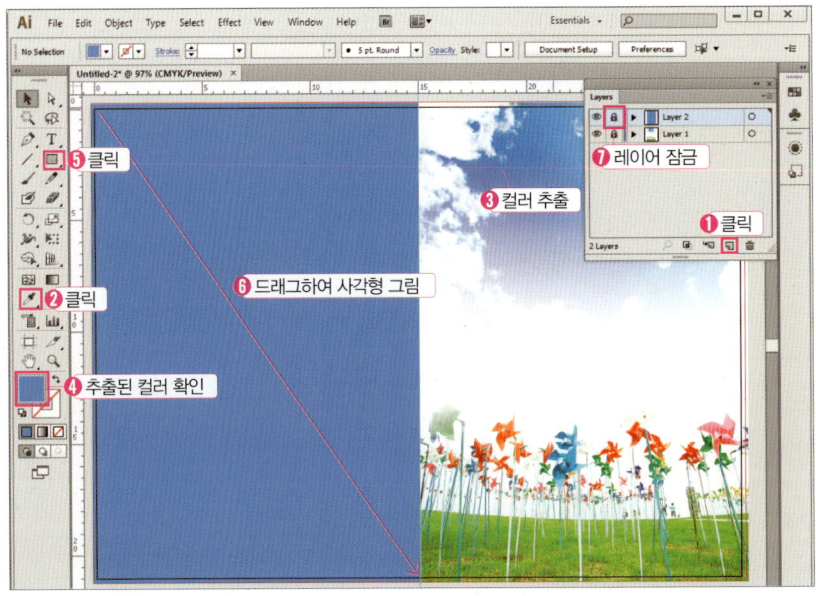

Note_ 포토샵에서는 작업 하나하나마다 레이어가 생성되지만 일러스트레이터에서의 레이어는 작업 페이지의 개념입니다. 일러스트레이터에서 레이어는 그룹 작업이 가능함을 의미합니다.

15 T(문자 툴)을 선택한 후 작업창을 클릭하면 마우스 커서가 표시됩니다. 원하는 텍스트('아름다운 우리동네 : 산돌고딕네오3 Semi bold 63')를 입력하고 ▶(선택 툴)을 선택하면 글씨 주변으로 사각 선택 모양이 표시됩니다. 텍스트를 수정하려면 T(문자 툴)을 클릭하고 텍스트를 드래그하여 수정합니다. 텍스트의 크기를 수정하려면 ▶(선택 툴)을 선택하고 사각 선택 모양의 끝을 잡고 Shift를 누른 상태에서 확대하거나 축소합니다.

Note_
- 텍스트의 자간을 줄이고 싶을 때 : 드래그한 후 Alt 를 누른 상태에서 키보드의 화살표를 왼쪽으로 이동합니다.
- 텍스트의 자간을 늘이고 싶을 때 : 드래그한 후 Alt 를 누른 상태에서 키보드의 화살표를 오른쪽으로 이동합니다.
- 텍스트의 행간을 줄이고 싶을 때 : 드래그한 후 Alt 를 누른 상태에서 키보드의 화살표를 위로 이동합니다.
- 텍스트의 행간을 늘이고 싶을 때 : 드래그한 후 Alt 를 누른 상태에서 키보드의 화살표를 아래로 이동합니다.

16 텍스트의 컬러를 바꾸기 위해 선택되어 있는 상태에서 (스포이드 툴)을 선택한 후 이미지 내의 화이트 부분을 클릭합니다. 텍스트의 컬러가 추출한 컬러로 바로 변환되는 것을 확인할 수 있습니다.

17 글씨의 윤곽선을 주기 위해 텍스트의 아웃라인을 땁니다. 텍스트를 선택한 후 [Type]-[Create Outlines] 메뉴를 선택하면 텍스트가 벡터화되어 선택됩니다.

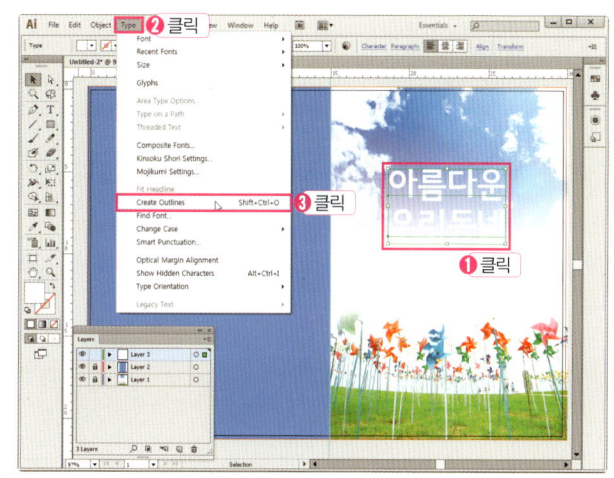

18 윤곽선(테두리)을 넣기 위해 [Object]-[Path]-[Offset path] 메뉴를 선택합니다.

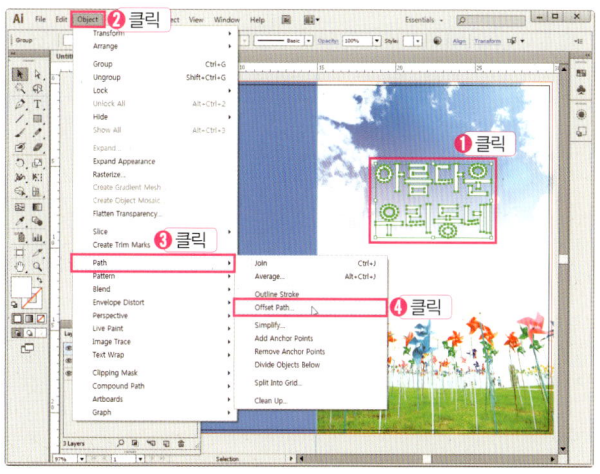

19 [Outline path] 대화상자가 표시되면 [Offset]은 '0.2cm', [Joins]는 'Round', [Miter limit]는 '0.2'로 설정한 후 [OK] 버튼을 클릭합니다.

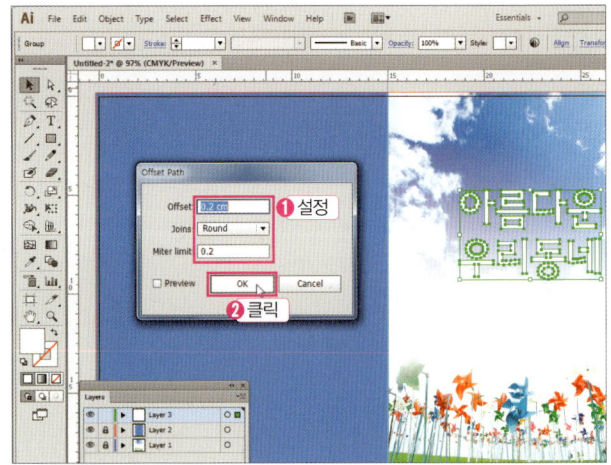

20 테두리가 보이면 ✎(스포이드 툴)을 클릭한 후 원하는 곳의 컬러를 추출합니다. 추출한 컬러가 테두리의 컬러로 적용됩니다.

21 전경색을 화이트로 바꾸고, 테두리 색은 없음으로 한 후 ▢(둥근 사각형 툴)을 선택합니다.

258 Part 03 현직 프리랜서에게 듣는 실무 테크닉

22 화면에 + 모양이 표시되면 한 번만 클릭합니다. [Rounded Rectangle] 대화상자에서 [Coner Radius]를 '50cm'로 설정한 후 [OK] 버튼을 클릭합니다.

23 끝이 동그란 도형이 자동 생성되면 Delete 를 눌러 지우고 다시 그립니다.

24 T.(문자 툴)을 선택한 후 알맞은 제목을 입력합니다.

아름답고 살기좋은 한국2동을 소개합니다 : 산돌고딕네오3 Semi bold, 12pt

우리동네 알림판 : 돌고딕네오3 Semi bold, 21pt

Chapter 04 리플릿 만들기 259

25 전경색을 화이트로 설정하고, 테두리 컬러는 색 없음으로 설정합니다. ■(사각 도형 툴)을 선택한 후 하단에 공란을 만듭니다. T(문자 툴)을 이용하여 알맞은 글씨를 입력합니다.

건의사항을 써주세요 : 산돌고딕네오3 Semi bold, 12pt

26 겉면이 완성되었으므로 내부 면 작업을 위해 새 [Artboard]를 엽니다. [Window]-[Artboards] 메뉴를 선택하면 [Artboards] 옵션 창이 표시됩니다. 하단의 ▣(새 아트보드)를 클릭하면 겉면 우측으로 새로운 창이 생성됩니다. Space 를 클릭한 상태에서 마우스를 오른쪽으로 이동하면 주먹 모양으로 화면이 옮겨집니다. 마찬가지로 중앙에 가이드라인을 생성합니다.

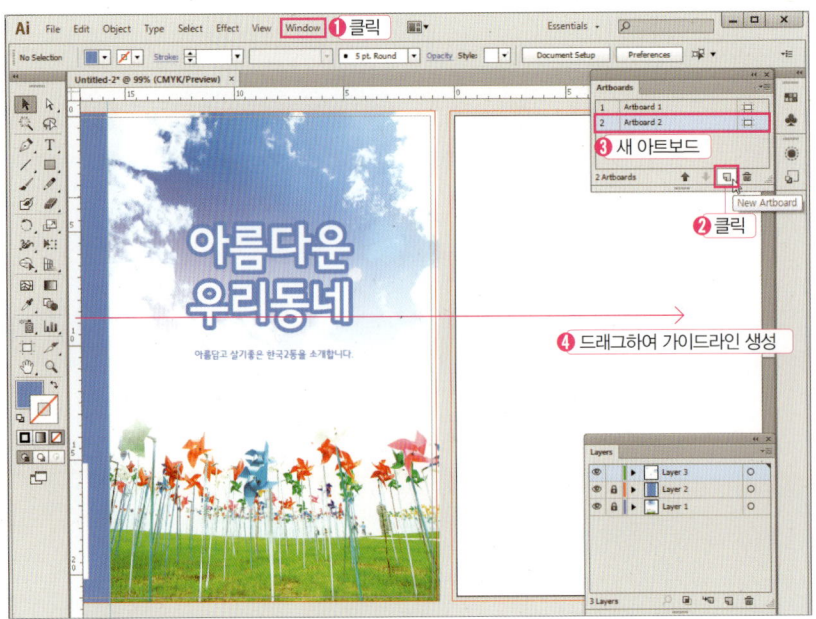

260 Part 03 현직 프리랜서에게 듣는 실무 테크닉

27 'part3-015.jpg', 'part3-016.jpg', 'part3-017.jpg' 파일을 불러옵니다. 불러온 이미지를 (이동 툴)을 선택한 후 작업창에서 드래그합니다.

28 이미지를 동그랗게 오리기 위해 툴바에서 (원형 툴)을 선택한 후 Shift 를 누른 상태에서 이미지 위에 오려낼 만큼의 동그라미를 그립니다. 이미지와 동그라미를 모두 드래그하여 한꺼번에 선택한 후 마우스 오른쪽 버튼을 클릭해 [Make Clipping Mask] 메뉴를 선택합니다.

Note_ 이 동그라미는 Alt 를 누른 상태에서 마우스를 움직여 원본을 복사해두고 작업하는 것이 획일적인 모양으로 오려내는 데 좋습니다.

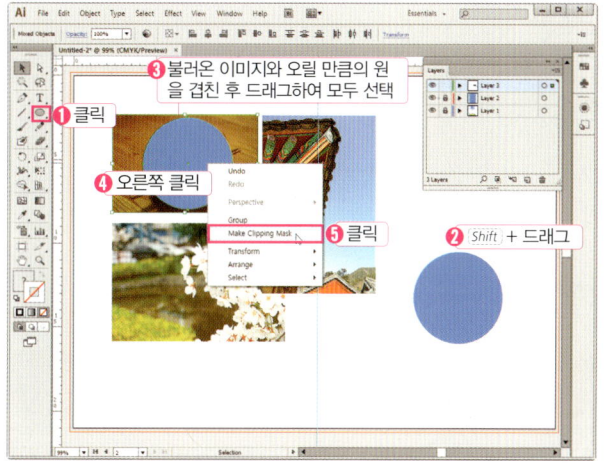

29 오려진 이미지를 수직 배열하기 위해 모두 드래그하여 선택하고 정확한 수직 배열을 위해 상단의 (수직 중앙 정렬)을 클릭합니다.

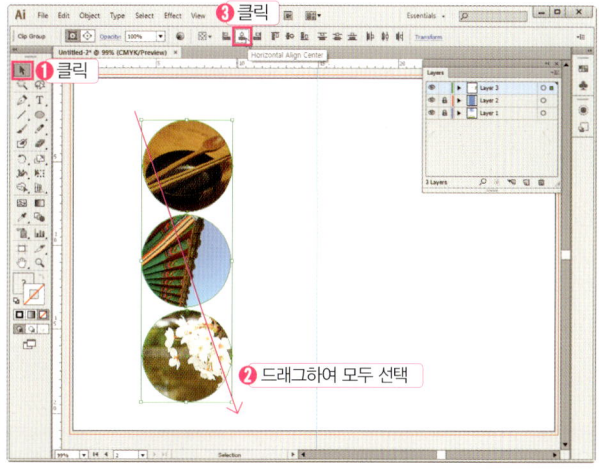

Chapter 04 리플릿 만들기 261

30 ▢.(사각 도형 툴)을 이용하여 왼쪽에 도형을 그려 넣고 T.(문자 툴)을 이용하여 텍스트를 입력합니다.

우리동네 자랑거리 : 산돌고딕네오3 Semi bold, 20pt

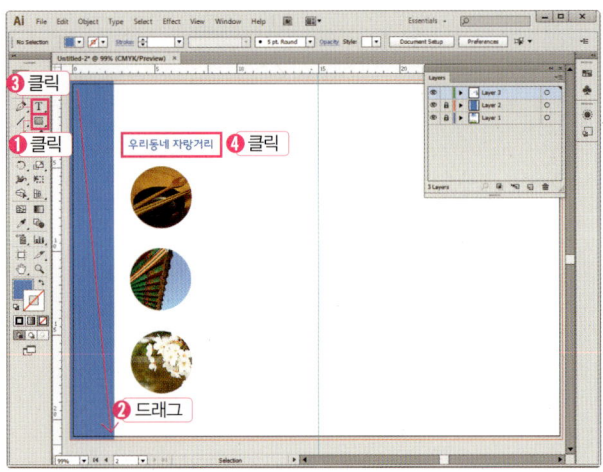

31 T.(문자 툴)을 선택한 후 나머지 텍스트를 입력합니다.

맛집이 많습니다. : 산돌고딕네오3 Semi bold, 12pt
예로부터 유명한 전통음식이 많으며, 지나다니는 나그네들의 쉼터로 유명합니다. : 산돌고딕네오3 Ultra light, 10pt

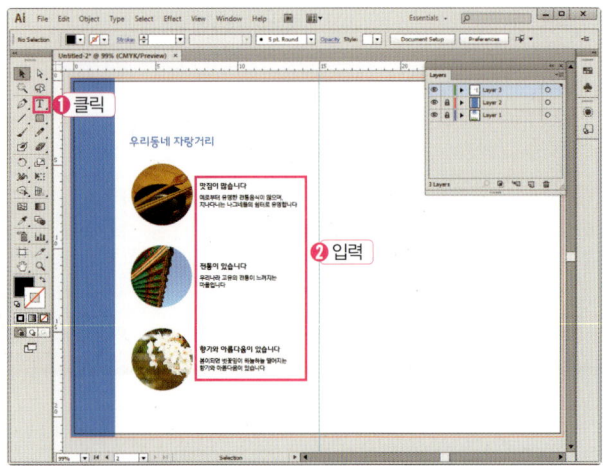

32 약도를 그리기를 위해 ▢.(둥근 사각형 툴)을 선택한 후 길을 모두 그립니다.

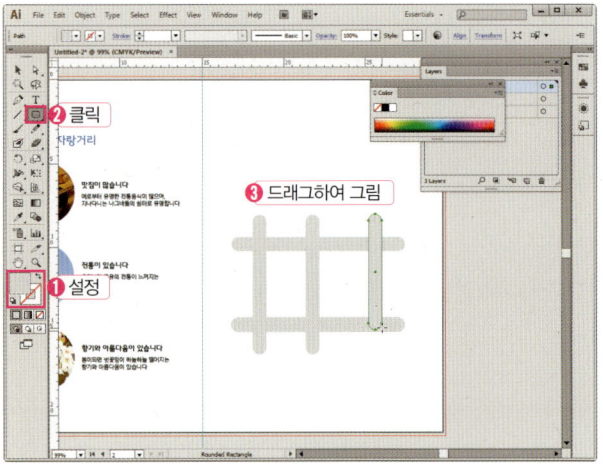

33 (선택 툴)을 클릭한 후 그려 넣은 길을 마우스로 크게 드래그하여 모두 선택한 후 [Window]-[Pathfinder] 메뉴를 클릭합니다. (합치기 툴)을 클릭해 모든 길을 합칩니다.

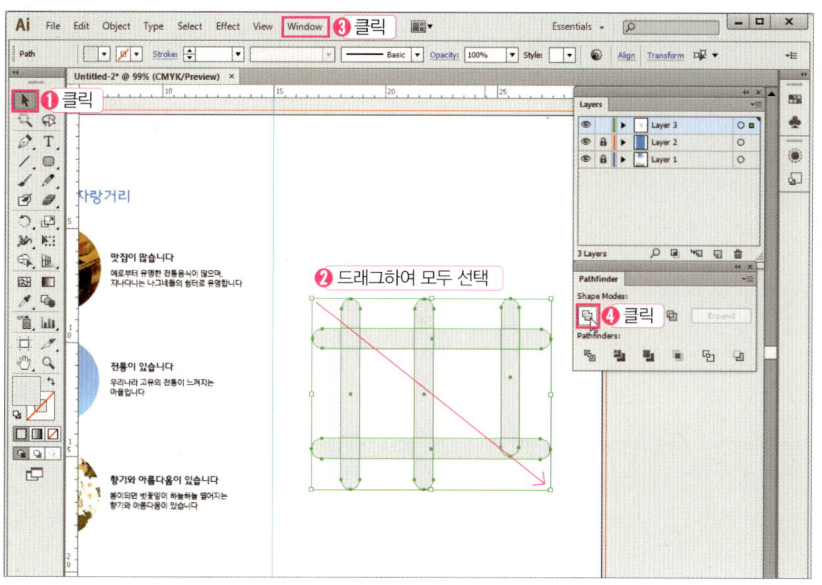

34 합쳐진 약도는 한꺼번에 컬러를 변경하거나 형태를 변형할 수 있습니다. 툴 바에서 [Fill]이나 [Stroke]를 클릭한 후 [Color Picker] 창에서 원하는 컬러를 선택하여 전경색과 테두리 컬러를 설정합니다.

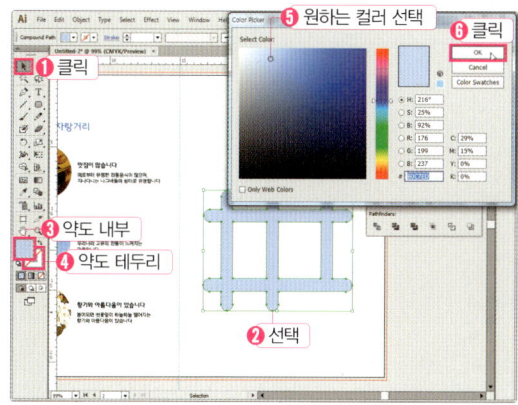

한 번에 컬러를 바꾼 경우

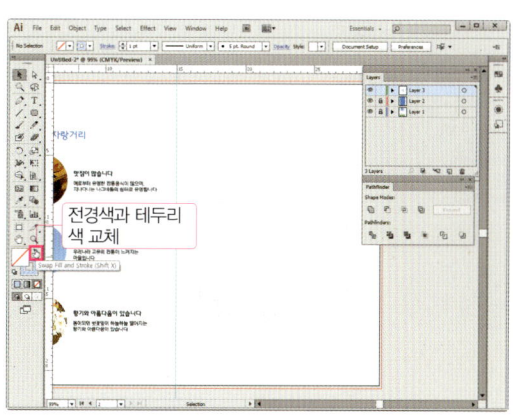

전경색과 테두리 컬러를 바꾼 경우

35 '약도아이콘.ai' 파일을 열어 원하는 자리에 아이콘을 가져다 놓습니다.

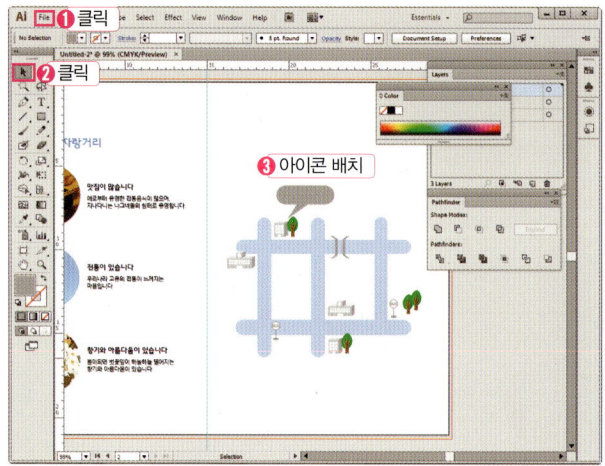

36 적당한 텍스트를 입력하고 마무리합니다.

우리동사무소 : 나눔바른고딕 14pt
그 외 아이콘설명 : 나눔바른고딕 10pt

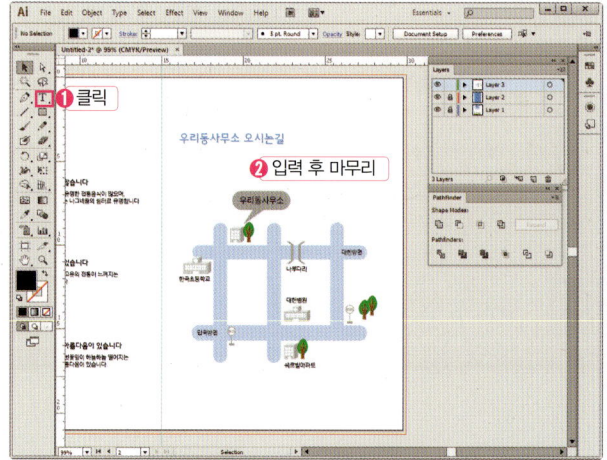

37 인쇄 파일로 만들기 위해 화면 전체를 볼 수 있도록 왼쪽 하단의 %를 줄입니다.

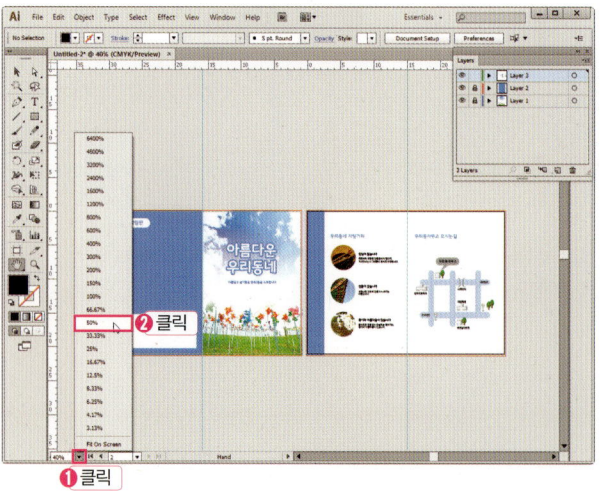

38 작업 파일을 먼저 저장하기 위해 [File]-[Save As] 메뉴를 선택하여 원하는 폴더에 ai 파일로 저장합니다.

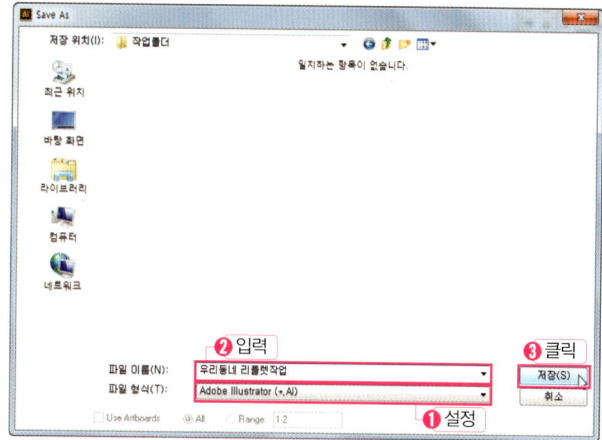

39 [Illustrator Options] 대화상자가 표시되면 현재 버전인 'Illustrator CS6'으로 선택한 후 [OK] 버튼을 클릭합니다. 경고창이 표시되면 [OK]를 클릭하고 작업 파일 저장을 마무리합니다.

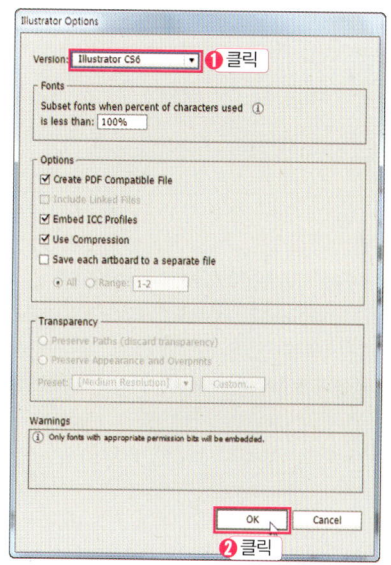

40 인쇄 파일을 저장하기 위해 잠가 두었던 레이어를 모두 풀어주고 마우스로 넓게 선택하여 모든 개체를 선택합니다. [Type]-[Create Outlines] 메뉴를 선택합니다. 이 과정은 매우 중요한 과정이므로 반드시 기억하고 있어야 합니다.

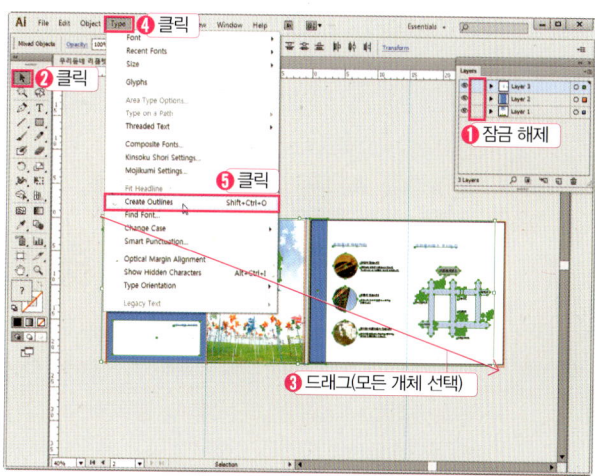

41 [File]-[Save as] 메뉴에서 원하는 폴더에 인쇄 파일인 ai로 저장합니다.

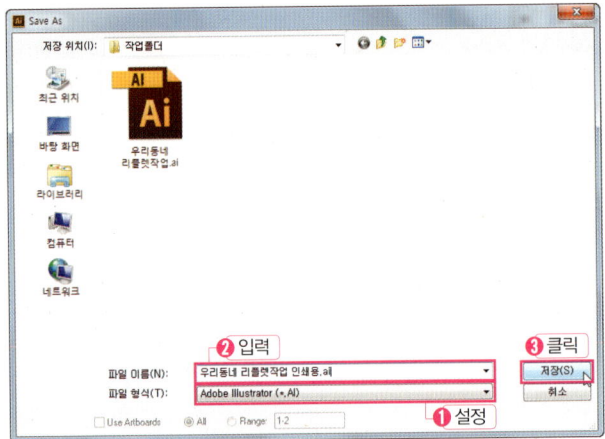

42 [illustration option] 대화상자가 표시되면 인쇄소마다 버전이 다르므로 가장 낮은 버전인 CS 버전으로 저장합니다. 경고창이 표시되면 [OK]를 눌러 저장을 마무리합니다.

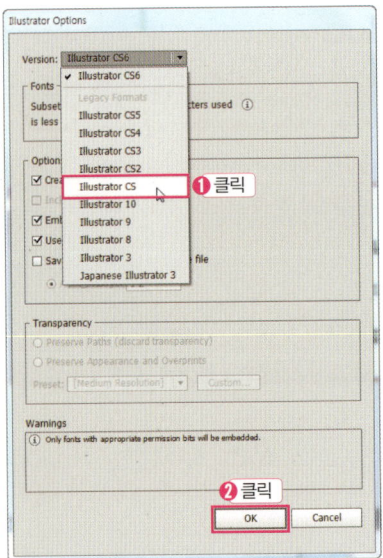

> **tip 인쇄소에 의뢰하는 방법**
> 저장한 인쇄 파일(ai)을 인쇄소에서 지정한 웹하드나 메일로 전송합니다. "펼쳤을 때 A4 size, 접었을 때 A5 size인 리플릿입니다. 2단 접지 양면 컬러 작업입니다. 총 OOO장 인쇄해주시고, 종이는 OOO에 해주시면 감사하겠습니다. 배송지와 수령자 그리고 연락처는 ~입니다."라고 인쇄소에 정확한 정보를 전달합니다.
> 리플릿의 권장 용지는 스노우지 150g이나 모조지 150g입니다. 조금 더 고급스러운 용지를 원한다면 랑데뷰도 좋습니다. 단, 랑데뷰는 가격이 높다는 단점이 있습니다. 가장 저가의 용지를 선택하기 원한다면 위에서 언급한 종이들보다는 퀄리티가 떨어지지만 아트지 180g을 사용해도 괜찮습니다.

Section 02 [포토샵+일러스트레이터]
오케스트라 연주회 3단 접지 6면 리플릿 만들기

오케스트라 연주회 3단 접지 6면 리플릿에서 우리가 익혀야 할 스킬은 컬러 사진을 흑백으로 만드는 방법과 출연진을 각각 같은 크기로 배열하는 방법, 그리고 여러 가지의 텍스트를 배열할 수 있도록 배경을 만드는 방법입니다. 또한, 3단 접지일 경우에는 인쇄되어 접히는 면을 생각하여 한쪽 면의 길이를 다른 면보다 약 1~2mm 정도 크게 해야 합니다. 펼쳤을 때 A3, 3단으로 접히는 리플릿을 만들어보겠습니다.

| 시작파일 | part03〉chapter 04〉part3-018.jpg, part3-019.jpg, part3-020.jpg, part3-021.jpg, part3-022.jpg, part3-023.jpg, part3-024.jpg, part3-025.jpg, part3-026.jpg, 관람 시 주의사항.txt, 약도아이콘.ai, 팀소개.txt |

| 완성파일 | part 03〉chapter 04〉part3-26_완성 앞면.jpg, part3-26_완성 뒷면.jpg |

01 배경을 만들기 위하여 먼저 포토샵에서 새 창 열기를 해 보겠습니다.

리플릿은 펼쳤을 때 가로가 긴 A3 size입니다. [Preset]을 'International Paper'로 설정한 후 [Size]를 'A3'로 설정합니다. 인쇄용으로 하기 위해서는 사방 2mm씩 재단선을 미리 지정해야 합니다. [Width]는 '424mm', [Height]는 '301mm', [Resolution]는 '300', [Color Mode]는 'CMYK Color', [Background Contents]는 'White'로 설정한 후 [OK] 버튼을 클릭합니다.

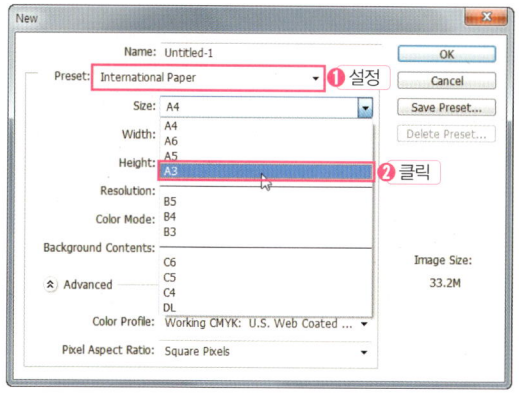
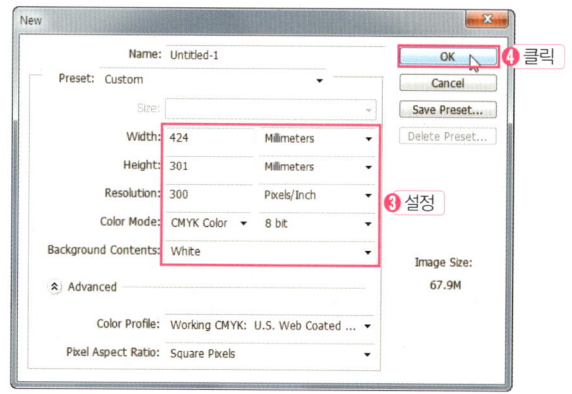

Chapter 04 리플릿 만들기 267

02 표지만 만드는 것이 아닌 전체 배경을 만들기 위해 가이드를 만듭니다. [View]-[New Guide] 메뉴를 선택합니다.

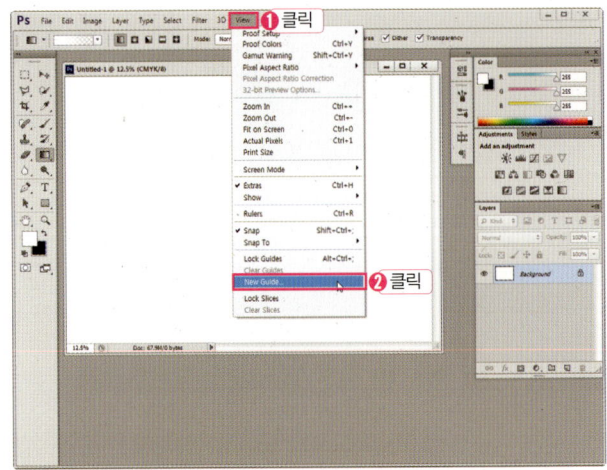

Note_ 양쪽의 재단선 2mm를 포함한 정확한 3등분의 사이즈는 142mm/140mm/142mm입니다. 하지만, 3단 접지 리플릿일 경우 앞면은 가장 우측의 면사이즈를 2mm 정도 넓게 해주어야 접었을 때 접히는 면이 자연스럽습니다. 즉, 가이드의 사이즈는 가장 우측이 2mm 넓어지고, 다른 면은 1mm씩 줄어들게 되므로 141mm/139mm/144mm가 됩니다.

03 [New Guide] 대화상자가 표시되면 가로인 'Vertical'을 선택한 후 'Position'을 ⅓ 지점의 가장 왼쪽 사이즈인 '141mm'로 설정한 후 [OK] 버튼을 클릭합니다.

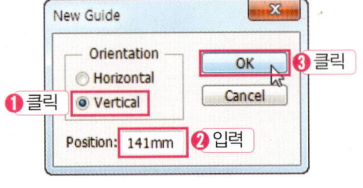

04 화면과 같이 가이드가 나타납니다.

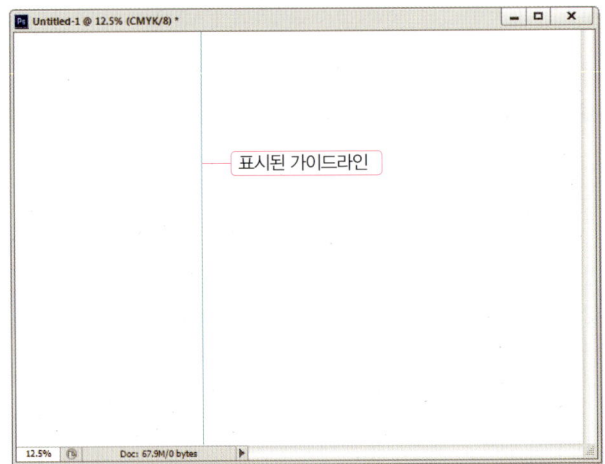

05 [View]-[New Guide] 메뉴를 선택합니다. [New Guide] 대화상자에서 두 번째 가이드 역시 가로인 'Vertical'을 선택하고 'Position'을 첫 번째 면사이즈와 두 번째 면사이즈를 합친 (⅔ 지점) '280mm'로 한 후 [OK] 버튼을 클릭합니다.

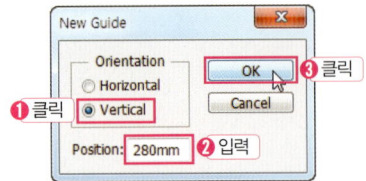

06 가이드라인이 나타나면 [View]-[Lock Guides] 메뉴를 선택한 후 가이드라인이 움직이지 않도록 잠급니다.

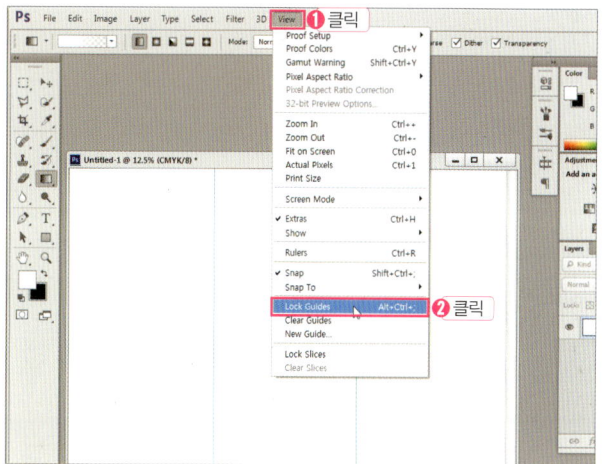

07 이와 같이 작업창이 완료됩니다.

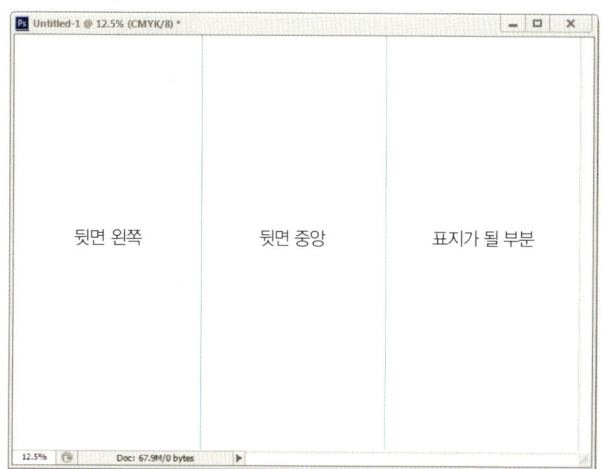

08 'part3-018.jpg' 파일을 불러옵니다. 불러온 이미지를 (이동 툴)을 선택한 후 표지 부분 면에 드래그합니다. Ctrl + T 를 누른 후에 Shift 를 누른 상태에서 이미지를 화면의 크기만큼 키우고 Enter 를 누릅니다.

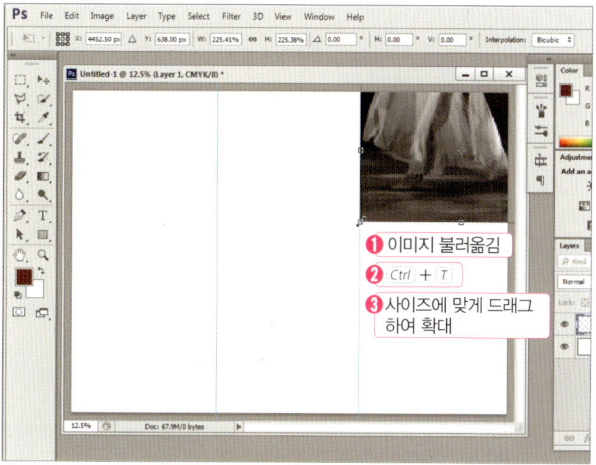

09 'Background' 레이어를 클릭한 상태에서 하단의 ▣(새 레이어)를 클릭하고 이미지 레이어 'Layer 1' 아래에 새 레이어를 만듭니다. ✐(스포이드 툴)을 선택한 후 이미지 내의 바닥 부분의 컬러를 클릭하고 ▣(사각 도형 툴)을 선택해 이미지 아래에 추출한 컬러가 들어간 사각형을 그립니다.

여기서 선택한 컬러 값은 'C : 67, M : 60, Y : 59, K : 44'입니다.

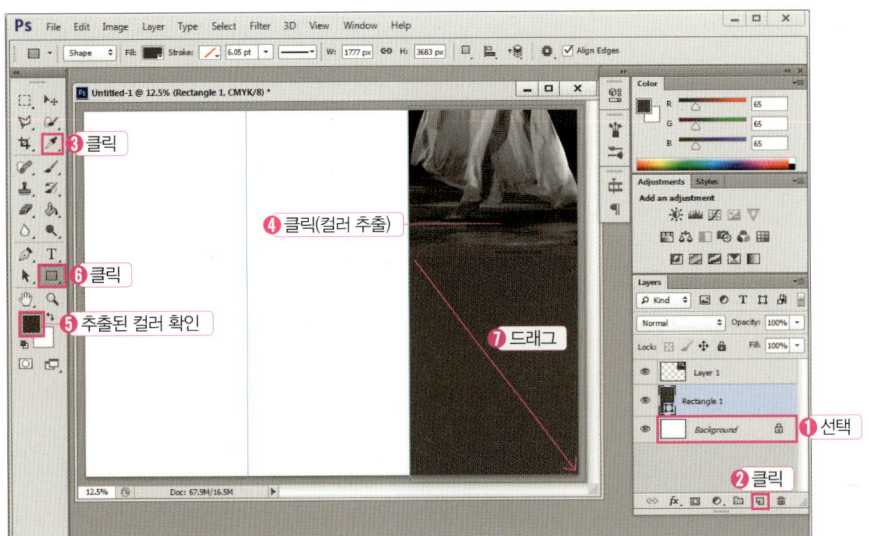

10 이미지와 방금 그린 사각형을 합성시키기 위해 이미지 레이어를 선택한 후 하단의 ▣(레이어 마스크 추가)를 클릭합니다. 전경색을 블랙으로 설정하고, ▣(그레이디언트 툴)을 선택한 후 상단의 옵션에서 ▣(Foreground to Transparent) 옵션을 선택합니다. 그리고 화면에 마우스를 가져간 후 + 모양이 나타나면 드래그하여 이미지 레이어의 하단 부분을 지워나갑니다.

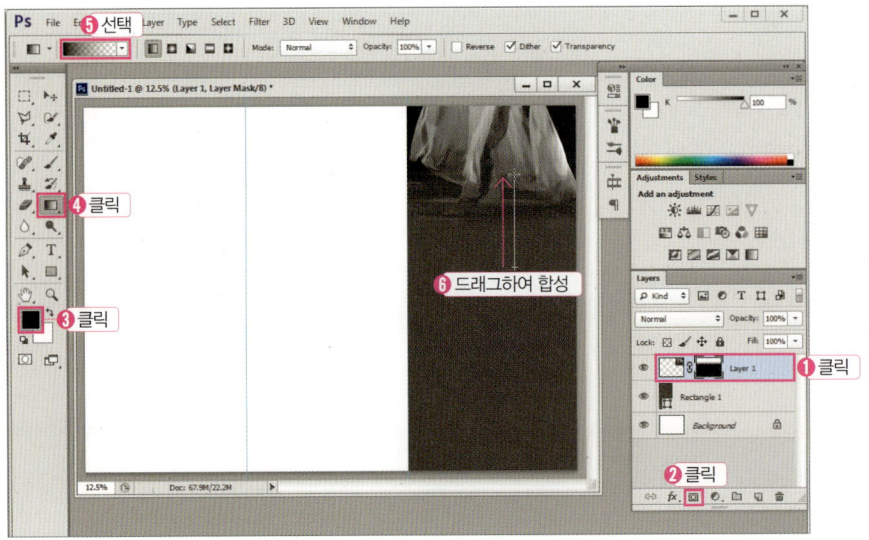

11 'part3-019.jpg' 파일을 불러옵니다. 불러온 이미지를 ▶︎(이동 툴)을 이용하여 나머지 두면에 드래그 합니다. Ctrl + T 를 누르고 Shift 를 누른 상태에서 이미지를 화면의 크기만큼 키운 후 Enter 를 누릅니다.

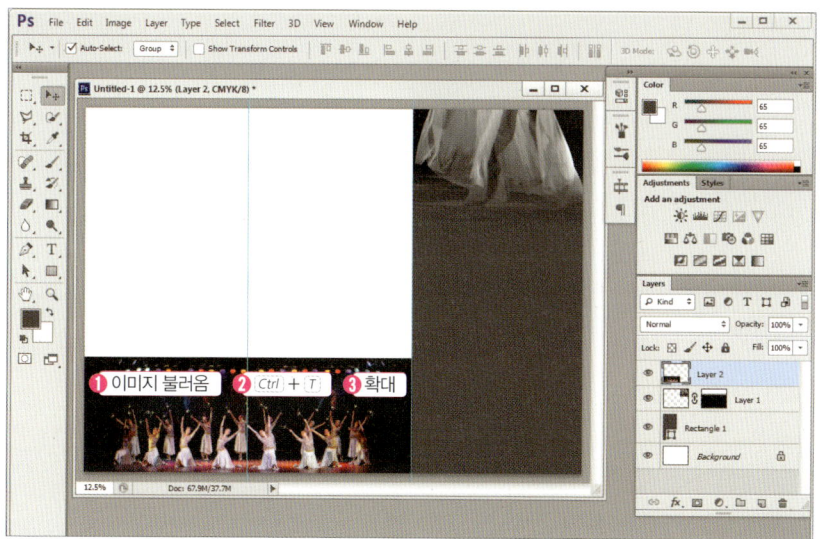

12 이전과 마찬가지로 이미지 아래에 새 레이어를 만들고 ✐(스포이드 툴)을 선택한 후 이미지 내의 컬러를 추출하고 ■(사각형 툴)을 클릭하고가 적용된 사각형을 그립니다. 그런 후 **10**번의 ■(그레이디언트 툴)을 사용한 합성 방법을 이용하여 이미지와 컬러를 합성합니다.

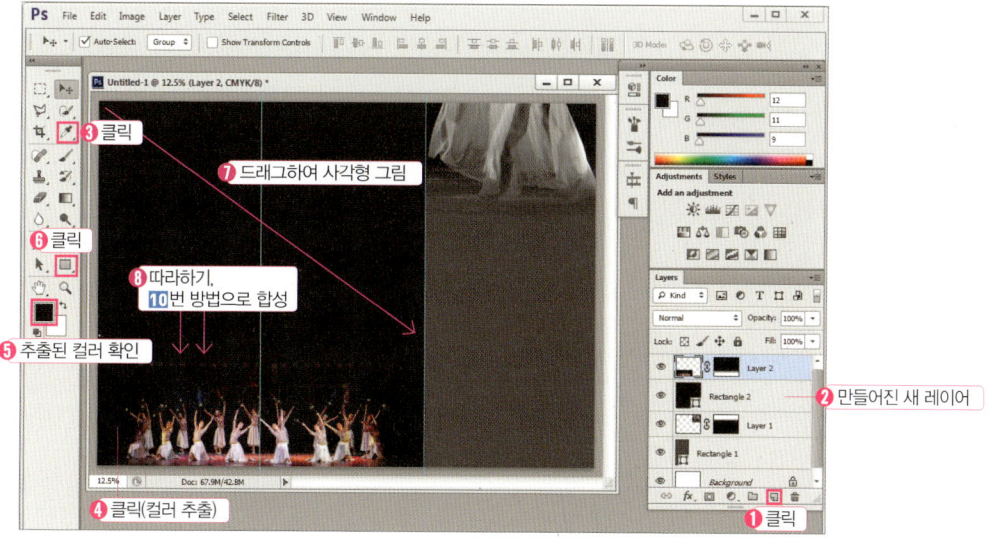

Chapter 04 리플릿 만들기   271

13 [File]-[Save As] 메뉴를 선택한 후 원하는 폴더에 JPEG로 저장합니다.

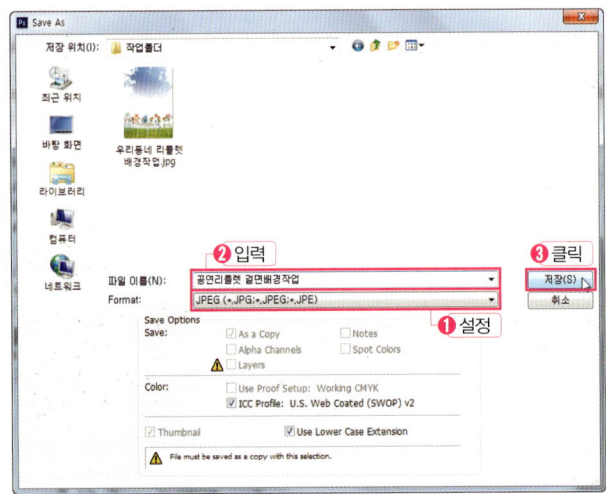

14 [JPEG Options] 대화상자가 표시되면 [Quality] 슬라이드를 최대로 올린 후 [OK] 버튼을 클릭합니다. 혹시 모를 수정을 위하여 원본 파일인 PSD로도 저장합니다.

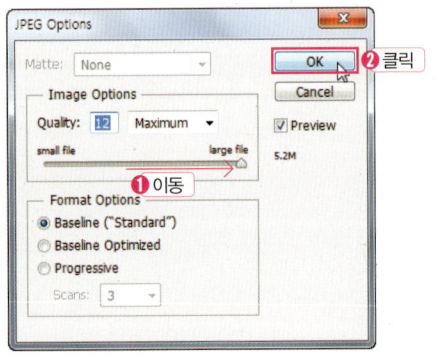

15 이번에는 안쪽 면 작업을 해 보겠습니다. 안쪽 면 역시 겉면과 같이 열기한 후 가이드를 잡습니다. 단, 가이드 사이즈는 겉면과는 반대로 잡아주어야 합니다. 앞의 **01**-**07**과 같이 144mm, 139mm, 141mm의 새 창을 만듭니다.

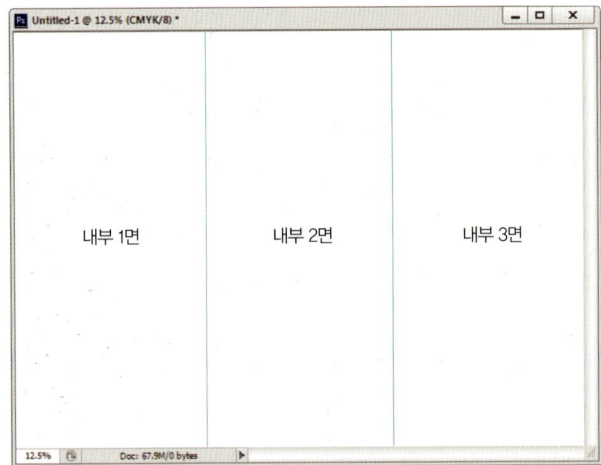

16 전경색을 'C : 0, M : 0, Y : 10, K : 0(R : 255, G : 253, B : 233)'으로 설정한 후 (페인트 툴)을 선택한 후 배경에 컬러를 입힙니다.

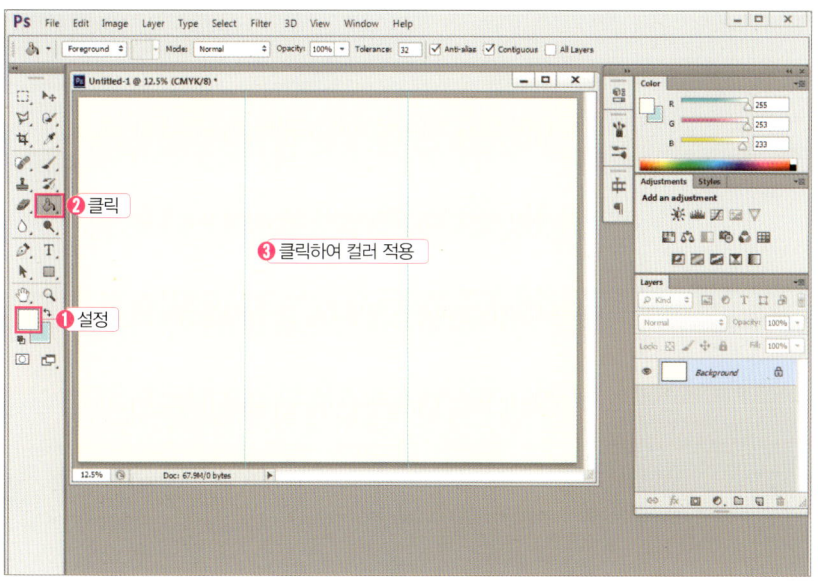

17 'part3-020.jpg' 파일을 불러옵니다. 불러온 이미지를 (이동 툴)을 선택한 후 작업창에 드래그합니다. Ctrl + T 를 누른 후 Shift 를 누른 상태에서 이미지를 왼쪽 2개면 상단 부분을 꽉 채운 만큼 크기를 키운 후 Enter 를 누릅니다. 레이어의 블렌딩 모드를 'Multiply'로 설정합니다.

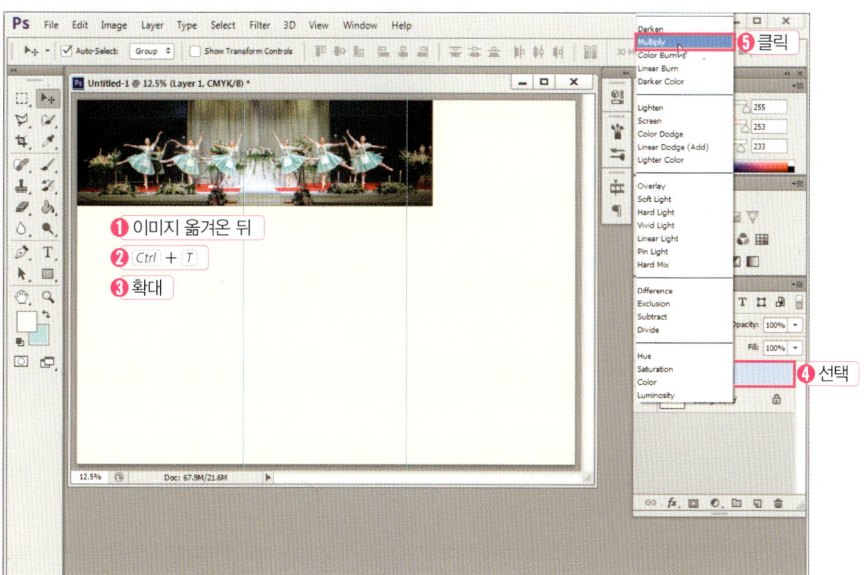

18 합성시키기 위해 이미지 레이어를 선택한 후 하단의 ◻(레이어 마스크 추가)를 클릭합니다. 전경색을 블랙으로 설정하고, ▦(그레이디언트 툴)을 선택한 후 옵션 바에서 ▮(Foreground to Transparent) 옵션을 선택합니다. 작업창에 마우스를 가져간 후 + 모양이 나타나면 드래그하여 이미지를 합성합니다.

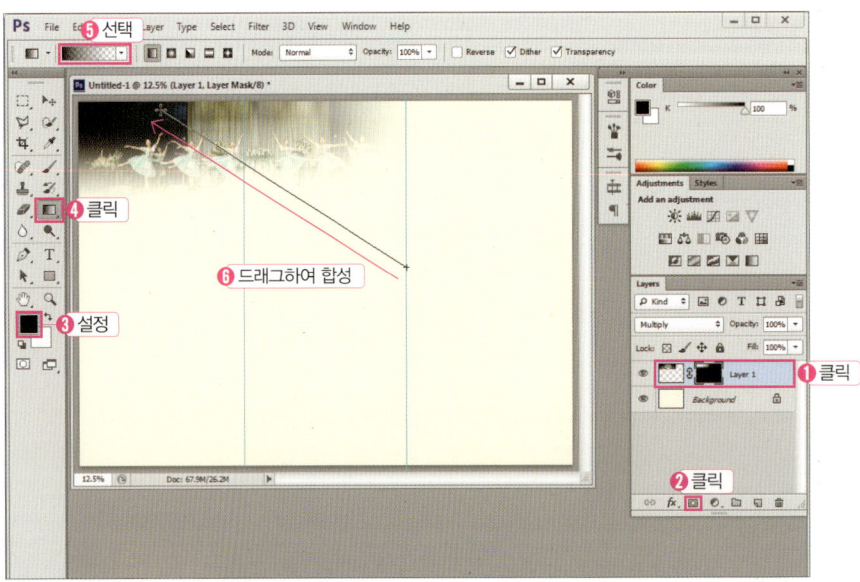

19 레이어 우측 상단의 [Opacity] 값을 '70'으로 설정합니다.

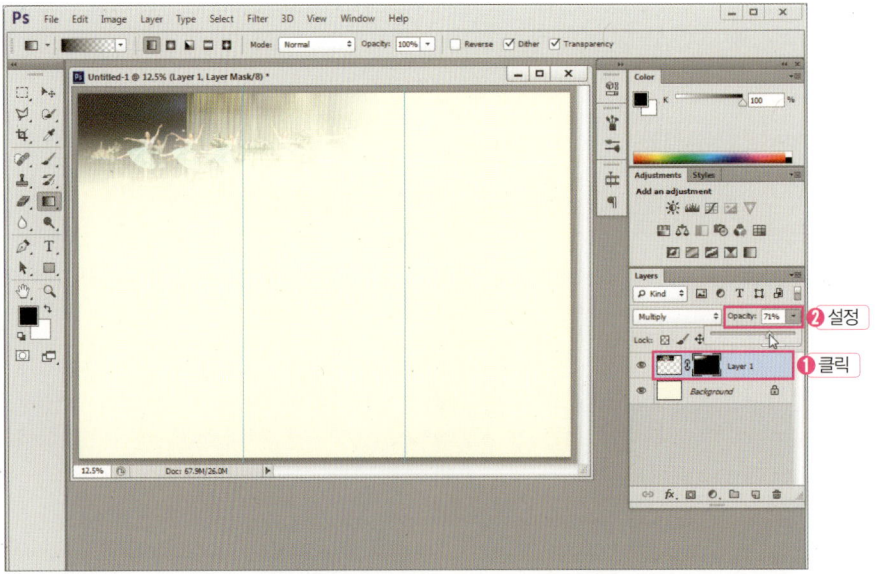

20 [File]-[Save as] 메뉴를 선택한 후 [Save As] 대화상자에서 [파일 이름]은 '공연리플릿 내부면배경작업', [Format]을 'JPEG'로 저장합니다. [JPEG Options] 대화상자에서 'Quality' 슬라이더는 최대로 하고 PSD로도 반드시 저장해두어야 합니다.

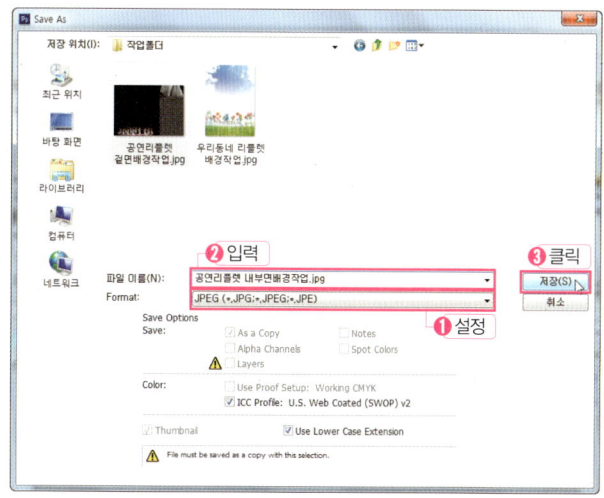

21 일러스트레이터를 실행합니다. [File]-[New] 메뉴를 선택하고 [New Document] 대화상자에서 [Size]를 'A3'로, [Bleed]를 각 0.2cm로 설정한 후 [OK] 버튼을 클릭합니다.

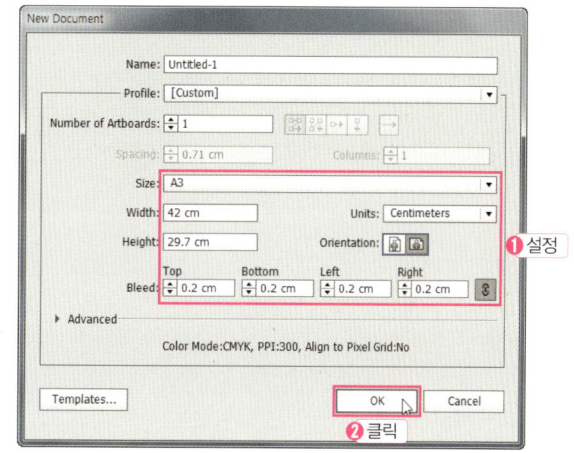

22 일러스트레이터에서 가이드라인을 만드는 두 번째 방법을 배워보겠습니다. ▭.(사각형 그리기 툴)을 선택한 후 화면에 한 번 클릭합니다. [Rectangle] 대화상자가 표시되면 가로를 '140mm'로 설정한 후 [OK] 버튼을 클릭하면 사각형이 그려집니다. 이동 툴을 눌러 왼쪽 재단선까지 가져간 후 ✏.(펜 툴)을 선택하고 Shift 를 누른 상태에서 우측 경계선을 그립니다.

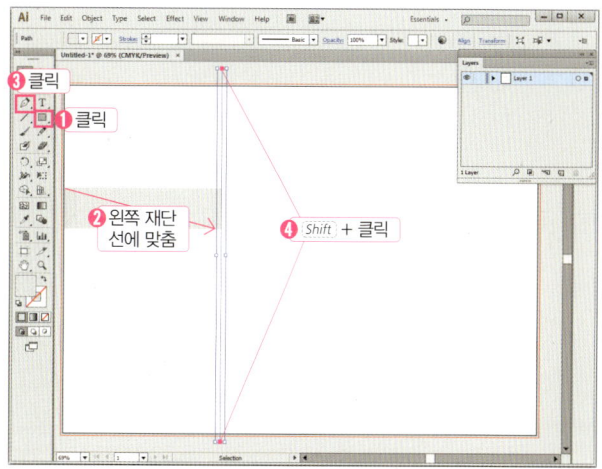

23 [View]-[Guides]-[Make Guides] 메뉴를 선택한 후 다시 [View]-[Guides]-[Lock Guides] 메뉴를 선택해 가이드라인을 움직이지 못하도록 합니다.

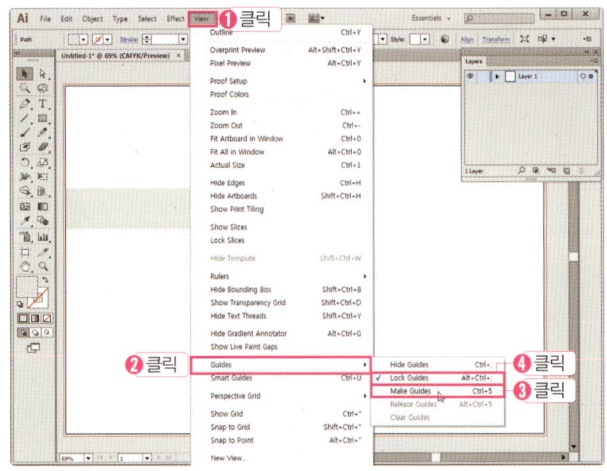

24 나머지 가이드라인도 마찬가지로 만듭니다. (가로139mm)

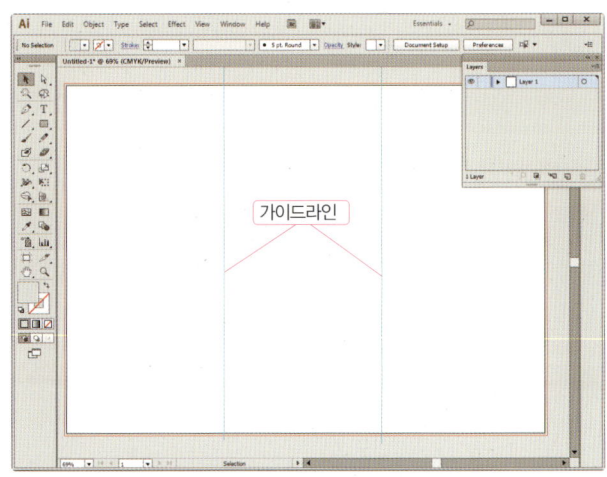

25 [File]-[Open] 메뉴에서 '공연리플릿 내부면배경작업.jpg' 파일을 불러옵니다. ▶(선택 툴)을 선택한 후 새 창에 드래그하여 창에 맞게 옮기고 레이어 앞부분의 'Toggles Lock'을 눌러 레이어를 잠급니다.

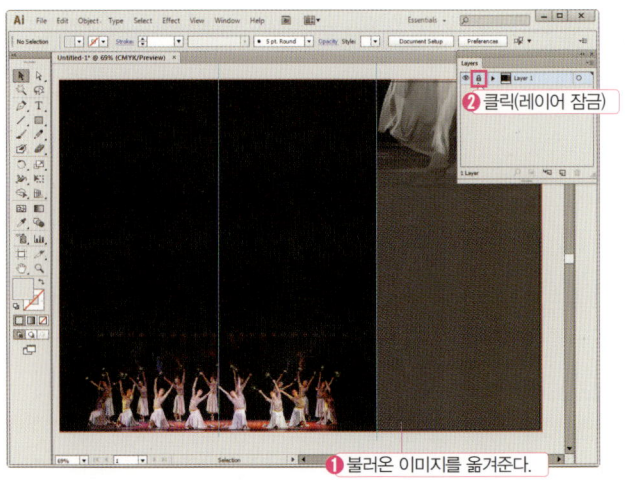

26 (새 레이어)를 선택해 새 레이어를 엽니다. 그런 뒤 (문자 툴)을 선택한 후 텍스트를 입력합니다.

제13회 정기발표회 : 산돌고딕Neo2 Medium, 21pt
GLORIA : 산돌명조Neo1 Bold, 76pt
2016.05.19.(sat) PM7:00 : 산돌명조Neo1 Regular, 28pt
세종글로리아홀 : 산돌명조Neo1 Medium, 29pt
하단 GLORIA : 산돌명조Neo1 Bold, 30pt

참고

일러스트레이터에서 텍스트를 입력할 때는 (문자 툴)을 선택한 후 화면에 갖다 대면 다음과 같은 커서가 나타납니다.

커서를 클릭한 후 원하는 텍스트를 입력합니다.

입력을 마친 후 (선택 툴)을 선택하면 이렇게 글씨 주변으로 선택 모양이 나타납니다.

모서리 끝에 마우스를 갖다 대면 양쪽 방향이 있는 화살표가 나타납니다. 이때 *Shift* 를 누른 상태에서 화살표를 움직이면 쉽게 글씨의 크기를 조절할 수 있습니다.

(문자 툴)을 선택한 후 글씨를 드래그할 수 있습니다. [Type]-[Font] 메뉴에서 다른 폰트로 변경할 수 있습니다.

드래그한 상태에서 [Fill] 부분을 더블 클릭하면 [Color Picker] 대화상자가 표시됩니다. 원하는 컬러를 선택한 후 [OK] 버튼을 클릭하면 선택한 컬러로 바뀝니다.

쉽게 다른 텍스트의 컬러와 폰트, 크기 등 텍스트가 가지고 있는 속성을 복사하려면 (선택 툴)을 클릭한 후 바꿔줄 텍스트를 선택하고 (스포이드 툴)을 클릭하고 똑같이 하고 싶은 텍스트를 선택합니다. 그러면 자동으로 바뀝니다.

27 '관람시 주의사항.txt' 파일을 열고 텍스트를 복사해 넣습니다.

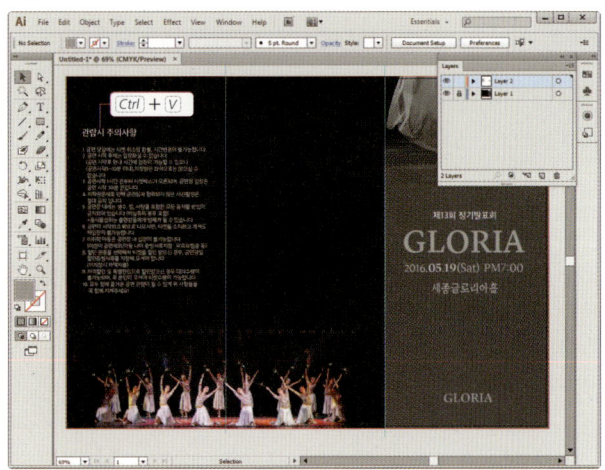

28 약도를 그리기 위해 ▢(둥근 사각형 툴)을 선택한 후 길을 모두 그립니다. ▶(선택 툴)을 클릭한 후 그려 넣은 길을 마우스로 크게 드래그하여 모두 선택하고 [Window]-[Pathfinder] 메뉴를 선택합니다. ▣(합치기)를 눌러 모든 길을 합칩니다.

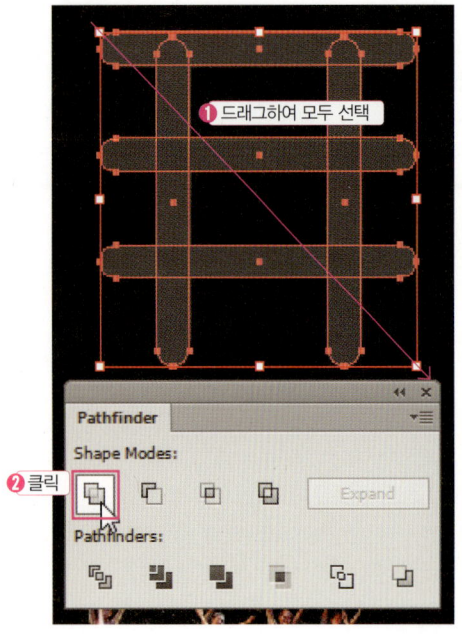
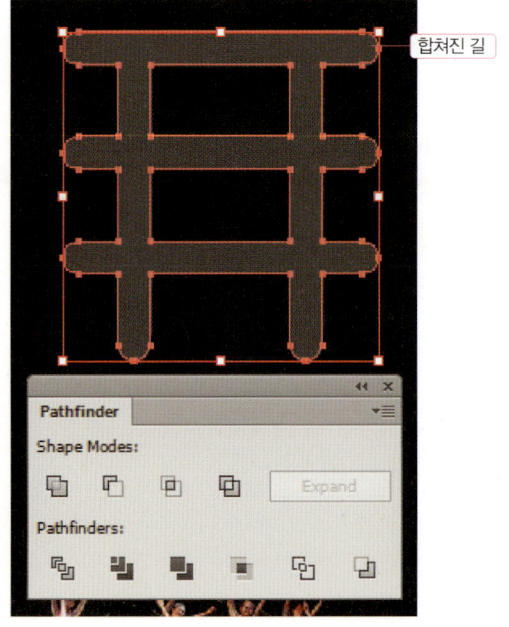

29 컬러를 바꾸어 주고 '약도아이콘.ai'를 불러옵니다. 약도 아이콘을 옮겨 넣어 알맞은 텍스트를 입력한 후 약도를 완성합니다.

약도의 아이콘 설명은 산돌고딕Neo2 Medium, 12pt

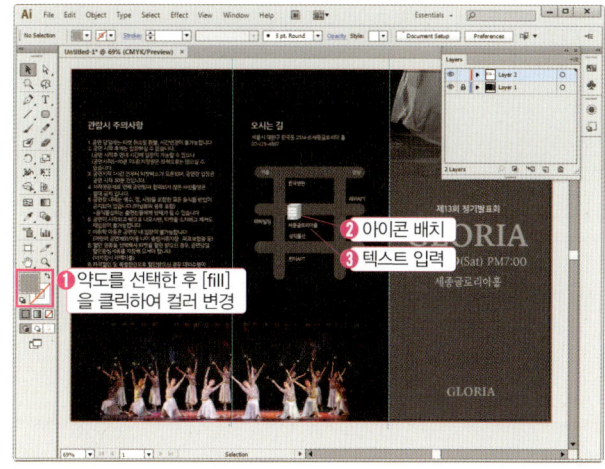

30 [Window]-[Artboards] 메뉴를 선택하고 ▫(새 아트보드)를 클릭하면 [Artboards] 패널이 표시됩니다.

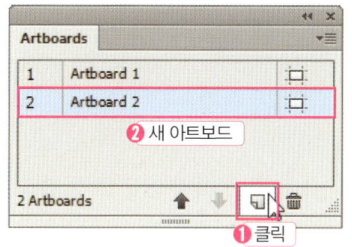

31 가이드라인을 만듭니다. Space 를 누른 상태에서 마우스를 오른쪽으로 움직이면 새로운 아트보드가 보입니다. 그리고 저장해 둔 '공연리플릿 내부면배경작업.jpg'을 불러온 후 ▸(선택 툴)을 클릭하여 작업창으로 이동합니다. 레이어를 잠가주고 새 작업을 위해 ▫(새 레이어)를 클릭합니다.

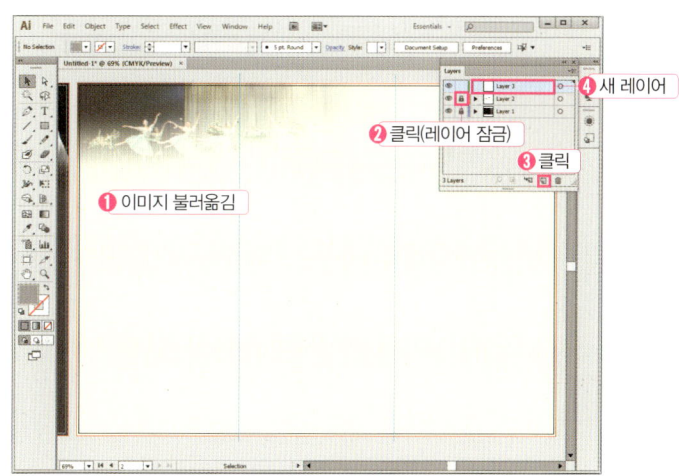

32 '팀소개.txt'를 불러온 후 Ctrl + C 를 눌러 복사합니다.

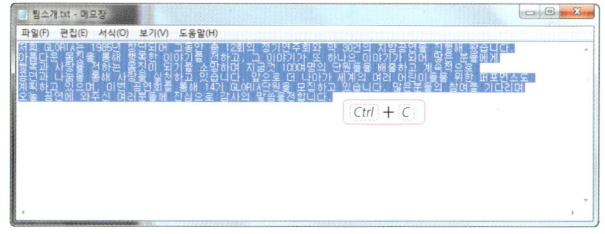

Chapter 04 리플릿 만들기 **279**

33 ▢(사각형 그리기 툴)을 선택한 후 텍스트가 들어갈 공간만큼 사각형을 그립니다.

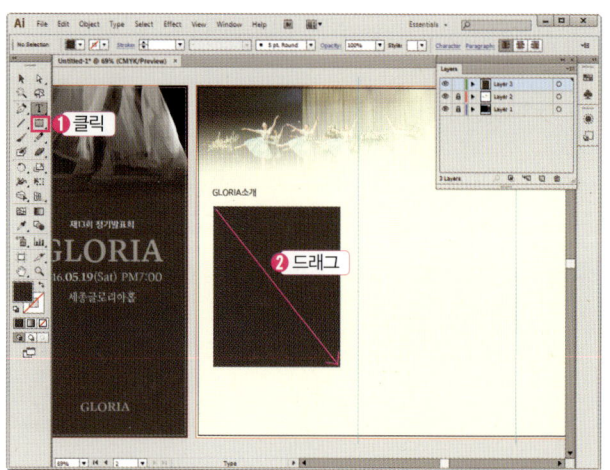

34 텍스트를 신문 배열하듯이 양측 정렬하려고 합니다. T(문자 툴)을 선택한 후 사각형 왼쪽 상단 안쪽 끝에 클릭하면 다음과 같이 사각형의 모양만 남고 텍스트를 붙여넣기 할 수 있습니다.

35 Ctrl + C 를 눌러 복사한 텍스트를 Ctrl + V 를 눌러 붙여넣기 합니다. 그러면 이 사각형 틀 안으로 복사한 텍스트가 들어갑니다.

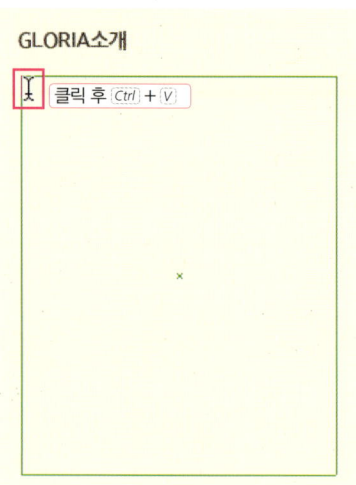

36 [Window]-[Type]-[Paragraph] 메뉴를 선택합니다.

37 [Paragraph] 패널에서 마지막 열이 왼쪽으로 정렬되는 양측 배열을 선택합니다. Backspace 를 눌러 텍스트를 배열합니다.

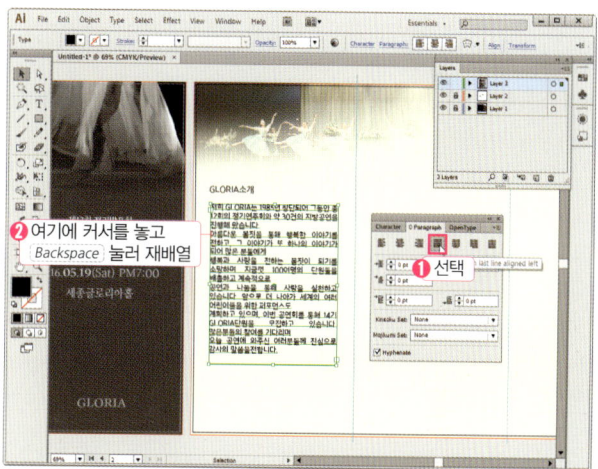

38 자간이 너무 넓은 부분이 발생할 수도 있습니다.

39 이럴 때는 아랫줄의 앞부분 문단을 선택한 후 Enter 를 눌러 조절합니다.

40 맞지 않는 자간은 Alt 를 누른 후 화살표로 조절합니다.

41 단원 소개를 위해 'part3-021.jpg', 'part3-022.jpg', 'part3-023.jpg', 'part3-024.jpg', 'part3-025.jpg', 'part3-026.jpg'를 불러옵니다. (선택 툴)을 선택한 후 작업창으로 옮기고 Shift 를 누른 상태에서 적당한 크기로 맞춥니다.

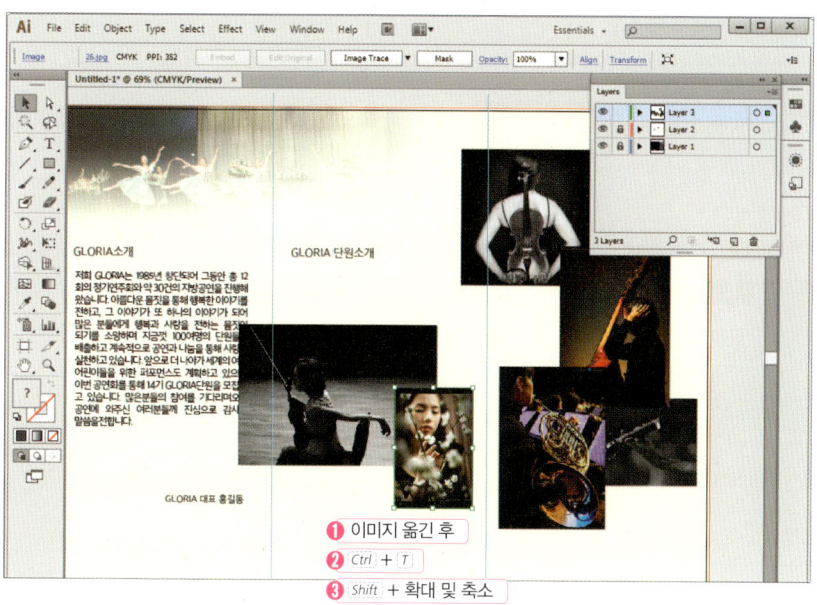

42 컬러 이미지를 흑백으로 바꾸기 원할 때는 바꿀 이미지를 선택한 후 [Edit]-[Edit Colors]-[Convert to Grayscale] 메뉴를 선택합니다.

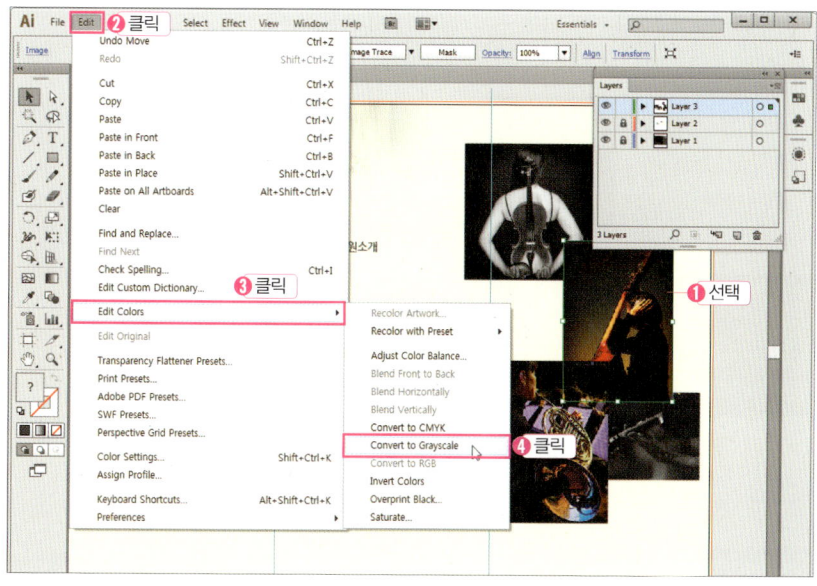

43 ◯.(원형 툴)을 선택한 후 사진을 잘라낼 만큼 크기로 사진 위에 원형을 그립니다. 같은 크기로 잘라내야 하므로 그린 도형은 Alt 를 누른 상태에서 드래그하여 복사한 후 다른 이미지 위에 올려놓습니다.

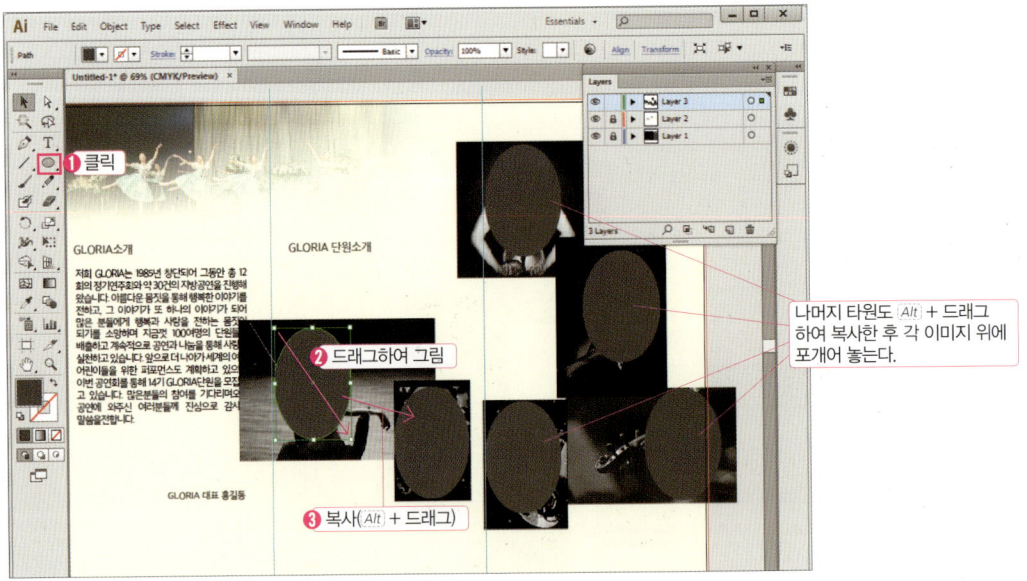

44 Shift 를 누른 상태에서 이미지와 도형을 모두 선택한 후 마우스 오른쪽 버튼을 클릭해 [Make Clippng Mask] 메뉴를 선택합니다.

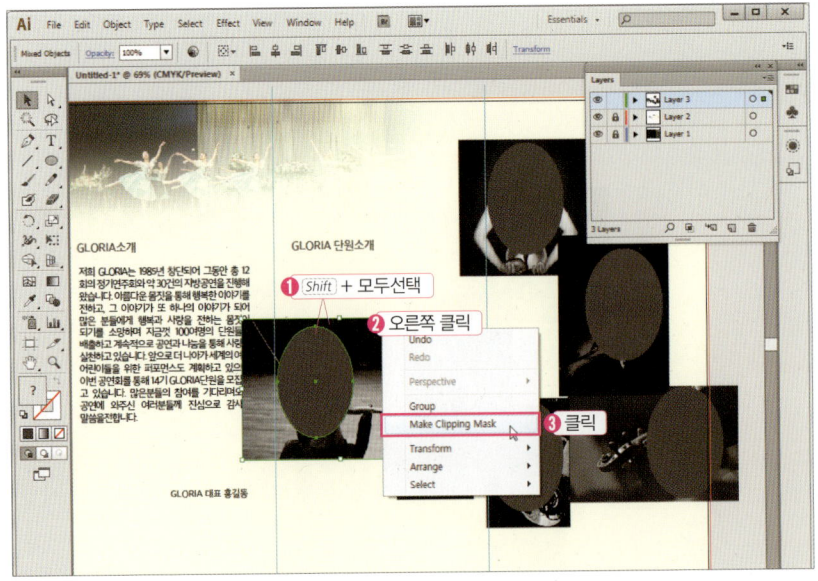

45 이와 같이 나머지 이미지도 모두 설정합니다. 모든 이미지를 Shift 를 누른 상태에서 선택합니다.

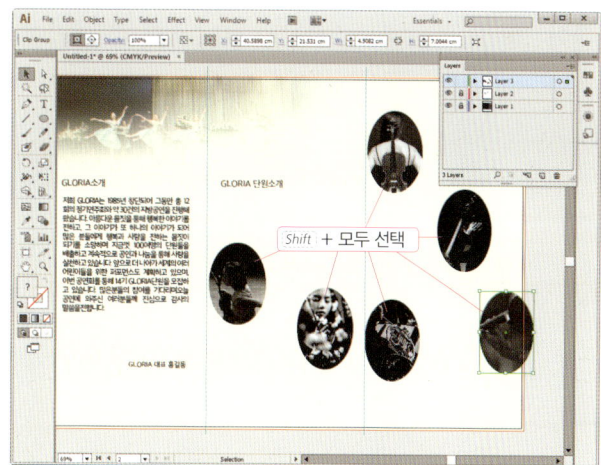

46 선택된 사각형 모양 모서리 끝을 움직여 크기를 줄입니다. (가로 가운데 정렬)을 클릭하고 가로로 정렬합니다.

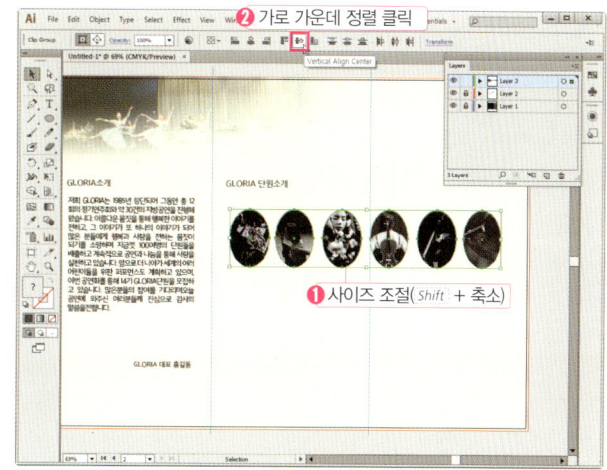

47 T.(문자 툴)을 선택한 후 나머지 텍스트도 모두 입력합니다.

GLORIA소개 : 나눔바른고딕, 21pt
설명글은 나눔바른고딕, 18pt
GLORIA 단원소개 : 나눔바른고딕, 21pt
단원이름은 나눔명조, 14pt
GLORIA 단원을 모집합니다 : 나눔바른고딕, 18pt
www.gloria02.com 02.123.4567 : 나눔바른고딕, 31pt

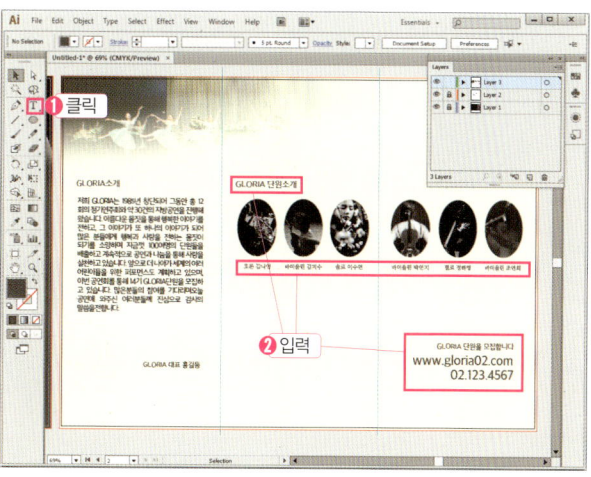

Chapter 04 리플릿 만들기 **285**

48 작업 파일을 저장하기 위하여 [File]-[Save As] 메뉴를 선택한 후 원하는 파일명을 입력하고 저장합니다.

49 저장 옵션 대화상자가 표시되면 [Version]은 'illustrator CS6'로 선택한 후 저장합니다. 경고창이 표시되면 [OK] 버튼을 클릭하고 작업 파일 저장을 마무리합니다.

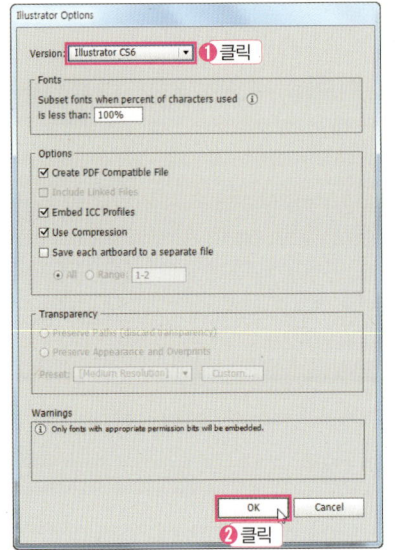

50 인쇄 파일로 저장하기 위해 🔍(돋보기 툴)을 선택한 후 Alt 를 누르면 돋보기 모양이 '-'로 바뀌면서 클릭할 때마다 축소됩니다.

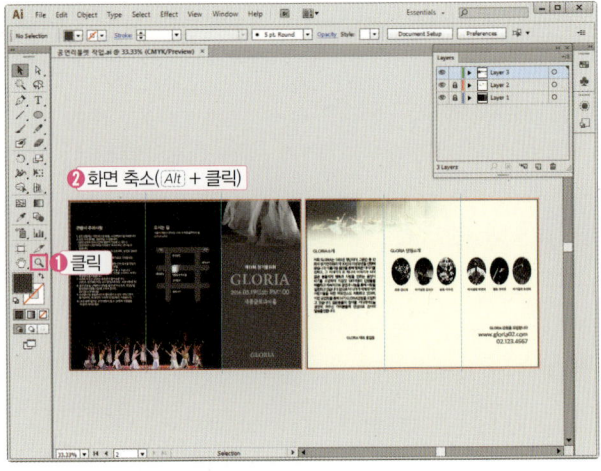

51 레이어에 잠가 두었던 것을 모두 클릭하여 풀어줍니다. (선택 툴)을 선택한 후 전체를 크게 드래그하여 모두 선택합니다. [Type]-[Create Outlines] 메뉴를 선택하고 텍스트의 윤곽선을 모두 땁니다.

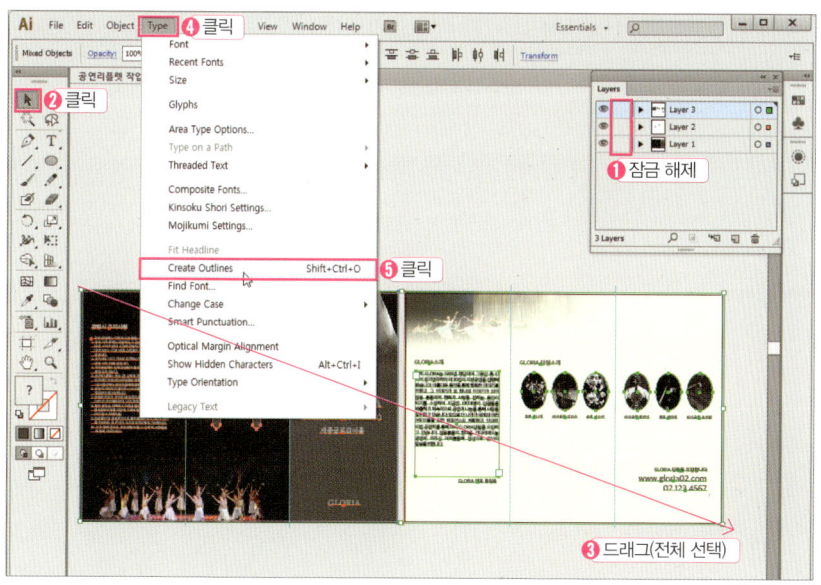

52 [File]-[Save As] 메뉴를 선택한 후 [파일 이름]을 정하고 [파일 형식]은 [Adobe illustrator (*.AI)]를 선택하고 [OK] 버튼을 클릭합니다. 인쇄 파일로 저장합니다.

53 [illustrator] 대화상자에서 [Version]을 'illustrator CS'로 선택한 후 [OK] 버튼을 클릭하여 저장합니다. 인쇄소의 버전이 모두 다르기 때문에 가장 낮은 버전으로 저장하는 것이 좋습니다.

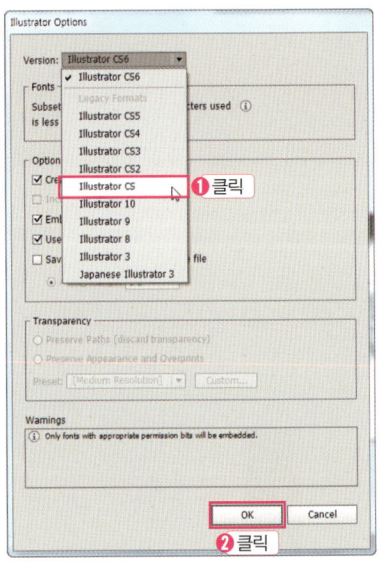

54 마무리되었습니다.

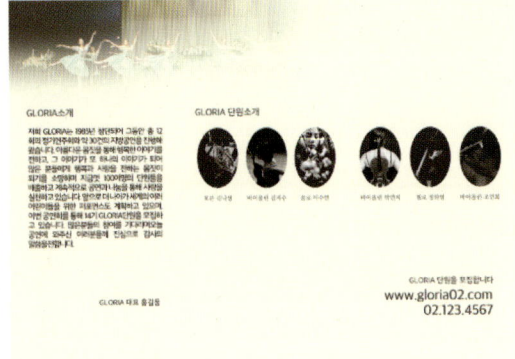

★ 포토샵+일러스트레이터 작업의 기술 ★

로고 만들기

> 로고를 만들기 위해서는 먼저 내가 만들어야 하는 로고에 대한 대략적인 스케치가 필요합니다. 그런 뒤 이 스케치를 일러스트레이터나 포토샵으로 옮겨 작업을 해주어야 합니다. 로고는 단순하고 명료해야 하며 보기 좋아야 합니다. 로고를 만들 때 유의할 점은 저작권이 있는 이미지나 폰트를 사용하면 안 된다는 것입니다. 이 장에서는 다양한 방법을 통하여 쉽게 로고를 만들 수 있는 방법을 배워 보도록 하겠습니다.

Section 01 [포토샵+일러스트레이터] 우리 교회 찬양팀 강렬한 로고 만들기

브러시를 다양하게 활용하는 방법과 포토샵에서 선 작업한 것을 일러스트레이터에서 백터화하는 방법을 통해 텍스트에 효과 같은 것이 삽입되어 마치 글씨에서 강한 바람이 일으켜지는 듯한 강렬한 로고를 만들어 보겠습니다.

● 완성파일 | part 03〉chapter 05〉강렬한 로고.jpg

01 포토샵에서 새 창 열기(A4 size)를 한 후 T.(가로 문자 툴)을 선택하고 원하는 텍스트를 입력합니다.

Note_ 브러시로 효과를 넣을 텍스트이기 때문에 Bold 형태의 폰트로 하는 것이 좋습니다.

02 문자를 백터화하기 위해 Shift 를 누른 상태에서 텍스트 레이어를 모두 선택한 후 마우스 오른쪽 버튼을 클릭해서 [Rasterize Type] 메뉴를 선택합니다.

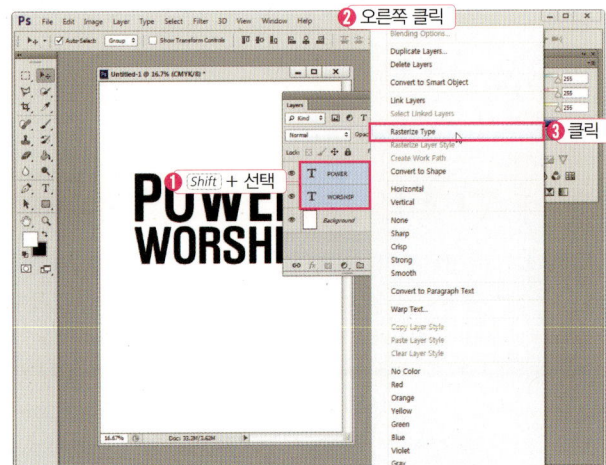

03 이미지로 바뀐 텍스트를 하나의 이미지로 합쳐주기 위하여 레이어가 모두 선택된 상태에서 다시 마우스 오른쪽 버튼을 클릭해서 [Merge Layers] 메뉴를 선택합니다.

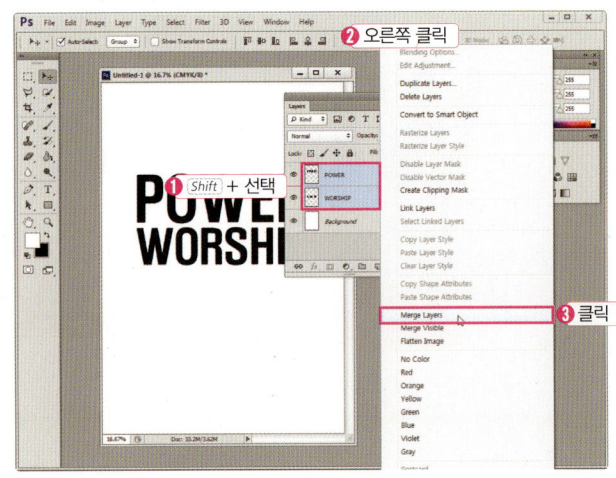

04 하단의 🗔(새 레이어)를 클릭하여 새 레이어 'Layer 1'을 열어줍니다.

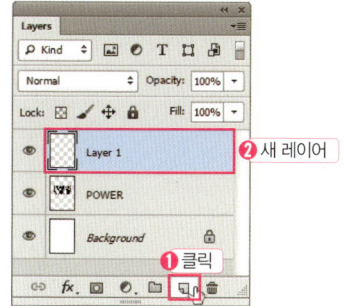

05 ✏.(브러시 툴)을 선택한 후 상단의 브러시 모양 옆 세모를 누릅니다. 설정 모양을 클릭하고 하단의 [DP Brushes]를 클릭합니다.

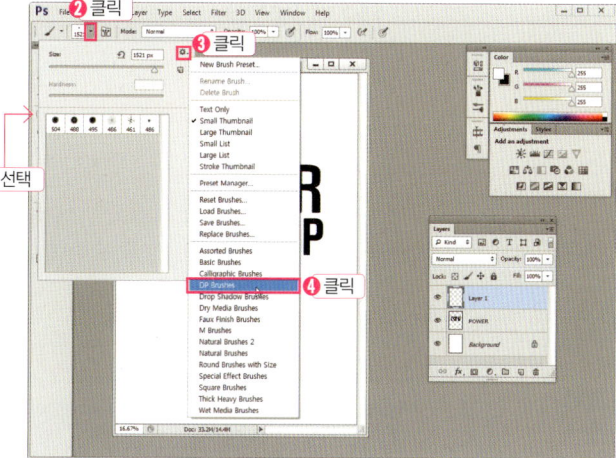

06 브러시 변경창이 표시되면 [OK] 버튼을 클릭한 후 브러시를 적용합니다.

07 옵션 바에서 'No. 486' 브러시를 선택한 후 [Size]는 화면에 나타나는 브러시 크기 정도로 맞춥니다.

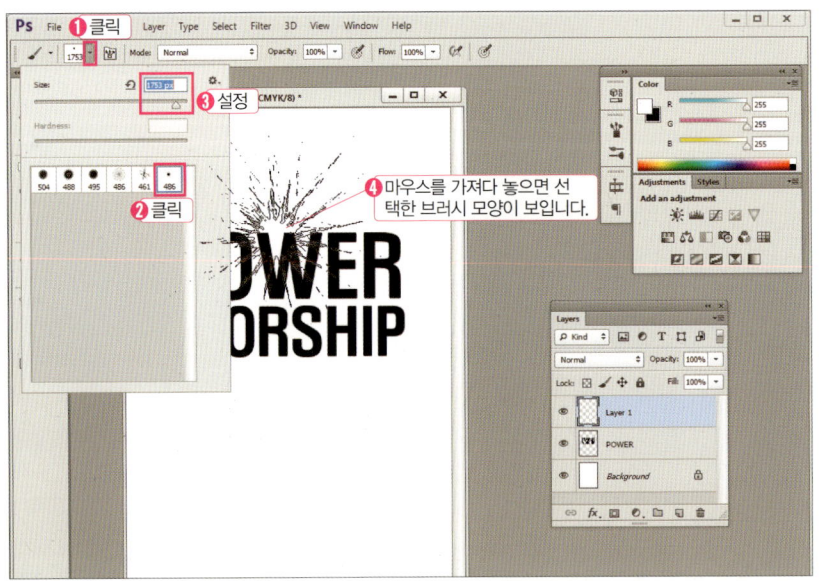

08 전경색을 화이트로 설정한 후 화면에 약 5번 정도를 클릭하여 브러시를 그립니다.

09 [File]-[Save As] 메뉴를 선택하고 원하는 폴더에 [파일 이름]은 '강렬한로고만들기', [Format]은 Quality 최대의 JPEG로 저장합니다.

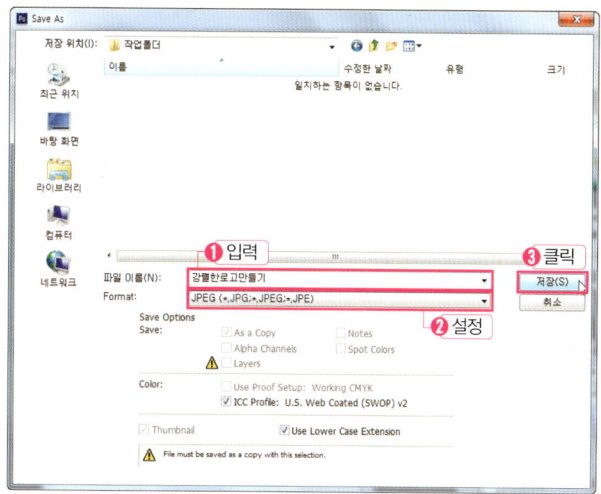

10 일러스트레이터를 실행합니다. [File]-[Open] 메뉴를 선택한 후 방금 저장한 '강렬한 로고만들기.jpg' 파일을 불러옵니다.

11 불러온 이미지를 선택한 후 [Window]-[Image Trace] 메뉴를 선택합니다.

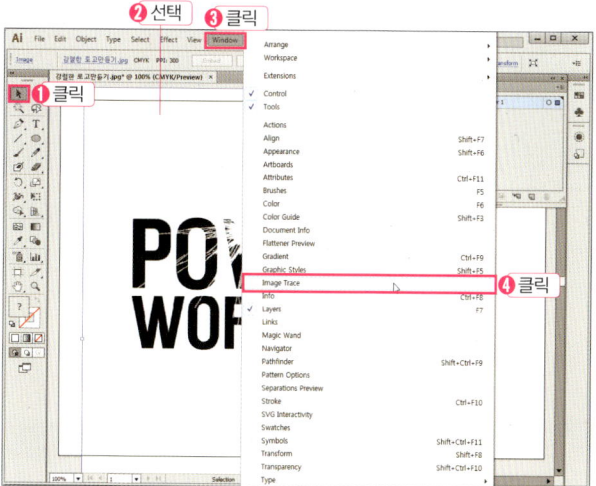

12 [Image Trace] 패널이 표시되면 [Mode]를 'Black and White'로 설정한 후 하단의 [Trace]를 클릭합니다. 경고창이 표시되면 [OK] 버튼을 클릭합니다.

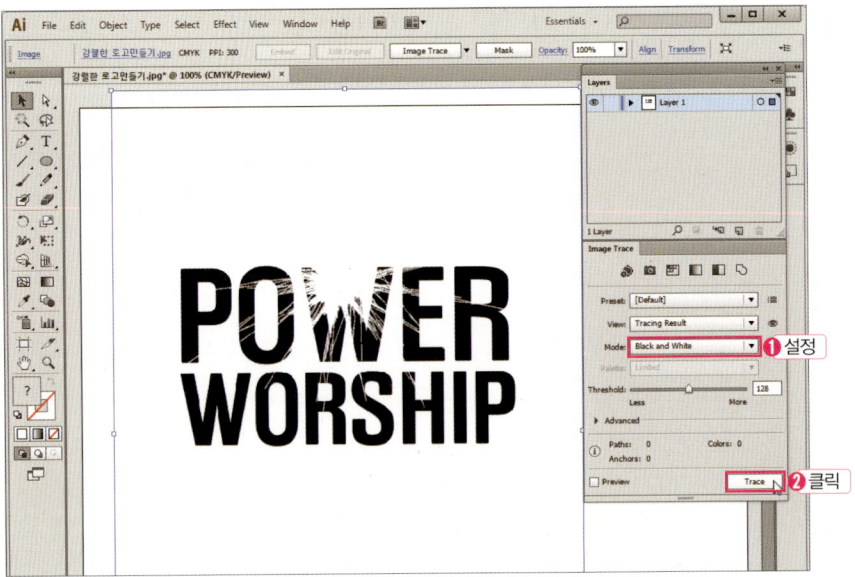

13 Trace가 완료되면 완벽한 Black과 White로 나뉘게 됩니다. 선택된 상태에서 상단의 [Expand]를 클릭합니다.

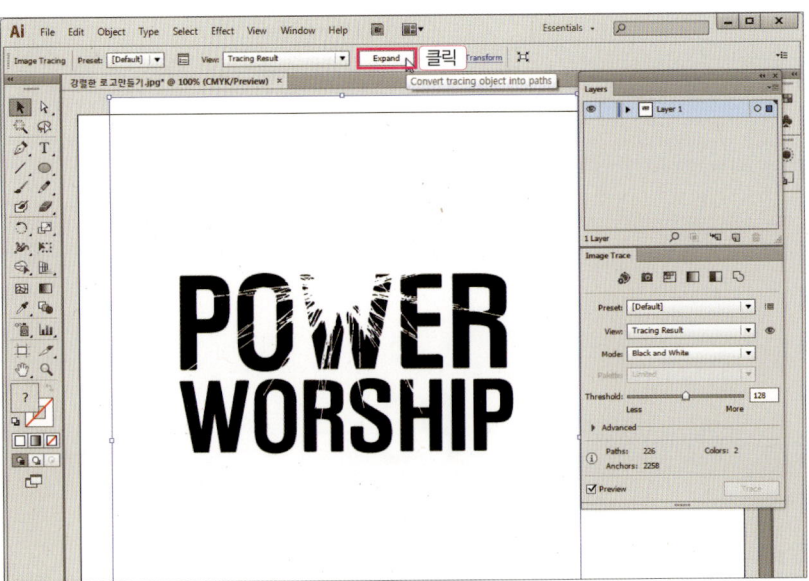

14 Expand가 완료되면 윤곽선이 보입니다. 하지만 이 윤곽선에서 White 부분을 분리시켜야 하므로 (자동 선택 툴)을 선택한 후 White 컬러의 아무 부분이나 클릭합니다. Delete 버튼을 누르면 Black 컬러 부분만 남습니다.

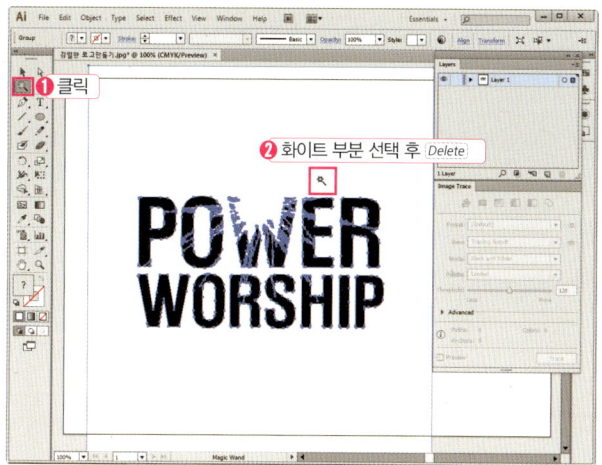

15 필요에 따라 T.(문자 툴)을 클릭한 후 또 다른 텍스트도 입력합니다. 마우스 오른쪽 버튼을 클릭해 [Create Outlines] 메뉴를 선택합니다.

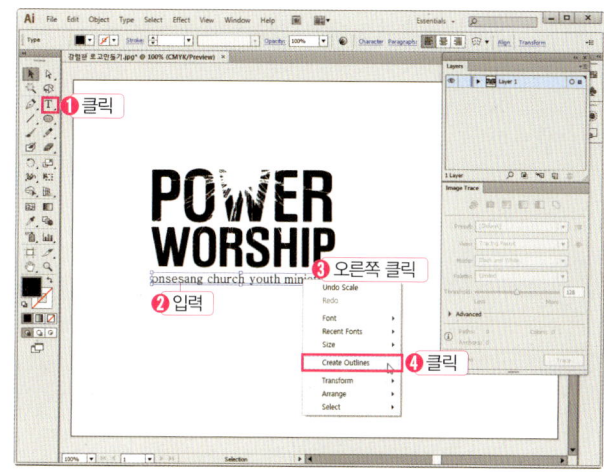

16 전체를 드래그한 후에 마우스 오른쪽 버튼을 클릭해 [Group] 버튼을 클릭합니다. (단축키 Ctrl + G)

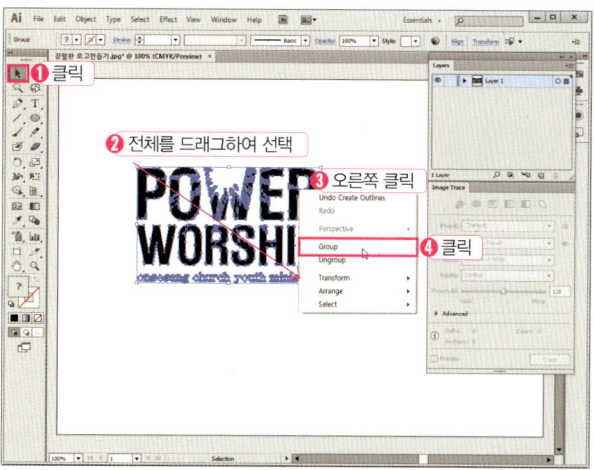

Chapter 05 로고 만들기 295

17 Alt 를 누른 상태에서 마우스로 드래그하면 복사됩니다. 다른 컬러로 변경하기 위해 [Window]-[Color] 메뉴를 선택한 후 화이트 컬러 부분을 클릭하고 우측 옵션을 클릭해 컬러 모드를 CMYK로 바꿔줍니다.

Note_ CMYK는 인쇄가 가능한 컬러 값입니다.

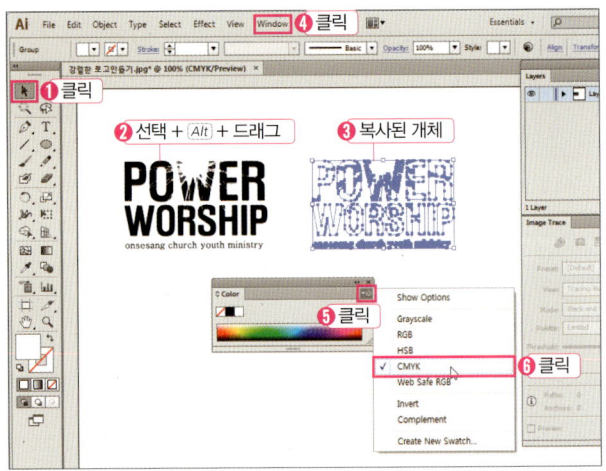

18 다양한 컬러로 로고를 바꿔 봅니다.

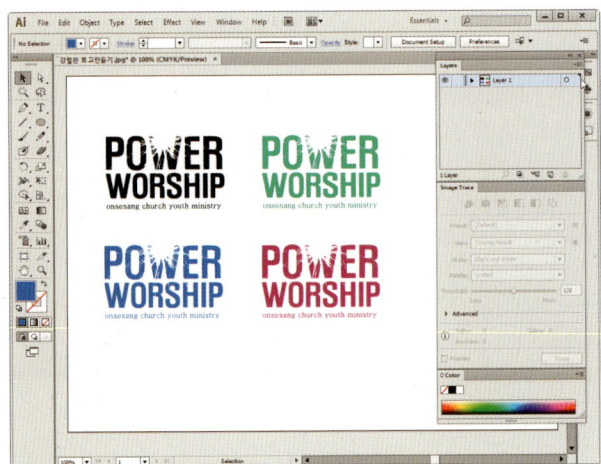

19 완성되었습니다.

Note_ 로고를 저장할 때는 ai 파일로 저장해 두는 것이 좋습니다. 큰 출력물이나 다양한 인쇄물에 활용하기 위해서는 ai 파일이 가장 적합하기 때문입니다.

Section 02 [일러스트레이터] 어린이집 귀여운 로고 만들기

일러스트에서 브러시의 역할은 매우 다양합니다. 그중에서도 마치 그림을 그리듯이 브러시를 이용하여 원하는 이미지를 그리고, 그것을 [Outline Stroke]하면 그림이 도형과 같이 변환되어 활기차고 귀여운 로고를 그려낼 수 있습니다.

● 완성파일   part 03〉chapter 05〉귀여운 어린이집 로고.jpg

01 일러스트레이터에서 [File]-[New] 메뉴를 선택한 후 A4 size의 창을 엽니다. (페인트 브러시 툴)을 클릭한 후 [Window]-[Brushes] 메뉴를 선택합니다.

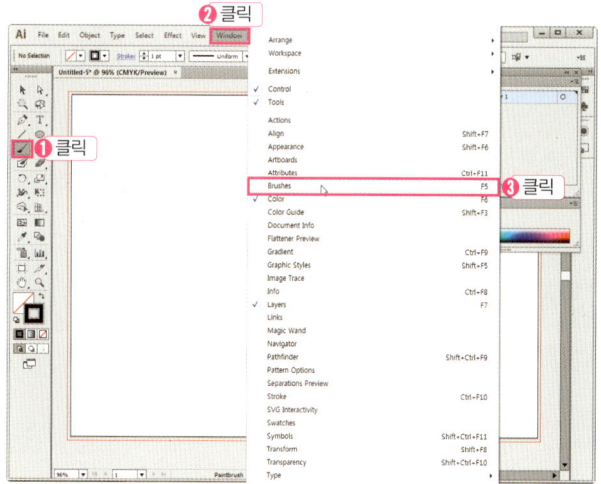

Chapter 05 로고 만들기   297

02 [Brushes] 대화상자가 표시되면 [Round] 버튼을 클릭한 후 마우스 오른쪽 버튼을 클릭해서 [Brush Options] 버튼을 클릭합니다.

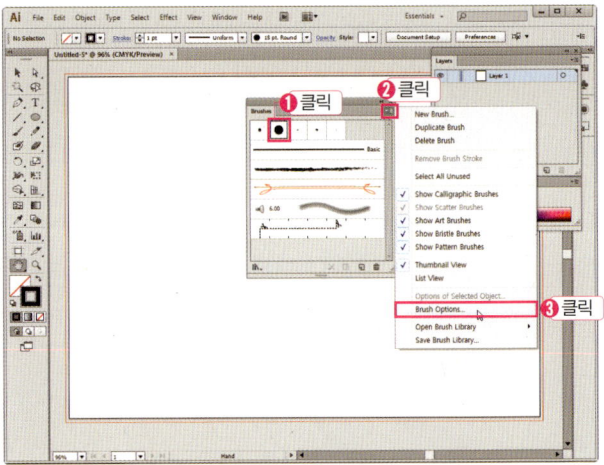

03 [Callgraphic Brush Options] 대화상자에서 [Size]를 '15pt'로 설정한 후 [OK] 버튼을 클릭합니다.

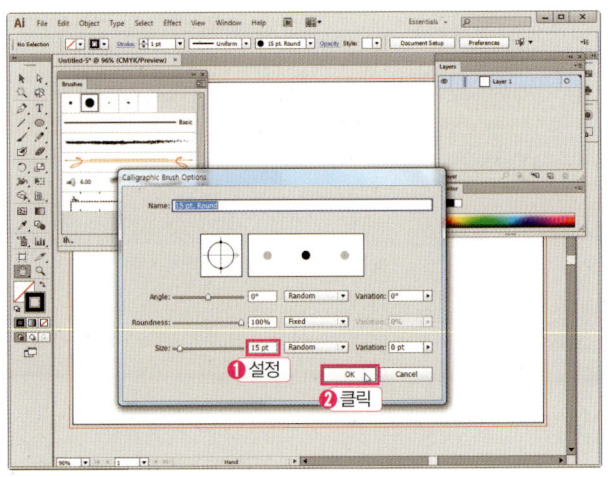

04 마우스를 부드럽게 움직여 말풍선 모양의 도형을 그립니다.

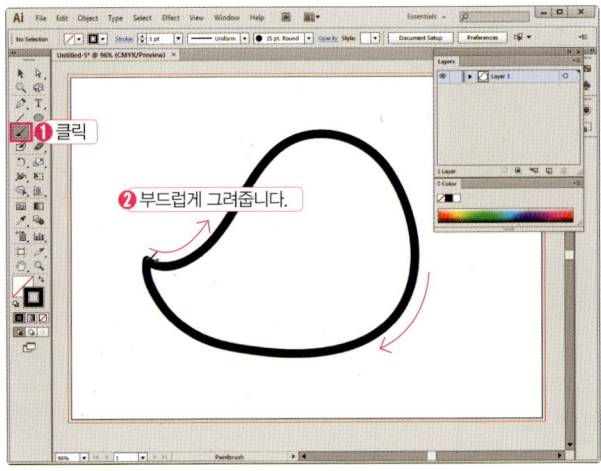

05 옵션 바에서 브러시 size를 '5pt'로 설정한 후 말풍선 내부에 점선도 그립니다.

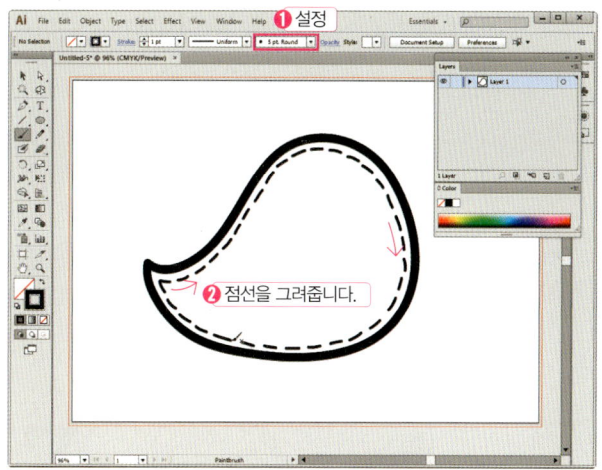

06 다시 size를 '15pt'로 바꾼 후 하트도 그립니다. (한 번에 그려주는 것이 좋습니다)

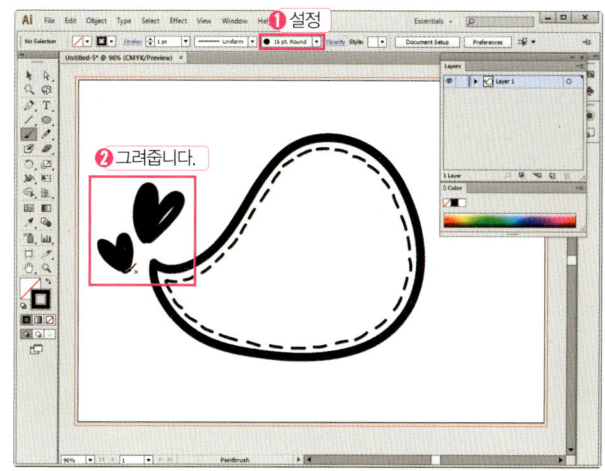

07 (선택 툴)을 선택한 후 전체를 크게 드래그하여 모두 선택하고 [Object]-[Path]-[Outline Stroke] 메뉴를 선택합니다.

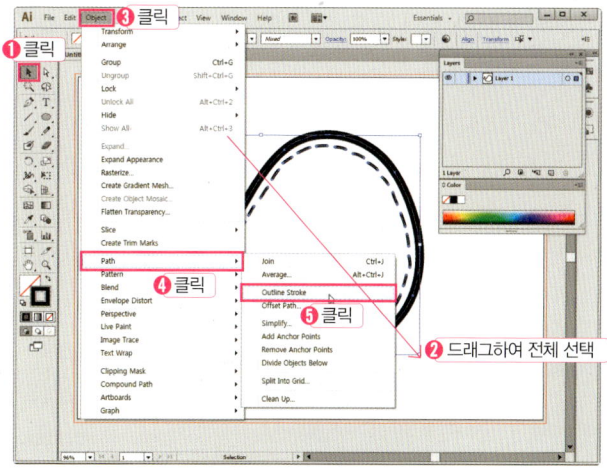

08 (선택 툴)을 선택한 후 하트를 클릭하여 선택합니다. [Window]-[Pathfinder] 메뉴를 선택한 후 [Pathfinder] 대화상자가 표시되면 가장 왼쪽의 'Unit'을 클릭하여 도형으로 만듭니다. 나머지 하트도 그렇게 합니다.

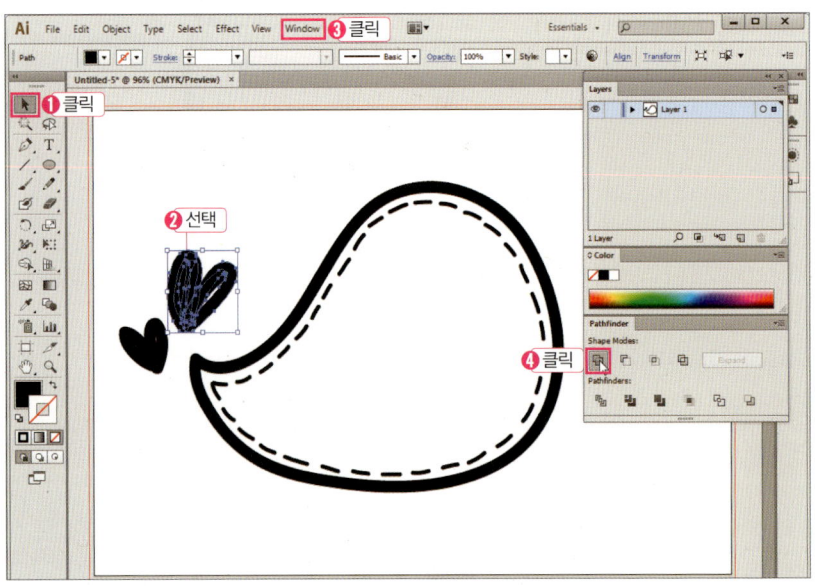

09 이제 각각 선택하여 원하는 컬러로 바꿔봅니다. 여기서 선택한 값은 'C : 39, M : 0, Y : 100, K : 0'입니다. 이때 [Stroke]의 컬러는 클릭하여 없음으로 설정하고 [Window]-[Color] 메뉴를 선택하고 컬러바에 마우스를 가져가면 스포이드 모양이 표시됩니다. 원하는 컬러를 선택하면 [Fill]에 적용됩니다.

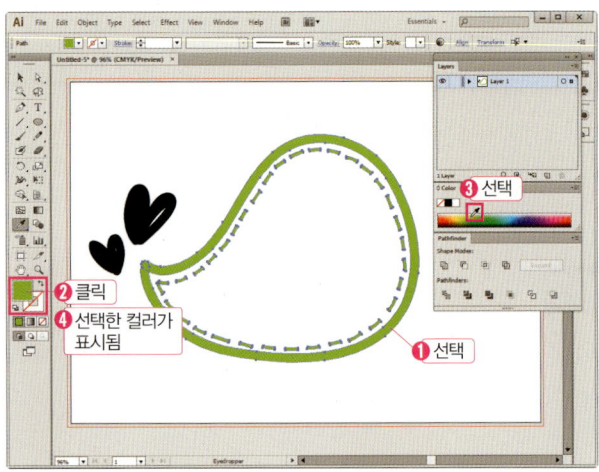

Note_ 일러스트레이터에서 원하는 영역만 선택하고 싶을 때 전체를 드래그하면 모두 선택됩니다.

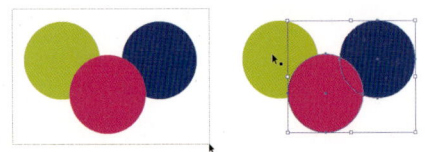

Shift 를 누른 상태에서 선택을 해제하고 싶은 개체를 클릭하면 해제가 되고 나머지만 선택되어 남습니다.

10 하트도 컬러를 바꿔줍니다. (선택 툴)을 선택한 후 하트를 선택합니다. 오른쪽의 [Color] 바에서 원하는 컬러를 스포이드로 추출합니다. 여기서 선택한 컬러 값은 'C : 93, M : 68, Y : 0, K : 0'입니다.

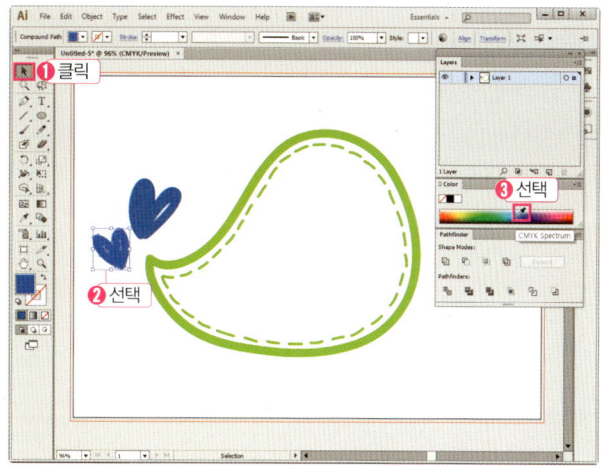

11 (문자 툴)을 선택한 후 나머지 텍스트도 입력합니다. 글씨를 다 입력하면 사각 선택 모양이 표시됩니다. 이때 모서리에 마우스를 가져가면 구부러진 화살표가 표시되면서 각도를 조절할 수 있습니다.

12 전체를 크게 드래그한 후에 [Type]-[Create Outlines] 메뉴를 선택합니다.

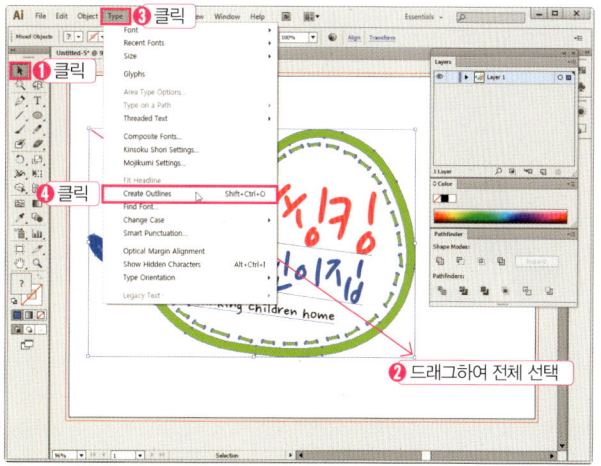

Chapter 05 로고 만들기 **301**

13 Ctrl + G 하여 그룹으로 묶은 후 Alt 을 누른 상태에서 마우스를 드래그하여 복사합니다. 그레이 버전으로 바꾸기 위해 선택한 후 [Edit]-[Edit Colors]-[Convert to Grayscale] 메뉴를 선택합니다.

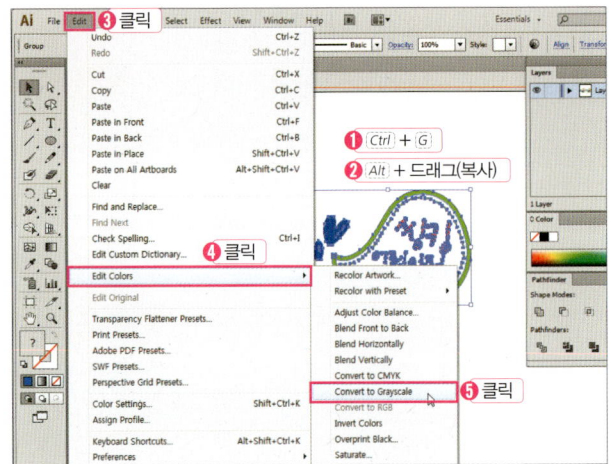

14 컬러 버전과 그레이 버전의 로고가 완성되었습니다.

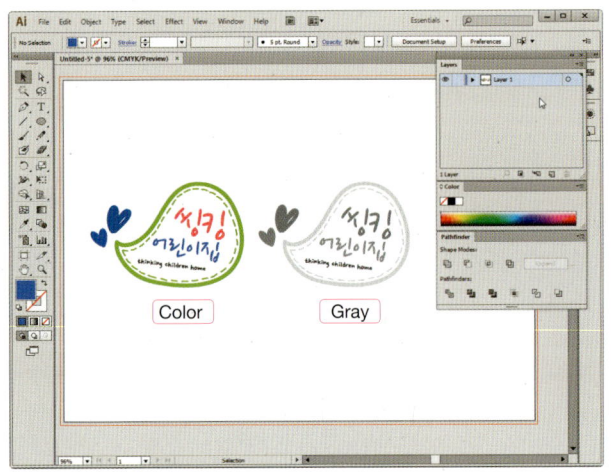

15 완성된 모습입니다.

Color 버전   Gray Color 버전

[포토샵+일러스트레이터]

우리 회사 산악 동호회 로고 만들기

해상도가 낮은 이미지라도 실루엣을 끄집어 낼 수 있다면 충분히 멋진 로고로의 재탄생이 가능합니다. 실루엣을 이용한 로고 만들기를 해보도록 하겠습니다.

- 시작파일 : part 03〉chapter 05〉part3-027.jpg
- 완성파일 : part 03〉chapter 05〉산악회 로고.jpg

01 'part3-027.jpg' 파일을 불러옵니다. (빠른 선택 툴)을 선택한 후 [Size]는 '5px'로 설정하고 이미지 내의 등산하는 남성 이미지 안쪽을 마우스를 떼지 않은 상태에서 드래그하여 선택해 나갑니다.

Chapter 05 로고 만들기 **303**

02 (돋보기 툴)을 선택한 후 화면을 확대하고 세밀하게 선택해 나갑니다. 빠른 선택 툴의 [Size]를 '2px'로 바꾼 후 선택되어야 할 부분을 클릭해가며 선택하고, 선택되지 말아야 할 부분은 Alt 를 누른 상태에서 선택하면 – 모양이 나타나면서 선택이 해제됩니다.

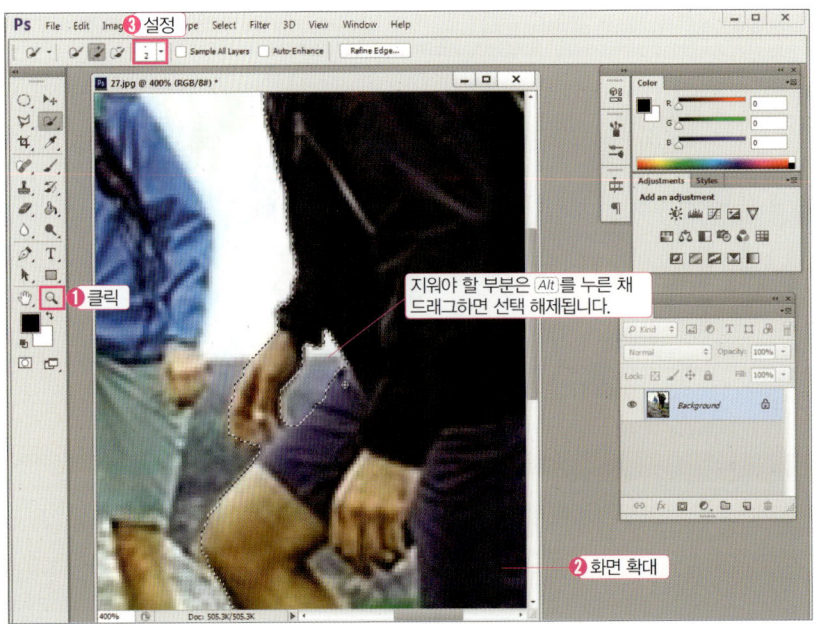

03 선택이 완료되면 전체 보기를 위해 (손바닥 툴)을 더블 클릭합니다. (새 레이어)를 클릭하여 새 레이어를 열고 전경색을 블랙으로 설정합니다. (페인트 툴)을 선택한 후 새 창에서 클릭한 후 컬러를 적용합니다.

04 [File]-[New] 메뉴를 선택하고 A4 사이즈의 새 창을 엽니다. (이동 툴)을 선택하고 선택된 이미지 내에 가져가면 가위 모양이 만들어집니다. 그때 마우스를 클릭한 상태에서 새 창으로 옮깁니다.

05 옮겨진 이미지는 Ctrl + T 를 이용하여 적당한 크기로 확대한 후 Enter 를 눌러 적용합니다.

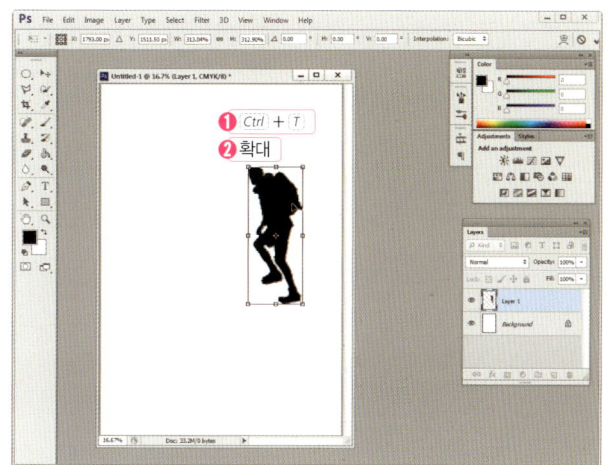

06 원하는 폴더에 '등산회 로고만들기 실루엣'이라는 이름의 JPEG 파일로 저장합니다.

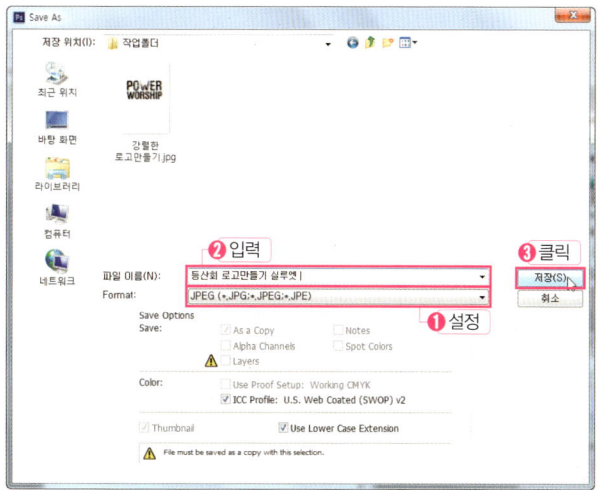

Chapter 05 로고 만들기 **305**

07 일러스트레이터에서 [File]-[Open] 메뉴를 선택하여 저장한 '등산회 로고만들기 실루엣.jpeg' 파일을 불러옵니다. [Window]-[Image Trace] 메뉴를 선택하고 [Mode]를 'Black and White'로 설정한 후 하단의 [Trace] 버튼을 클릭합니다.

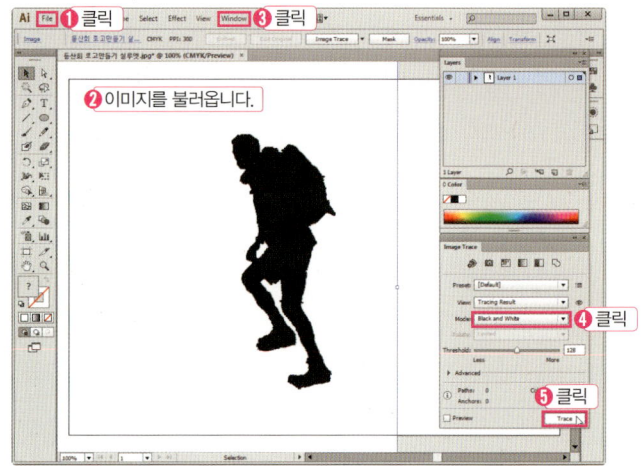

08 옵션 바의 [Expand]를 클릭해 벡터화합니다.

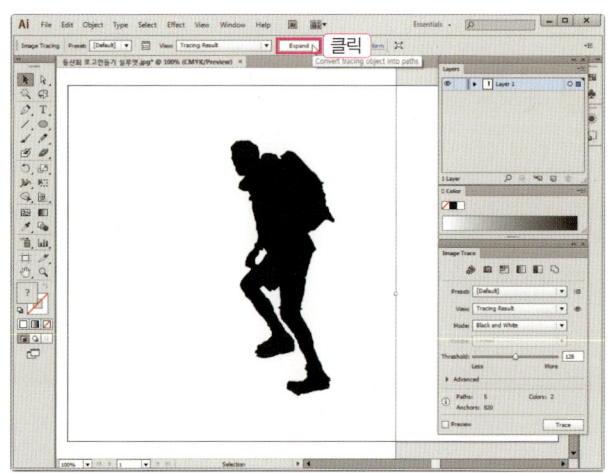

09 Expand가 완료되면 윤곽선이 보입니다. 하지만 이 윤곽선에서 White 부분을 분리시켜야 하므로 (자동 선택 툴)을 선택한 후 White 컬러의 아무 부분이나 클릭합니다. Delete를 누르면 Black 컬러 부분만 남습니다.

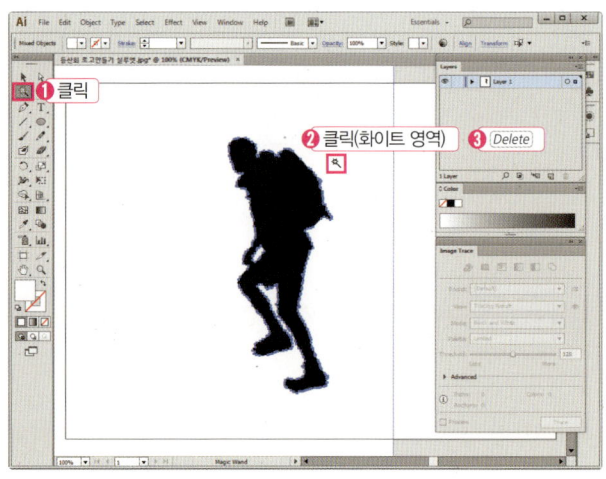

10 전경색을 블랙으로 설정한 후 ■ (사각형 그리기 툴)을 선택하고 이미지 옆으로 긴 사각형을 그립니다.

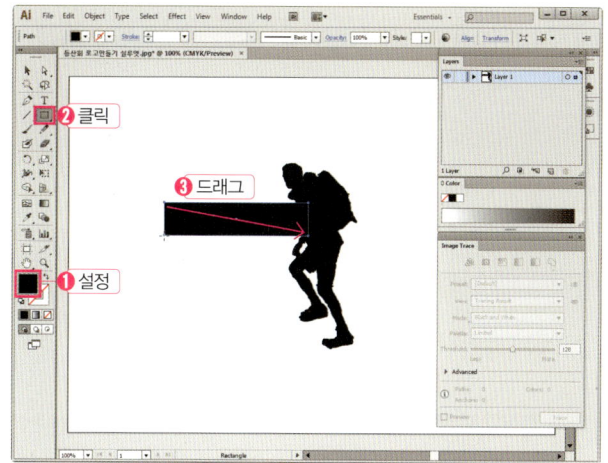

11 전경색을 화이트로 설정한 후 T. (문자 툴)을 선택하고 팀 이름을 입력합니다. 텍스트가 사각형에 가려 보이지 않을 경우에는 텍스트를 드래그하여 선택한 후 마우스 오른쪽 버튼을 클릭하여 [Arrange]-[Bring to Font] 메뉴를 선택합니다.

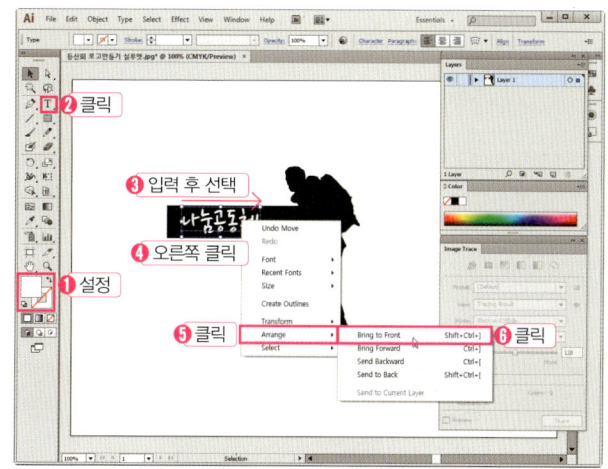

12 마우스를 크게 드래그하여 사각형과 텍스트를 모두 선택한 후 선택 모서리 쪽에 마우스를 가져가 꺾인 화살표가 보이면 각도도 바꿔봅니다.

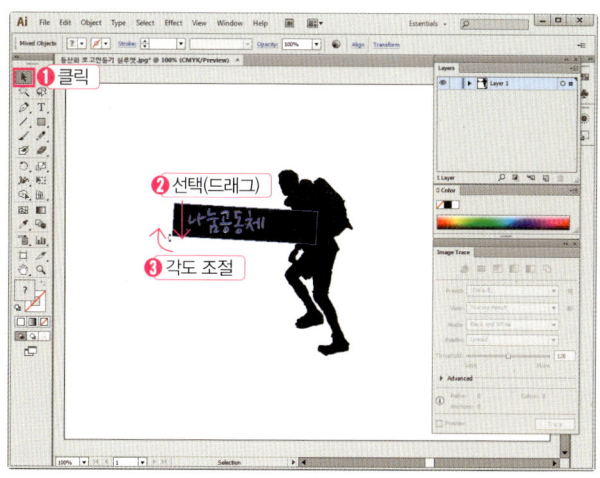

13 나머지 텍스트도 입력합니다. 크기 조절을 통해 전체적인 밸런스도 맞춰줍니다.

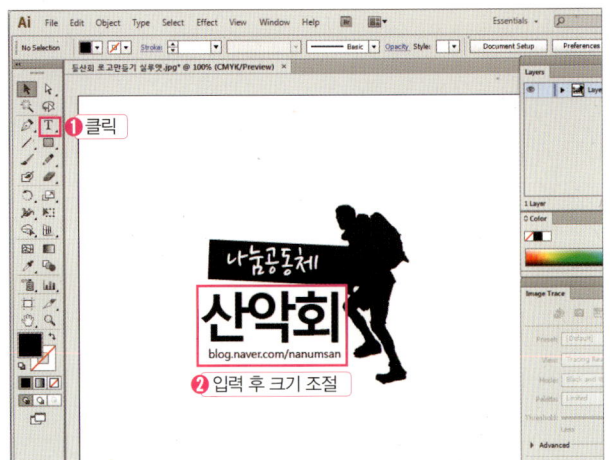

14 Shift 를 누른 상태에서 실루엣 이미지와 사각형을 선택한 후 [Window]-[Pathfinder] 메뉴를 선택합니다. [Pathfinder] 패널에서 개체를 합치는 'Unit'을 선택합니다.

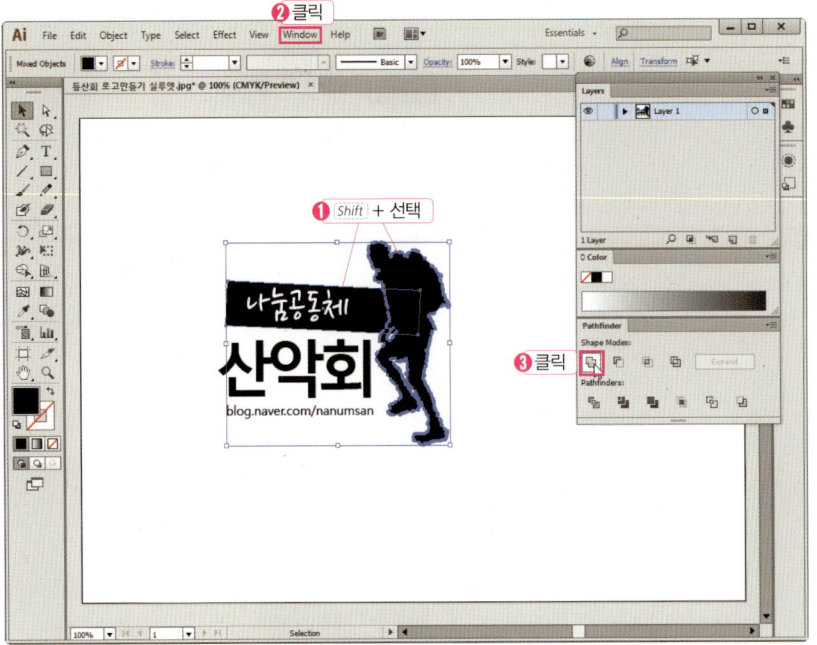

15 합쳐진 이미지는 [Window]-[Color] 메뉴에서 동일한 컬러로 변경이 가능합니다. 여기에서 선택한 컬러 값은 'C : 90, M : 30, Y : 95, K : 19'입니다.

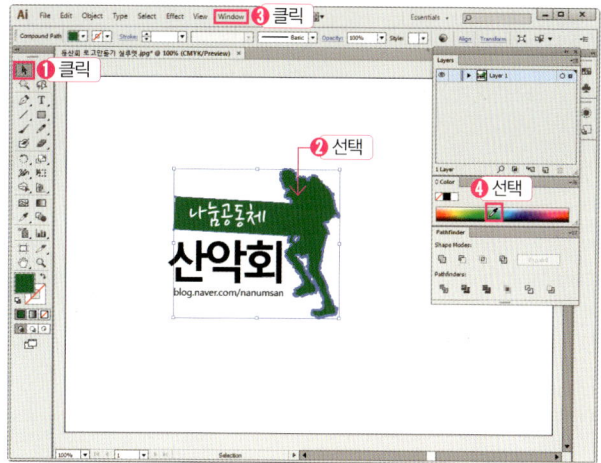

16 나머지 폰트도 선택한 후 ✎(스포이드 툴)을 선택하고 컬러 부분을 클릭하면 컬러가 추출되어 적용됩니다.

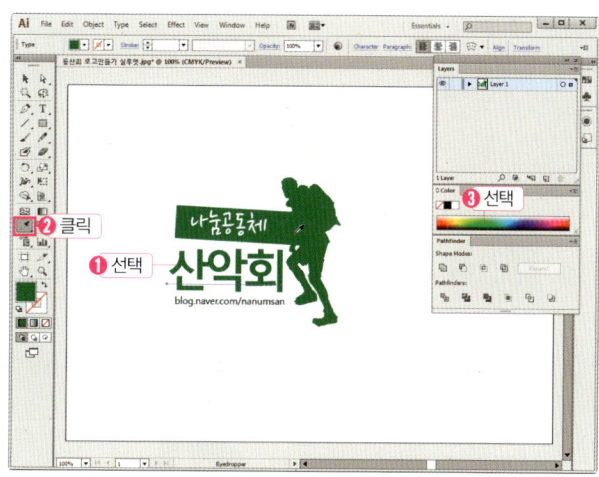

17 마우스를 크게 드래그하여 모두 선택한 후 [Type]-[Create Outlines] 메뉴를 선택합니다. Ctrl + G 를 눌러 그룹으로 만듭니다.

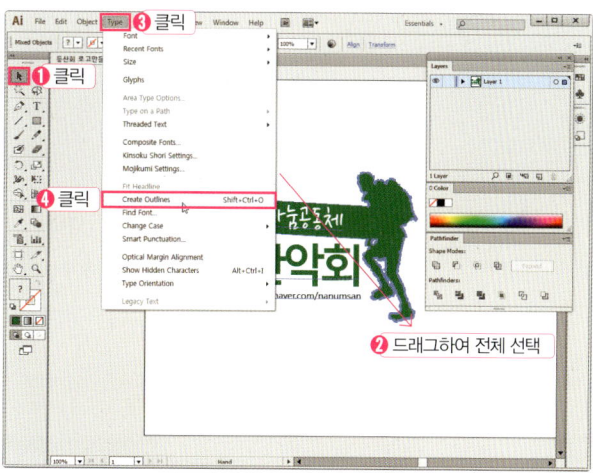

18 다양한 컬러로 변경해 봅니다.

19 완성되었습니다.

★ 포 토 샵 + 일 러 스 트 레 이 터 작 업 의 기 술 ★

명함 만들기

명함은 대부분 9cmX5cm로 작업을 합니다. 하지만, 요즈음에는 나만의 독특한 명함을 만들어 자신을 홍보하는 이들이 적지 않습니다. 그렇기 때문에 반드시 정해져 있는 크기와 구성으로 한다는 생각을 버리고 나만의 독특한 모양과 크기로 만들어 보세요. 누구에게나 기억될 수 있는 당신만의 명함을 디자인하는 것이 가장 좋은 방법입니다.

Section 01 [포토샵] 사진이 들어간 명함 만들기

특별히 사진과 함께 명함을 디자인해야 할 경우, 사진을 어떠한 모양으로 자를지, 그리고 어디에 배치할지가 주요 포인트입니다. 가장 기본적인 9cmX5cm의 명함을 만들어 보도록 하겠습니다.

- 시작파일　part 03>chapter 06>part3-028.jpg
- 완성파일　part 03>chapter 06>part3-028_완성.jpg

Chapter 06 명함 만들기　311

01 명함의 크기는 가로 9cm, 세로 5cm입니다. 인쇄용이므로 재단선을 함께 지정합니다. [Width]는 '9.4cm', [Height]는 '5.4cm', [Color Mode]는 'CMYK Color', [Resolution]은 '500'으로 설정한 후 [OK] 버튼을 클릭합니다.

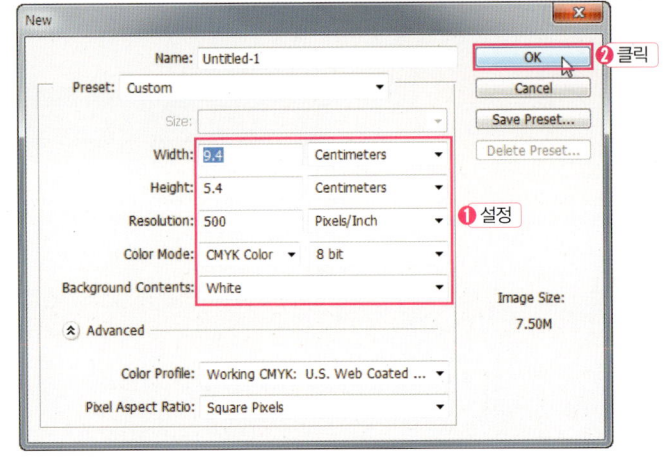

02 'part3-028.jpg' 파일을 불러옵니다. ▭(사각 선택 툴)을 선택한 후 불러온 그림의 얼굴 부분을 클릭하고 원하는 부분을 드래그합니다.

03 ▶(이동 툴)을 선택한 후 점선 안쪽에 갖다 놓으면 가위 모양으로 바뀝니다.

04 마우스를 드래그하여 새 창에 사진을 옮긴 후 `Ctrl` + `T`를 눌러 원하는 크기로 맞추고 `Enter`를 눌러 적용합니다.

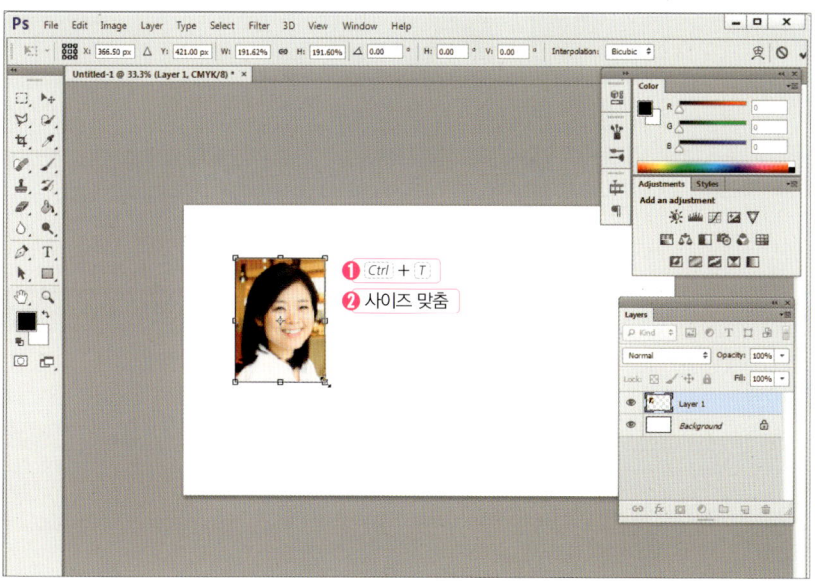

05 'Background' 레이어를 선택한 후 ▫(새 레이어)를 클릭하고 새 레이어 'Layer 2'를 열어줍니다. ✎.(스포이드 툴)을 선택한 후 이미지 내의 원하는 컬러를 추출합니다. 여기서 선택한 컬러 값은 'C : 15, M : 35, Y : 81, K : 0'입니다. 선택한 컬러가 왼쪽 툴 바의 [Fill]에 적용됩니다.

06 ■.(사각 도형 툴)을 선택한 후 이미지가 걸쳐지게끔 도형을 그립니다. 사진 레이어 'Layer 1'을 더블 클릭하여 [Layer Style]을 열어줍니다.

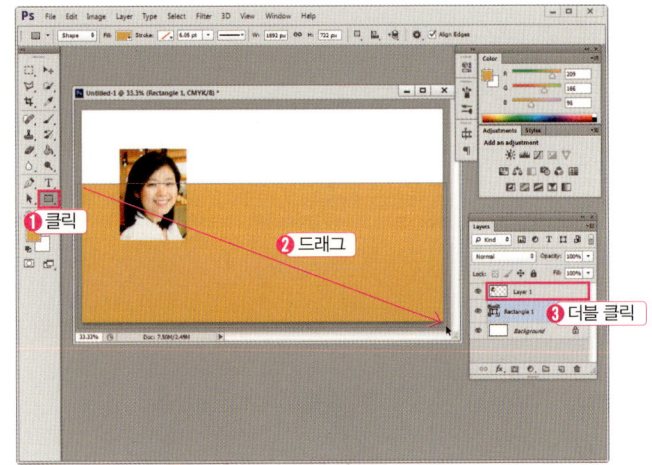

07 [Layer Style] 대화상자에서 [Stroke] 선택하고 컬러는 화이트로 설정합니다. [Size]-'13px', [Position]-'Inside'로 설정한 후 [OK] 버튼을 클릭합니다.

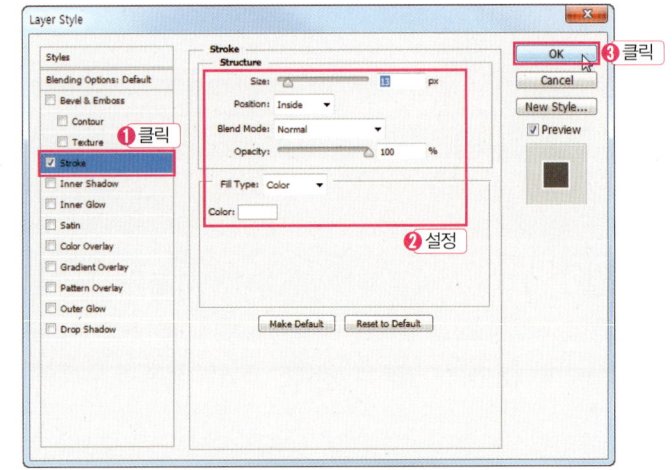

08 이렇게 사진에 화이트 테두리가 들어갑니다.

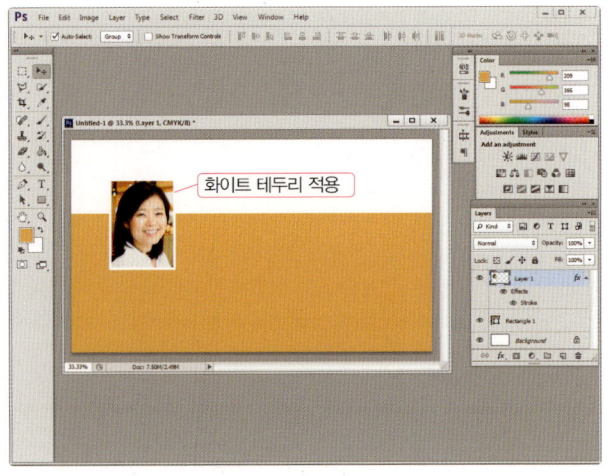

09 T.(가로 문자 툴)을 선택한 후 원하는 텍스트를 입력합니다.

Designer : 나눔바른고딕 Bold, 7.8
정윤선 : 나눔바른고딕 Reguler, 9.5
그 외 텍스트 : 나눔바른고딕 Reguler, 8.5

10 [File]-[Save As] 메뉴를 선택한 후 [Save As] 대화상자에서 [저장 위치]를 '작업폴더'로 선택하고 [파일 이름]은 '사진이 들어간 명함', [Fomat]은 'Photoshop(*.PSD;*.PDD)'로 설정한 후 [저장] 버튼을 클릭합니다.

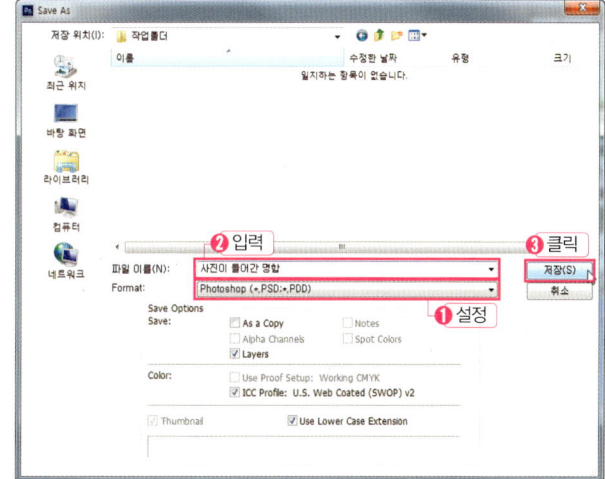

11 인쇄 파일로 저장하기 위하여 [Format]은 'JPEG'로 선택한 후 [저장] 버튼을 클릭합니다.

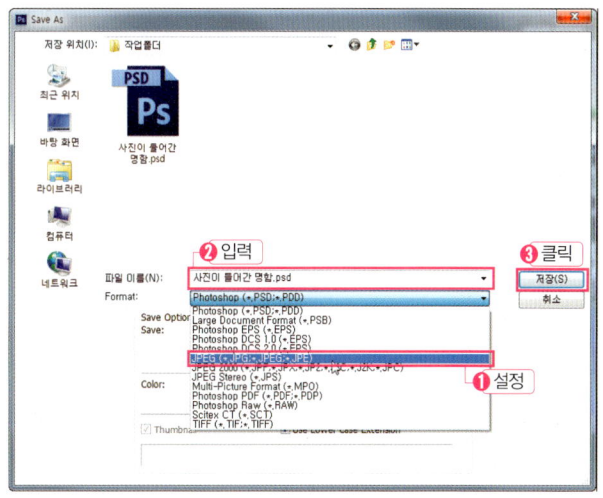

Chapter 06 명함 만들기   315

12 완성된 명함입니다.

13 또 다른 모양의 명함 예는 다음과 같습니다.

[일러스트레이터]
02 텍스트로만 구성된 명함 만들기

일러스트레이터에서 텍스트로만 구성된 명함을 만들어 보도록 하겠습니다. 텍스트와 여러 도형이 어우러진 가로 5cm X 세로 9cm의 명함을 만들어 보겠습니다.

● 완성파일   part 03〉chapter 06〉part3-텍스트로만 구성된 명함.jpg

01 명함 사이즈는 가로가 5cm, 세로가 9cm입니다. [New Document] 대화상자에서 [Width]는 '5cm', [Height]는 '9cm', '세로형'으로 설정한 후 [OK] 버튼을 클릭합니다. 재단선을 위해 [Bleed] 부분은 '0.2'로 지정합니다.

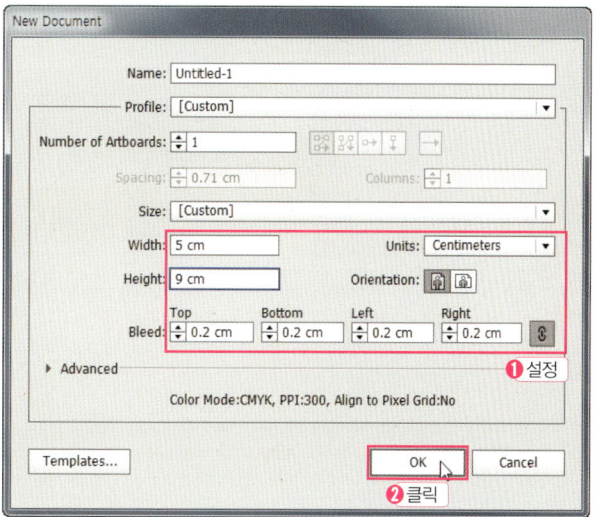

Chapter 06 명함 만들기 **317**

02 [Color] 팔레트에서 스포이드로 원하는 컬러를 선택합니다. 여기서 설정한 컬러 값은 C : 2, M : 13, Y : 100, K : 0입니다. ■(사각형 그리기 툴)을 선택한 후 사각형을 그리고 마우스를 도형 끝에 가져가면 꺾인 화살표가 표시됩니다. 이때 각도를 틀어줍니다.

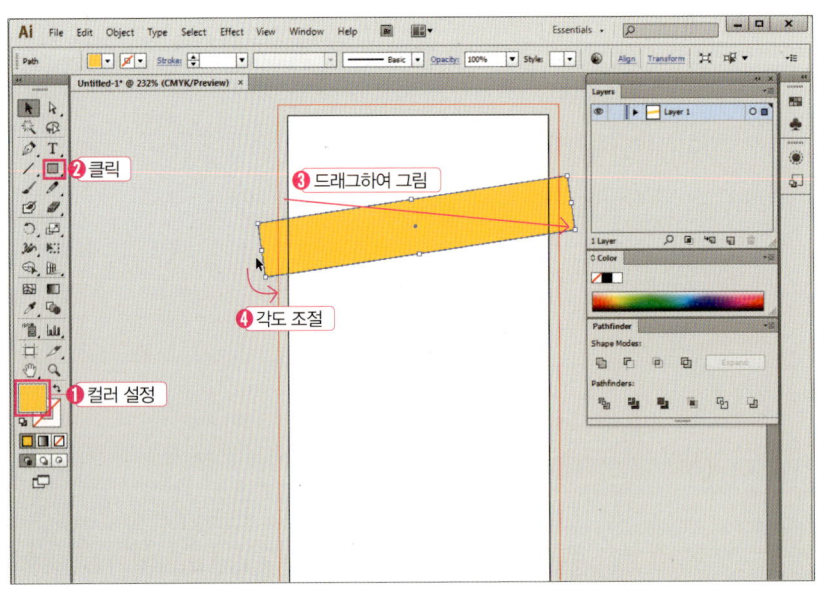

03 Alt 를 누른 상태에서 그려놓은 사각형을 마우스로 드래그하면 복사됩니다. 각도를 틀어줍니다. 옵션 바의 [Opacity] 값을 '50%'로 설정한 후 [Window]-[Transparency] 메뉴를 선택하고 [Transparency] 패널에서 모드를 'Multiply'로 설정합니다.

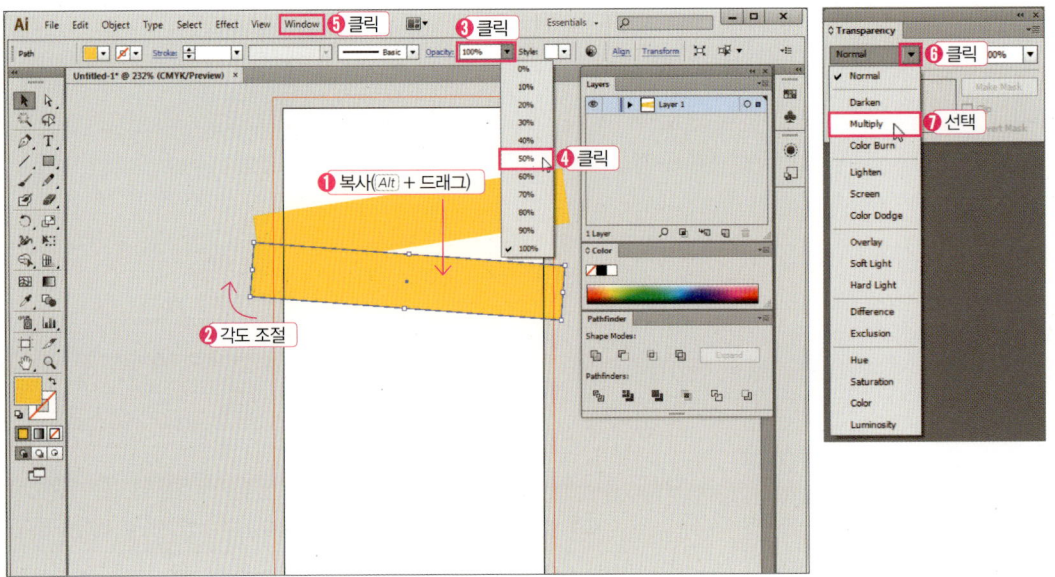

04 이와 같은 방법으로 나머지 도형도 그립니다.

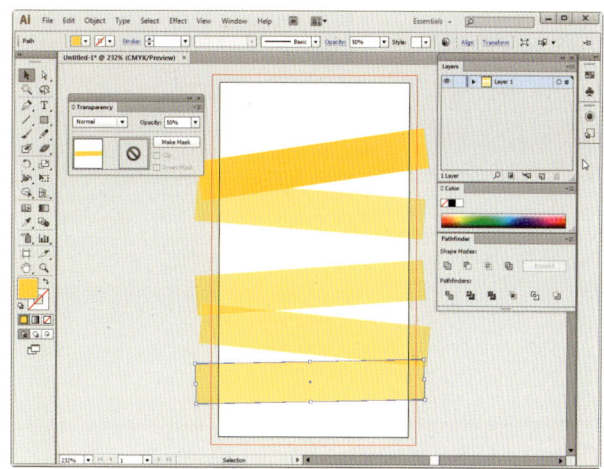

05 T,(문자 툴)을 선택한 후 원하는 텍스트를 입력하고 틀어준 각도와 같이 텍스트도 틀어줍니다. 텍스트 박스도 꺾인 화살표가 나타날 때 각도를 틀어주면 각도가 바뀝니다.

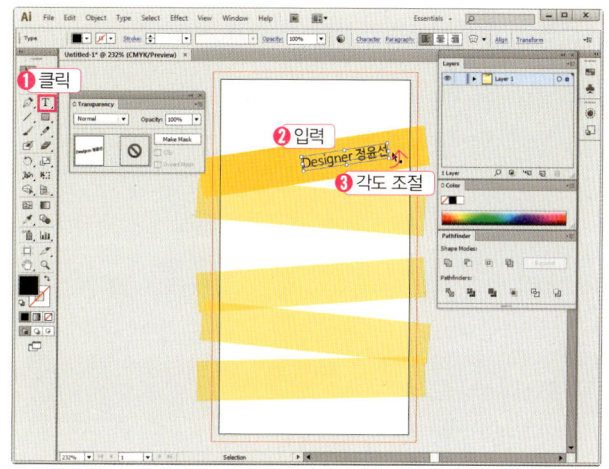

06 이와 같은 방법으로 나머지 텍스트도 모두 입력합니다.

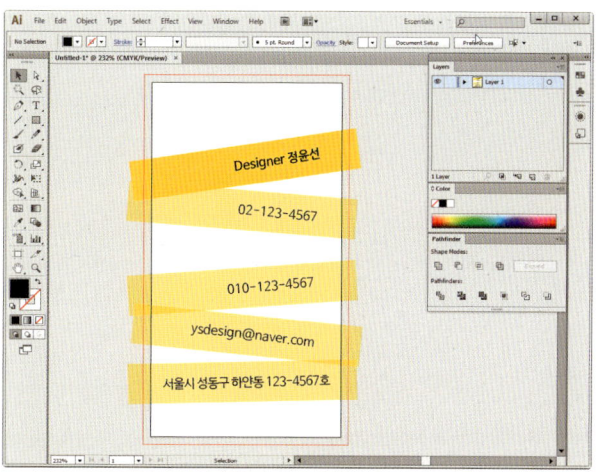

07 이름 텍스트 박스를 선택합니다. (스포이드 툴)을 선택한 후 배경의 화이트 부분을 클릭하여 컬러를 바꿔줍니다.

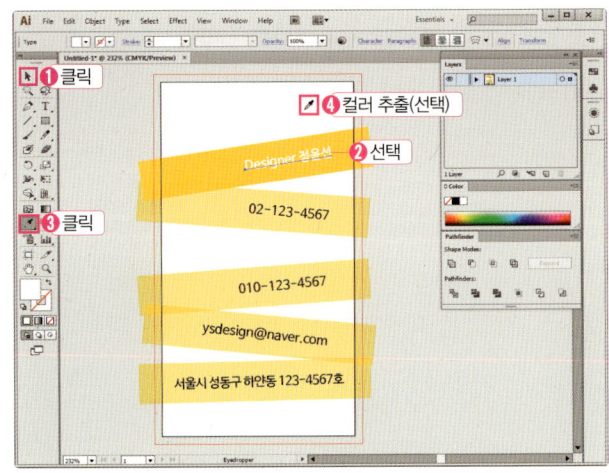

08 나머지 텍스트도 원하는 컬러로 바꿔줍니다. 여기서 선택한 컬러 값은 'C : 66, M : 36, Y : 100, K : 22'입니다.

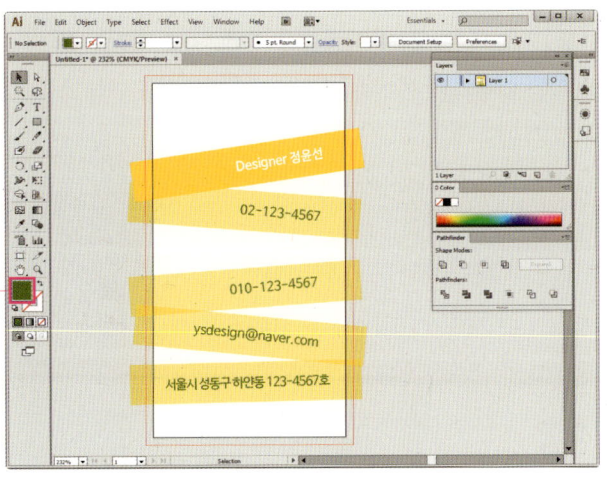

09 도형을 선택한 후 다른 컬러로 바꿔봅니다. 아래 도형부터 도형의 컬러 값은 다음과 같습니다.

C : 6, M : 0, Y : 85, K : 0
C : 33, M : 18, Y : 100, K : 0
C : 16, M : 0, Y : 74, K : 0
C : 16, M : 0, Y : 74, K : 0

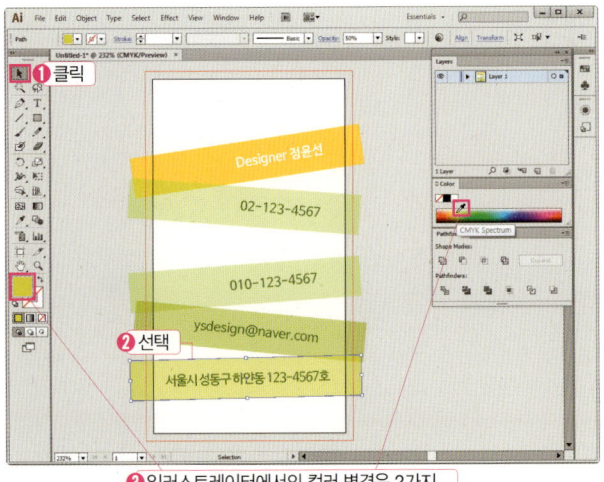

10 제목 텍스트는 가장 상단의 컬러와 같은 컬러로 가장 위에 작성합니다. 가장 상단의 사각형 컬러 값은 C : 0, M : 17, Y : 92, K : 0입니다.

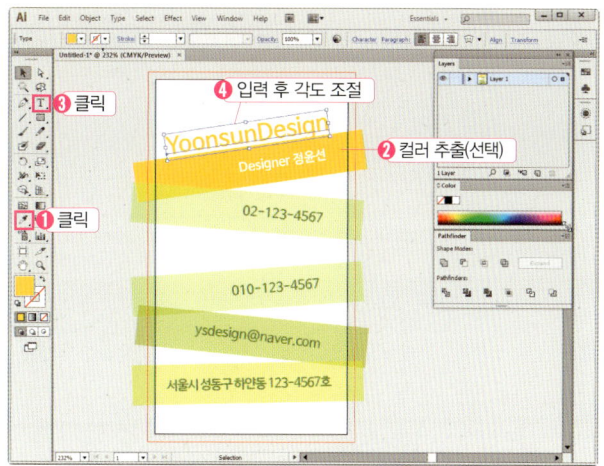

11 작업 파일로 저장하기 위해 [File]-[Save As] 메뉴를 선택합니다. [Save As] 대화상자에서 [파일 이름]은 '텍스트로만 구성된 명함', [파일 형식]은 'Adobe illustrator (*.AI)' 파일로 저장하고 [illustrator option] 대화상자가 표시되면 CS6 버전으로 저장합니다.

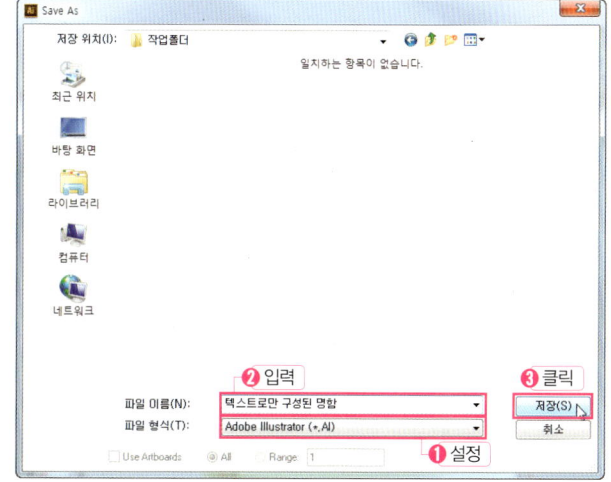

12 인쇄 파일로 만들기 위해 (선택 툴)을 선택한 후 전체를 크게 드래그하고 [Type]-[Create Outlines] 메뉴를 선택합니다.

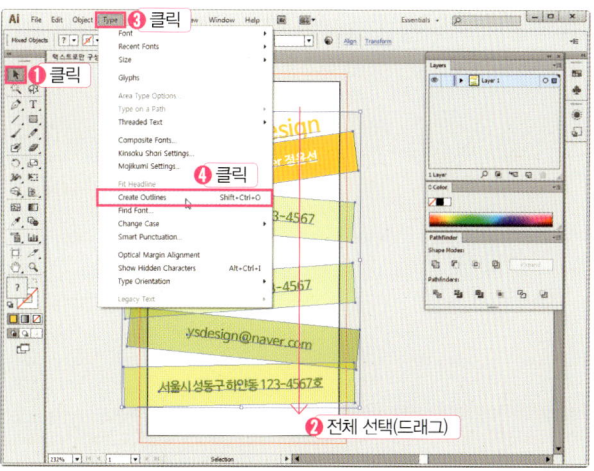

13 윤곽선이 따진 모습이 보입니다.

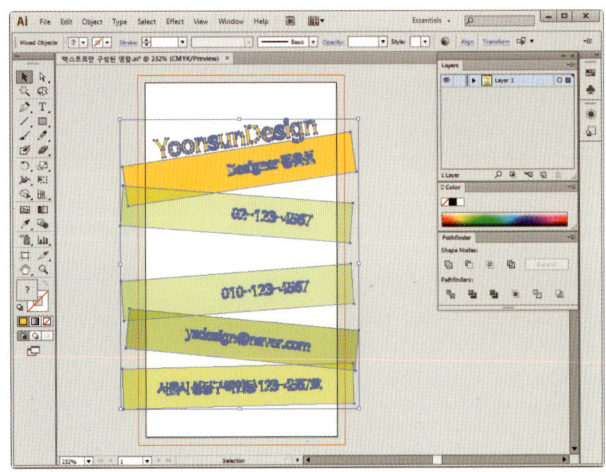

14 인쇄용으로 저장하기 위해 [File]-[Save As] 메뉴를 선택한 후 [Save As] 대화상자에 [파일 이름]은 '텍스트로만 구성된 명함인쇄용', [파일 형식]은 'Adobe illustrator (*.AI)' 파일로 저장합니다. [illustrator Option] 대화상자가 표시되면 CS 버전으로 저장합니다.

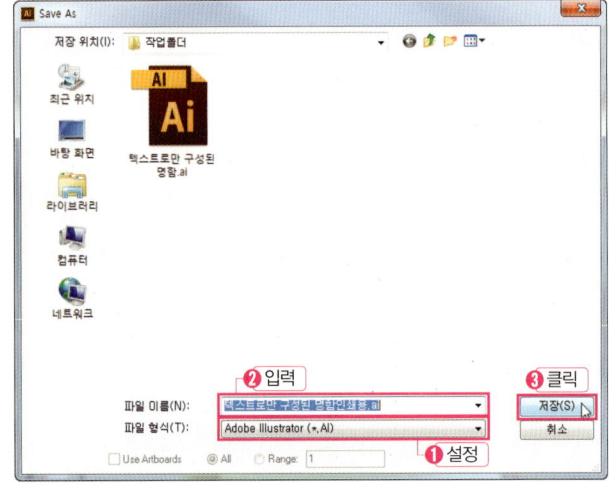

15 완성되었습니다.

16 다른 모양으로도 만들어 보겠습니다.

Section 03 조금 색다른 나만의 독특한 명함 예시

01과 02의 방법을 모두 실습해보았다면 충분히 만들 수 있는 조금은 다른 모양의 명함입니다. 다음 설명을 보고 꼭 만들어 보세요.

● 완성파일 part 03〉chapter 06〉part3-28-1.jpg, part3-28-2.jpg, part3-28-3.jpg, part3-28-4.jpg, part3-28-5.jpg, part3-28-6.jpg, part3-28-7.jpg

일반적인 명함의 크기가 아닌 세로가 조금 짧은 명함입니다. 또한 사진을 왼쪽으로 크게 넣고, 우측의 반을 컬러가 들어간 도형을 넣어 만들었습니다.

사진을 동그랗게 잘라내어 붙여 작업한 명함입니다. 또한 사진의 테두리의 컬러와 텍스트 컬러를 같게 하여 통일감을 주었습니다.

전체를 반으로 나누어 살짝 각도의 변형을 주고, 메인 타이틀과 이름 또한 각도에 맞추어 넣었습니다. 나머지 텍스트는 수평으로 작성합니다.

+ 모양으로 도형을 그려 넣은 후 각도를 기울였습니다. 그리고 도형 안에 타이틀을 입력합니다.

가로가 짧은 명함입니다. 타이틀을 세로 배열하여 만듭니다.

마찬가지로 가로가 짧은 세로형 명함입니다. 타이틀을 세로로 배열하고, 간략하게 작은 사각형의 줄을 넣어 디자인했습니다.

수평으로 작업한 후 전체의 각도를 한꺼번에 틀어 만든 명함입니다.

★ 포토샵+일러스트레이터 작업의 기술 ★

카드 만들기

 카드는 보내는 이보다도 받는 이에게 더 큰 행복을 주어야 하는 제작물입니다. 내 손으로 직접 만들어 기념일을 더욱 멋지게 장식해 보세요.

Section 01 [포토샵] 크리스마스 카드 만들기

브러시의 다양한 기능을 가지고 눈이 내리는 효과도 만들어보고 [Layer style]의 'Outer Glow'의 효과도 알아보겠습니다.

완성파일 | part 03〉chapter 07〉part03-크리스마스카드.jpg

01 [File]-[New] 메뉴를 선택한 후 [New] 대화상자에서 [Width]는 '10cm', [Height]는 '15cm', [Resolution]은 '300', [Color Mode]는 'CMYK Color'로 설정하고 [OK] 버튼을 클릭합니다.

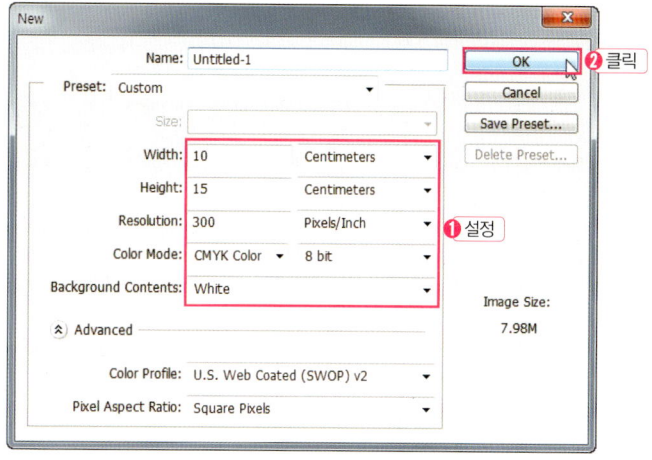

02 (새 레이어)를 클릭해 새 레이어를 엽니다. 컬러는 'C : 100, M : 90, Y : 10, K : 0(R : 37, G : 64, B : 143)'으로 설정한 후 [OK] 버튼을 클릭합니다. 브러시 툴을 클릭한 후 ●(번지지 않는 브러시)로 선택하고 [Size]는 '250px', [Hardness]는 '100'으로 설정합니다.

Chapter 07 카드 만들기 **327**

03 옵션 바의 [Opacity] 값을 '50%'로 설정하고 다음과 같이 지그재그 모양으로 그립니다.

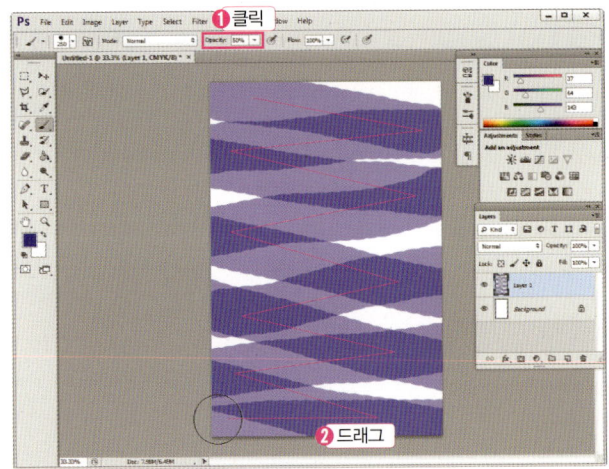

04 다시 브러시 옵션을 열어 ●(번지는 브러시)로 선택합니다.

05 경계선을 메꾸어 주듯이 지그재그로 다시 그립니다.

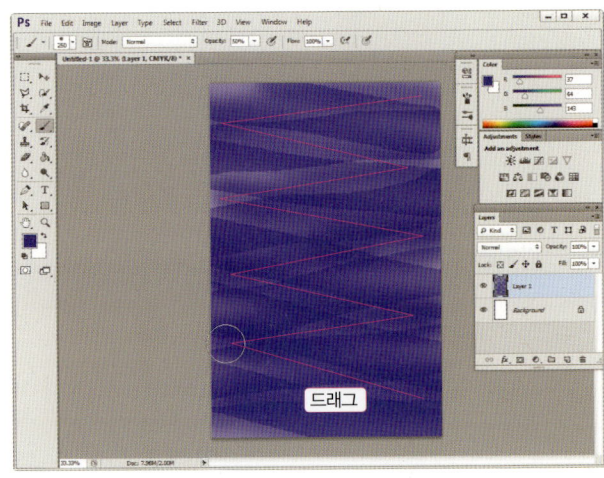

Note_ 경계선을 너무 많이 메우지는 말아주세요. 경계선이 조금 보이는 것이 더 좋습니다.

06 (새 레이어)를 클릭하여 새 레이어를 연 후 전경색을 화이트로 하고 브러시는 ●(번지지 않는 브러시)로 선택합니다. [Opacity] 값을 '100%'로 설정한 후 하단에 눈밭을 그립니다.

07 (모양 툴)을 선택한 후 나무 모양의 클립아트를 찾아 더블 클릭합니다.

08 를 누른 상태에서 여러 개의 나무를 그립니다.

> **tip** Shape를 그릴 때 Shift 를 누른 채 그리는 이유는?
> 포토샵에서 제공되는 Shape의 모양이 변형되지 않고 가장 기본적으로 그려지게 됩니다.

09 (새 레이어)를 클릭해 새 레이어를 열어준 후 (브러시 툴)을 선택합니다. 번지는 브러시를 선택한 후 브러시 크기는 '30px'로 해주고, [Opacity] 값은 '100%'로 설정합니다.

10 윗부분을 중심으로 마우스를 클릭하여 눈을 그립니다.

11 이번에는 브러시 크기를 '80px'로 설정하고 [Opacity] 값은 70%로 설정한 후 다시 마우스를 클릭하여 조금 더 큰 눈을 그립니다.

12 마지막으로 브러시 크기를 '150px'로 설정하고, [Opacity] 값은 '40%'로 설정한 후 마우스를 클릭하여 눈을 그립니다.

13 T.(문자 툴)을 선택한 후 'Merry Christmas'라고 입력합니다. 그리고 글씨 레이어를 더블 클릭해 줍니다.

14 [Layer Style] 대화상자에서 [Outer Glow]를 클릭하고 컬러는 '화이트', [Opacity] 값은 '20%', [Size]는 '15px'로 설정하고 [OK] 버튼을 클릭합니다.

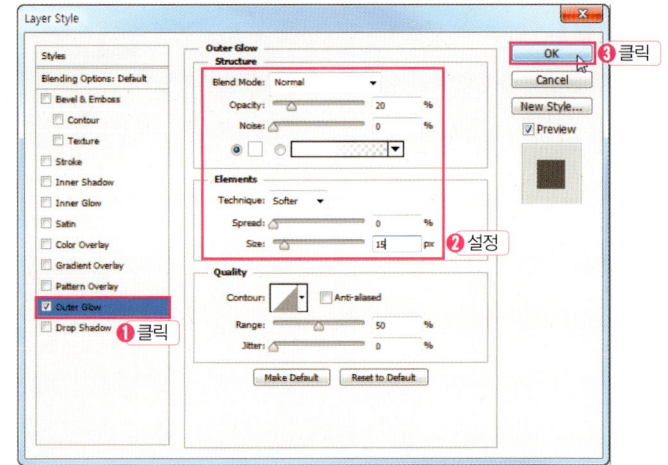

15 완성되었습니다.

16 작업 파일로 저장하기 위해 [File]-[Save As] 메뉴를 선택한 [저장 위치]는 '작업폴더', [파일 이름]은 '크리스마스카드만들기, [Format]은 'Photoshop(*.PSD;*.PDD)'로 설정한 후 [저장] 버튼을 클릭합니다.

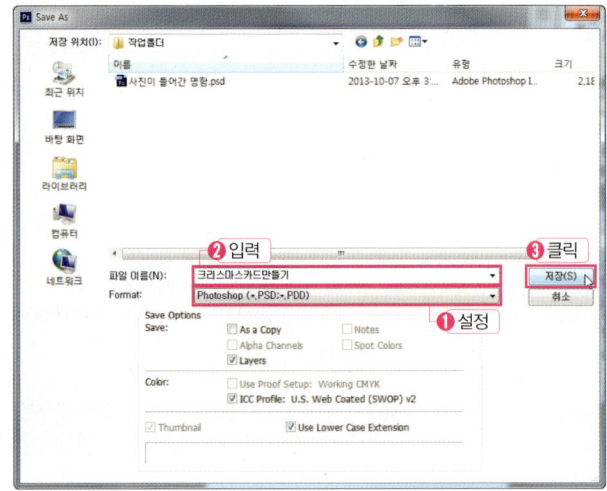

17 인쇄 파일로 저장하기 위해 [Format]은 'JPEG(*.JPG;*.JPEG;*.JPE)'로 설정한 후 [저장] 버튼을 클릭합니다.

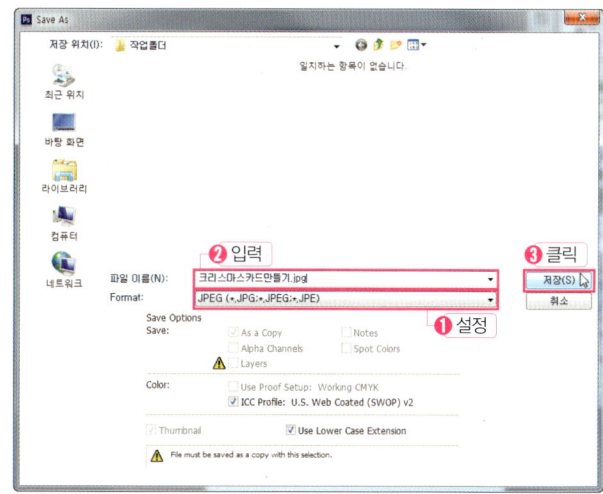

18 [JPEG Options] 대화상자가 표시되면 'Quality' 슬라이드를 최대로 설정한 후 [OK] 버튼을 클릭합니다.

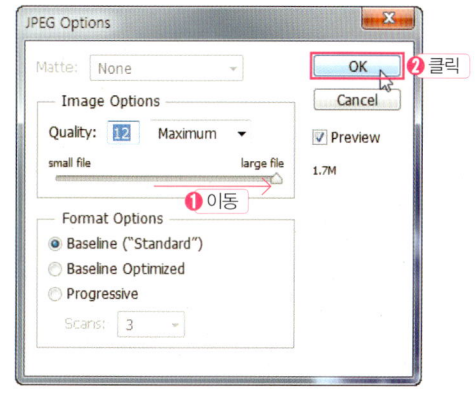

19 홈 프린터로 출력할 경우에는 크기가 A4인 새 창을 열기한 후 방금 저장한 '크리스마스카드만들기.jpg' 파일을 불러와 2개를 앉힌 후 출력합니다.

Chapter 07 카드 만들기 333

20 컬러를 바꾸기 원한다면 바탕 배경 레이어를 선택합니다.

21 Ctrl + U를 누른 후 [Hue/Saturation] 대화상자에서 [Hue] 부분을 움직이면 컬러가 바뀝니다. 원하는 컬러로 바뀌면 [OK] 버튼을 클릭해 적용합니다.

핑크 계열로 바뀐 경우

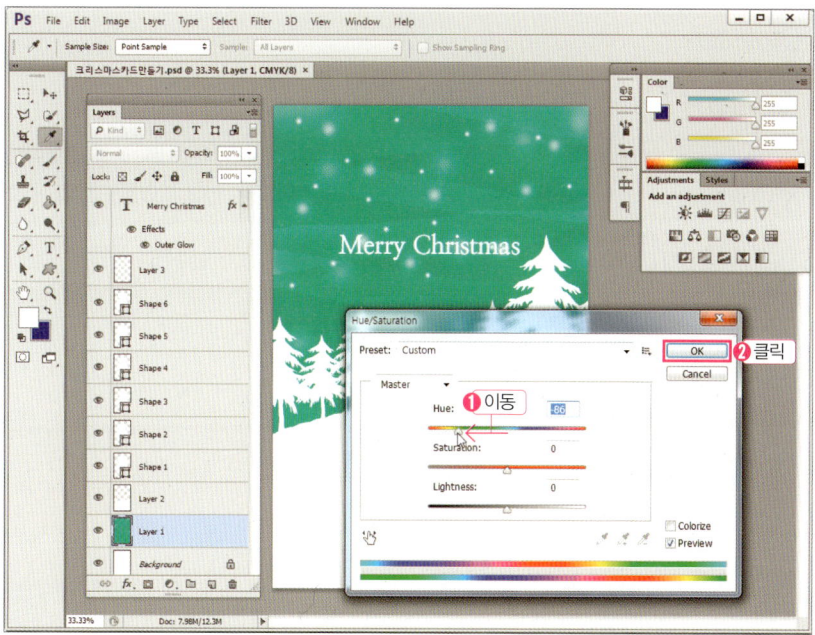

그린 계열로 바뀐 경우

22 완성본입니다.

Section 02 [포토샵+일러스트레이터] 연하장 만들기

인쇄가 가능한 카드의 사이즈는 가로 11.5cm, 세로 17.5cm입니다. 포토샵에서 제공되는 각종 클립아트를 이용하여 연하장에 어울리는 이미지를 만들어보고, 이를 대량 인쇄할 수 있는 인쇄 파일로도 만들어 보겠습니다.

● 완성파일 part 03>chapter 07>part03-연하장 내부면.jpg, part03-연하장 겉면.jpg

01 클립아트 작업을 위해 포토샵에서 가로 10cm, 세로 10cm, CMYK, [Resolution]은 300dpi인 새 창을 열기합니다.

02 전경색을 'C : 0, M : 100, Y : 0, K : 0(R : 236, G : 0, B : 140)'으로 설정한 후 ■.(사각 도형 툴)을 선택하고 가로로 긴 사각형을 그립니다.

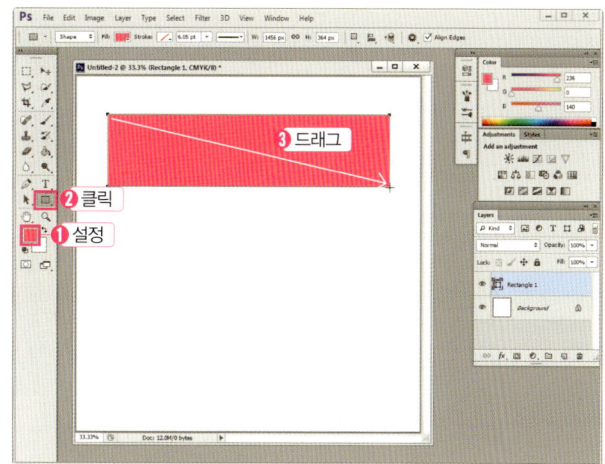

03 ■(새 레이어)를 클릭해 새 레이어를 열고 전경색을 'C : 85, M : 70, Y : 0, K : 0(R : 60, G : 93, B : 170)'으로 설정합니다. ■.(사각 도형 툴)을 선택한 후 가로로 긴 사각형을 또 그립니다.

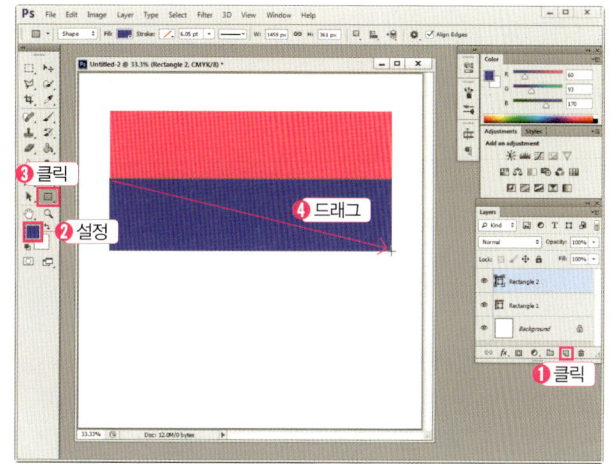

04 또 다시 새 레이어를 열고 전경색을 'C : 50, M : 0, Y : 00, K : 0(R : 141, G : 198, B : 63)'으로 설정합니다. ■.(사각 도형 툴)을 선택한 후 가로로 긴 사각형을 그립니다.

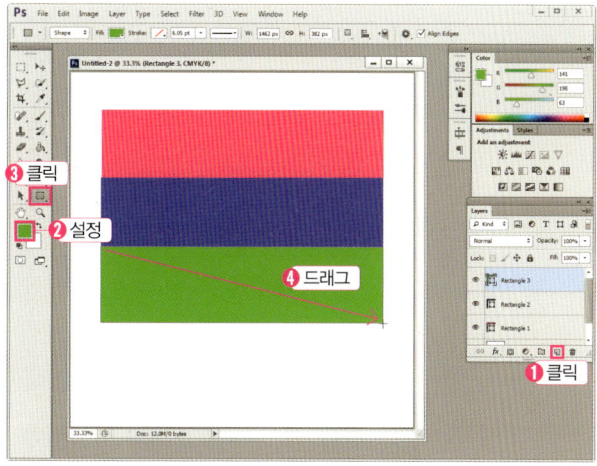

Chapter 07 카드 만들기 **337**

05 마지막으로 새 레이어를 열고 전경색을 'C : 85, M : 100, Y : 0, K : 0(R : 82, G: 46, B:145)'로 설정한 후 사각형을 그려줍니다. (네 개의 사각형의 가로 길이가 조금씩은 달라도 상관없습니다.) ■.(사각 도형 툴)을 선택한 후 가로로 긴 사각형을 그립니다.

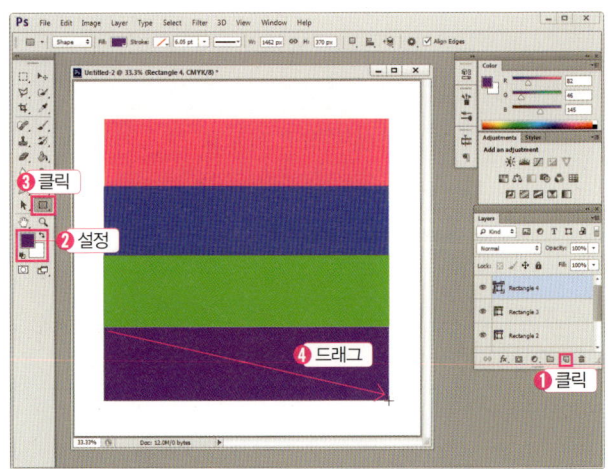

06 새 레이어를 열어준 뒤 전경색을 화이트로 합니다. (모양 툴)을 선택한 후 옵션 바의 [Shape]에서 물결무늬 클립아트를 선택합니다.

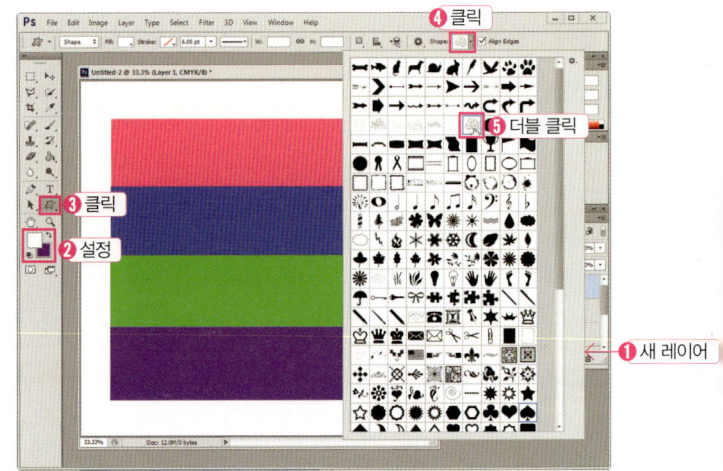

07 Shift 를 누른 상태에서 클립아트를 그립니다.

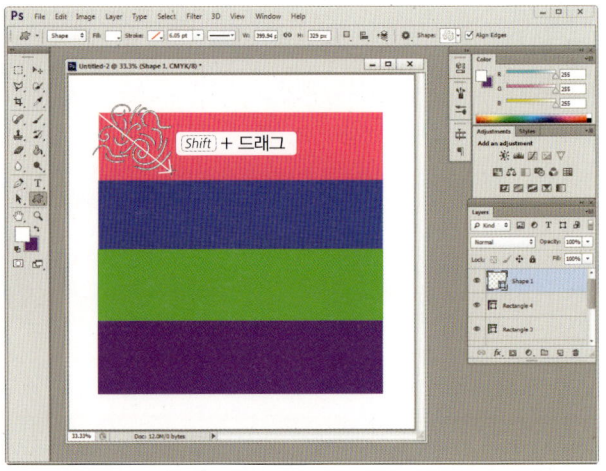

08 ►⊕(이동 툴)을 선택한 후 Alt 를 누른 상태에서 클립아트를 마우스로 드래그하여 복사합니다. 같은 방법으로 5개를 복사합니다.

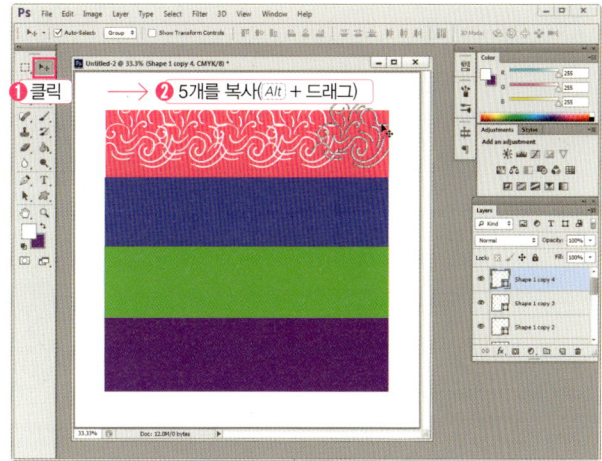

09 복사된 5개의 레이어를 Shift 를 누른 상태로 모두 선택한 후 마우스 오른쪽 버튼을 클릭해 [Merge shapes] 메뉴를 선택합니다.

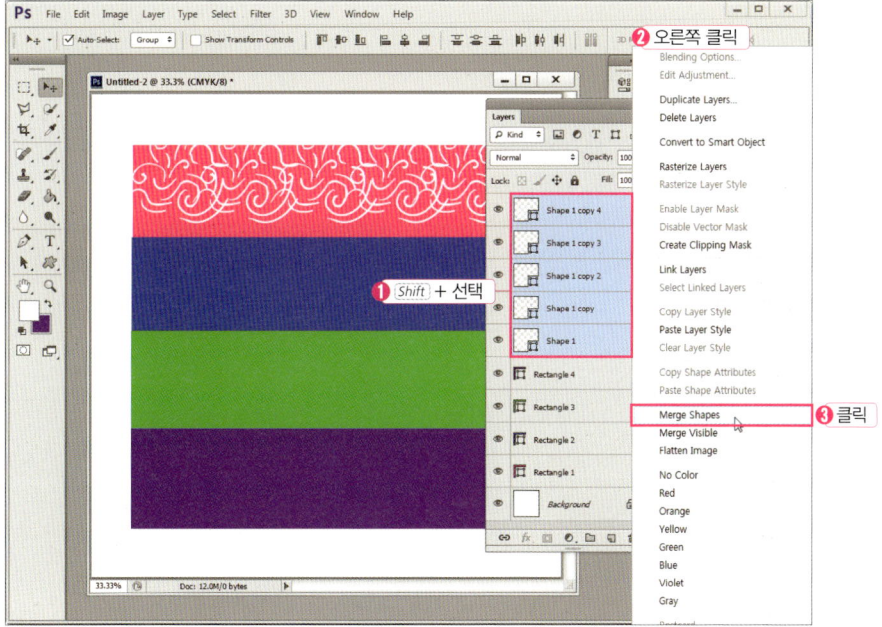

10 합쳐진 클립아트를 다시 Alt 를 누른 상태에서 마우스를 드래그하여 아래로 5개를 복사합니다.

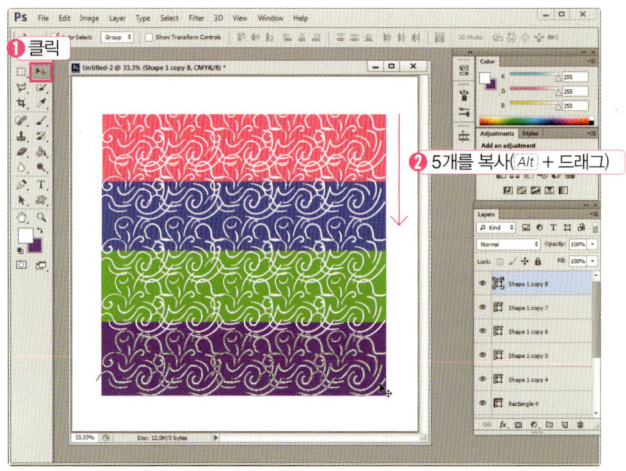

11 복사된 5개의 레이어를 Shift 를 누른 상태에서 모두 선택한 후 마우스 오른쪽 버튼을 클릭해서 [Merge shapes] 메뉴를 선택합니다.

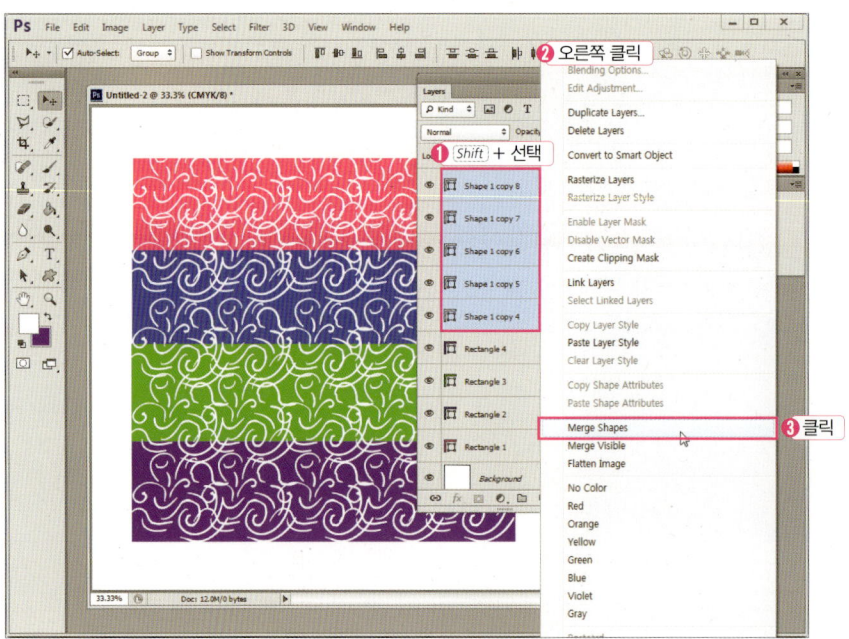

340 Part 03 현직 프리랜서에게 듣는 실무 테크닉

12 합쳐진 레이어의 [Opacity] 값을 '50%'로 설정합니다.

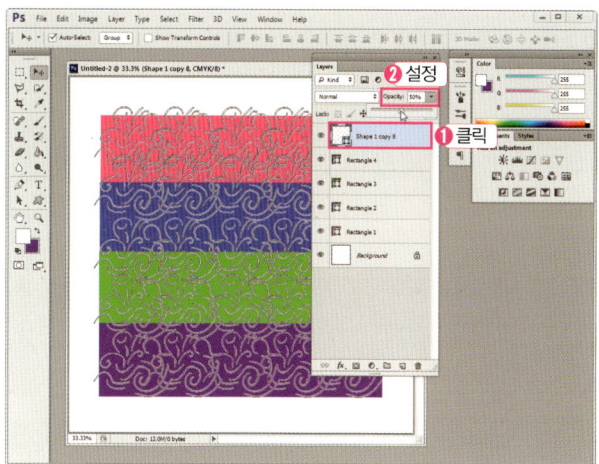

13 모든 레이어를 Shift 를 누른 상태에서 선택한 후 마우스 오른쪽 버튼을 클릭해 [Rasterize Layers] 메뉴를 선택합니다.

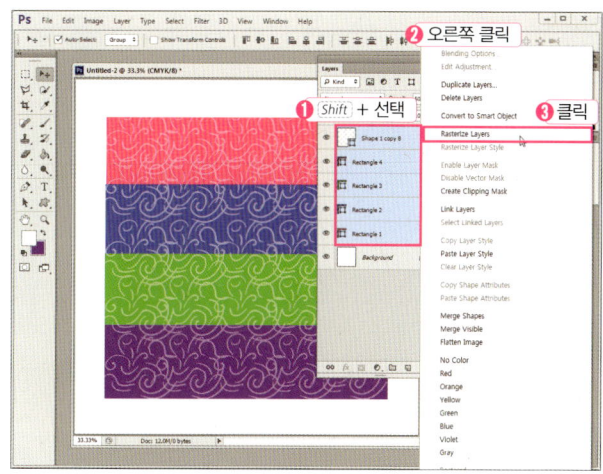

14 다시 [Merge Layers] 메뉴를 선택합니다.

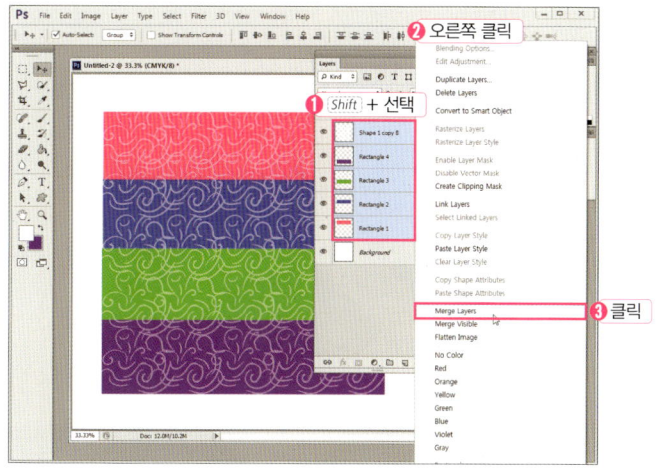

15 새 레이어를 열고 (모양 툴)을 선택한 후 다음과 같이 사각형 테두리 클립아트를 선택합니다.

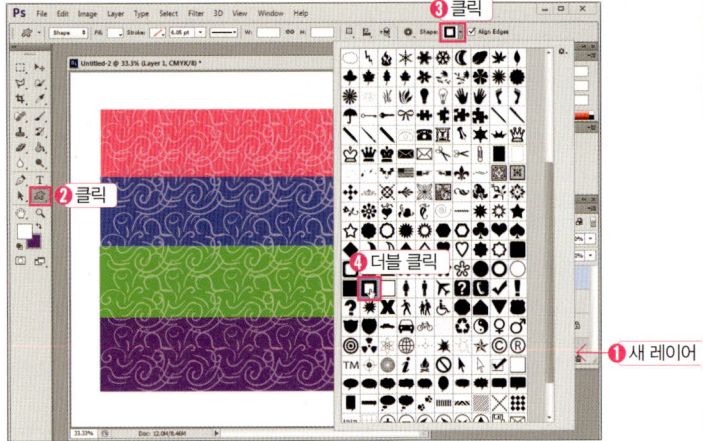

16 전경색을 화이트로 설정하고 그린 후 Ctrl + T를 눌러 Shift를 누른 상태에서 90도로 각도를 바꿉니다. Enter를 눌러 적용합니다.

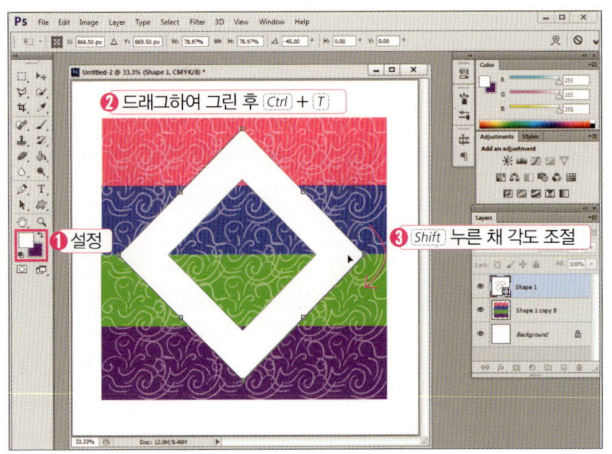

17 Ctrl을 누른 상태에서 'Shape 1' 레이어 앞의 [Layer thumbnail] 부분을 클릭하면 점선이 생기면서 선택됩니다. Ctrl + Shift + I를 누릅니다.

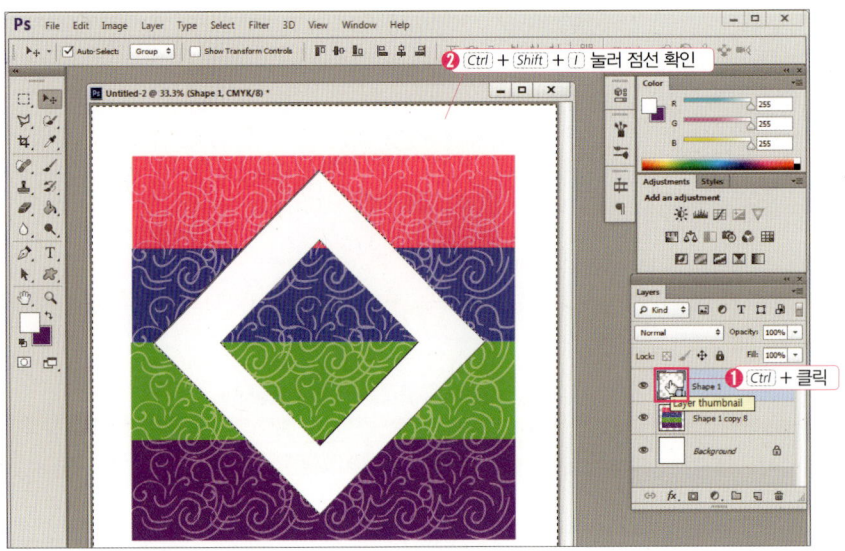

18 만들어 놓은 문양 레이어를 선택한 후 Delete 를 누릅니다.

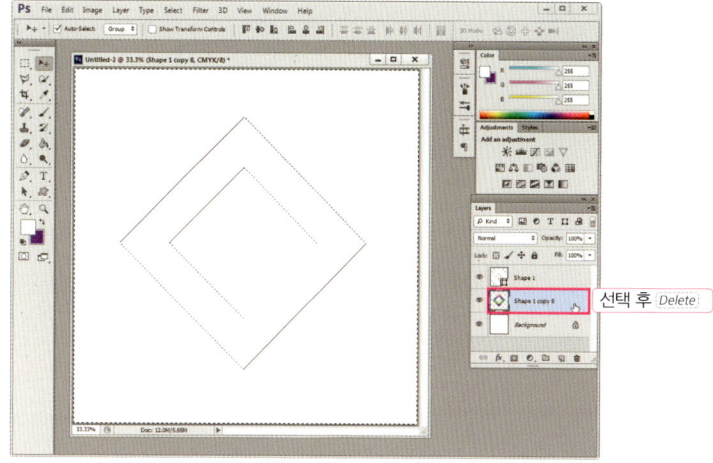

19 Ctrl + D 를 눌러 점선을 없앤 후 'Shape 1'의 미리보기를 지웁니다.

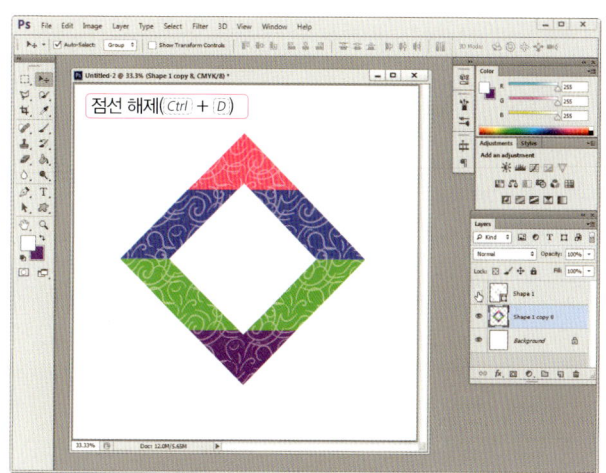

20 Alt 를 누른 상태에서 마우스를 드래그하여 복사합니다. Ctrl + U 를 누른 후 [Hue/Saturation] 대화상자에서 [Hue] 부분을 움직여 다른 컬러로도 바꿔 봅니다. 여기서는 [Hue]를 '+83'으로 설정합니다.

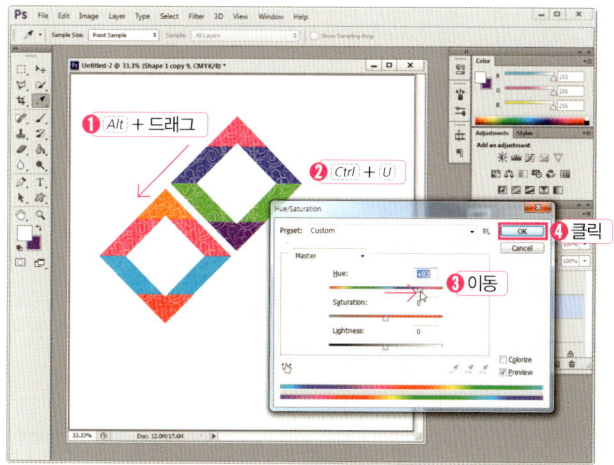

Chapter 07 카드 만들기   343

21 같은 방법으로 Hue를 움직여 서로 컬러를 바꿔본 후 4개를 만듭니다.

22 필요 없는 레이어는 Delete 를 눌러 지웁니다. Shift 를 누른 상태에서 모든 레이어를 선택한 후 마우스 오른쪽 버튼을 클릭해 [Merge Layers] 메뉴를 선택합니다.

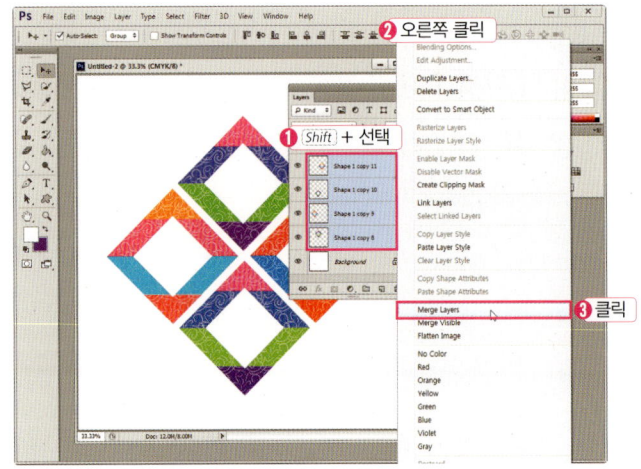

23 만든 문양을 [File]-[Save As] 메뉴를 선택한 후 [Save As] 대화상자에서 [파일 이름]은 '연하장 문양', [Format]은 'Photoshop (*.PSD;*.PDD)'를 선택한 후 [저장] 버튼을 클릭합니다.

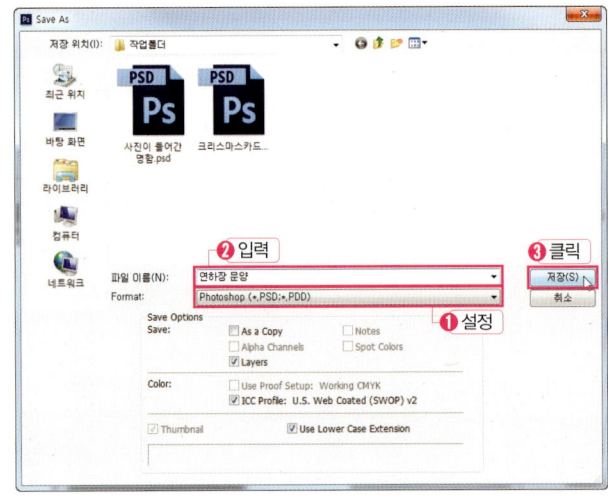

24 일러스트레이터를 실행합니다. 카드를 만들기 위한 새 창을 열어줍니다. 새 창의 크기는 펼쳐놓은 면으로 작업할 것이므로 가로 23cm(11.5cm×2), 세로 17.5cm입니다.

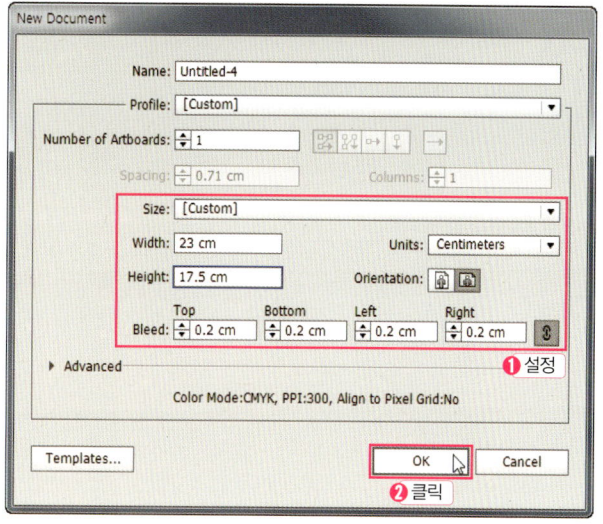

25 가이드라인을 만들기 위해 Ctrl + R 을 눌러 눈금자를 꺼낸 후 왼쪽 눈금자에서부터 마우스를 드래그하여 중간 지점인 11.5cm 정도에 가져다 놓습니다.

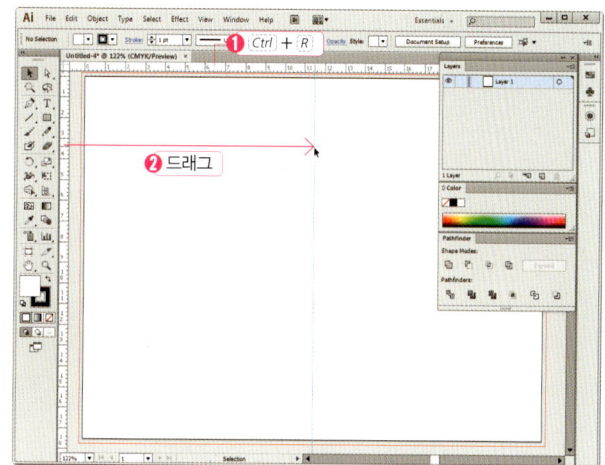

26 포토샵에서 작업하여 저장한 '연하장문양.psd' 파일을 불러옵니다. (선택툴)을 선택한 후 문양을 드래그하여 새 창으로 이동합니다.

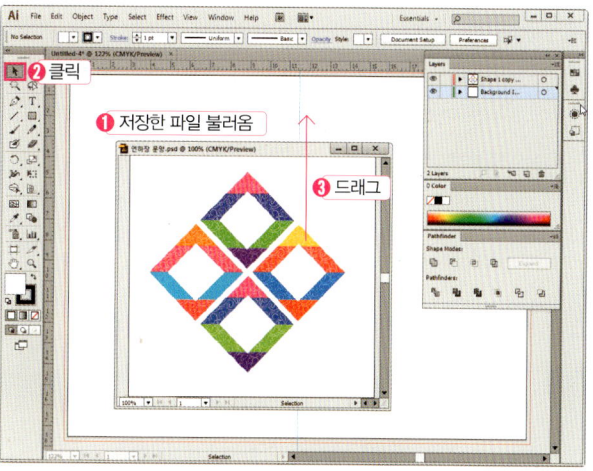

27 (스포이드 툴)을 선택한 후 문양의 컬러 중 한 곳을 클릭하여 컬러를 추출합니다.

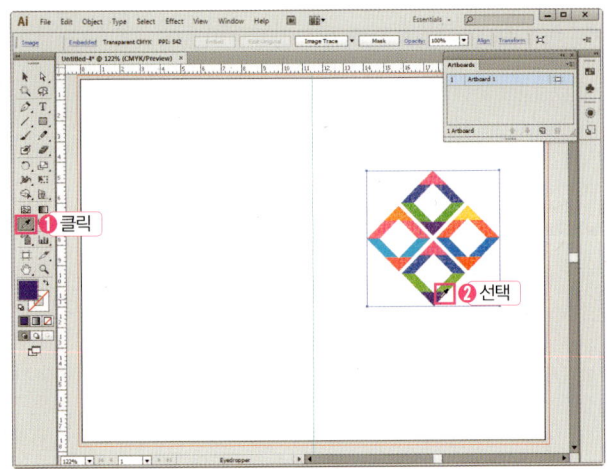

28 (사각형 그리기 툴)을 선택한 후 왼쪽 면을 그립니다. 이때 재단선까지 그려주어야 합니다.

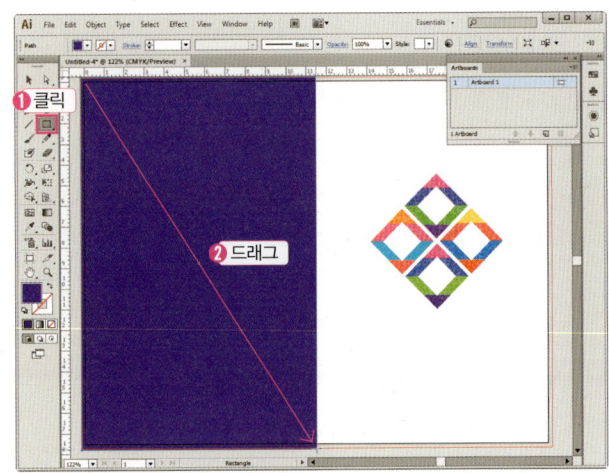

29 (문자 툴)을 눌러 원하는 텍스트를 입력합니다.

새해 복 많이 받으세요 : 궁서. 20pt

Happy new year : 나눔명조 Bold, 17pt

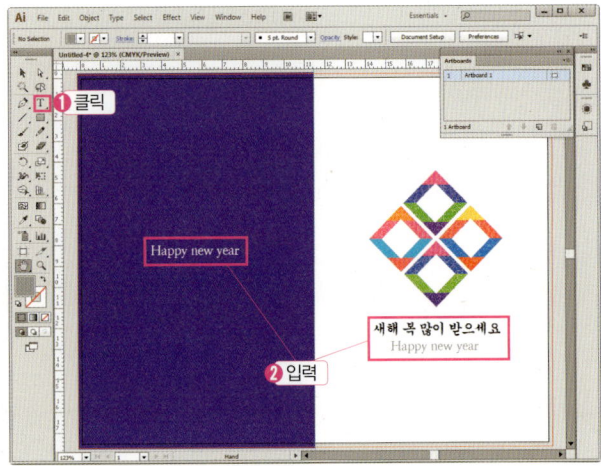

30 ■(사각형 그리기 툴)을 선택한 후 표지 윗부분에 사각형을 그린 후 ✎(스포이드 툴)로 문양 속의 컬러를 추출하여 적용합니다.

31 작업 파일로 저장하기 위해 [File]-[Save As] 메뉴를 선택한 후 [Save As] 대화상자에서 [파일 이름]은 '연하장 겉면 작업', [파일 형식]은 'Adobe Illustrator(*.AI)'를 선택한 후 [OK] 버튼을 클릭합니다. [illustrator option] 대화상자가 표시되면 CS6 버전으로 저장합니다.

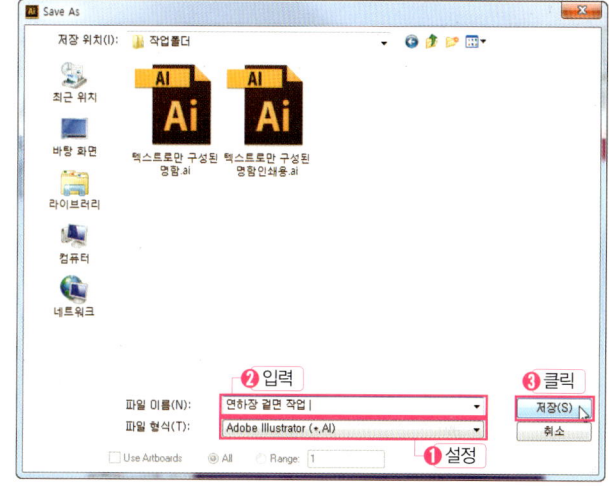

32 인쇄 파일로 변환하기 위해 ▶(선택 툴)로 선택한 후 전체를 드래그하고 [Type]-[Create Outlines] 메뉴를 선택합니다.

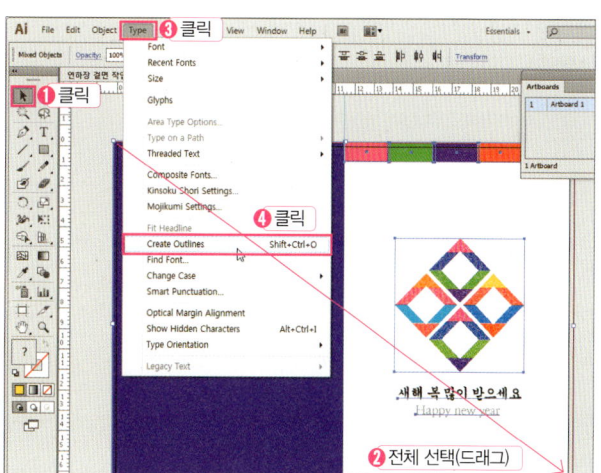

Chapter 07 카드 만들기 **347**

33 인쇄용 파일로 저장하기 위해 [File]-[Save As]를 선택한 후 [Save As] 대화상자에서 [파일 형식]은 'Adobe illustrator(*.AI)'로 저장합니다. [illustrator option] 대화상자가 표시되면 CS 파일로 저장합니다.

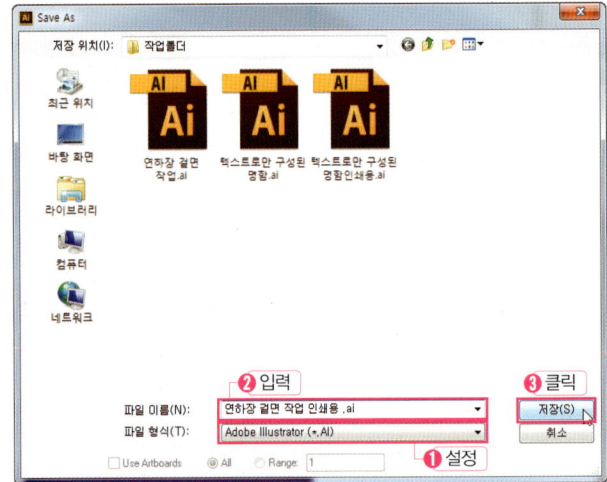

34 내부 면을 작업할 것입니다. 같은 창에 다음과 같이 작업합니다. [File]-[Save As]를 선택한 후 작업 파일로 저장합니다. [Type]-[Create Outlines] 메뉴를 선택하여 인쇄 파일로도 저장합니다.

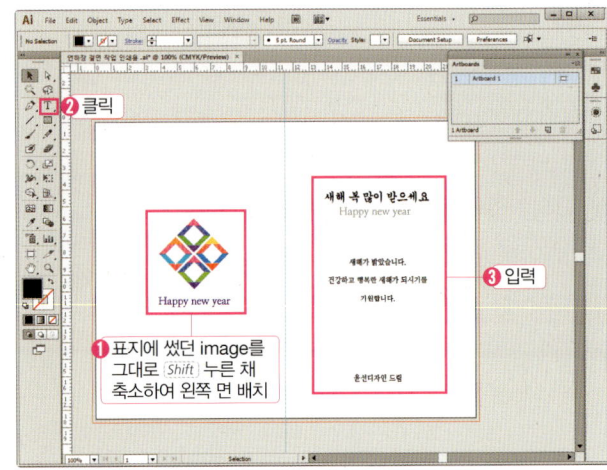

35 완성되었습니다.

Section 03 [포토샵+일러스트레이터] 청첩장 만들기

청첩장도 마찬가지로 가장 일반적인 사이즈가 가로11.5cmX세로17.5cm입니다. 파스텔톤의 청첩장을 가로형으로 만들어 보도록 하겠습니다.

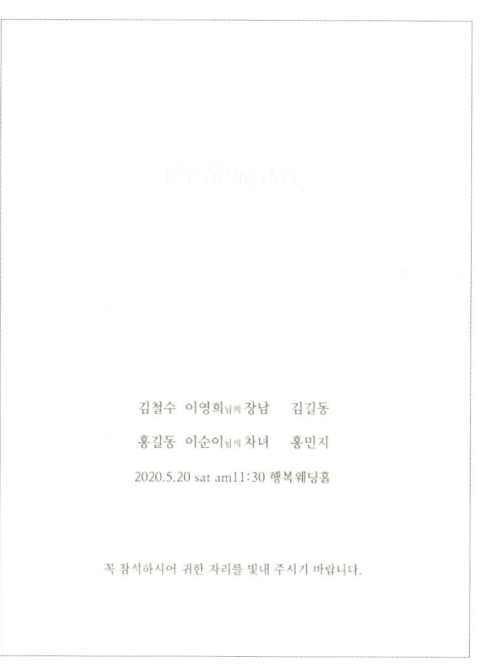

- 시작파일　part 03〉chapter 07〉part03-029.jpg
- 완성파일　part 03〉chapter 07〉part03-청첩장겉면.jpg, part03-청첩장내부면.jpg

01 표지 디자인을 위하여 포토샵을 열어준 후 새 창 열기를 해 줍니다. [New] 대화상자에서 재단선을 포함한 사이즈인 가로 17.9cm X 세로 11.7cm, [Color Mode]는 'CMYK Color', [Resolution]은 '300'으로 설정한 후 [OK] 버튼을 클릭합니다.

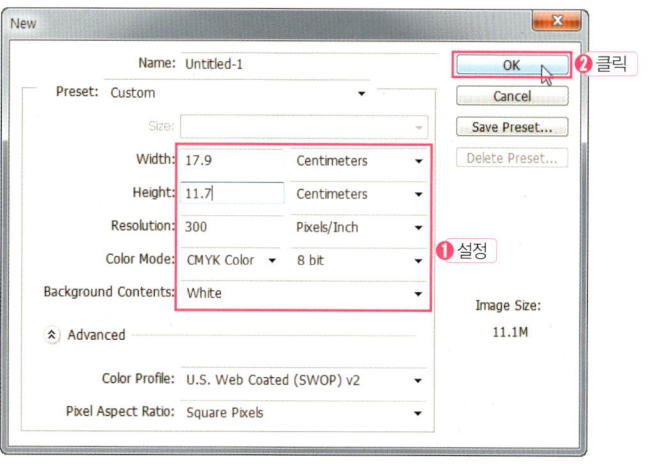

02 전경색을 'C : 0, M : 55, Y : 35, K : 0(R : 245, G : 142, B : 139)'로 설정한 후 (페인트 툴)을 선택하고 배경에 클릭하여 적용합니다.

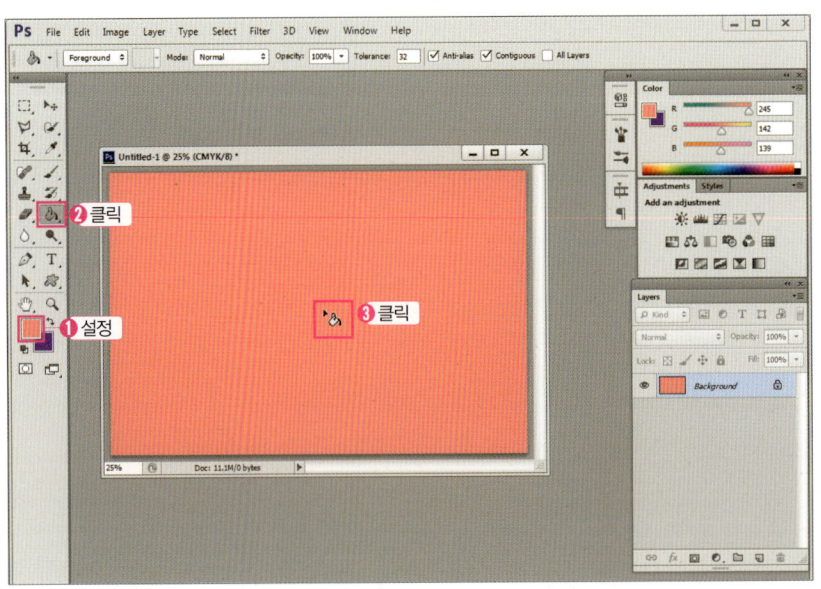

03 새 레이어를 만든 후 (모양 툴)을 선택하고 옵션 바의 [Shape]에서 꽃 모양 클립아트를 선택합니다. 전경색을 화이트로 설정하고 Shift 를 누른 상태에서 그린 후에 다음과 같은 위치에 배치합니다.

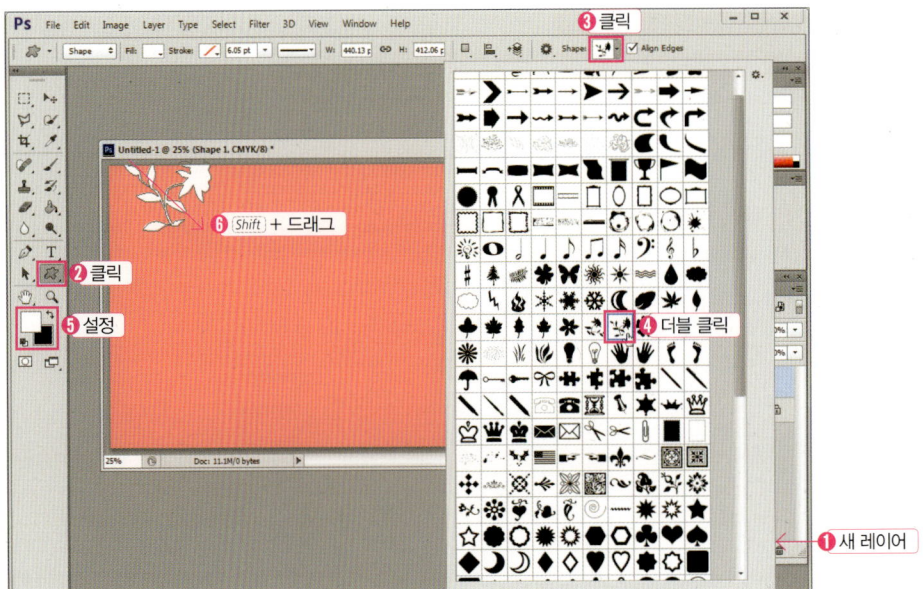

04 새 레이어를 만들고 여러 개의 꽃 모양 클립아트를 그립니다. 방향을 반전시키기 위해서 Ctrl + T 를 누른 후에 우측 중앙점을 붙들고 반대 방향으로 마우스를 움직이면 방향이 전환됩니다.

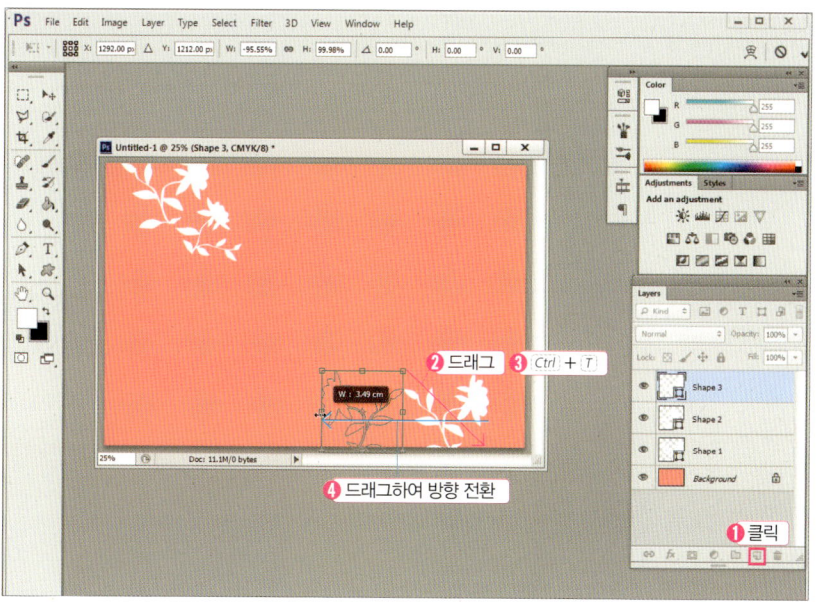

05 각각의 레이어 오른쪽 상단의 [Opacity] 값을 조절하면 불투명한 꽃 모양이 완성됩니다. 여기서는 70%로 조절합니다.

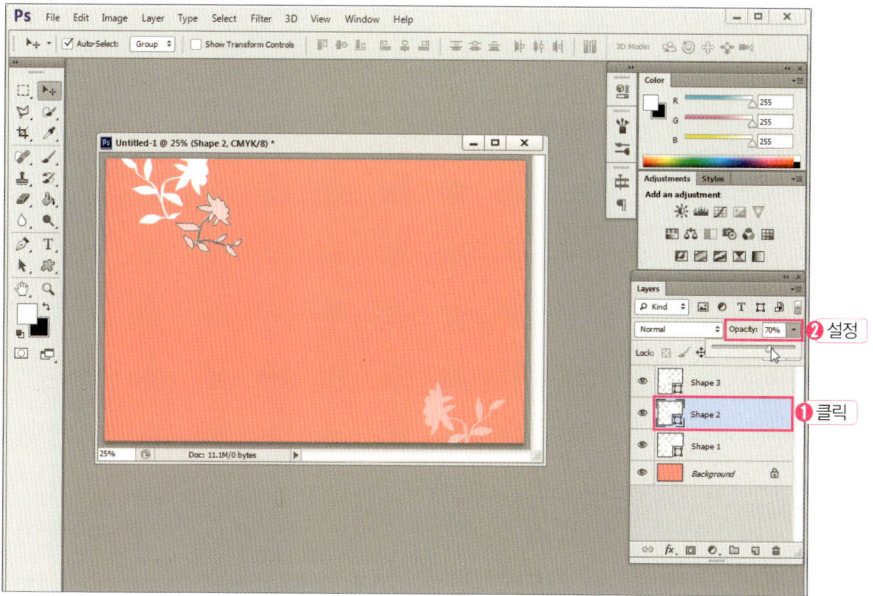

06 표지 작업 파일을 저장하기 위해 [File]-[Save As] 메뉴를 선택한 후 [저장 위치]는 '작업폴더', [파일 이름]은 '청첩장 표지', [Format]은 'Photoshop (*.PSD;*.PDD)'로 설정한 후 [저장] 버튼을 클릭합니다.

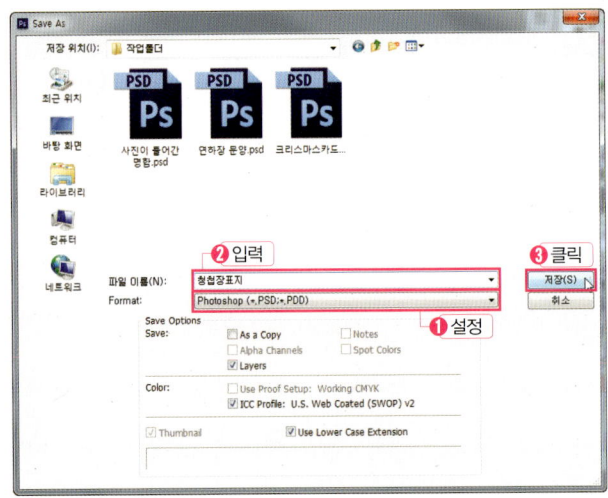

07 일러스트레이터로 가져가 작업하기 위해 [Format]은 'JPEG(*.JPG;*.JPEG;*.JPE)'로 설정한 후 [저장] 버튼을 클릭합니다. [Jpeg Option]이 표시되면 가장 높은 퀄리티로 지정합니다.

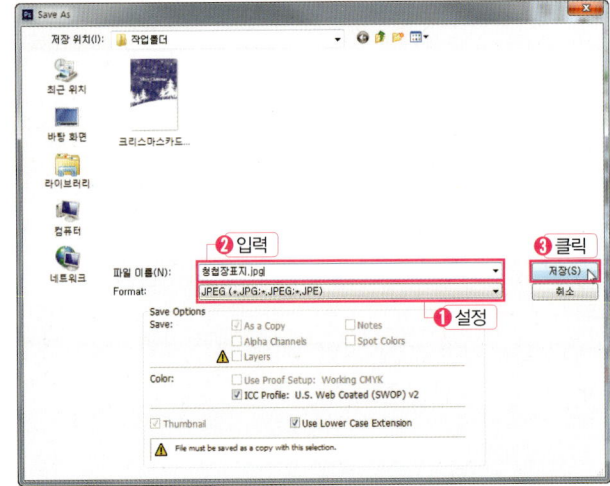

08 일러스트레이터로 돌아와 작업창을 열기 위해 [File]-[New] 메뉴를 설정한 후 [New Document] 대화상자에서 [Width]는 17.5cm, [Height]는 23cm로 설정하고 [OK] 버튼을 클릭합니다.

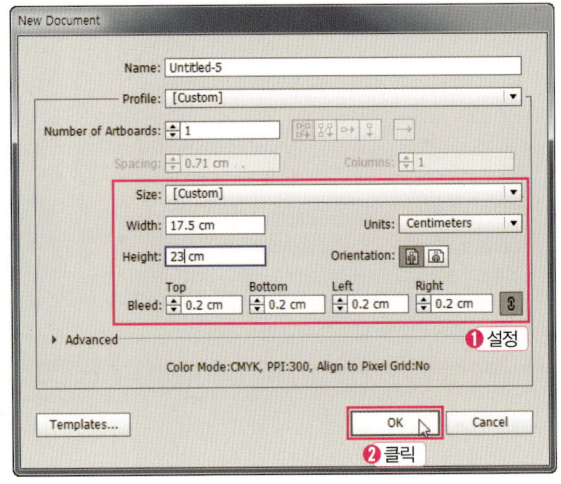

09 새 창이 열리면 Ctrl + R을 눌러 눈금자가 표시되면 상단의 자에서부터 마우스를 끌어내려 11.5cm 지점에 갖다 놓아 가이드라인을 만듭니다.

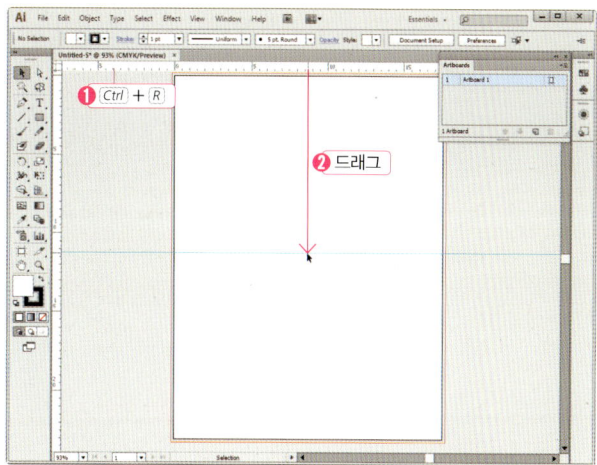

10 포토샵에서 저장한 '청첩장표지.jpg' 파일을 가져와 새 창에 드래그하여 옮깁니다.

11 T.(문자 툴)을 선택한 후 알맞은 텍스트를 표지에 입력합니다.

Wedding day : 나눔명조 Extra Bold, 28pt
영문이름 : 나눔명조 Reguler, 14pt
소중한 당신을 초대합니다 : 나눔명조 Bold, 14pt

12 'part03-029.jpg' 파일을 불러옵니다. (이동 툴)을 선택한 후 이미지를 작업창으로 옮깁니다.

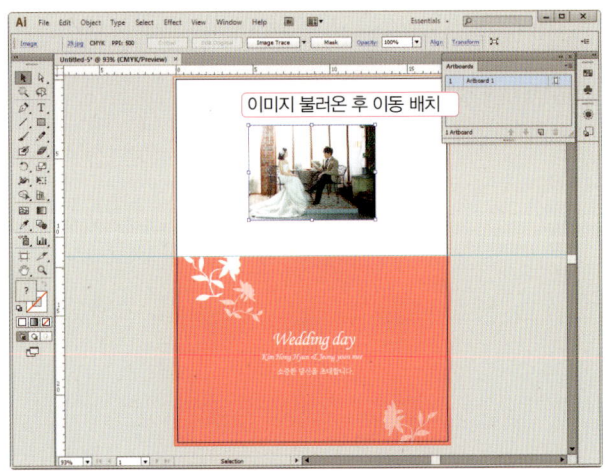

13 이미지를 그레이 버전으로 바꾸기 위해 이미지를 선택한 후 [Edit]-[Edit Colors]-[Convert to Grayscale] 메뉴를 선택합니다.

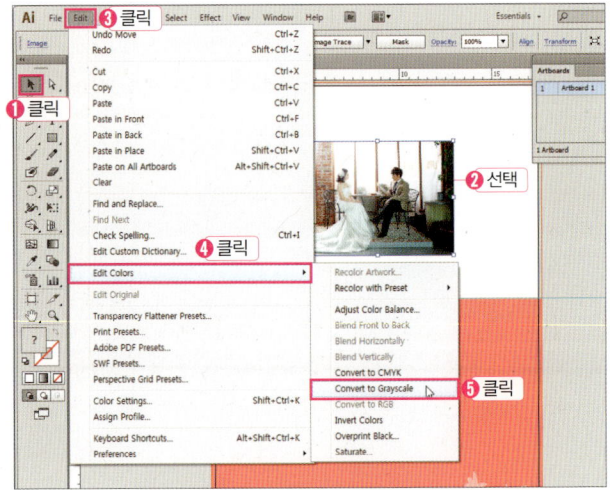

14 (사각 도형 툴)을 선택한 후 Shift 를 누른 상태에서 이미지 위에 정사각형을 그립니다. 정확히 오려낼 위치에 가져다 놓은 후 이미지와 사각형을 Shift 를 누른 상태로 함께 선택합니다. 마우스 오른쪽 버튼을 클릭해 [Make Clipping Mask] 메뉴를 선택합니다.

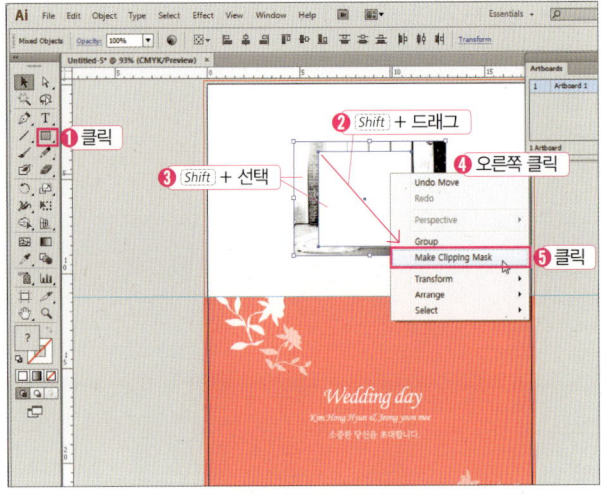

15 오려진 이미지의 모서리에 마우스를 가져다 놓은 후 꺾인 화살표가 나타나면 방향을 돌려줍니다.

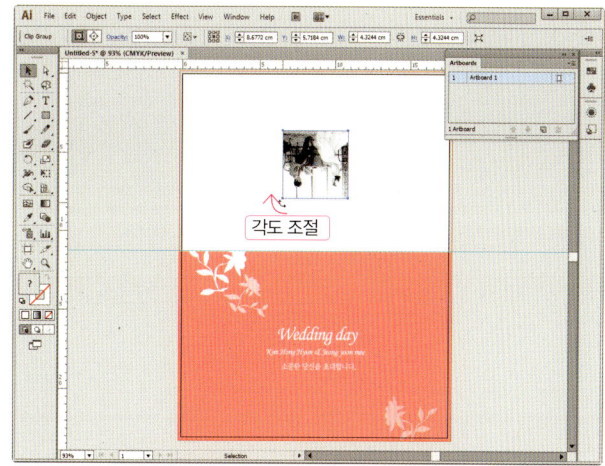

16 이미지 아래에 결혼식에 맞는 문구나 원하는 텍스트를 입력합니다. (폰트 추천 : 나눔명조 Reguler 14pt)

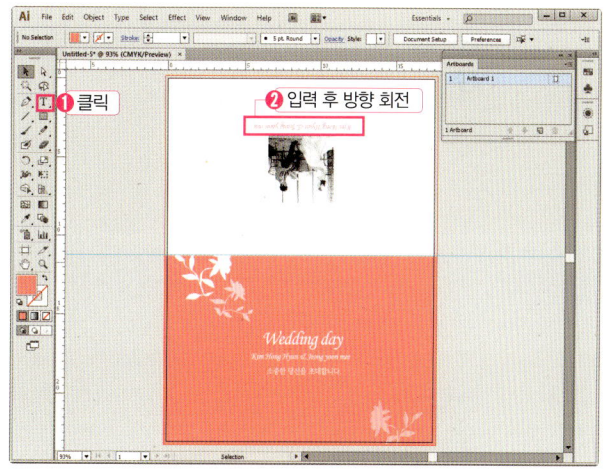

17 [File]-[Save As] 메뉴를 선택한 후 작업 파일로 ai 파일로 저장합니다. 모든 개체를 선택한 후 [Type]-[Create Outlines] 하여 아웃라인을 딴 다음 메뉴에서 인쇄 파일로도 저장합니다. 내부면 작업을 하기 위해 같은 크기의 새 창에 다음과 같이 작업합니다.

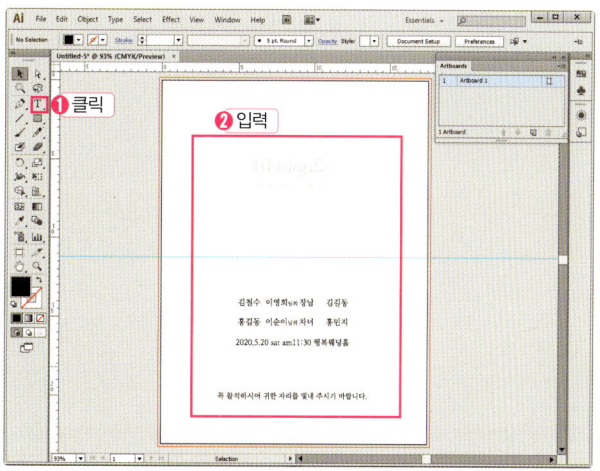

18 완성되었습니다.

순서지 만들기

>> 포토샵과 일러스트레이터를 사용하여 작업물에 꼭 필요한 순서지를 만들어 보겠습니다. 보통 순서지라 하면, 다양한 모양의 순서를 만들 수 있겠지만, 가장 보편적인 것은 내용-연결선-담당자로 이어지는 순서입니다. 일반적으로 한글 파일을 이용하여 순서지를 만들곤 하는데, 일러스트레이터를 적절히 잘 사용하면 더욱 깔끔하고, 멋진 순서지를 만들 수가 있습니다.

Section 01 [포토샵+일러스트레이터] 학생부 주보 만들기

오늘 만들게 될 주보는 학생부 주보로 엽서 형식의 깔끔한 주보입니다.

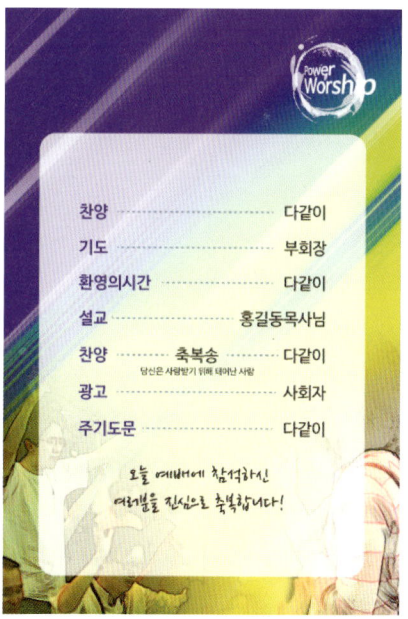

- 시작파일   part 03〉chapter 08〉part3-30.jpg, part3-31.jpg
- 완성파일   part 03〉chapter 08〉학생부주보 앞면.jpg, 학생부주보 뒷면.jpg

01 포토샵에서 [New] 대화상자에서 [Width]는 '10.4cm', [Height]는 '15.4cm', [Resolution]은 '300', [Color Mode]는 'CMYK Color'로 설정한 후 [OK] 버튼을 클릭하여 새 창을 엽니다.

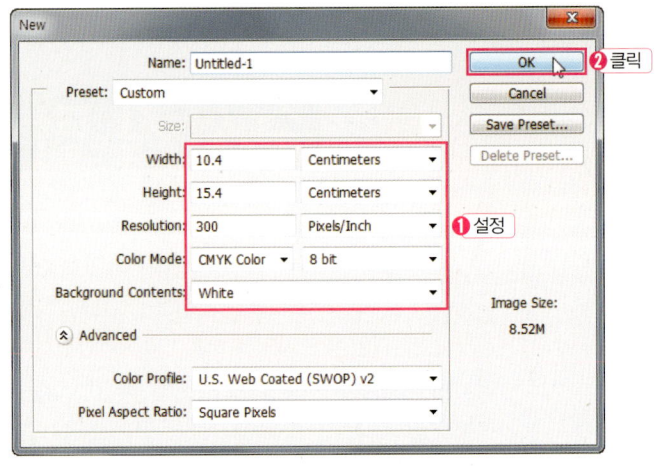

02 배경 컬러를 만들기 위해 ⬜(새 레이어)를 클릭해 새 레이어를 연 후 전경색을 'C : 100, M : 90, Y : 0, K : 0(R : 33, G : 64, B : 154)'로 설정합니다. ✏(브러시 툴)을 선택한 후 옵션 바에서 ⬤(털 라운드)를 선택하고 브러시의 Size는 '360px'로 설정합니다. 다음과 같이 마우스를 드래그하여 그립니다.

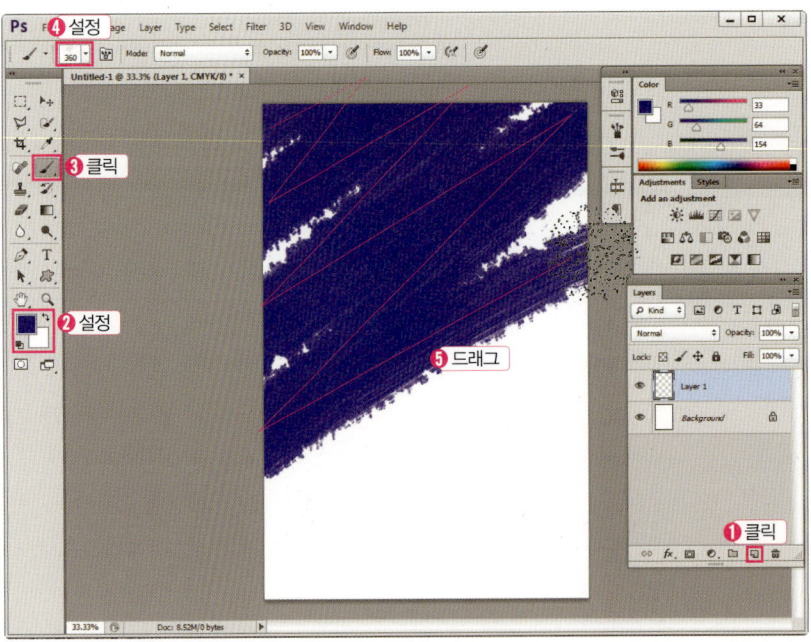

03 전경색을 'C : 30, M : 0, Y : 100, K : 0(R : 191, G : 215, B : 48)'로 설정한 후 다음과 같이 그립니다.

04 전경색을 'C : 0, M : 0, Y : 100, K : 0(R : 255, G : 242, B : 0)'으로 설정한 후 아랫부분도 그립니다.

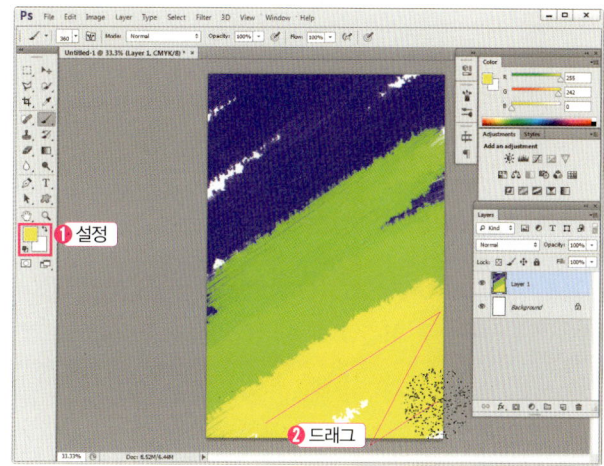

05 [Filter]-[Blur]-[Motion Blur] 메뉴를 선택한 후 [Angel]은 '45도', [Distance]는 '2000px'로 설정하고 [OK] 버튼을 클릭하여 적용합니다.

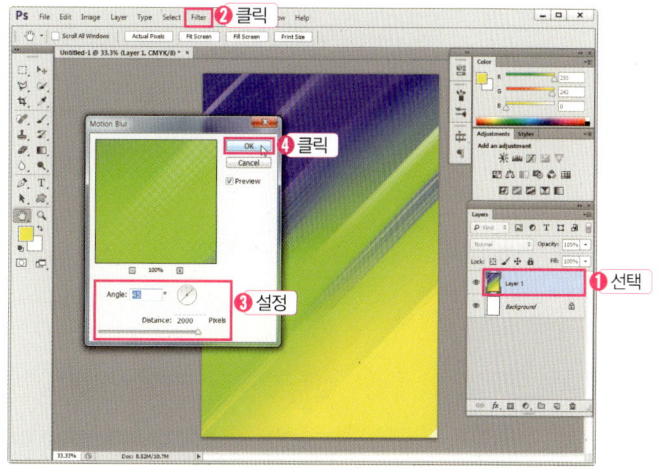

Chapter 08 순서지 만들기 359

06 (이동 툴)을 선택한 후 Ctrl + M을 눌러 [Curves] 대화상자에서 마우스로 커브를 클릭한 상태에서 움직여 S자로 보정합니다.

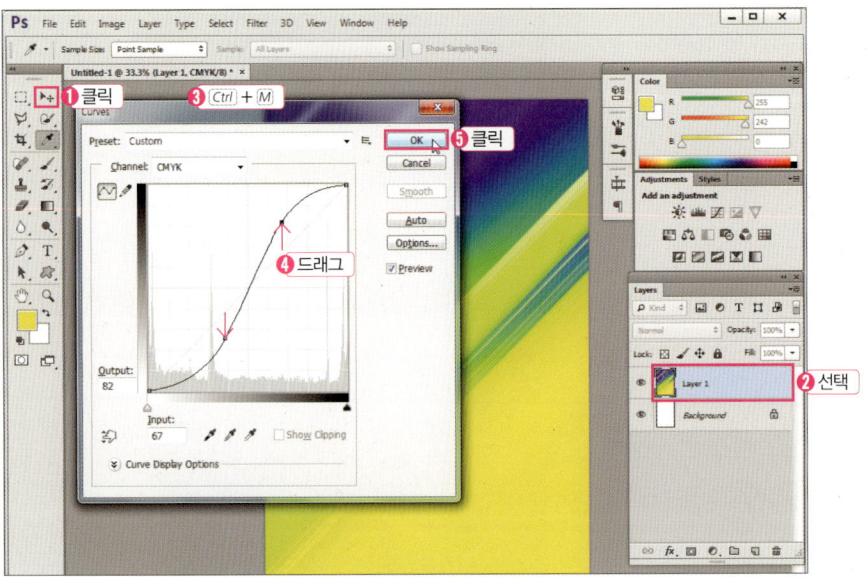

07 'part3-30.jpg' 파일을 불러온 후 마우스로 드래그하여 작업창에 옮깁니다. 합성시키기 위해 하늘 레이어 'Layer 2'를 선택한 후 하단의 (레이어 마스크 추가)를 클릭합니다. 전경색을 블랙으로 설정하고 (그레이디언트 툴)을 선택한 후 상단의 옵션에서 (Foreground to Transparent) 옵션을 선택합니다. 작업창에 마우스를 가져간 후 + 모양이 표시되면 드래그하여 이미지의 상단과 우측 부분을 지워나갑니다.

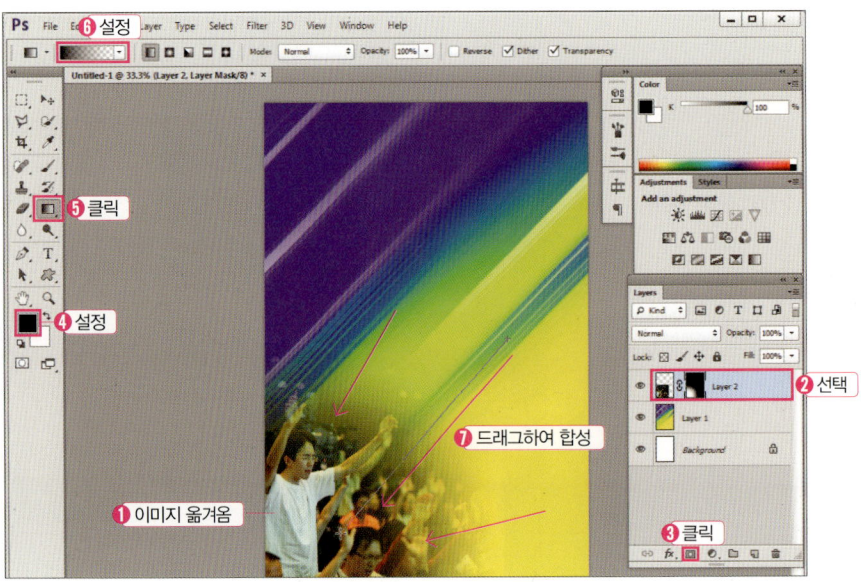

08 이미지 레이어 'Layer 2'를 Ctrl + J를 눌러 하나 더 복사한 후 [Filter]-[Stylize]-[Find Edges] 메뉴를 선택합니다.

09 바뀐 이미지 레이어의 블렌딩 모드를 'Multiply'로 바꿉니다.

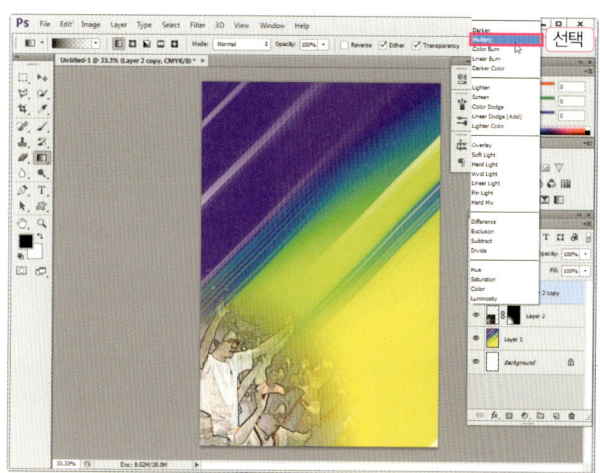

10 이제 원본 이미지 레이어 'Layer 2'를 선택한 후 레이어 오른쪽 상단의 [Opacity] 값을 '60'으로 설정합니다.

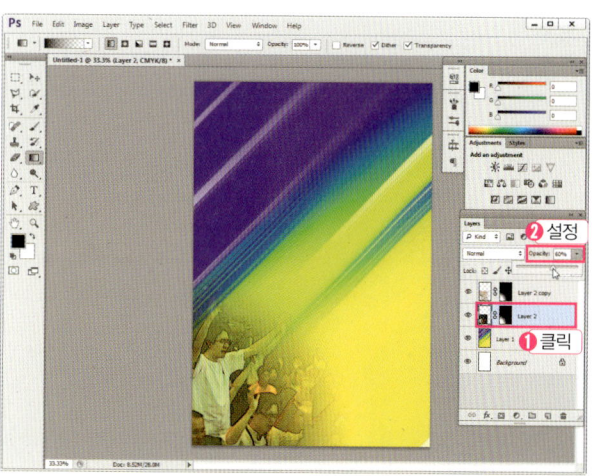

11 Shift 를 누른 상태에서 이미지 레이어 2개를 모두 선택한 후 Ctrl + G 를 눌러 그룹 설정하고 레이어 글씨 부분을 더블 클릭하여 원하는 그룹명으로 바꿔줍니다.

12 같은 방법으로 'part3-31.jpg' 파일도 불러와 오른쪽에 작업합니다.

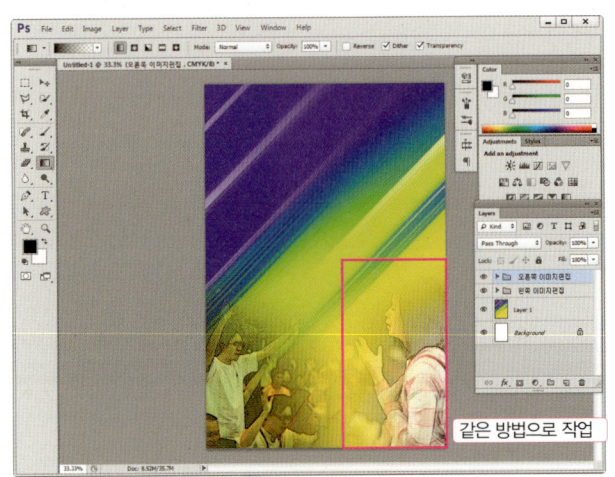

13 새 레이어를 열어준 후 전경색을 화이트로 설정합니다. 툴 바에서 (모양 툴)을 선택한 후 옵션에서 'Grime 5' 클립아트를 선택하여 더블 클릭합니다.

14 Shift 를 누른 상태에서 그립니다. 레이어 오른쪽 위쪽의 [Opacity] 값을 '70'으로 설정합니다.

15 다시 새 레이어를 연 후에 이번에는 클립아트 옵션에서 다음과 같은 클립아트를 선택해 더블 클릭합니다.

16 Shift 를 누른 상태에서 그린 후 레이어 'Shape 2'의 [Opacity] 값을 '80'으로 설정합니다.

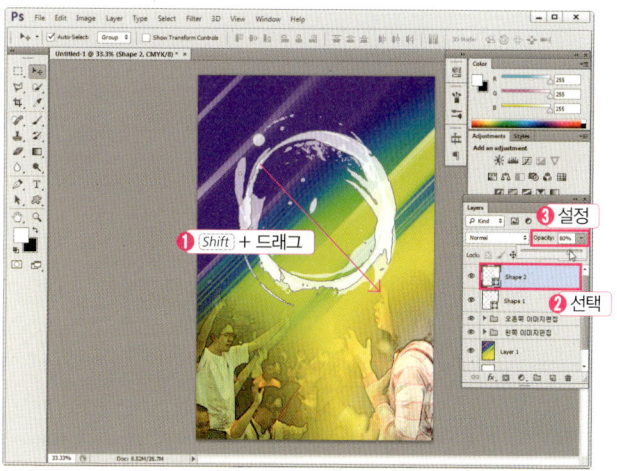

17 (가로 문자 툴)을 클릭하여 텍스트를 입력합니다. 'Power' 레이어를 선택한 상태에서 마우스 오른쪽 버튼을 클릭해 [Rasterize Type] 메뉴를 선택합니다.

Power : 나눔고딕 Extra Bold, 37pt

Worship : 나눔고딕 Extra Bold, 57pt

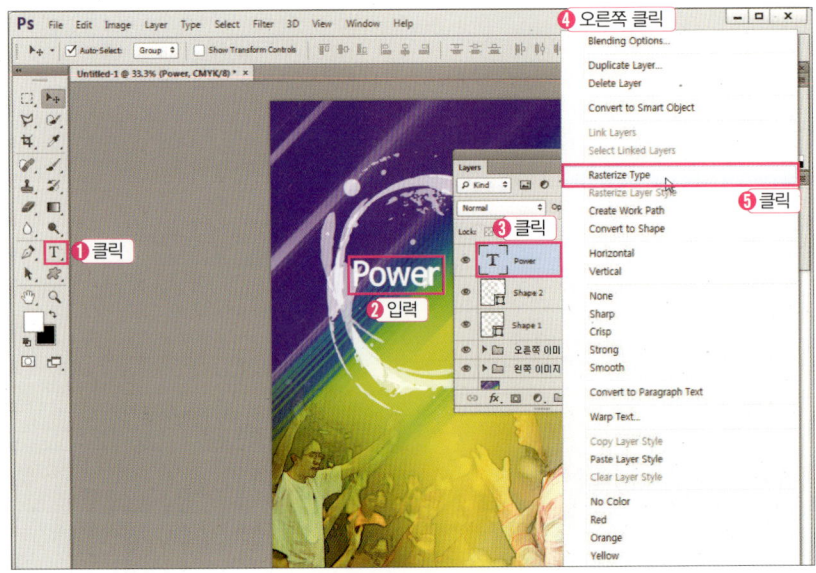

18 Ctrl + T를 누른 후 사각형 모양이 표시됩니다. Ctrl을 누른 상태에서 각 모서리를 움직여 글씨를 입체감 있게 변경합니다.

19 같은 방법으로 다른 텍스트도 이와 같이 적용합니다. 완성된 후에는 Enter 를 눌러 적용합니다.

20 작업 파일로 저장하기 위해 [File]-[Save as] 메뉴를 선택한 후 [Save As] 대화상자에서 [저장 위치]는 '작업 폴더', [파일 이름]은 '학생주보만들기 앞면작업', [Format]은 'Photoshop (*.PSD;*.PDD)' 파일로 저장합니다.

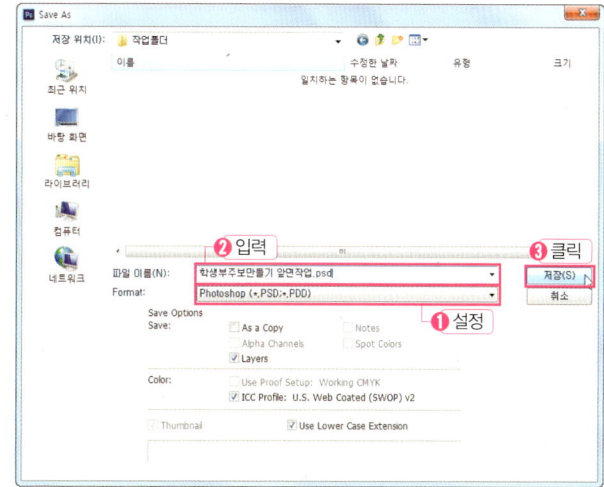

21 앞면 인쇄 파일로 저장하기 위하여 [Save As] 대화상자에서 [Format]은 'JPEG(*.JPG;*.JPEG;*.JPE) 파일로 저장합니다.

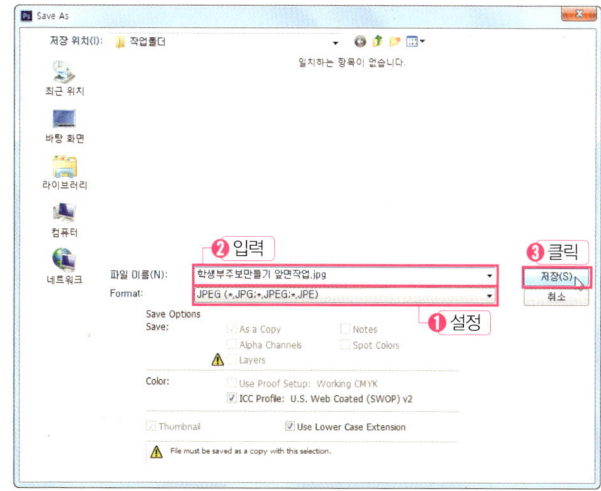

Chapter 08 순서지 만들기   365

22 [JPEG Options] 대화상자에서 'Quality' 슬라이더는 최대로 지정한 후 [OK] 버튼을 클릭하여 적용합니다.

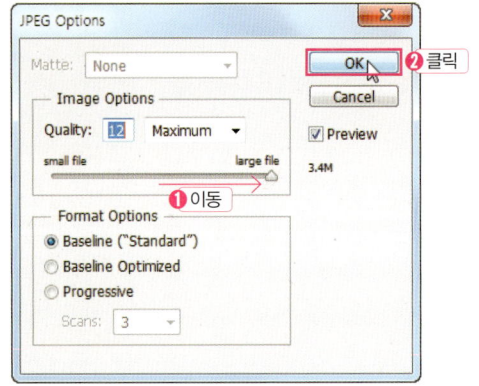

Note_ 인쇄 파일로 저장할 때 [Resolution]이 '300'이었다면, 사이즈가 작은 경우 jpeg로 저장하여도 인쇄용 파일로 무관합니다.

23 뒷면 작업 배경을 만들기 위하여 타이틀 부분 레이어를 모두 Shift 를 누른 상태에서 선택한 후 Ctrl + T 를 누르고 Shift 를 누른 채 한꺼번에 축소합니다. 우측 상단으로 옮겨준 후 Enter 를 눌러 적용합니다.

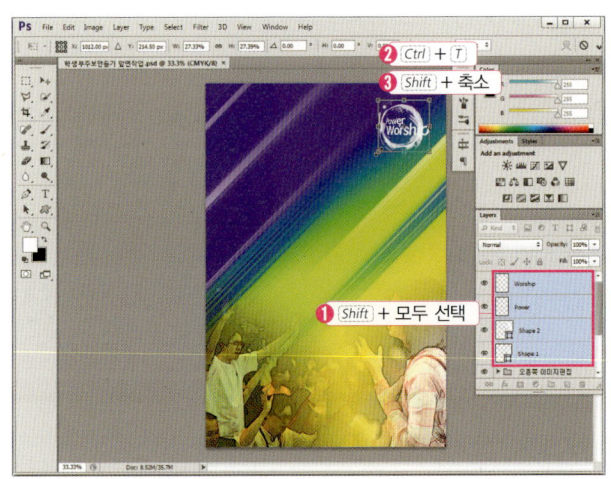

24 새 레이어를 열기한 후 ▢ (둥근 사각도 형 툴)을 선택합니다. 전경색은 화이트로 설정하고 옵션 바의 [Radius]를 '50px'로 설정한 후 화면에 그립니다.

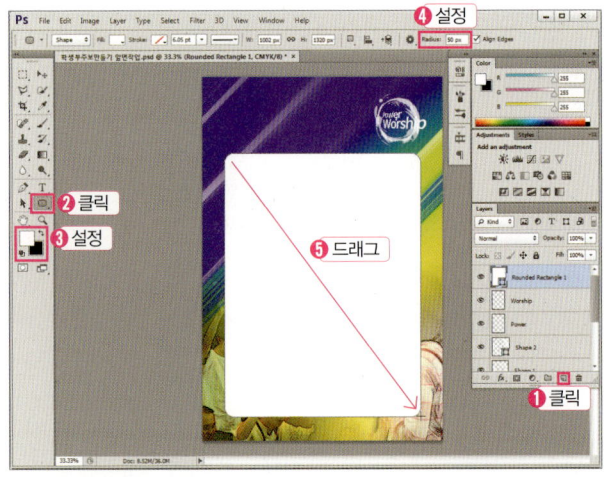

25 [Rounded Rectangle 1] 레이어의 [Opacity] 값을 '80'으로 설정합니다. 작업 파일인 PSD로 저장한 후, JPEG 파일로도 저장합니다.

26 일러스트레이터에서 작업창을 열기 위해 [File]-[New] 메뉴의 [New Document] 대화상자에서 가로 10cm, 세로 15cm의 새 창을 열기합니다.

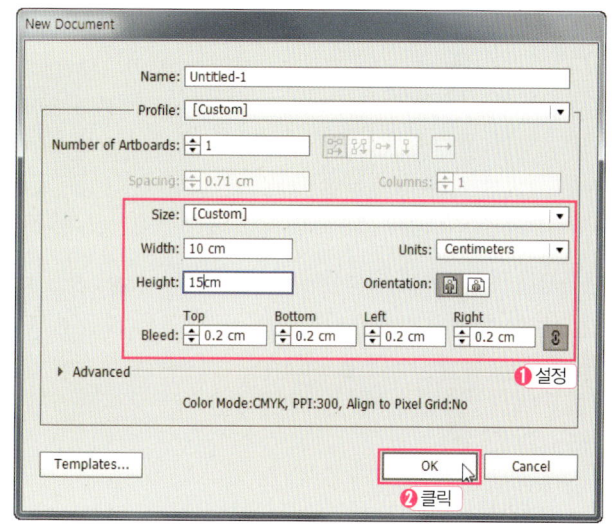

27 새 창이 열리면 저장해두었던 '뒷면 작업.jpg' 파일을 불러옵니다. 마우스로 드래그하여 작업창으로 이동한 후 레이어를 잠가줍니다.

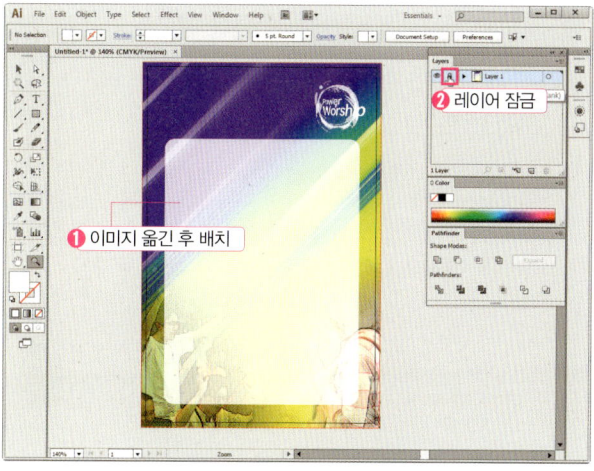

Chapter 08 순서지 만들기 367

28 ⬚(새 레이어)를 선택한 후 새 레이어를 열기합니다. T.(문자 툴)을 선택한 후 원하는 텍스트를 입력합니다.

순서제목들 : 나눔바른고딕 Bold, 12pt
설명글 : 나눔바른고딕 Reguler, 12pt
하단 글(오늘예배에~) : 나눔손글씨 펜, 16.5pt

29 다른 글씨를 입력할 때는 다시 T.(문자 툴)을 선택한 후에 입력하는 것이 아니라 Alt를 누른 상태에서 미리 써놓은 글씨를 클릭한 상태에서 드래그하면 그대로 복사가 됩니다. 이때 Shift를 함께 눌러 오른쪽으로 마우스를 드래그하면 수평으로 텍스트가 복사됩니다. T.(문자 툴)을 선택한 후 드래그하고 텍스트를 수정합니다.

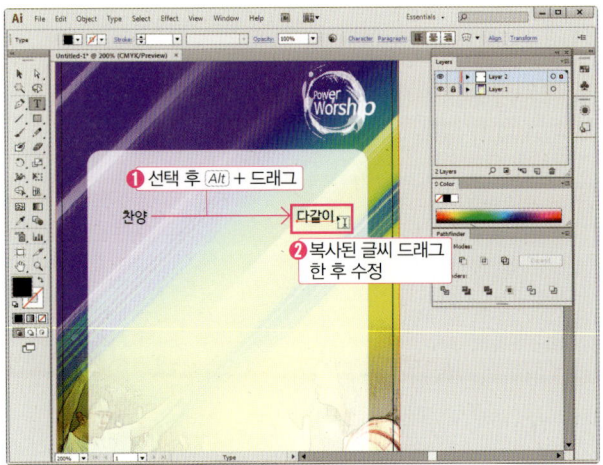

30 컬러의 [Fill] 부분은 없음으로 하고, [Stroke] 부분을 블랙으로 설정합니다. ⁄.(라인 툴)을 선택한 후 Shift를 누른 상태에서 가운데 연결선을 그립니다. [Window]-[Stroke] 메뉴를 선택한 후 점선을 만들기 위해 'Dashed Line'을 체크하고 'dash' 가장 앞부분을 '2pt'로 설정합니다.

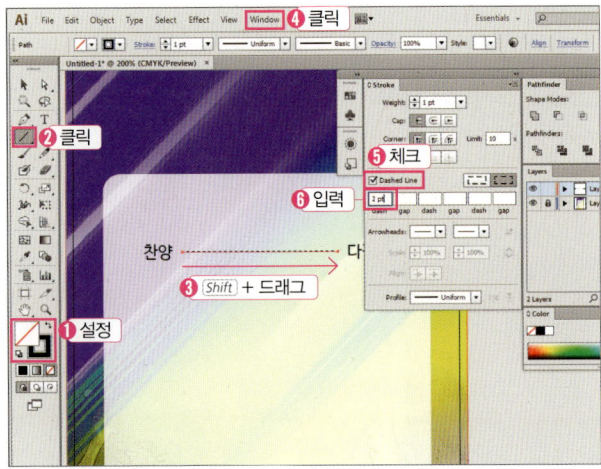

31 마우스로 텍스트와, 라인까지 크게 드래그하여 모두 선택한 후 Alt 를 누른 상태에서 아래로 드래그하면 복사가 됩니다. 이때 Shift 를 함께 눌러주면 수직 복사가 됩니다.

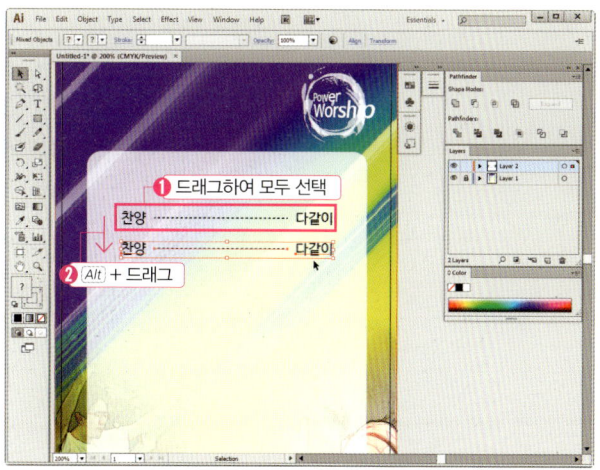

32 T.(문자 툴)을 눌러 텍스트를 드래그한 뒤 수정할 텍스트로 바꿔 줍니다.

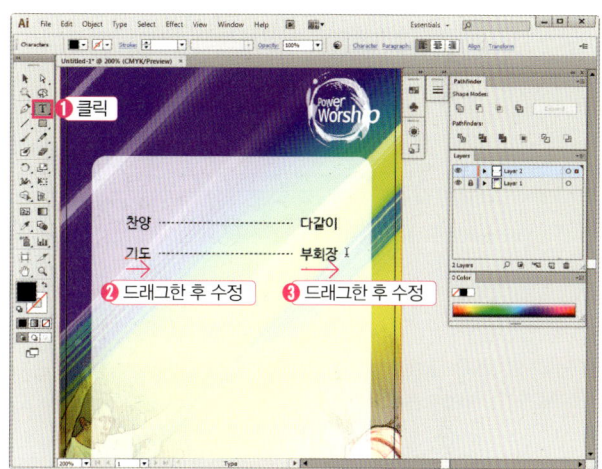

33 연결선의 길이를 늘이거나 줄여야 할 경우 연결선 끝 부분을 마우스로 잡아 움직여 늘이거나 줄여줄 수 있습니다.

34 글씨를 우측정렬하고 싶을 때는 모두 선택한 뒤 상단의 ▤(오른쪽 정렬)을 눌러 우측정렬합니다.

35 연결선 사이에 설명글이 들어가야 할 경우에는 각각의 연결선을 모두 따로 만들어 주는 것이 효과적입니다. 마찬가지로 줄여놓은 연결선을 Alt + Shift + 드래그 하여 수평 복사합니다.

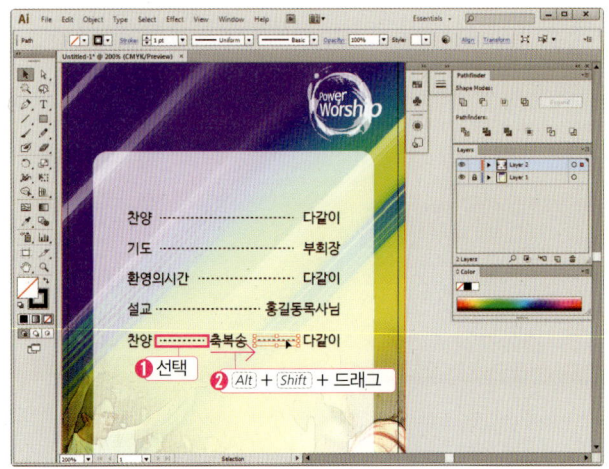

36 중간에 다른 텍스트가 들어가야 할 경우에는 작성하여 적절한 위치에 넣어주면 됩니다.

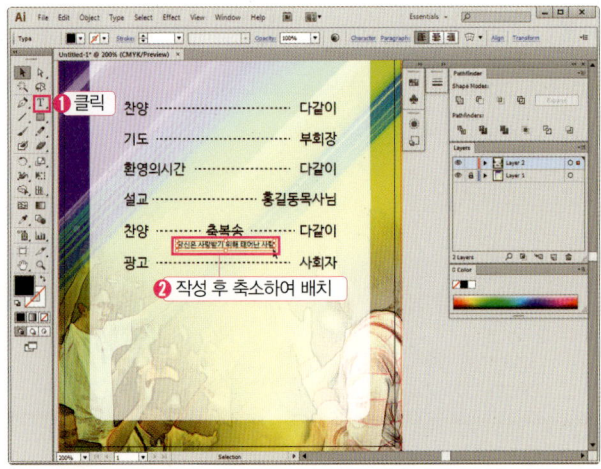

37 연결선의 컬러를 변경하고 싶을 때는 Shift 를 누른 상태에서 모든 연결선을 선택한 뒤 툴바의 [Stroke] 부분을 클릭하여 원하는 컬러로 변경할 수 있습니다.

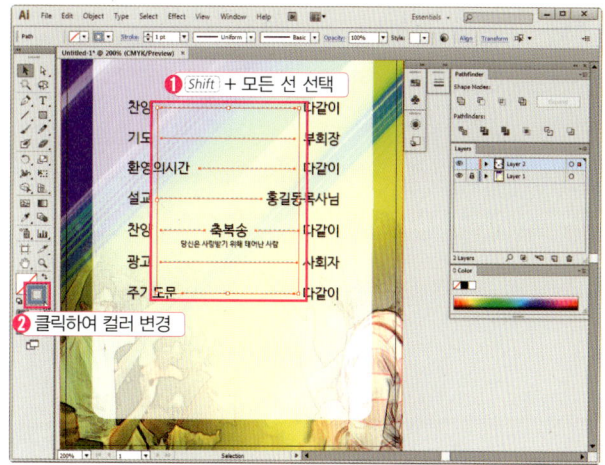

38 왼쪽열의 텍스트의 모양이나 컬러를 바꾸기 원할 때는 Shift 를 누른 상태에서 글씨들만 드래그하여 선택한 후 원하는 텍스트로 바꿔줍니다. 컬러는 (스포이드 툴)을 눌러 원하는 컬러를 추출하여도 좋습니다.

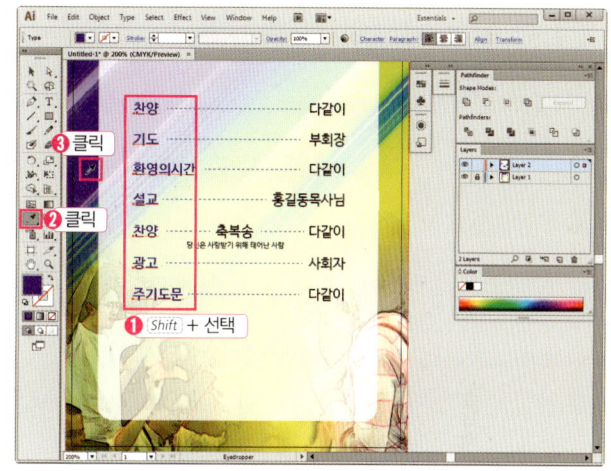

39 순서 작성이 마무리되면 마우스를 크게 드래그하여 순서 관련된 모든 개체를 선택한 뒤 움직이지 않도록 Ctrl + G 하여 그룹으로 묶어줍니다.

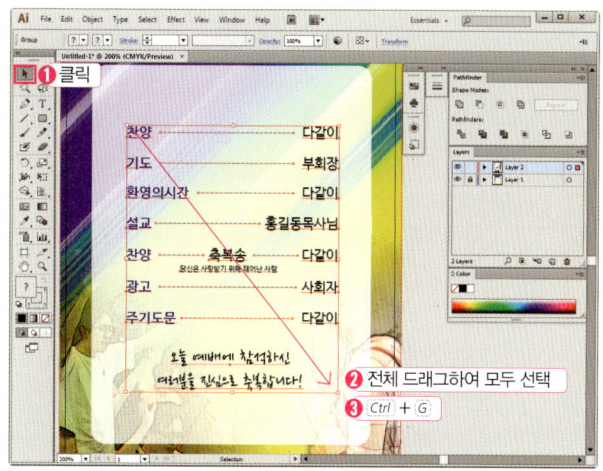

Chapter 08 순서지 만들기 371

40 원하는 폴더에 ai 파일로 작업 파일을 저장합니다. 인쇄 파일로 만들기 위해 잠겨 있는 레이어는 모두 해제한 후 전체를 드래그하여 [Type]-[Create Outlines] 메뉴를 선택합니다.

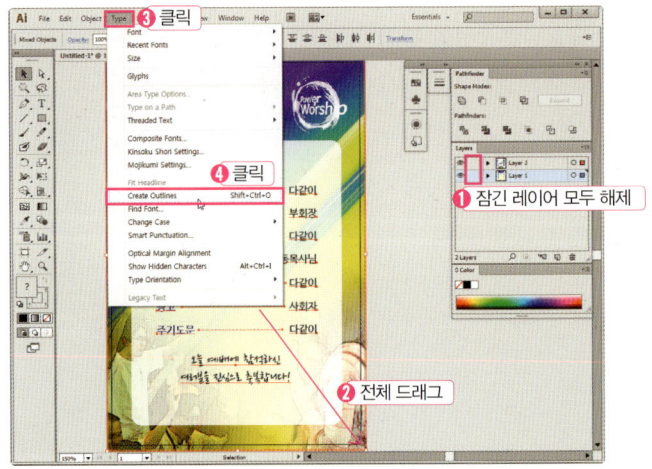

41 인쇄 파일로 저장하기 위해 [File]-[Save as] 메뉴를 선택한 후 ai 파일로 저장합니다.

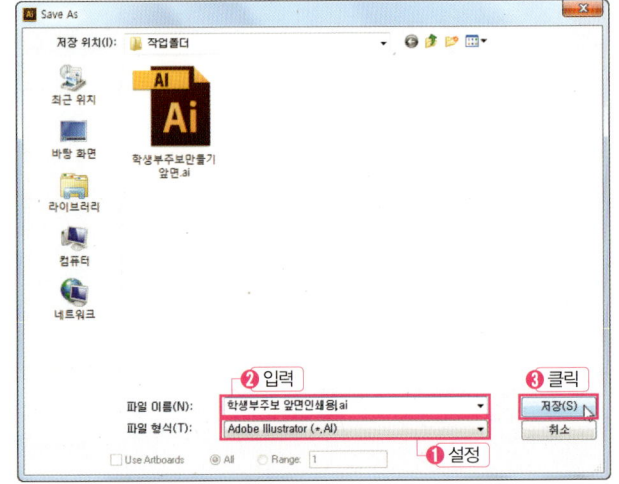

42 완성되었습니다.

 일러스트로 순서지를 만들면 좋은 이유!
- 텍스트의 크기를 마음대로 지정할 수 있다.
- 들여쓰기 및 Enter 등의 키에 구애받지 않는다.
- 연결선을 원하는 사이즈, 모양, 컬러로 디자인할 수 있다.

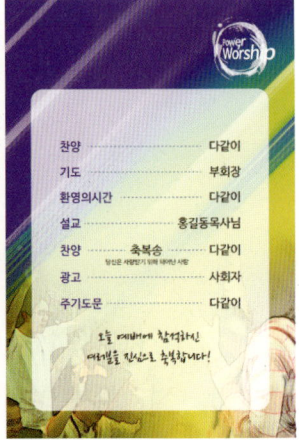

Section 02 [포토샵+일러스트레이터]
결혼식 순서지 만들기

결혼식 순서지는 우선 아름다워야 합니다. 갖가지 꽃문양을 넣어 배경을 만든 A5 size, 2단접지의 결혼식 순서지를 만들어 보도록 하겠습니다.

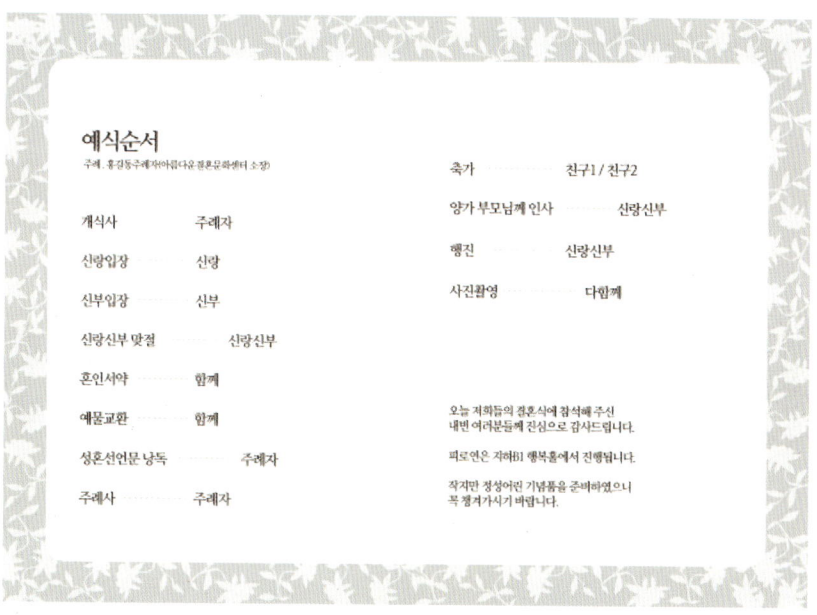

● 완성파일 part 03〉chapter 08〉결혼식순서지.jpg

01 포토샵에서 [Preset]을 'International Paper'(국제용지)로 지정한 후 'Size'에서 'A5'를 지정합니다. 가로가 길어야 하므로 가로와 세로의 사이즈를 서로 바꿔준 뒤 재단선 양옆 2mm를 포함하여 [Width]는 '214mm', [Height]는 '152mm', [Resolution]은 '300', [Color Mode]는 'CMYK Color'로 설정한 후 [OK]를 클릭해 눌러 새 창을 열어줍니다.

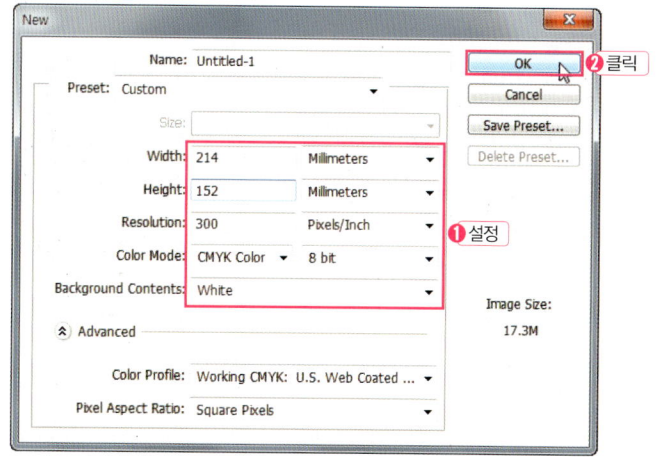

Chapter 08 순서지 만들기 **373**

02 전경색을 'C : 0, M : 0, Y : 0, K : 25(R : 199, G : 200, B : 202)'로 설정한 후 (페인트 툴)을 눌러 작업창에 클릭하여 컬러를 적용합니다.

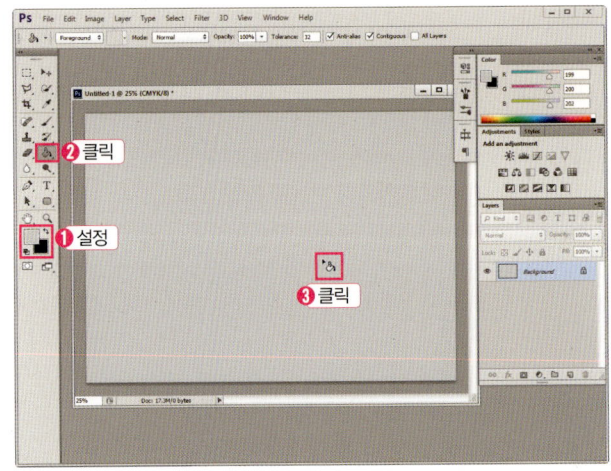

03 새 레이어를 열어준 후 전경색을 화이트로 설정합니다. (모양 툴)을 선택한 후 옵션에서 꽃 모양을 찾아 더블 클릭합니다.

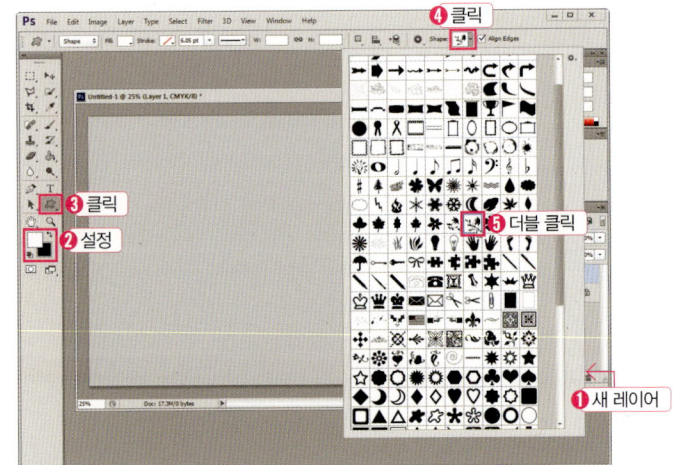

04 Shift를 누른 상태로 상단에 그립니다. 그린 뒤 Ctrl + T를 하여 각도도 바꿔줍니다. 각도를 바꾼 것은 Enter를 눌러 적용합니다.

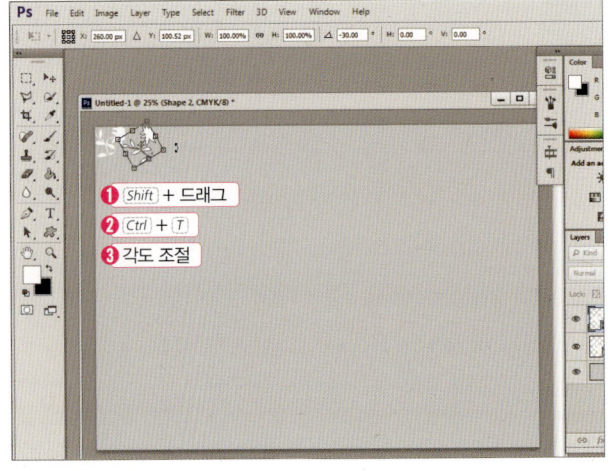

05 상단의 반 정도를 그린 뒤 늘어난 레이어를 Shift 를 누른 상태에서 모두 선택하여 마우스 오른쪽 버튼을 클릭해 [Merge Shapes] 메뉴를 선택합니다.

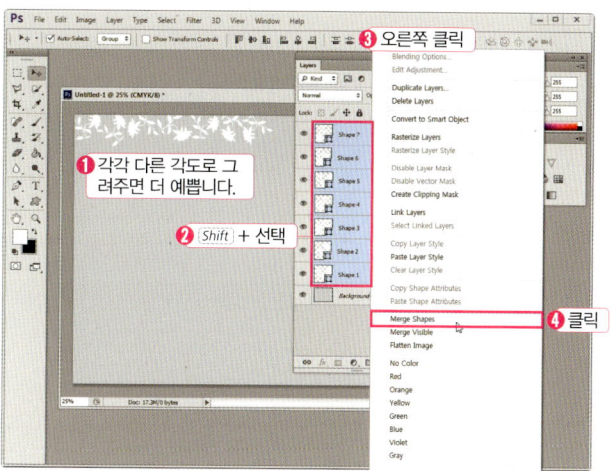

06 다시 마우스 오른쪽 버튼을 클릭해 [Rasterize Layer] 메뉴를 선택합니다.

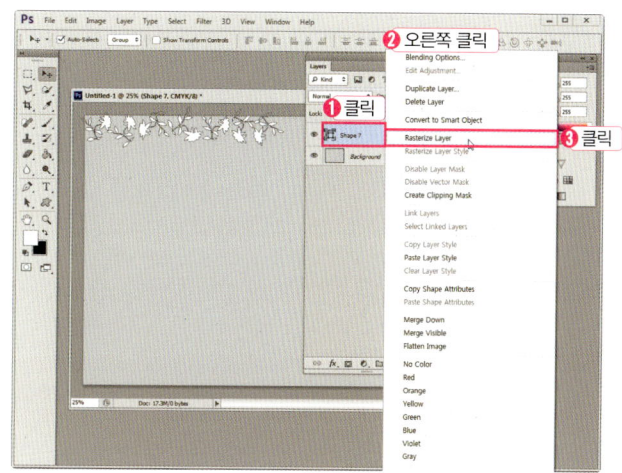

07 Alt 를 누른 상태에서 그려진 이미지를 마우스로 드래그합니다. 이때 Shift 를 누른 상태에서 이동하면 수평 복사가 되어 상단이 채워집니다.

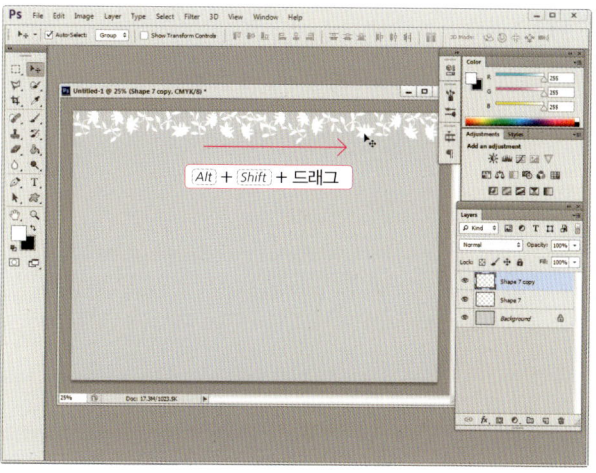

08 만들어진 2개의 레이어를 모두 선택한 후 마우스 오른쪽 버튼을 클릭해 [Merge Layers] 메뉴를 선택합니다.

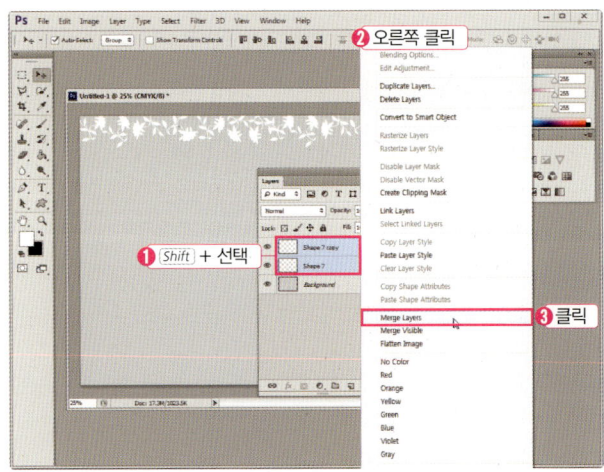

09 이미지를 선택한 후 Alt 를 눌러 마우스를 드래그하여 하단에도 복사된 이미지를 넣어줍니다.

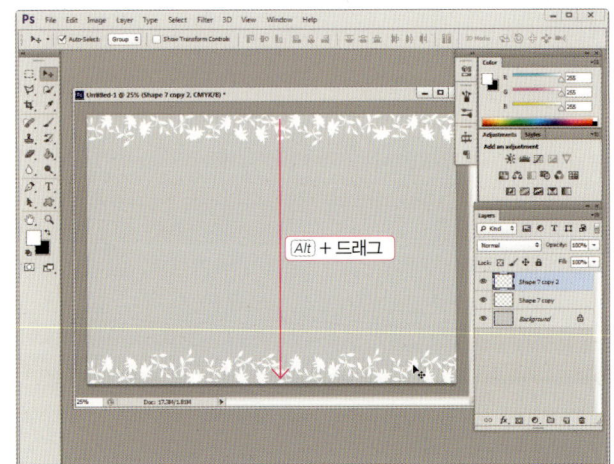

10 또다시 Alt 를 이용하여 복사한 후 Ctrl + T 를 눌러 각도를 수직으로 바꾸고 왼쪽에 배치해줍니다. Enter 를 눌러 적용합니다.

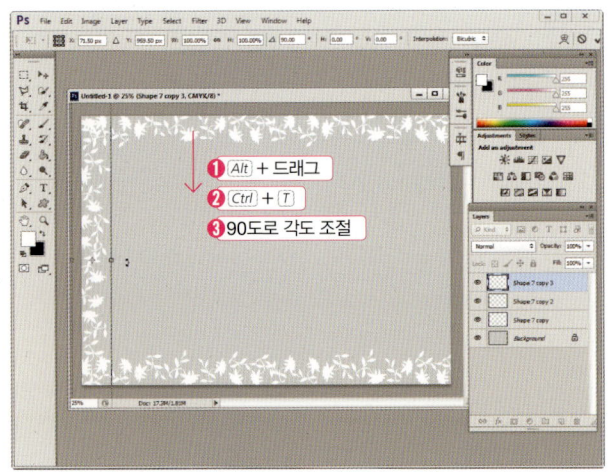

11 만들어진 레이어 'Background'를 제외하고 Shift 를 누르고 모두 선택한 후 마우스 오른쪽 버튼을 클릭해 [Merge Layers] 메뉴를 선택합니다.

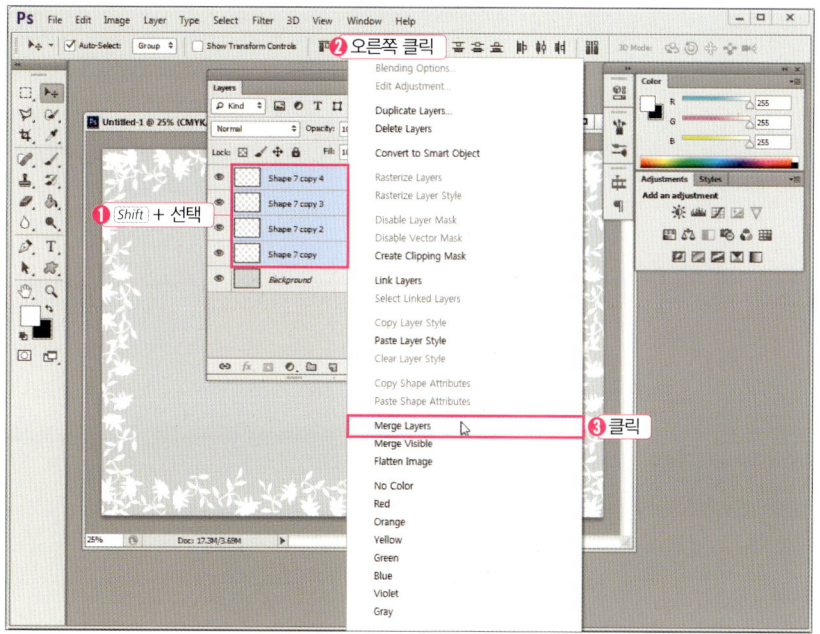

12 레이어 우측 상단의 [Opacity] 값을 '55%'로 설정합니다.

13 작업 파일인 PSD로 저장한 후 일러스트에서의 작업을 위해 JPEG 파일로도 저장합니다. [JPEG option]이 표시되면 Quality는 가장 높게 설정합니다.

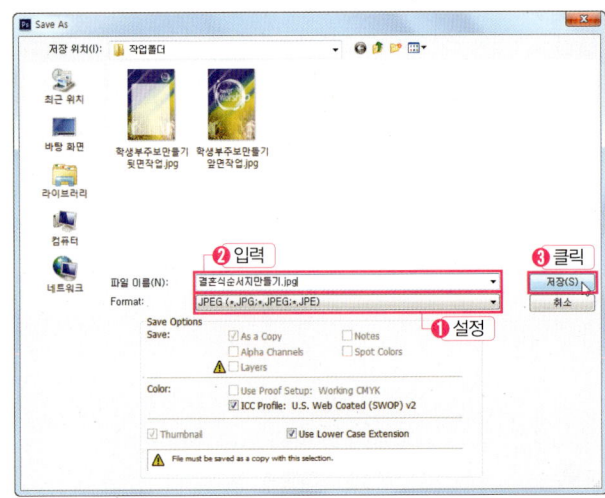

14 일러스트레이터에서 [File]-[New] 메뉴를 선택한 후 [New Documnet] 대화상자에서 [Width]는 '210mm', [Height]는 '148mm', 가로로 설정하고 [OK] 버튼을 클릭합니다.

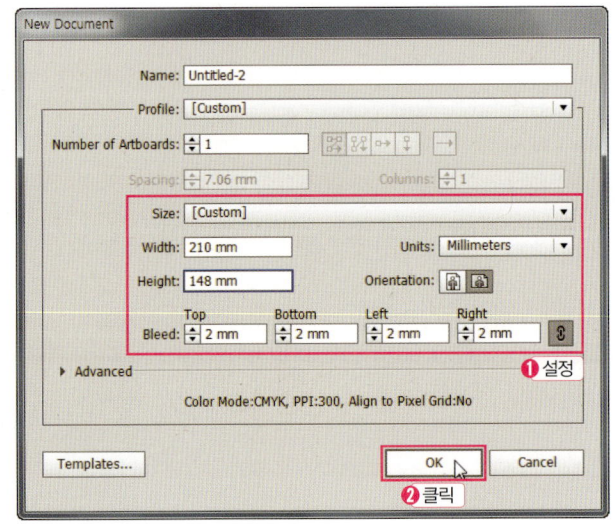

15 포토샵에서 작업한 '결혼식순서지만들기.jpg'를 불러와 드래그하여 새 창에 옮겨 넣은 후 레이어를 잠가줍니다.

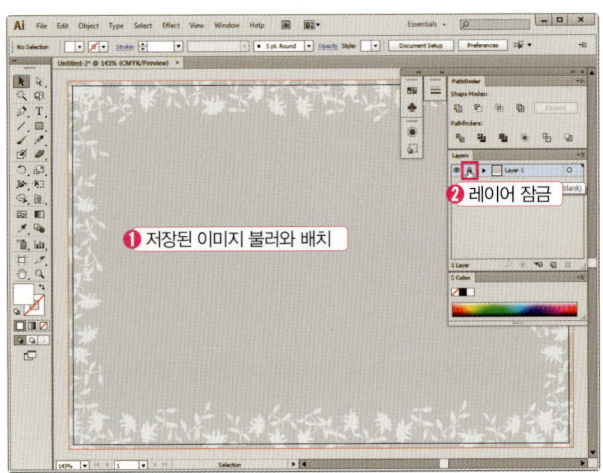

16 새 레이어를 열어준 후 전경색을 화이트로 해주고 ▣.(둥근 사각형 툴)을 선택합니다. 작업창에서 마우스를 한 번 클릭하고 [Rounded Rectangle] 대화상자에서 [Corner Radius]를 '5mm'로 설정한 후 [OK] 버튼을 클릭합니다.

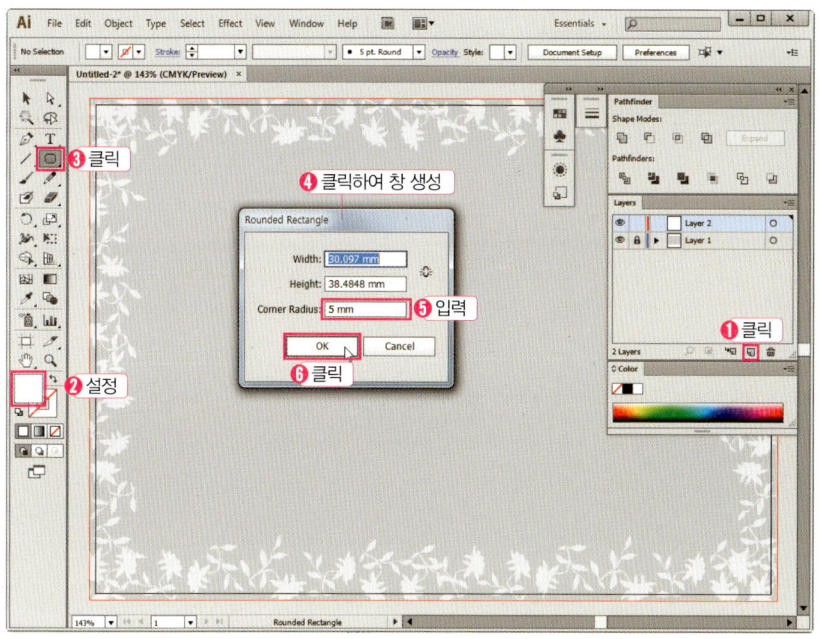

17 미리보기 도형이 나타나면 Delete 를 눌러 지우고 작업창에 마우스를 크게 드래그하여 텍스트를 입력할 끝이 둥근 사각형을 그립니다.

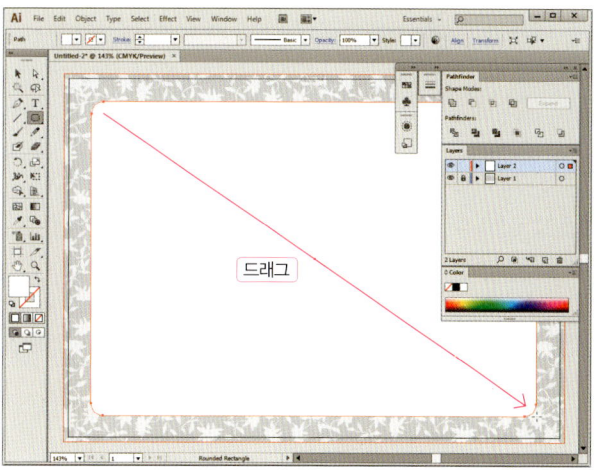

18 텍스트를 입력할 때 움직이면 안 되므로 둥근 사각형이 그려진 레이어 또한 잠급니다. 그리고 텍스트 작업을 위해 새 레이어를 열기합니다.

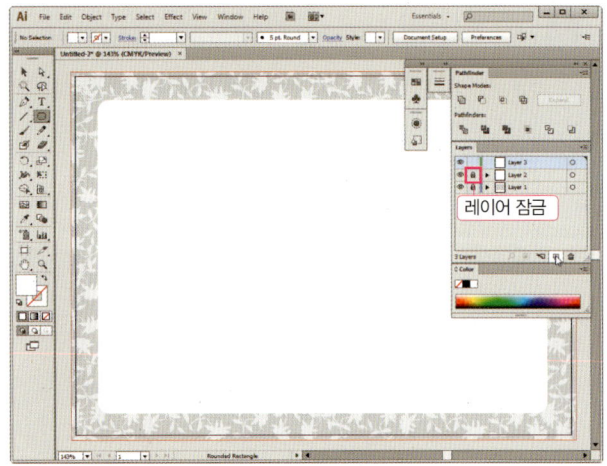

19 가이드라인을 만들기 위해 Ctrl + R 을 누르고 눈금자가 나타나면 왼쪽 눈금자에서부터 마우스를 클릭한 상태에서 출발하여 가로가 105mm 되는 지점에 가이드라인을 만듭니다.

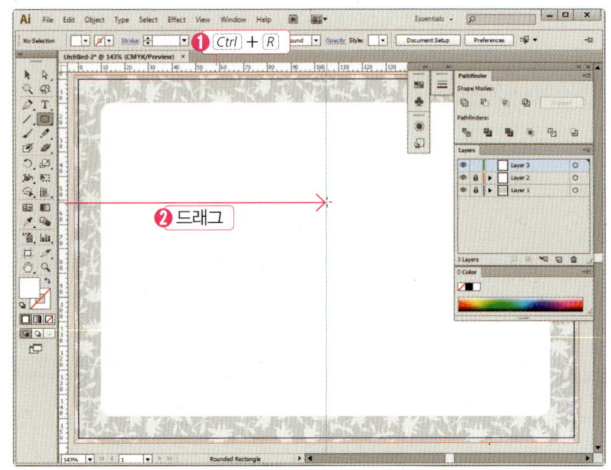

20 텍스트는 Enter 를 누르면서 작업하지 않고, 각각 따로 작업하는 것이 좋습니다.

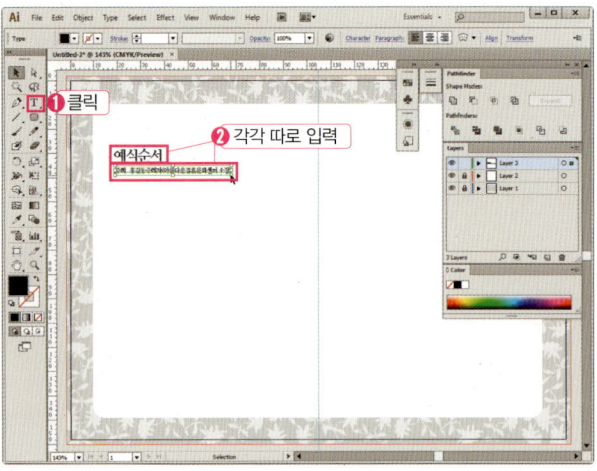

21 연결선이 들어갈 자리를 남겨두고, 먼저 '개식사'라는 텍스트를 입력한 후에 Alt 를 누르고 Shift 를 누른 상태에서 마우스를 드래그하여 텍스트를 수평 복사하고 텍스트를 드래그하여 '주례자'라고 수정합니다. 연결선 작업을 위해 ✏(라인 툴)을 클릭합니다.

예식순서 : 나눔명조 Bold, 17pt

주례.홍길동~ : 나눔명조 Bold, 8pt

개식사 : 나눔명조 Bold, 11pt

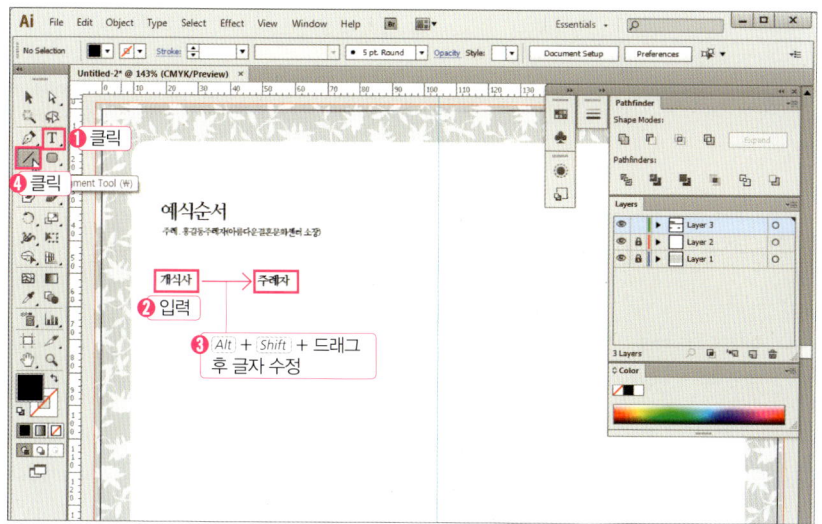

22 툴 바에서 [Fill] 컬러를 삭제하고, [Stroke] 컬러를 블랙으로 설정한 후 Shift 를 누른 상태에서 연결선을 그립니다. [Window]-[Stroke] 메뉴를 선택한 후 [Weigh]를 '0.25pt'로 설정합니다.

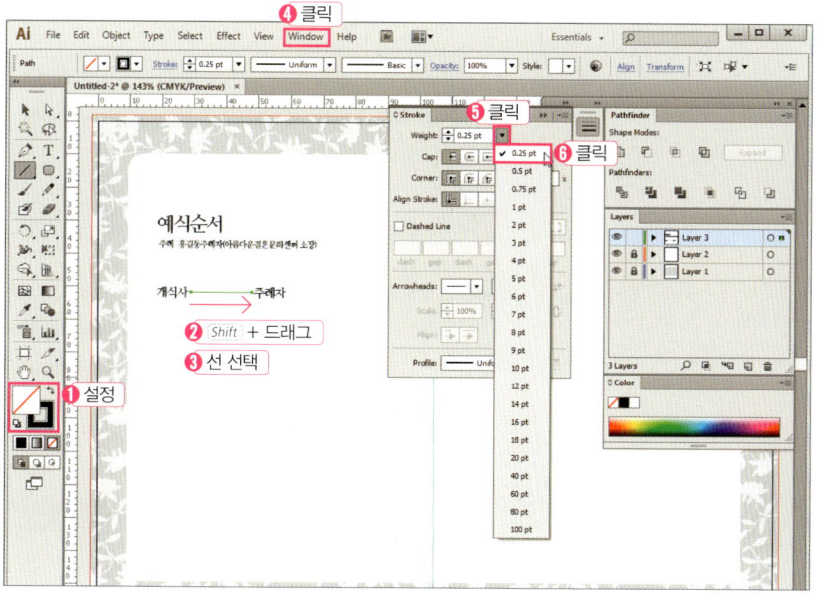

23 [Dashed Line]을 체크하고, [dash]는 '2pt'로 설정합니다.

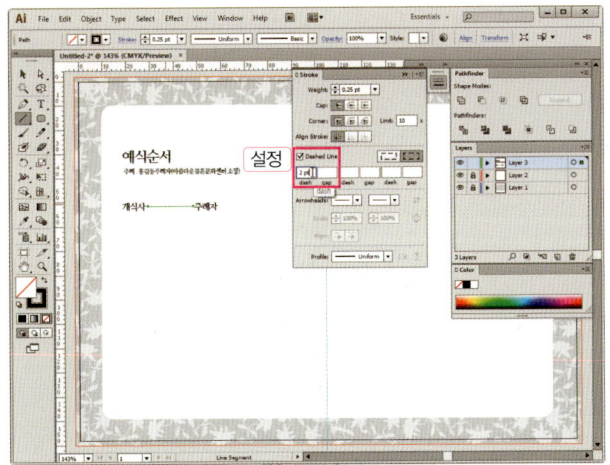

24 마우스를 크게 드래그하여 '개식사-연결선-주례자'까지 모두 선택한 후 Alt 를 누르고 Shift 를 누른 상태로 하단에 수직 복사합니다. 텍스트를 바꿔주고, 연결선은 마우스로 끝을 잡아 원하는 길이로 맞추어 줍니다.

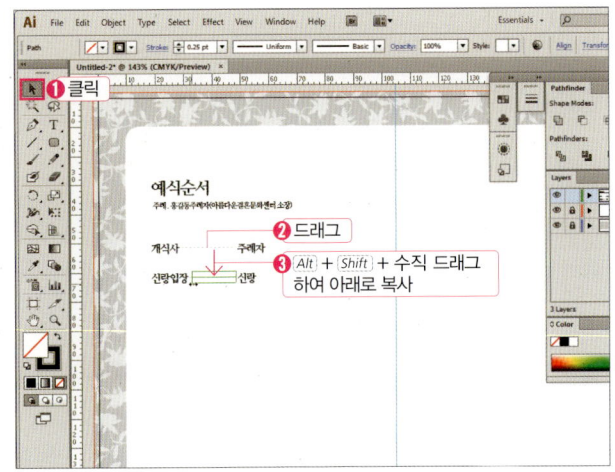

25 같은 방법으로 나머지도 모두 작성합니다.

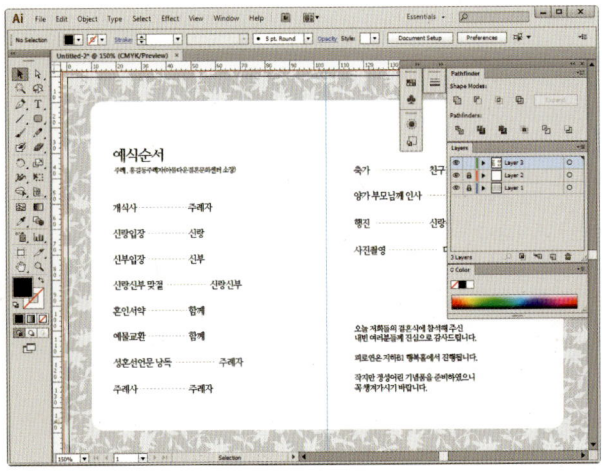

26 작업 파일인 ai 파일로 저장한 후 잠겨 있는 레이어를 모두 해제하고 마우스로 크게 드래그하여 [Type]-[Create Outlines] 메뉴를 선택합니다.

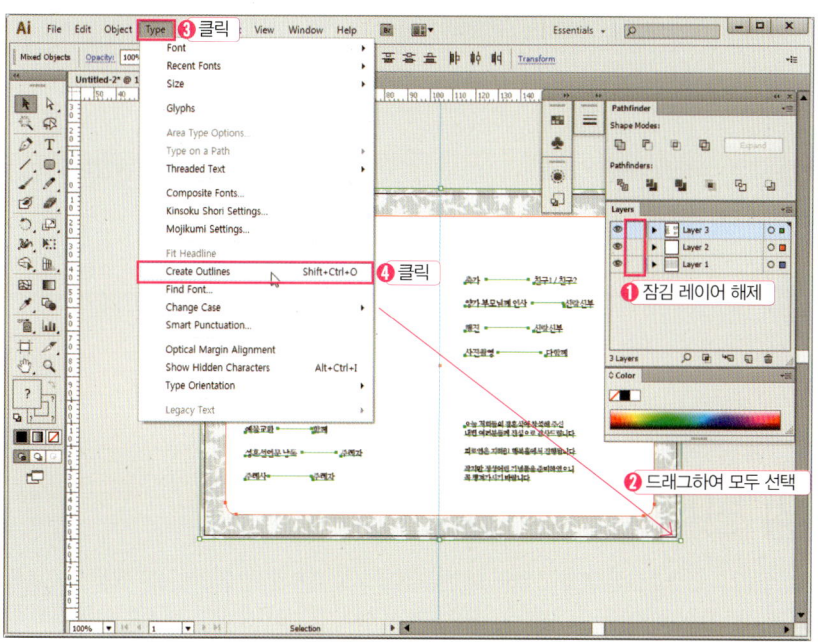

27 [File]-[Save As] 메뉴를 선택한 후 인쇄 파일로 저장합니다. 완성되었습니다.

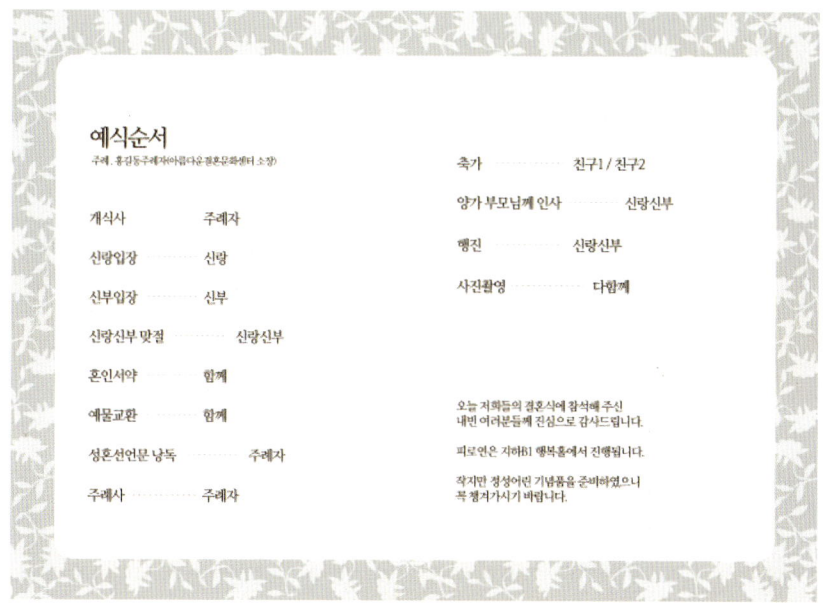

★ 포토샵+일러스트레이터 작업의 기술 ★

라벨 만들기

 나만의 라벨을 만들어 홈 프린터기로 출력하면 매우 다양한 곳에 사용이 가능합니다. 각각의 라벨 컬러도 다르게 해서 사용한다면 더 재미있는 라벨을 만들 수 있습니다.

Section 01 [포토샵] 빵가게의 빈티지한 라벨 만들기

도형을 이용하여 간단하고 빈티지한 라벨을 만들어 보겠습니다. 포토샵에서 점선 그리기를 통해 텍스트를 넣을 공간을 확보합니다. 그리고 컬러도 다양하게 바꾸어 홈 프린터기로 프린트하여 사용할 수 있도록 합니다.

◉ 완성파일   part 03〉chapter 09〉빈티지한 라벨 만들기.jpg

01 [New] 대화상자에서 [Width]는 '210', [Height]는 '297', [Resolution]은 '300'으로 설정한 후 A4 size의 작업창을 엽니다. 새 레이어를 열고 전경색을 'C : 40, M : 40, Y : 100, K : 0(R : 168, G : 145, B : 56)'으로 설정한 후 툴 바에서 ■(사각 도형 툴)을 선택하고 직사각형을 그립니다.

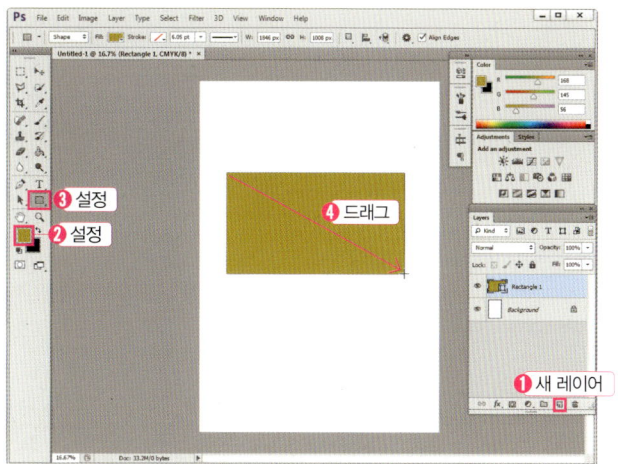

02 [Rectangle 1] 레이어를 선택한 후 마우스 오른쪽 버튼을 클릭해 [Rasterize Layer] 메뉴를 선택합니다.

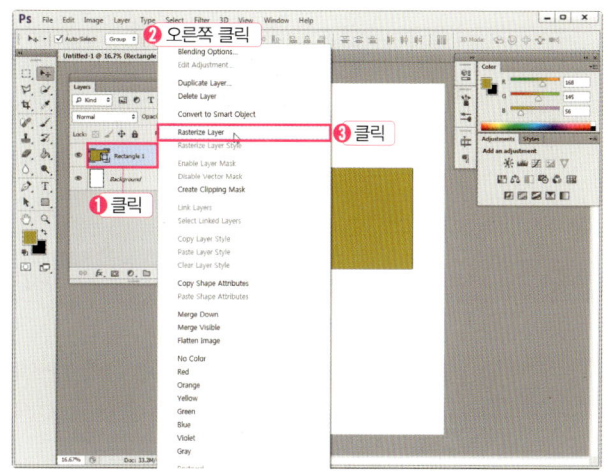

03 ▢(사각 선택 툴)을 선택하고 얇고 긴 사각형을 그려준 후 Delete 를 눌러 삭제합니다.

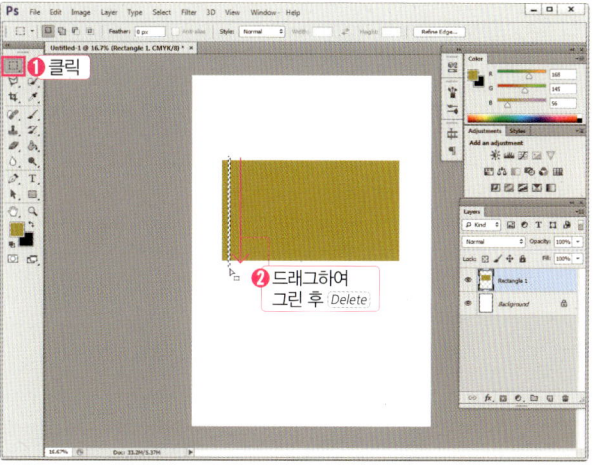

Chapter 09 라벨 만들기 385

04 키보드의 화살표를 오른쪽으로 움직인 후 다시 Delete 를 눌러 지웁니다.

05 마지막까지 모두 완료했으면 Ctrl + D 를 눌러 점선을 없앱니다.

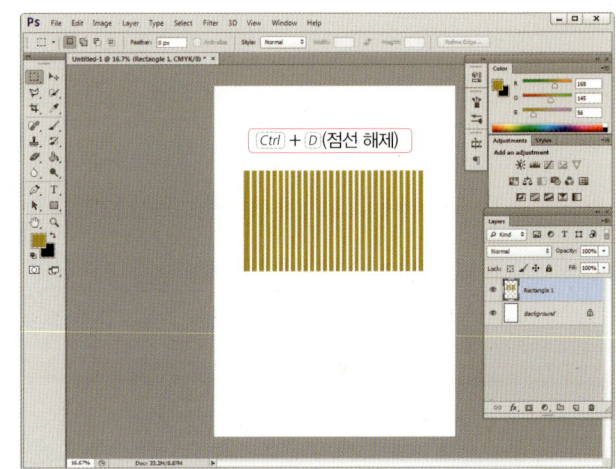

06 ▢.(둥근 사각 도형 툴)을 선택하고 옵션 바의 [Radius]를 '200px'로 설정한 후 새 레이어를 열고 끝이 둥근 사각형을 그립니다.

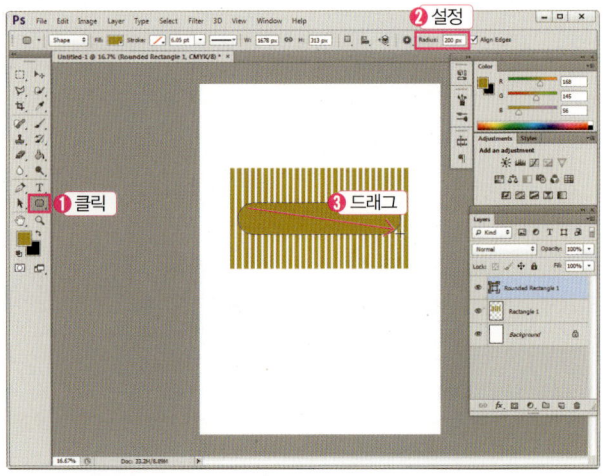

07 새 레이어를 열고 ◯.(원형 툴)을 선택한 후 Shift 를 누른 상태에서 동그라미를 그립니다.

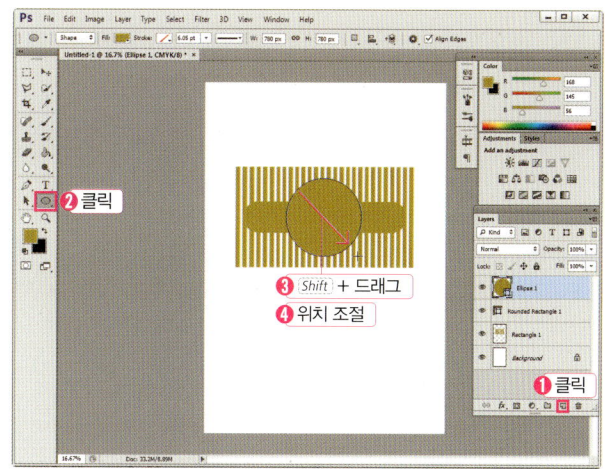

08 그려놓은 2개의 도형 레이어를 Shift 를 누른 상태에서 모두 선택한 후 마우스 오른쪽 버튼을 클릭해 [Merge Shapes] 메뉴를 선택합니다. 도형 레이어가 하나로 합쳐집니다.

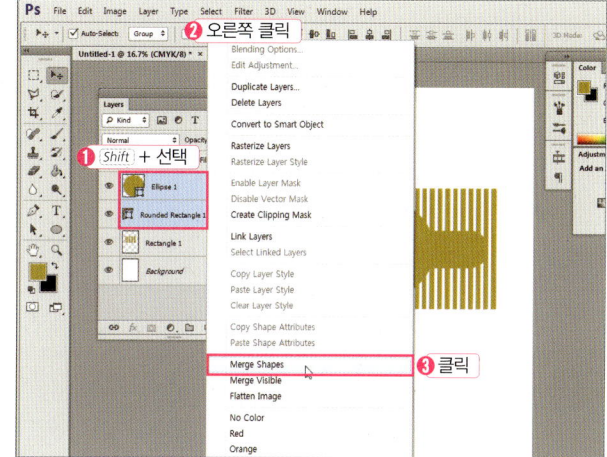

09 하나로 합쳐진 [Ellipse 1] 레이어를 선택한 후 마우스 오른쪽 버튼을 클릭해 [Rasterize Layer] 메뉴를 선택합니다.

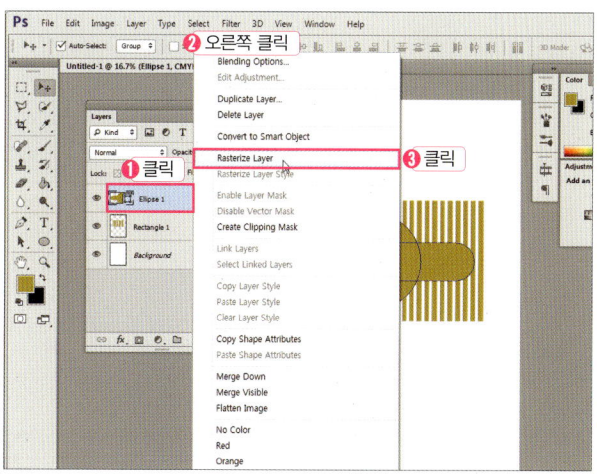

Chapter 09 라벨 만들기   387

10 (브러시 툴)을 선택한 후 점선을 그리기 위해 옵션 바에서 (브러시 패널)을 클릭합니다. [Brush] 패널에서 [Brush Presets]는 'Dual Brush'로 설정하고 [Mode]는 'Multiply'로 설정합니다. [Size]는 '20px', [Spacing]은 '190%'로 설정한 후 오른쪽 상단의 X를 눌러 패널을 닫아줍니다.

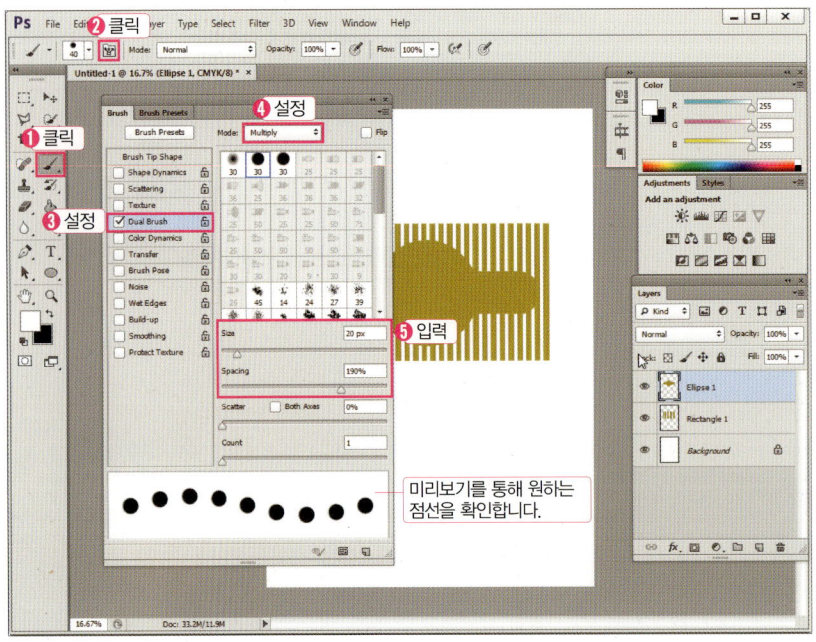

11 새 레이어를 열어준 후 전경색을 화이트로 설정하고 Shift 를 누른 상태에서 점선을 그려줍니다.

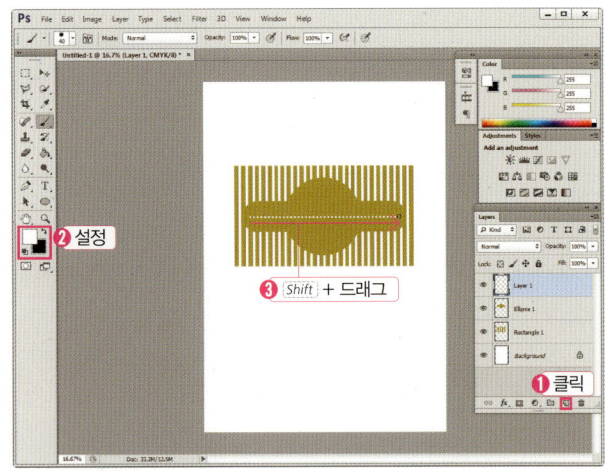

12 [Background] 레이어를 제외하고 Shift 를 누른 상태에서 모든 레이어를 선택한 후 마우스 오른쪽 버튼을 클릭해 [Merge Layers] 메뉴를 선택합니다.

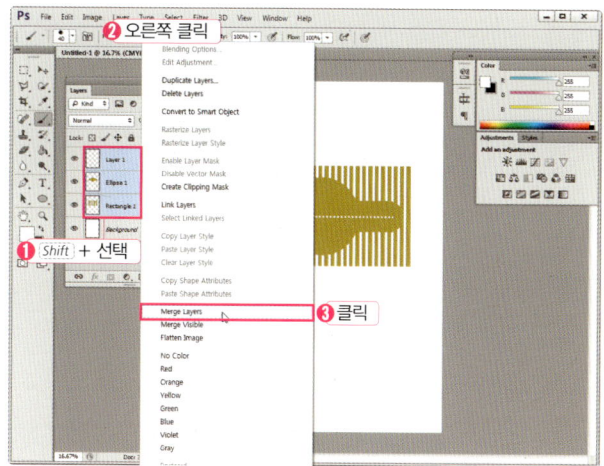

13 (이동 툴)을 선택한 후 Ctrl + T 를 눌러 Shift 를 누른 상태에서 크기를 줄입니다. 왼쪽 상단으로 이동한 후 Enter 를 눌러 적용합니다.

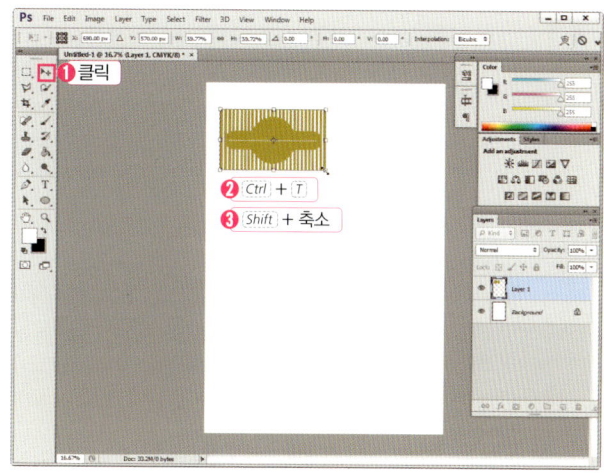

14 Alt 를 누른 상태에서 마우스를 드래그하여 1개 더 복사합니다.

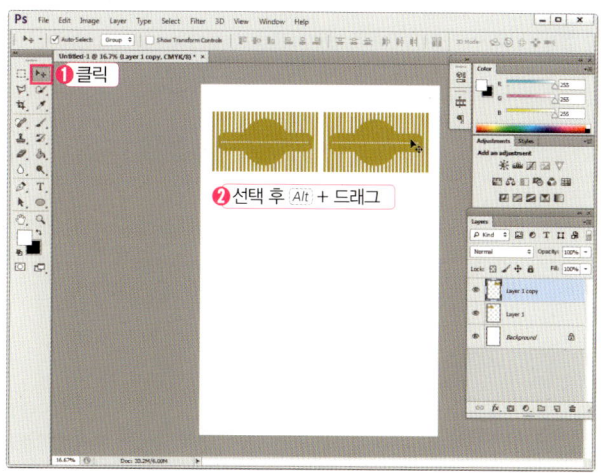

Chapter 09 라벨 만들기 389

15 드래그하여 2개를 모두 선택한 후 다시 Alt 를 눌러 복사합니다. 이때 Shift 를 눌러 수직 복사합니다.

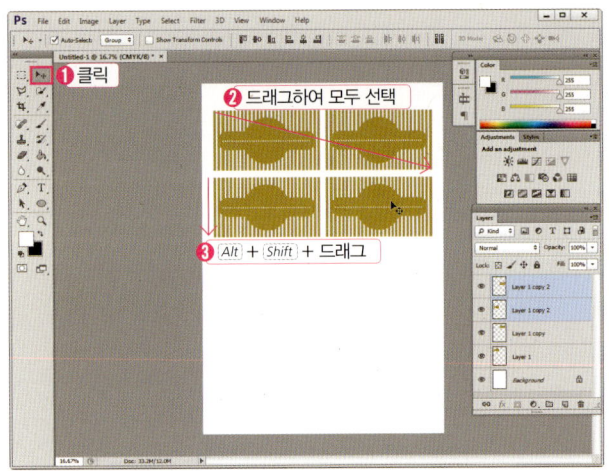

16 같은 방법으로 총 10개의 라벨을 복사합니다.

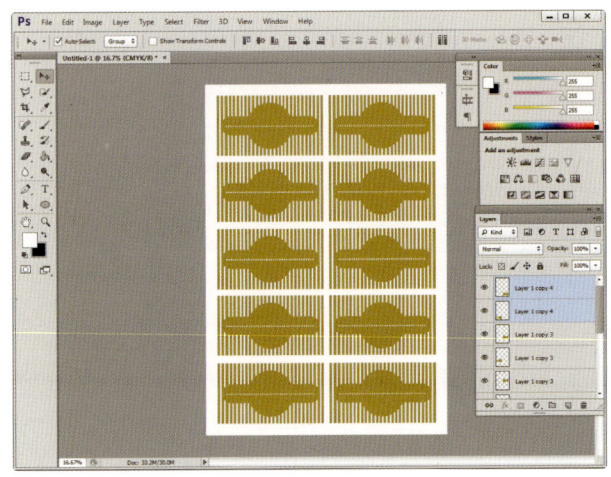

17 원하는 레이어를 선택하고 Ctrl + U 를 누른 후 [Hue/Saturation] 대화상자에서 [Hue] 부분을 움직여 컬러를 바꿔줍니다. ([Hue]는 +103)

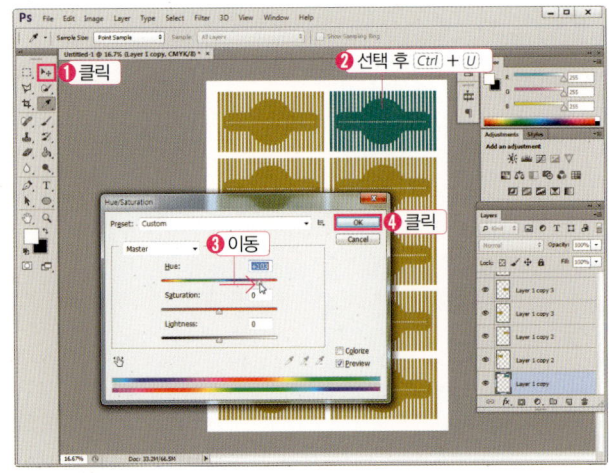

18 원하는 컬러로 모두 바꿔줍니다.

19 [Save]-[Save As] 메뉴를 선택한 후 작업 파일인 PSD 파일로 저장하고 인쇄하기 위해 JPEG 파일로도 저장합니다. 이제 홈 프린터기로 인쇄해서 오려 사용합니다.

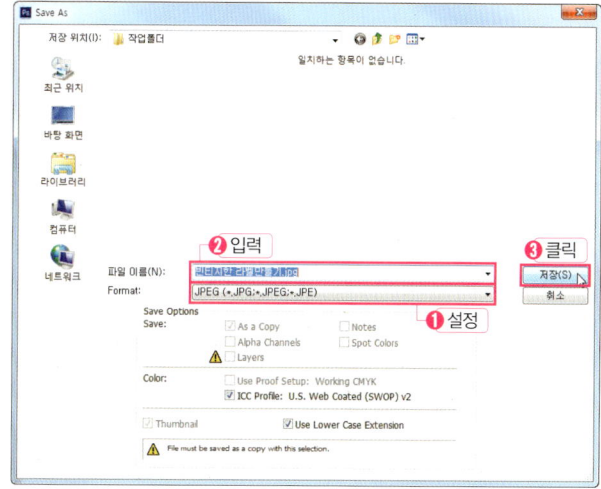

20 완성되었습니다.

Section 02 [포토샵] 천연비누에 달아줄 러블리한 레이스 라벨 만들기

꽃모양의 도형을 만들고 여기에 클립아트로 꾸며주면 매우 러블리한 레이스 라벨을 만들 수 있습니다. 천연 비누에 달아줄 러블리한 레이스, 그리고 우리 아이 어린이집 예쁜 선물에 달아줄 라벨 또는 간단한 카드로도 다양하게 활용이 가능한 라벨입니다.

● 완성파일   part 03〉chapter 09〉러블리한 라벨만들기.jpg

01 작업을 위해 A4 크기의 작업창을 엽니다. 새 레이어를 만든 후에 전경색을 'C : 0, M : 30, Y : 10, K : 0(R : 249, G : 192, B : 199)'로 설정합니다. ▢.(둥근 사각 도형 툴)을 선택한 후 옵션 바에서 [Radius]를 '300px'로 설정하고 작업창에 다음과 같이 그립니다.

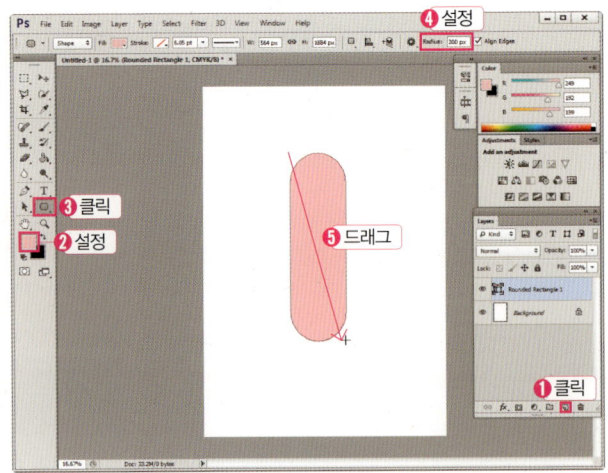

02 레이어를 선택한 후 마우스 오른쪽 버튼을 클릭해 [Rasterize Layer] 메뉴를 선택합니다.

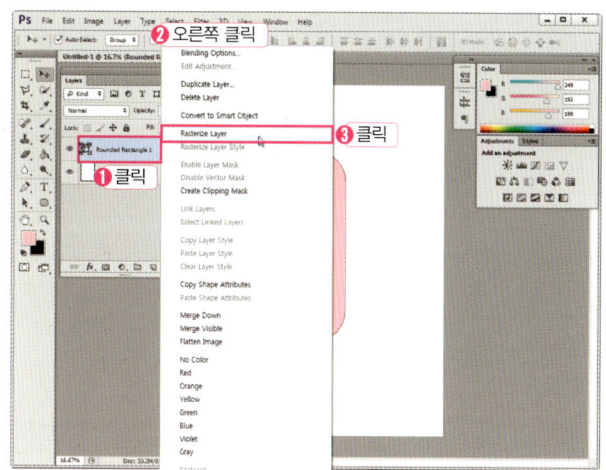

03 Alt 를 누른 상태에서 도형을 복사한 후 Ctrl + T 를 눌러 +자 모양이 되게 하고 Enter 를 눌러 적용합니다.

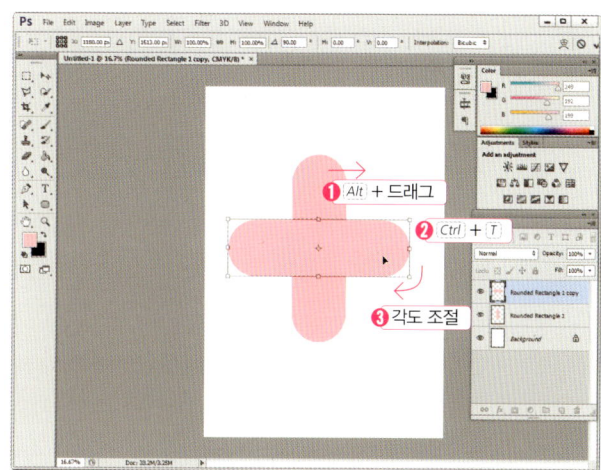

04 마우스를 크게 드래그하여 2개의 도형을 모두 선택한 후 옵션 바의 ■(가운데 정렬)을 클릭합니다.

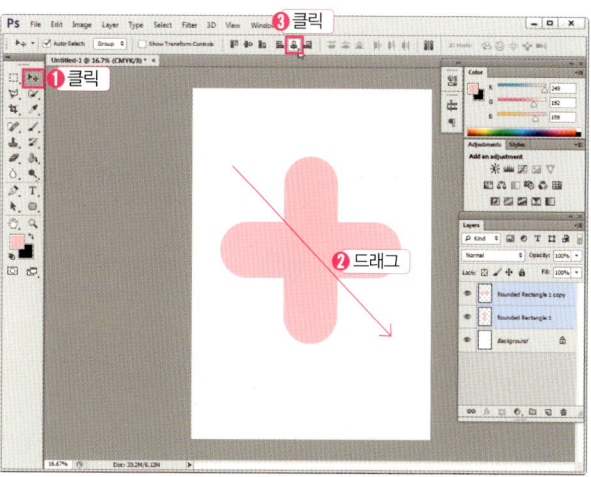

05 2개의 레이어를 모두 선택한 후 Alt를 눌러 마우스를 드래그하여 모두 복사하고 Ctrl + T를 눌러 각도를 움직여 꽃 모양을 만듭니다.

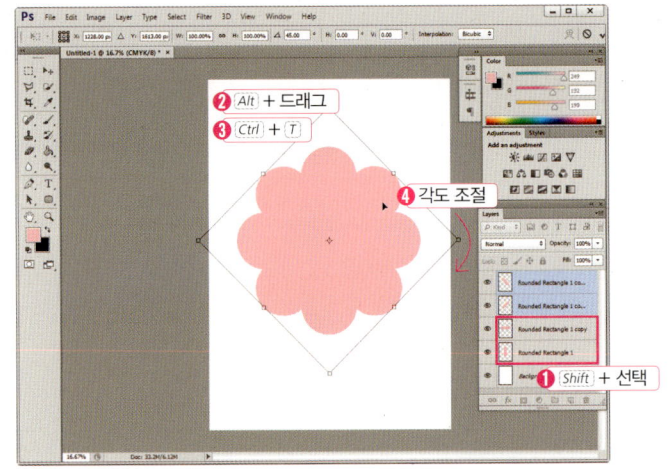

06 Shift를 누른 상태에서 모든 레이어를 선택한 후 마우스 오른쪽 버튼을 클릭해 [Merge Layers] 메뉴를 선택합니다.

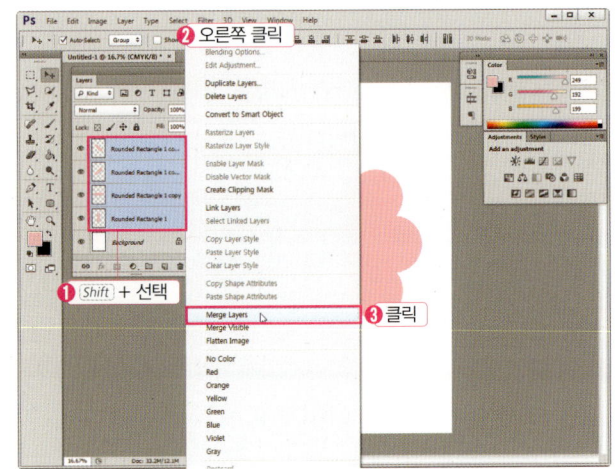

07 새 레이어를 열고 전경색을 화이트로 설정합니다. (모양 툴)을 선택한 후 옵션에서 리본 모양의 클립아트를 더블 클릭합니다.

08 작업창의 상단 부분에 Shift 를 누른 상태에서 클립아트를 그립니다.

09 이제 꽃모양의 레이어와 리본 클립아트 레이어를 Shift 를 누른 상태에서 함께 선택하고 마우스 오른쪽 버튼을 클릭해 [Merge Layers] 메뉴를 선택합니다.

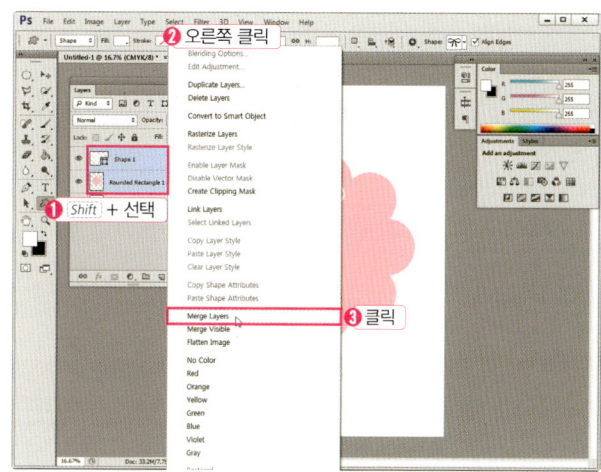

10 Ctrl + T 를 누르고 Shift 를 누른 상태에서 클립아트의 크기를 줄인 후 왼쪽 상단으로 옮겨 놓고 Enter 를 눌러 적용합니다.

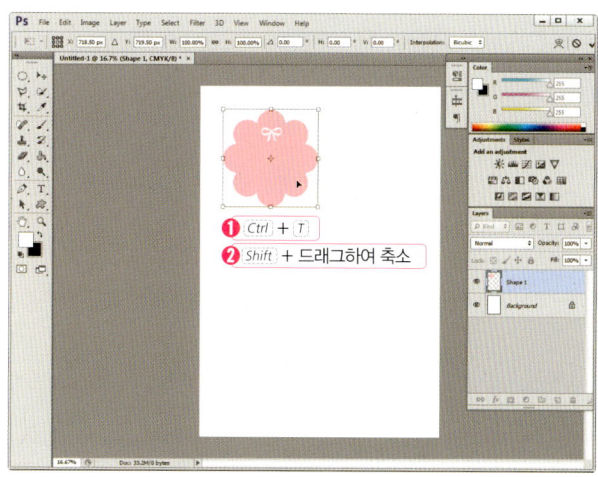

Chapter 09 라벨 만들기 395

11 Alt를 누른 상태에서 마우스를 드래그하여 총 6개의 라벨을 앉혀 줍니다.

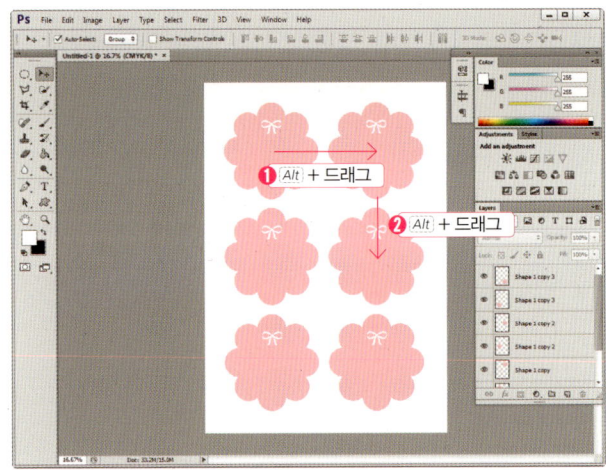

12 컬러를 바꾸기 위하여 원하는 라벨 레이어 'Shape 1 copy'를 선택한 뒤 Ctrl + U를 눌러 [Hue/Saturation] 대화상자가 표시되면 [Hue]를 움직여 컬러를 바꿔줍니다.

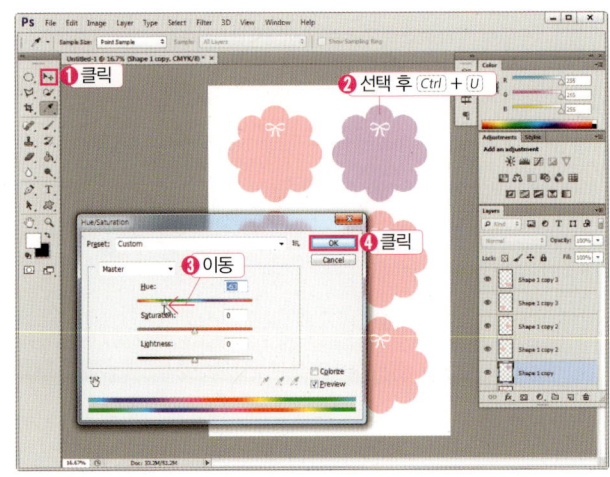

13 작업 파일인 PSD 파일로 저장하고, 인쇄 파일인 JPEG로도 저장합니다. 완성된 라벨입니다.

Section 03 [일러스트레이터] 다양한 이름표 라벨 만들기

일러스트레이터에서는 더욱 다양한 라벨을 만들 수가 있습니다. 총 3가지의 다양한 이름표를 통해 패스파인더 기능을 자세히 알아보고 다양한 도형의 합성 및 잘라내기 효과를 알아보겠습니다.

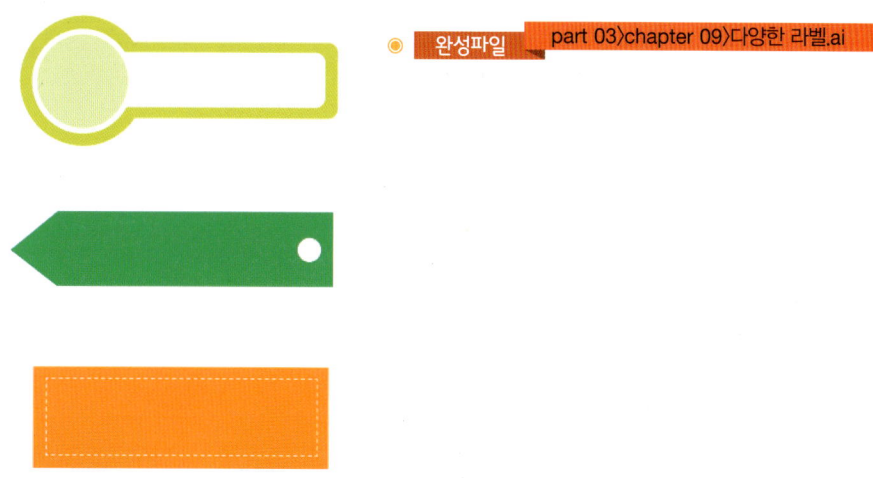

● 완성파일　part 03〉chapter 09〉다양한 라벨.ai

01 일러스트레이터에서 A4 크기로 새 창을 열기합니다. 전경색을 'C : 15, M : 0, Y : 80, K : 0(R : 224, G : 228, B : 88)'로 설정한 후 ▢(둥근 사각형 툴)을 누릅니다. 화면에 마우스를 한 번 클릭한 후 [Rounded Rectangle] 대화상자가 표시되면 [Corner Radius]를 '5mm'로 설정하고 [OK] 버튼을 클릭합니다.

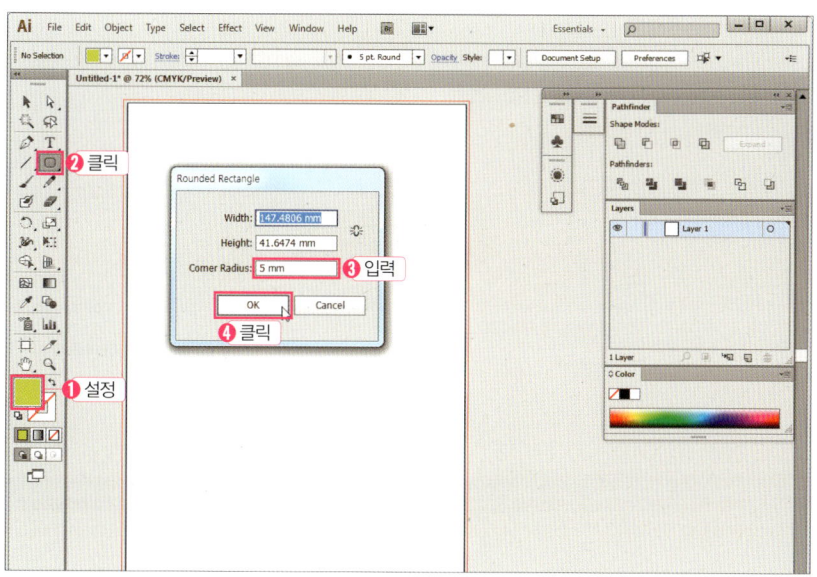

02 미리보기 도형이 나타나면 Delete 를 눌러 삭제하고 다음과 같이 가로로 긴 도형을 그립니다.

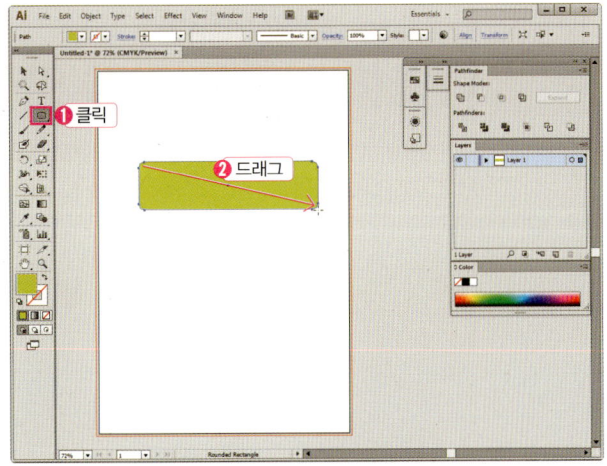

03 ◯(원형 툴)을 선택한 후 도형 앞쪽에 Shift 를 누른 상태에서 동그라미를 그립니다.

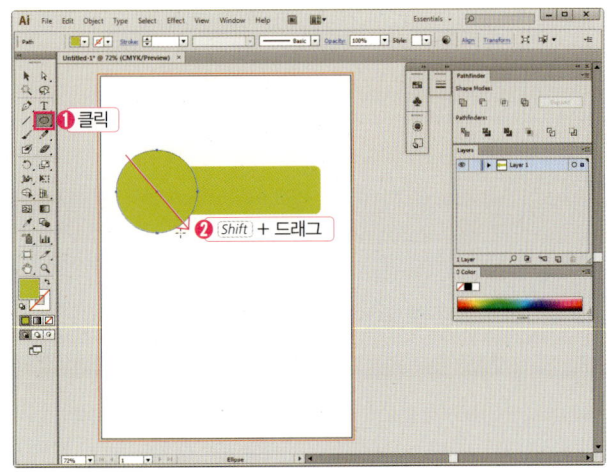

04 ▶(선택 툴)을 선택한 후 크게 드래그하여 2개의 도형을 모두 선택합니다. [Window]-[Pathfinder] 메뉴를 선택한 후 한 개의 도형으로 만들기 위해 ▣(합치기 툴)을 클릭합니다.

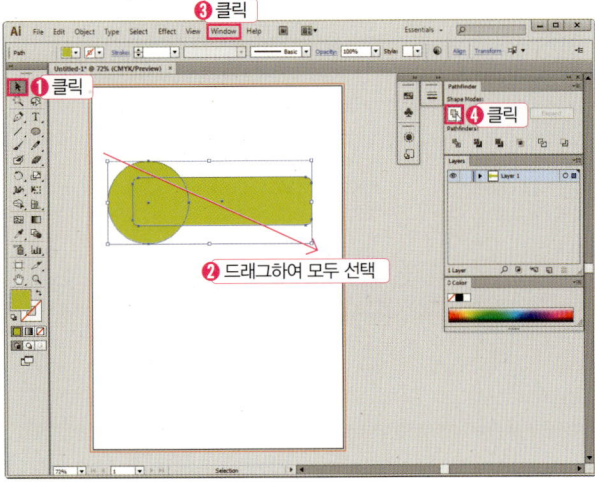

05 [Fill]의 컬러를 'C : 10, M : 0, Y : 40, K : 0(R : 232, G : 237, B : 173)'으로 설정하고, [Stroke]의 컬러는 화이트로 설정합니다. ◯.(원형 툴)을 선택한 후 도형 앞쪽에 Shift를 누른 상태에서 안쪽에 동그라미를 그립니다.

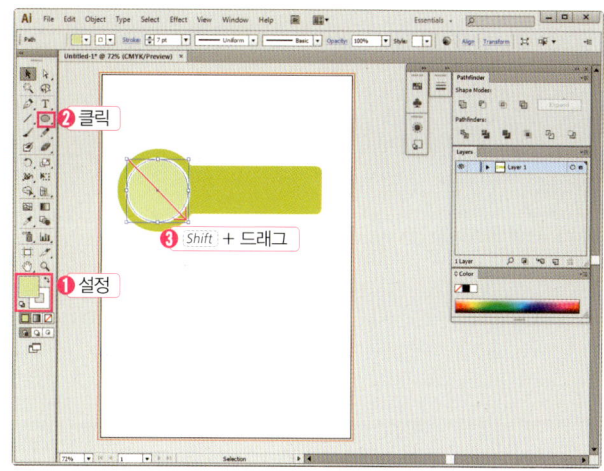

06 전경색을 화이트로 설정하고 [Stroke]의 컬러는 없음으로 설정합니다. ◻.(둥근 사각형 툴)을 설정한 후 사각형을 그립니다.

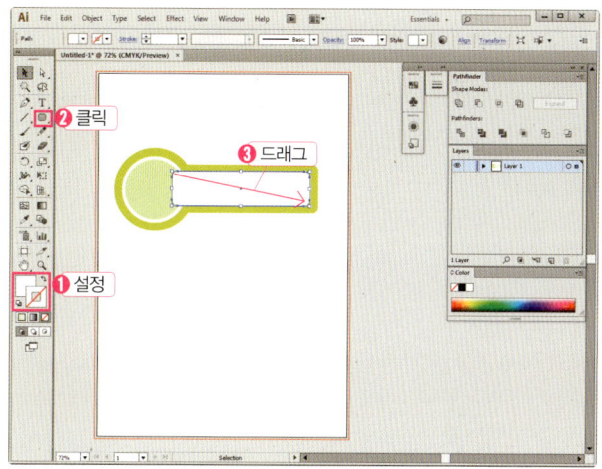

07 동그라미를 선택한 후 마우스 오른쪽 버튼을 클릭해 [Arrange]-[Bring to Front] 메뉴를 선택한 후 맨 앞으로 이동합니다.

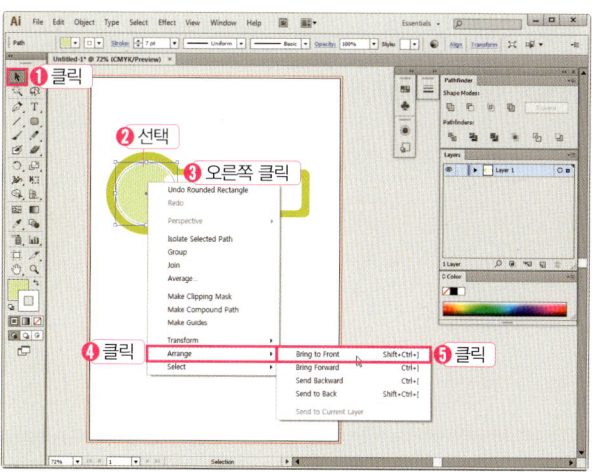

Chapter 09 라벨 만들기 **399**

08 축소 및 확대하였을 때 선의 굵기에 변화가 없도록 전체를 크게 드래그하여 모두 선택한 후 [Object]-[Path]-[Outline Stroke] 메뉴를 선택합니다. Ctrl + G 를 눌러 그룹으로 묶습니다.

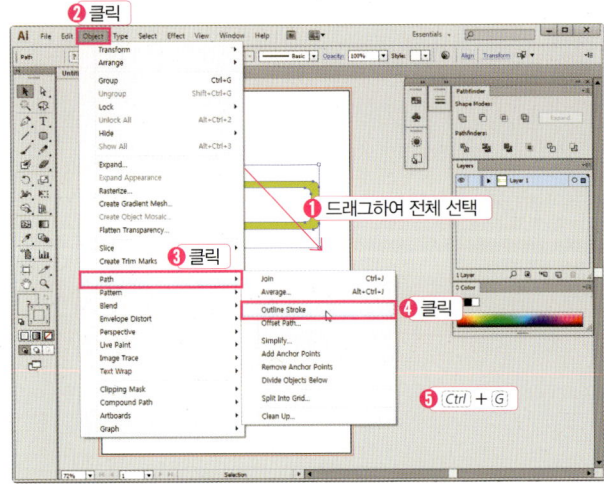

09 전경색을 'C : 75, M : 0, Y : 75, K : 0(R : 42, G : 181, B : 115)'로 설정한 후 ■.(사각형 그리기 툴)을 클릭해 긴 사각형을 그립니다.

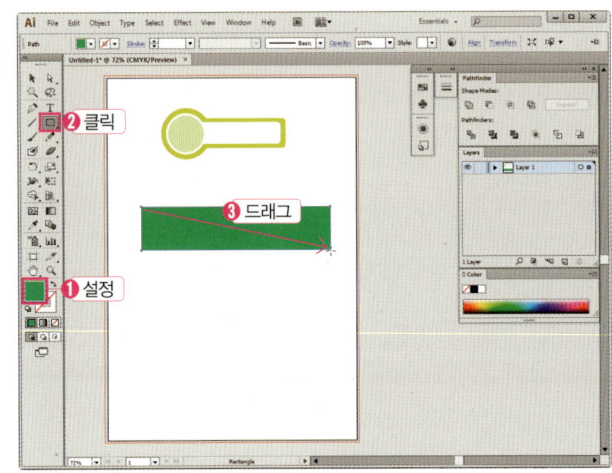

10 한쪽 면을 삼각형 모양으로 오려내기 위해 ✐.(펜 툴)을 선택한 후 잘라낼 만큼 그립니다.

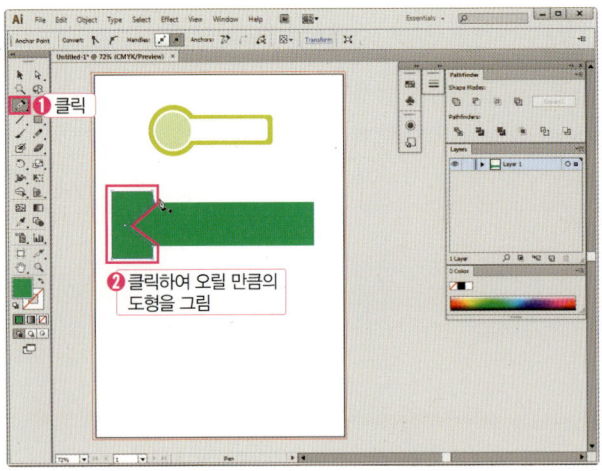

11 마우스로 크게 드래그하여 모두 선택합니다. [Window]-[Pathfinder] 메뉴를 선택하고 (마이너스 프론트 툴)을 클릭합니다.

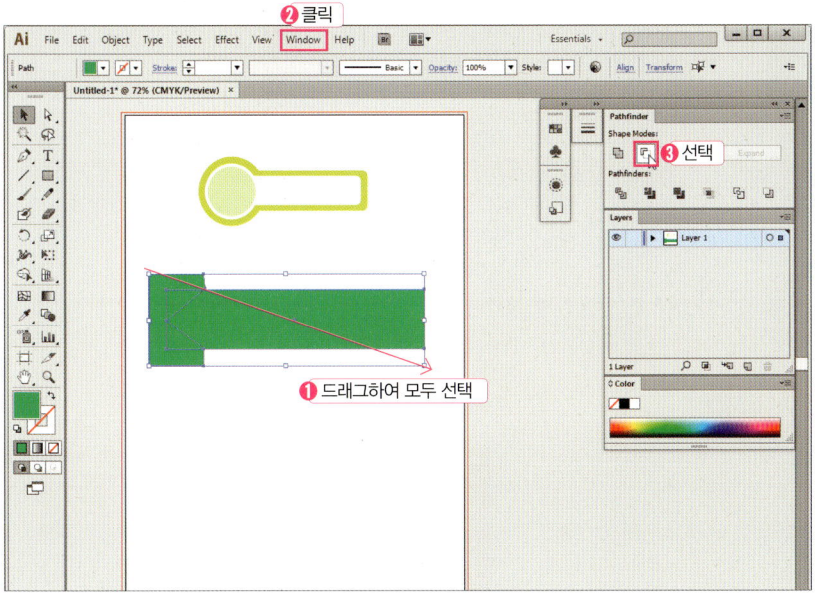

12 도형이 오려지면 (원형 툴)을 선택한 후 Shift 를 누른 상태에서 동그라미를 그리고 이전과 같은 방법으로 모두 선택합니다. (마이너스 프론트 툴)을 클릭해 동그란 만큼을 뚫어줍니다.

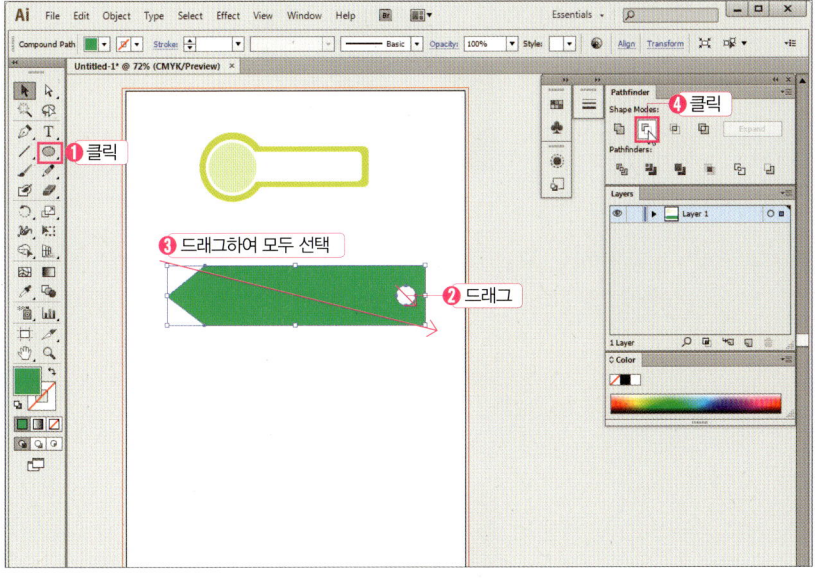

Chapter 09 라벨 만들기 **401**

참고

패스파인더(Pathfinder)는 도형과 도형이 만났을 때 다양한 효과를 줄 수 있는 기법입니다. 총 10개의 기능을 자세히 알아보도록 하겠습니다. 쉽게 알아보기 위하여 임의로 사각형과 동그라미를 그려보겠습니다.

❶ ▣(합치기 툴)을 적용할 경우 위에 있던 도형의 컬러로 모두 합쳐집니다.

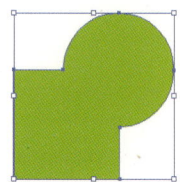

❷ ▣(마이너스 프론트 툴)을 적용할 경우 앞쪽의 도형만큼이 사라지고 뒷부분의 도형만 남습니다.

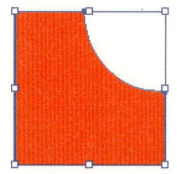

❸ ▣(인터섹트 툴)을 적용할 경우 겹쳐진 부분만 표시됩니다.

❹ ▣(익스클루드 툴)을 적용할 경우 겹쳐진 부분을 제외하고 나머지 부분만 나타냅니다. 이때 컬러는 앞에 있던 도형의 컬러가 적용됩니다.

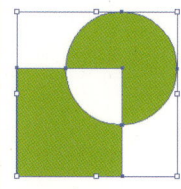

❺ ▣(디바이드 툴)을 적용할 경우 겹쳐진 모든 도형이 분리됩니다. 단, 적용한 후 마우스 오른쪽 버튼을 클릭해 Ungroup을 해주어야 합니다.

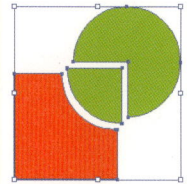

❻ ▣(트림 툴)을 적용할 경우 모양 그대로 분리됩니다. 디바이드 툴과는 달리 2개의 도형으로만 나뉘게 됩니다. 단, 적용한 후 마우스 오른쪽 버튼을 클릭해 Ungroup을 해주어야 합니다.

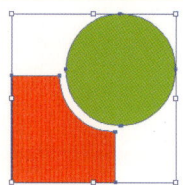

❼ ▦(머지 툴)을 적용할 경우 머지 툴은 합치기 툴과 같은 효과를 냅니다. 단, 합치기 툴은 컬러가 달라도 합쳐지지만, 머지 툴은 컬러가 다를 경우 합쳐지지 않습니다.

❽ ▦(크롭 툴)을 적용할 경우 겹쳐진 부분이 사라집니다. 이때 컬러는 아래에 있던 컬러가 적용됩니다.

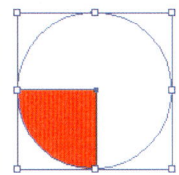

❾ ▦(아웃라인 툴)을 적용할 경우 컬러는 없어지고 패스만 남습니다.

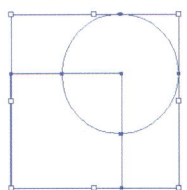

❿ ▦(마이너스 백 툴)을 적용할 경우 뒷면에 있던 도형만큼만 남습니다.

13 전경색을 'C : 0, M : 50, Y : 100, K : 0(R : 247, G : 147, B : 29)'로 설정한 후 ▦(사각형 그리기 툴)을 선택하고 사각형을 그립니다.

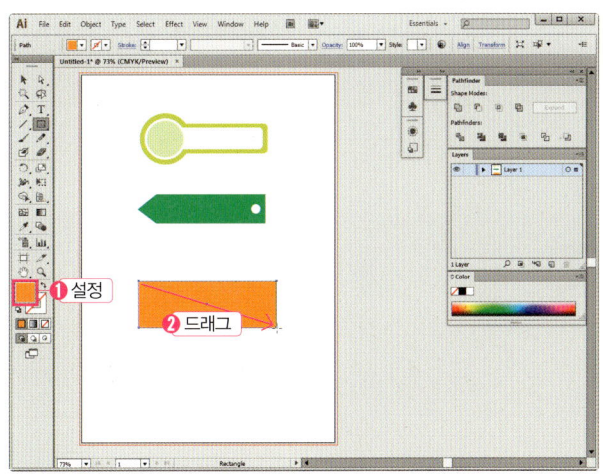

Chapter 09 라벨 만들기 403

14 [Fill]의 컬러는 없음으로 하고 [Stroke]의 컬러는 화이트로 설정한 후 사각형 안에 작은 사각형을 그립니다.

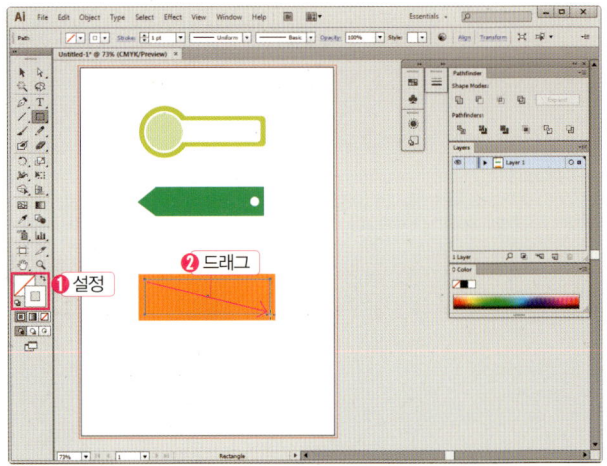

15 [Window]-[Stroke] 메뉴를 선택한 후 [Dashed Line]에 체크하고 [dash]를 '4pt'로 설정합니다.

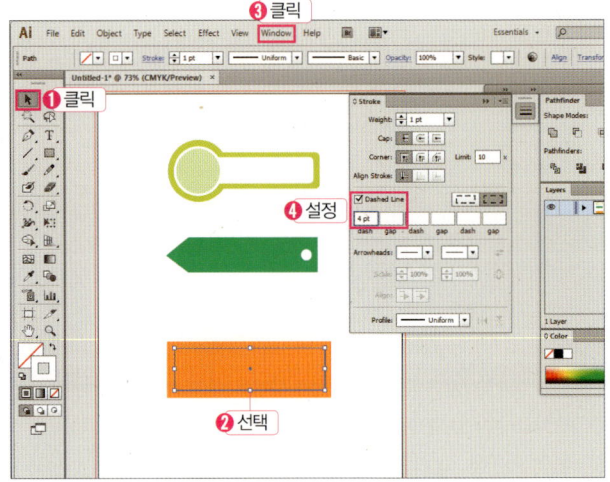

16 3개의 라벨이 완성되었습니다.

17 [File]-[Save As] 메뉴를 선택한 후 작업 파일인 ai 파일로 저장하고, 원하는 만큼 복사하여 A4 용지에 앉혀 출력하여 사용합니다.

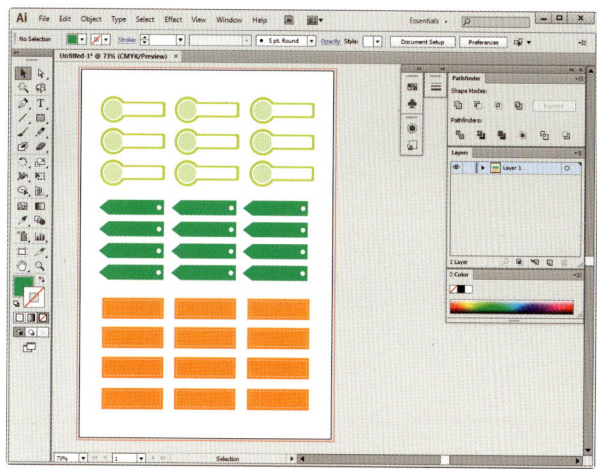

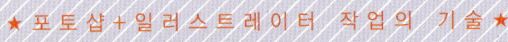

Chapter 10
블로그 스킨 만들기

블로그를 운영할 때 제공되는 스킨 외에도 본인이 원하는 디자인의 스킨을 만들고 싶을 때가 많습니다. 매우 간단하게 나만의 블로그를 꾸미는 방법을 배워보도록 하겠습니다.

Section 01 [포토샵]
이미지가 중심이 되는 스킨 만들기

이미지를 통으로 넣어 원하는 스타일의 스킨을 만들어 보겠습니다. 이때는 사진을 잘 선택하는 것이 중요합니다.

- 시작파일   part 03〉chapter 10〉part3-35.jpg
- 완성파일   part 03〉chapter 10〉이미지가 중심이 되는 스킨.jpg

01 네이버 블로그 스킨의 기본 크기는 가로 966pixel, 세로 300pixel입니다. 포토샵의 [New] 대화상자에서 [Width]는 '966pixel', [Height]는 '300pixel', [Resolution]은 '300', [Color Mode]는 'RGB Color'로 설정한 후 [OK] 버튼을 클릭합니다.

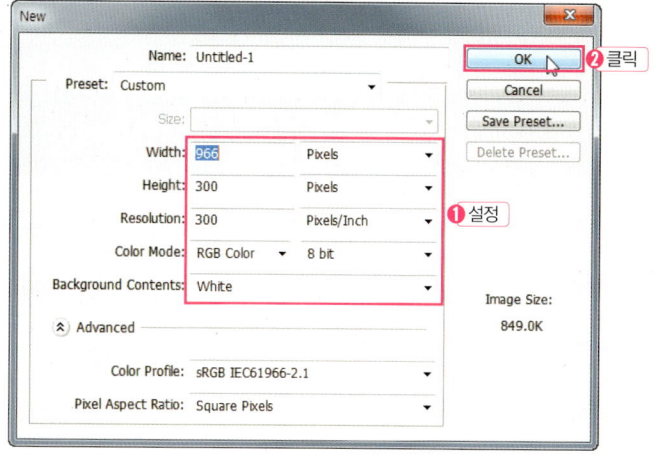

02 'part3-35.jpg' 파일을 불러옵니다. Ctrl + M을 누른 후 [Curves] 대화상자에서 마우스를 드래그하여 화살과 같은 모양으로 이동하여 보정합니다. ([Output]은 '110', [Input]은 '48')

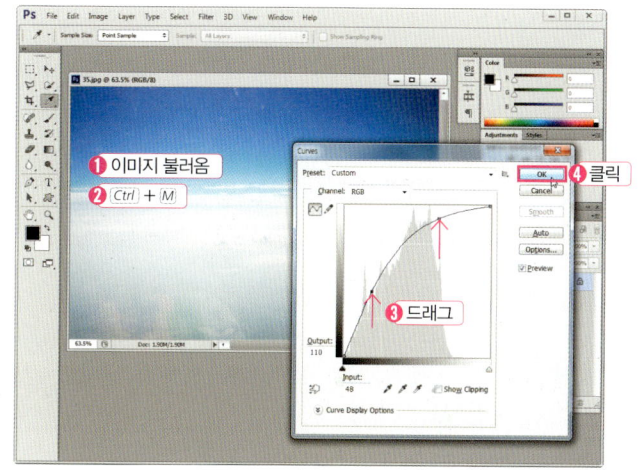

03 (Create a new layer)를 클릭하여 새 레이어를 엽니다. 전경색을 클릭해 [Color Picker] 창에서 'C : 100, M : 90, Y : 0, K : 0(R : 33, G : 64, B : 154)'로 설정하고 (페인트 툴)을 선택한 후 작업창에 클릭하여 컬러를 적용합니다.

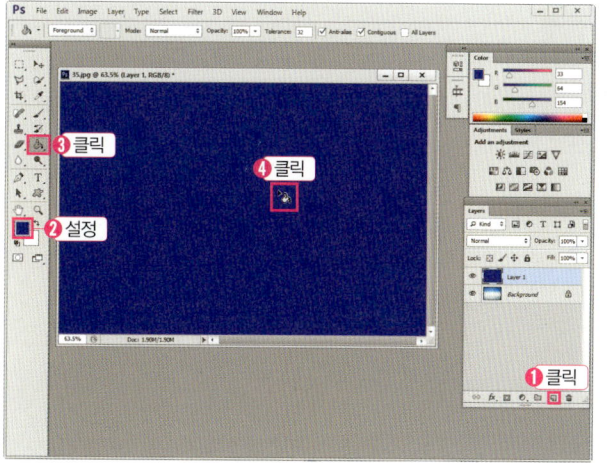

Chapter 10 블로그 스킨 만들기 407

04 [Layers] 패널에서 레이어 스타일의 블렌딩 모드 [Set the blending mode for the layer]를 클릭한 후 [Exclusion]을 선택합니다.

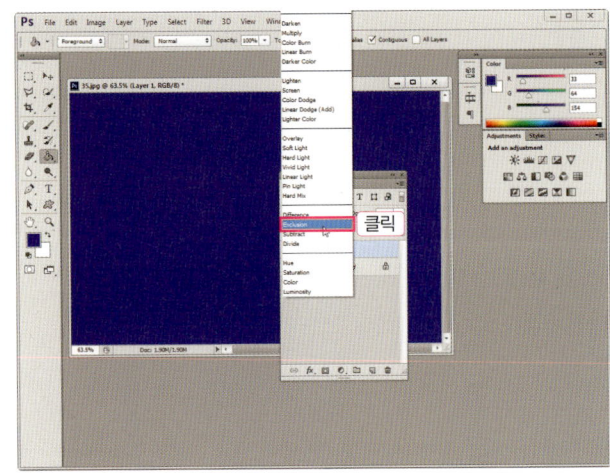

05 [Layers] 패널의 [Opacity]를 '60%'로 설정합니다.

06 Shift 를 누른 상태에서 레이어를 모두 선택한 후 마우스 오른쪽 버튼을 클릭해 [Merge Layers] 메뉴를 선택합니다.

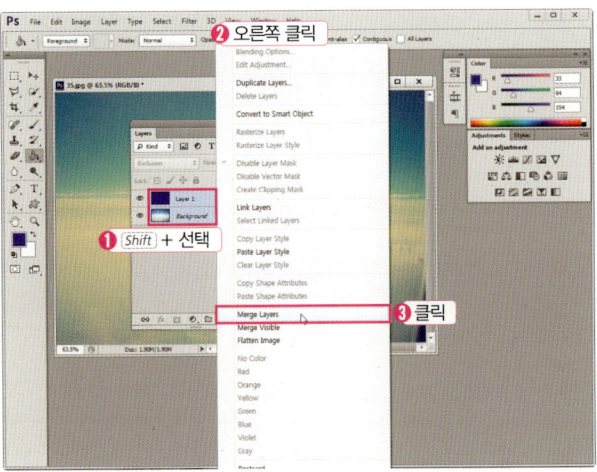

07 (이동 툴)을 선택한 후 작업창에 이미지를 드래그하여 이동합니다.

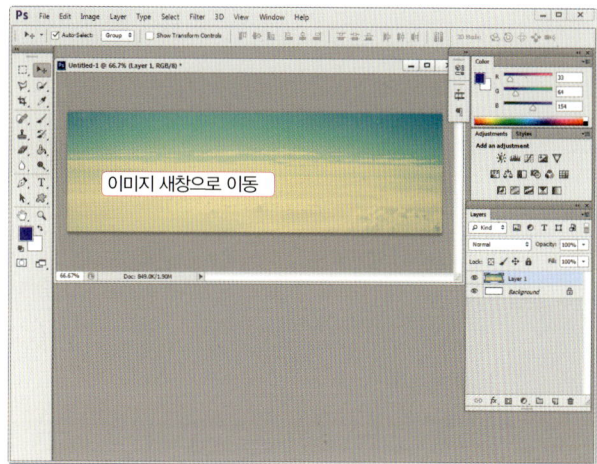

08 추가 보정이 필요하면 Ctrl + M 을 누른 후 표시되는 [Curves] 대화상자에서 보정합니다.

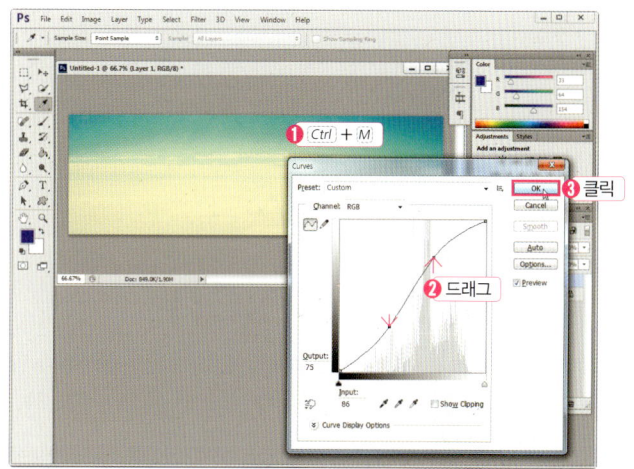

09 전경색을 화이트로 설정한 후 원하는 텍스트를 입력합니다. 이때 분위기 있는 텍스트 편집을 위해 Alt 를 누른 상태에서 텍스트를 드래그하여 자간을 넓힙니다.

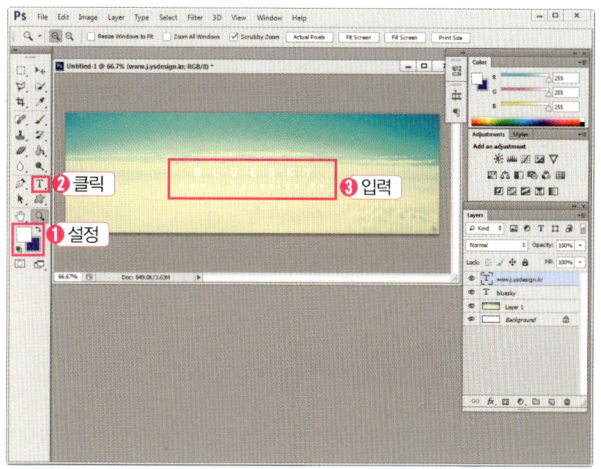

10 작업 파일인 PSD로 저장하고, 가장 높은 퀄리티로 설정하여 JPEG로도 저장합니다. 완성된 모습입니다.

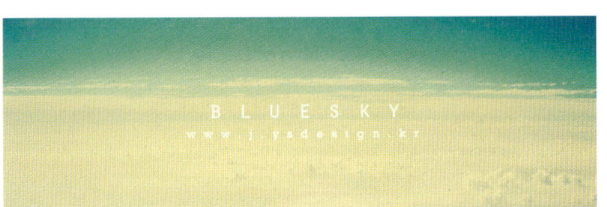

Section 02 [포토샵] 텍스트가 중심이 되는 스킨 만들기

이미지를 넣지 않고, 단순히 텍스트로만 디자인하고 싶을 때가 있습니다. 이럴 때는 도형을 만들어서 꾸미거나 텍스트끼리 교차시키는 방법으로 디자인 효과를 줄 수 있습니다.

완성파일 part 03>chapter 10>텍스트가 중심이 되는 스킨.jpg

01 [Width]는 '966pixel', [Height]는 '300pixel', [Resolution]은 '300', [Color Mode]는 'RGB Color'의 새 창을 엽니다. 새 레이어를 열고 전경색을 'C : 0, M : 0, Y : 0, K : 10(R : 230, G : 231, B : 232)'으로 설정합니다. (그레이디언트 툴)을 선택한 후 Shift 를 누른 상태에서 상단에서 하단으로 드래그하여 그라데이션을 적용합니다.

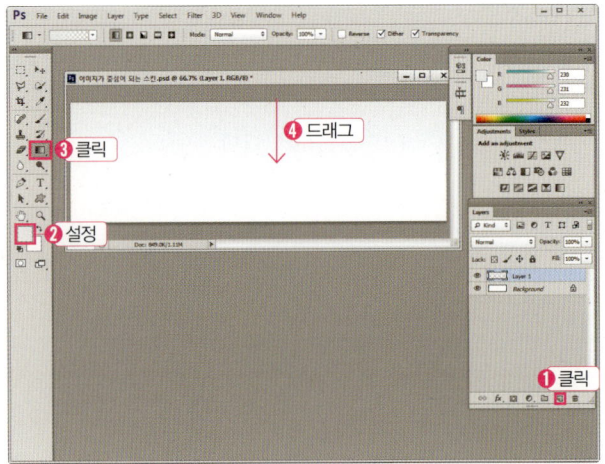

02 전경색을 블랙으로 설정하고 T.(가로 문자 툴)을 선택한 후 타이틀로 할 글자를 입력합니다.

Your Fashion : 나눔바른고딕 Bold, 14pt

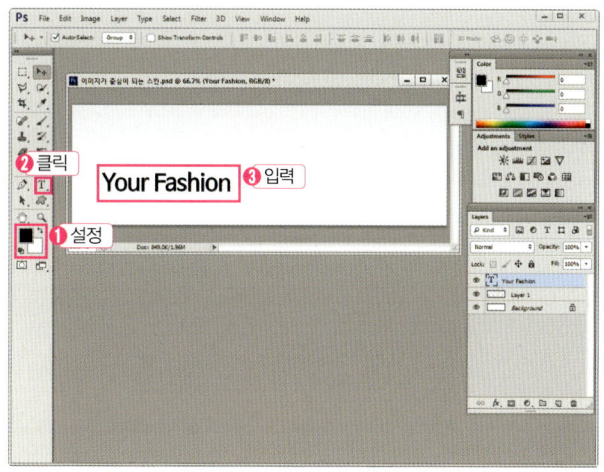

03 원하는 텍스트를 길게 입력합니다. (여기서는 나눔바른고딕 Reguler, 4.5pt)

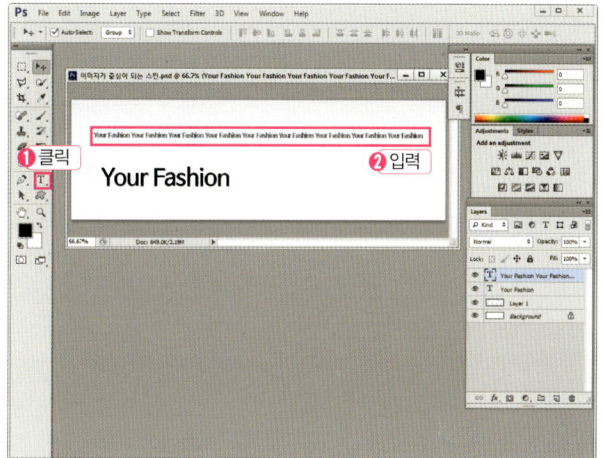

04 글자에 효과를 주기 위해 길게 쓴 텍스트 레이어 [Your Fashion Your Fashio…]를 클릭한 후 마우스 오른쪽 버튼을 클릭해 [Rasterize Type] 메뉴를 선택합니다.

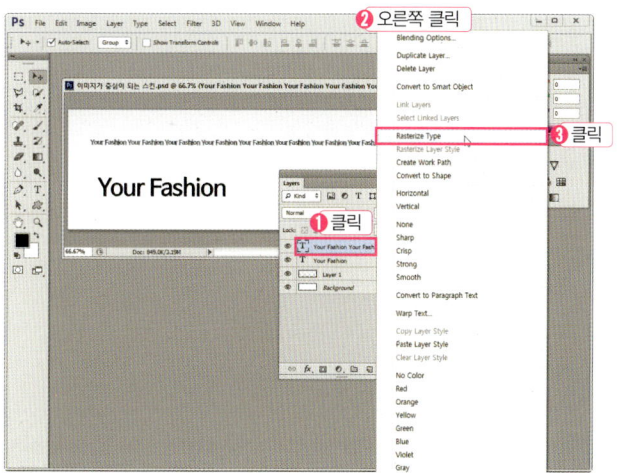

Chapter 10 블로그 스킨 만들기 411

05 이제 이미지로 바뀐 긴 텍스트 레이어의 끝부분을 희미하게 지우기 위해 하단의 ▣(레이어 마스크 추가)를 클릭합니다. 전경색을 블랙으로 설정하고 ▣(그레이디언트 툴)을 선택한 후 옵션 바의 블랙에서 투명 옵션 ▨(Foreground to Transparent)을 선택합니다. 그리고 화면에 마우스를 가져간 후 + 모양이 나타나면 드래그하여 글씨 왼쪽 부분을 희미하게 지웁니다.

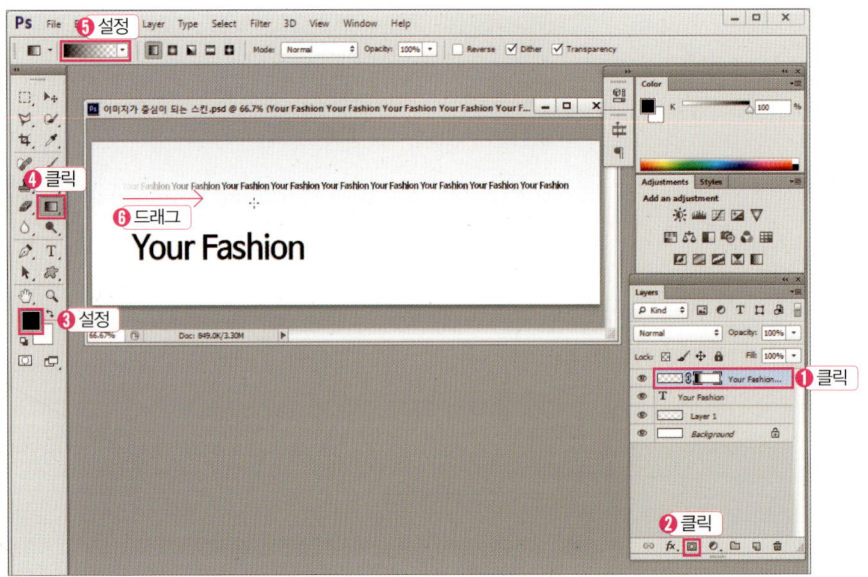

06 동일한 방법으로 긴 텍스트의 오른쪽 끝도 지웁니다.

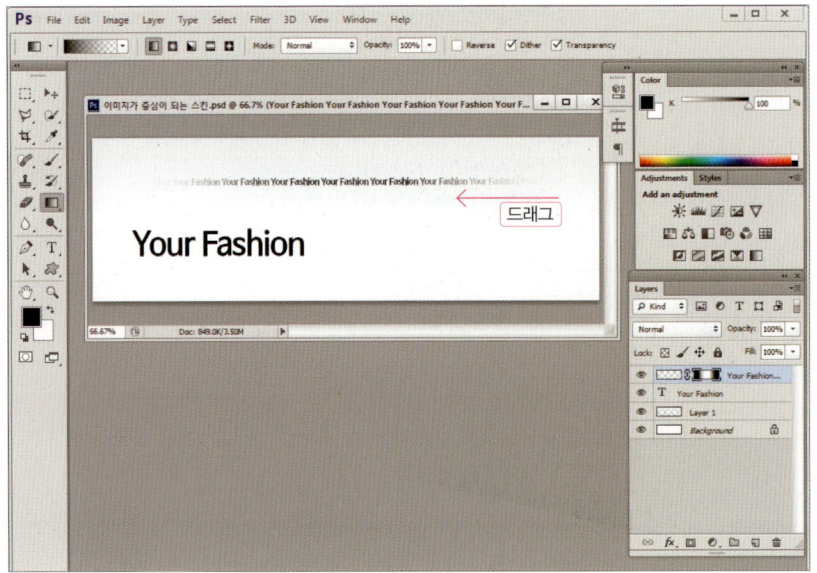

07 효과가 들어간 이미지를 클릭한 후 [Layers] 패널에서 [Opacity]를 '30%'로 설정합니다.

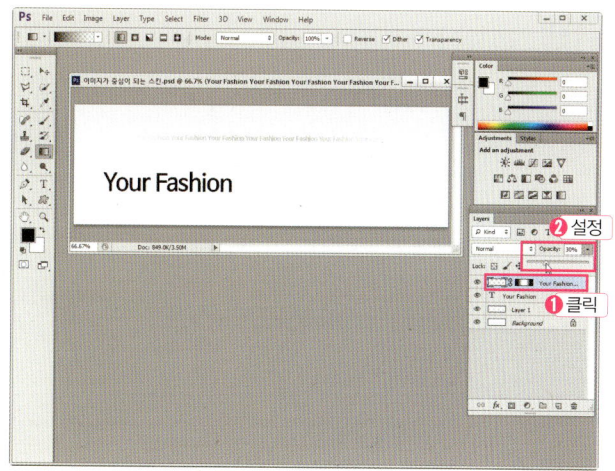

08 추가 작업할 때 바탕이 움직이지 않게 하기 위해 [Layers] 패널에서 바탕 그라데이션 레이어인 Layer 1을 선택한 후 상단의 🔒 (레이어 잠금)을 클릭합니다.

09 효과를 준 긴 텍스트 레이어 [Your Fashion You Fashion…]을 선택하고 Ctrl + J 를 눌러 복사한 후 화살표를 아래로 움직여 원하는 위치에 가져다 놓습니다.

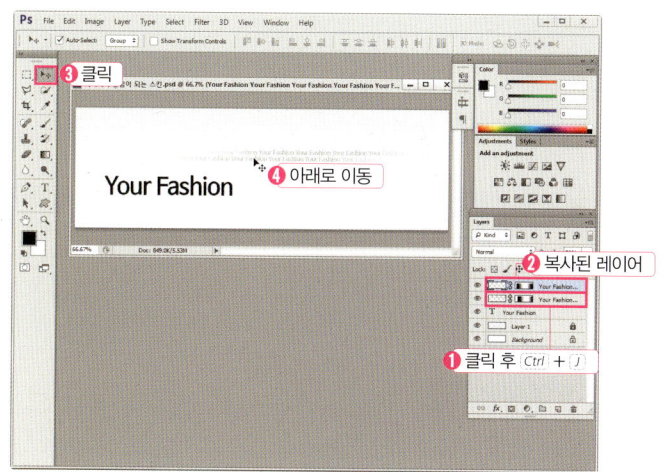

Chapter 10 블로그 스킨 만들기 **413**

10 효과를 준 긴 텍스트 레이어 [Your Fashion You Fashion...]를 하나 더 복사하여 총 3개를 만듭니다. 모든 레이어를 선택한 후 Shift 를 누른 상태에서 마우스 오른쪽 버튼을 클릭해 [Merge Layers] 메뉴를 선택합니다. 하나의 이미지로 만들어졌습니다.

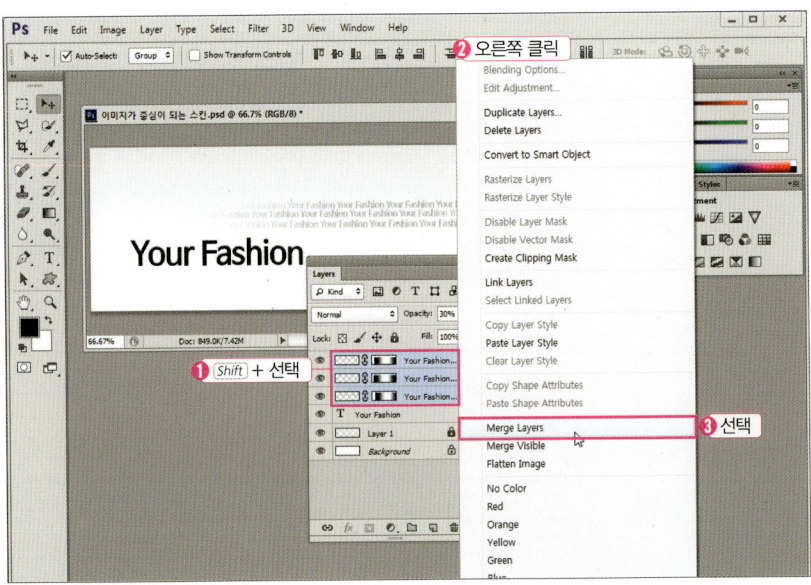

11 Ctrl + T 를 눌러 각도를 바꾼 후 Enter 를 눌러 적용합니다.

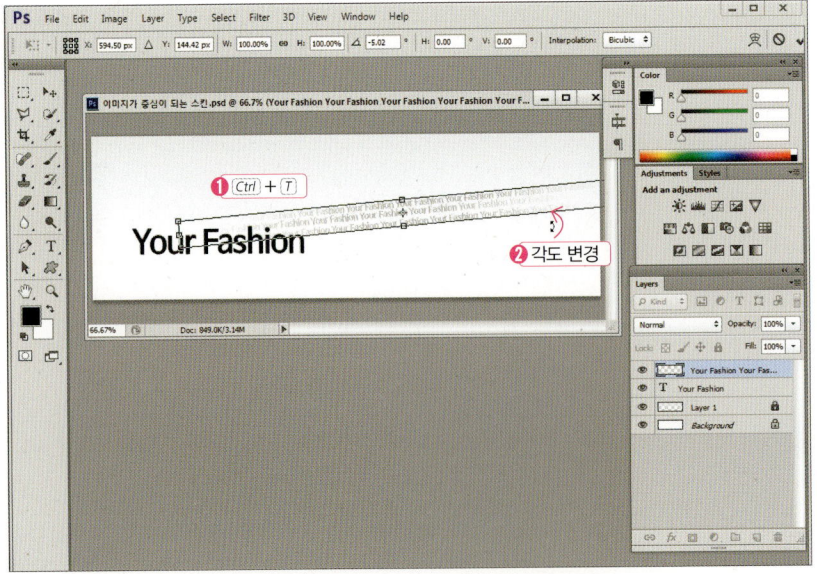

12 . Ctrl + J 를 눌러 레이어를 복사한 후 Ctrl + T 를 눌러 각도를 바꿔주고 Enter 를 눌러 적용합니다.

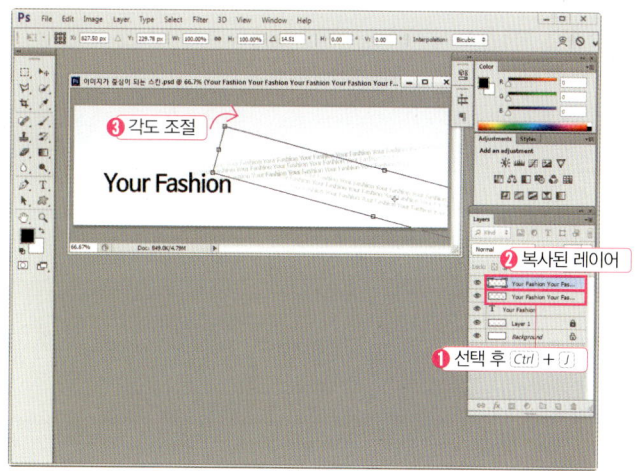

13 Ctrl + J 를 눌러 레이어를 복사한 후 Ctrl + T 를 눌러 각도를 바꿔주면서 총 3개의 레이어를 배치합니다.

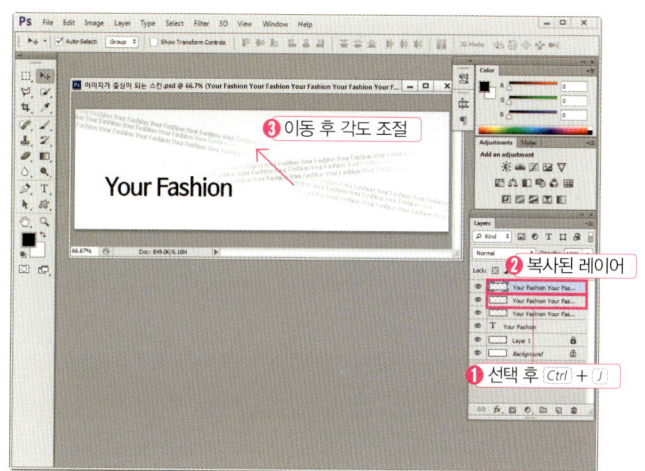

14 나머지 텍스트 'www.j.ysdesign.kr'을 입력한 후 마무리합니다. 작업 파일인 PSD 파일로 저장하고, JPEG로도 저장합니다.

15 완성되었습니다.

Section 03 [포토샵]
이미지와 텍스트가 어우러지는 어느 육아 블로그 스킨

우리 아이의 얼굴과 어울리는 텍스트로 꾸며보는 블로그 스킨입니다. 아이들의 사진을 원하는 모양으로 잘라 블로그 메인 화면으로 꾸며봅니다.

- 예제파일   part 03>chapter 10>part3-32jpg, part3-33jpg, part3-34jpg
- 완성파일   part 03>chapter 10>이미지와 텍스트가 어우러지는 스킨.jpg

01 [Width]는 '966pixel', [Height]는 '300pixel', [Resolution]은 '300', [Color Mode]는 'RGB Color'의 새 창을 엽니다. 새 레이어를 열고 전경색을 'C : 40, M : 0, Y : 20, K : 0(R : 150, G : 213, B : 210)' 으로 설정합니다. ■.(그레이디언트 툴)을 선택한 후 Shift 를 누른 상태에서 상단에서 하단으로 드래그하여 그라데이션을 적용합니다.

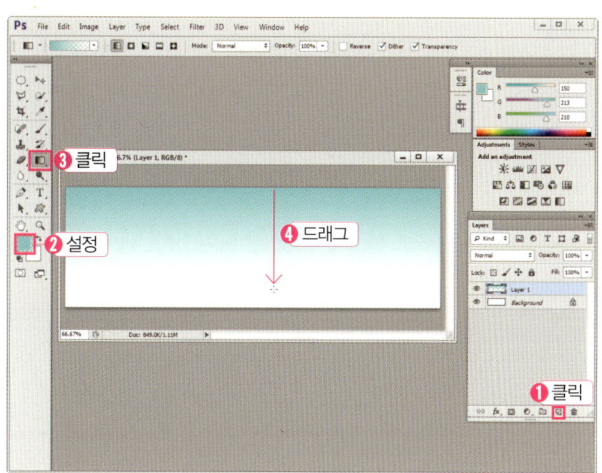

02 새 레이어 [Layer 1]을 열어준 후 전경색을 화이트로 설정합니다. 툴 바에서 ♣.(모양 툴)을 선택한 후 옵션 바에서 별모양 클립아트를 더블 클릭합니다.

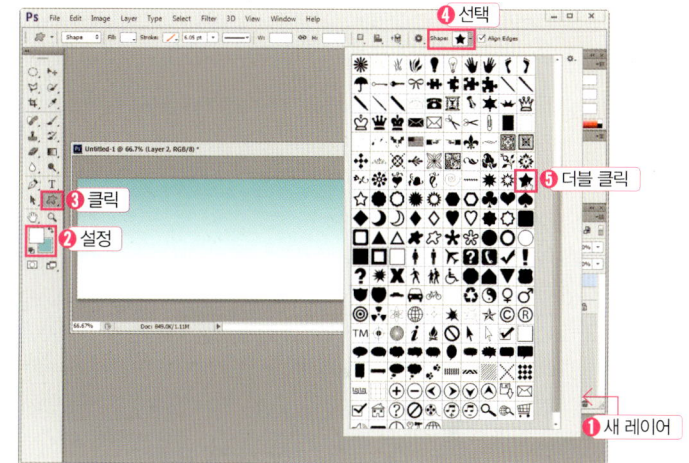

03 Shift 를 누른 상태에서 드래그하여 클립아트를 그립니다.

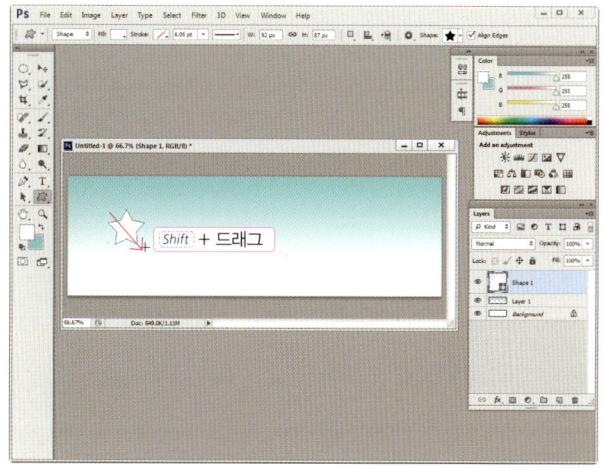

Chapter 10 블로그 스킨 만들기

04 별모양 클립아트를 Shift 를 누른 상태에서 하나 더 그려주고 Ctrl + T 를 눌러 각도를 조절한 후 Enter 를 누릅니다. [Shape 2] 레이어가 선택된 상태에서 [Opacity]를 '70%'로 설정합니다. 동일한 방법으로 여러 개의 클립아트를 그려줍니다.

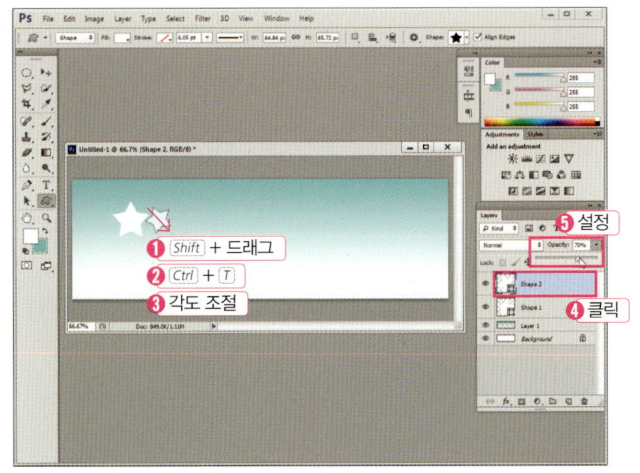

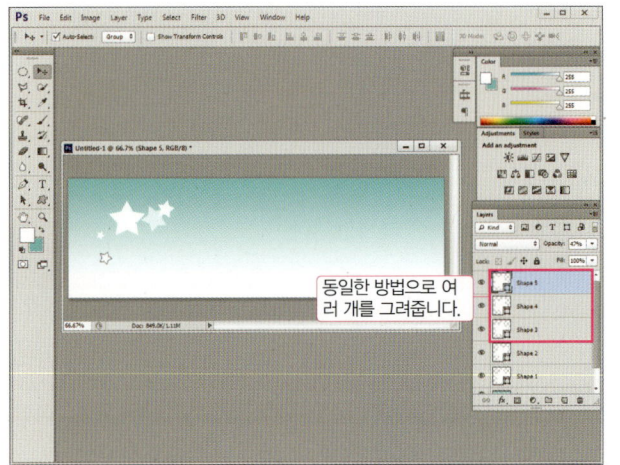

05 'part3-32.jpg' 파일을 불러옵니다. ◯.(원형 선택 툴)을 선택한 후 불러온 이미지 위에 Shift 를 누른 상태에서 드래그하여 잘라낼 만큼 그립니다.

06 ►⊕(이동 툴)을 선택한 후 마우스를 점선 안에 가져다 놓으면 가위 모양이 나타납니다. 이때 선택한 부분을 드래그하여 작업창으로 이동한 후 Ctrl + T 를 눌러 Shift 를 누른 상태에서 크기를 줄이고 Enter 를 누릅니다.

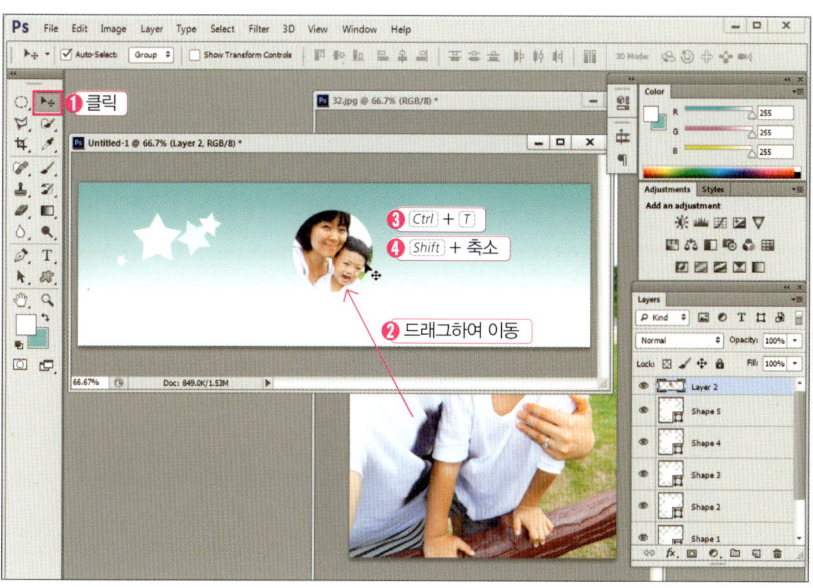

07 화이트 테두리를 만들기 위해 옮겨진 이미지 레이어 [Layer 2]를 더블 클릭합니다. [Layer Style] 대화상자에서 [Stroke]을 선택하고 [Color]는 화이트, [Size]는 '6px'로 설정합니다.

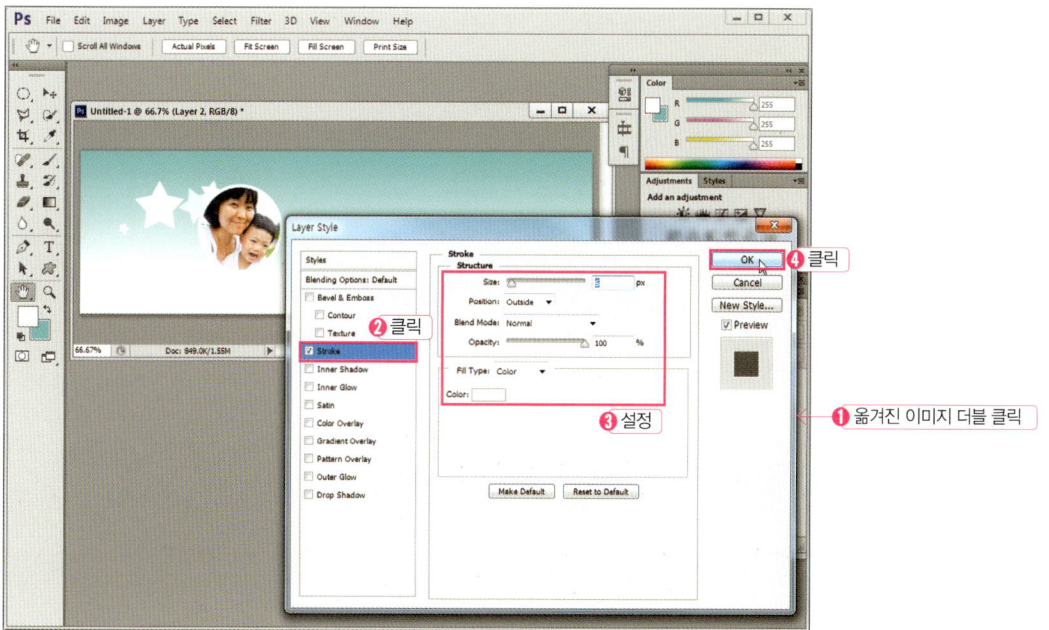

Chapter 10 블로그 스킨 만들기 **419**

08 'part3-33.jpg' 파일을 불러옵니다. ◯(원형 선택 툴)을 선택한 후 불러온 이미지 위에 Shift 를 누른 상태에서 드래그하여 잘라낼 만큼 그립니다. ▶(이동 툴)을 선택한 후 점선 안에 가위 모양이 나타나면 작업창으로 이동하고 Ctrl + T 를 눌러 Shift 를 누른 상태에서 크기를 조절합니다.

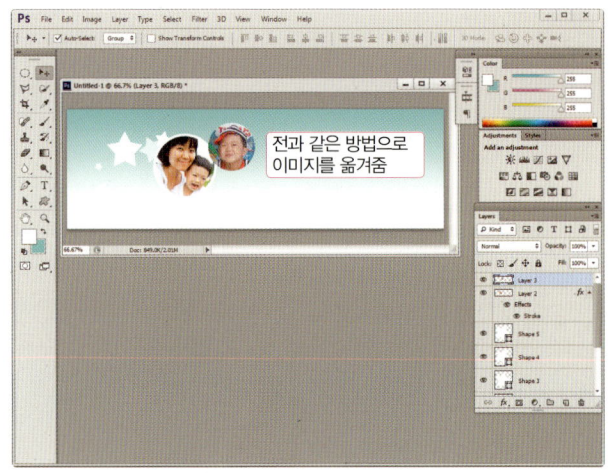

전과 같은 방법으로 이미지를 옮겨줌

09 레이어 스타일을 복제하기 위해 먼저 테두리를 만들어놓은 레이어 [Layer 2]를 선택한 후 마우스 오른쪽 버튼을 클릭해 [Copy Layer Style] 메뉴를 선택합니다.

❶ 이미 레이어 스타일 적용된 레이어 선택
❷ 오른쪽 클릭
❸ 클릭

10 새로 옮겨놓은 이미지 레이어 [Layer 3]을 선택한 후 마우스 오른쪽 버튼을 클릭해 [Paste Layer Style] 메뉴를 선택해 테두리를 적용합니다.

❶ 레이어 스타일 적용 전의 레이어 선택
❷ 오른쪽 클릭
❸ 클릭

11 (이동 툴)을 선택한 후 이미지를 원하는 곳으로 이동합니다.

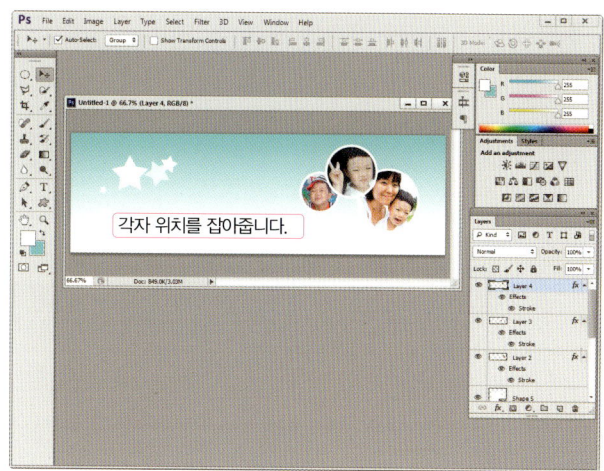

12 (가로 문자 툴)을 선택한 후 텍스트를 입력합니다. 이때 한꺼번에 입력하지 말고, 각각의 레이어를 만들어 따로 입력한 후에 꾸며주는 것이 좋습니다.

사랑스런 : 나눔손글씨 펜 14pt

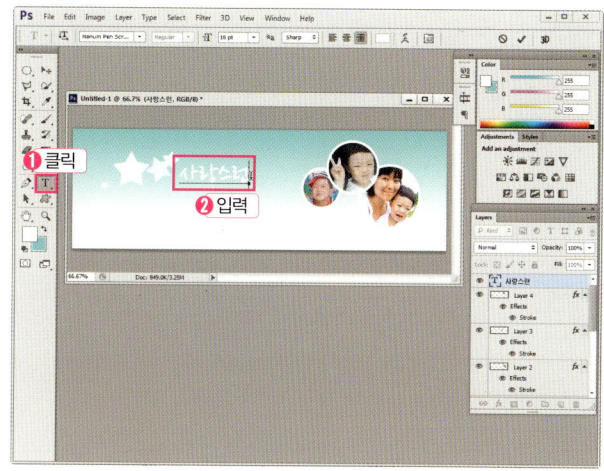

13 Ctrl + T 를 누른 후 Shift 를 누른 상태에서 각도도 바꿔봅니다.

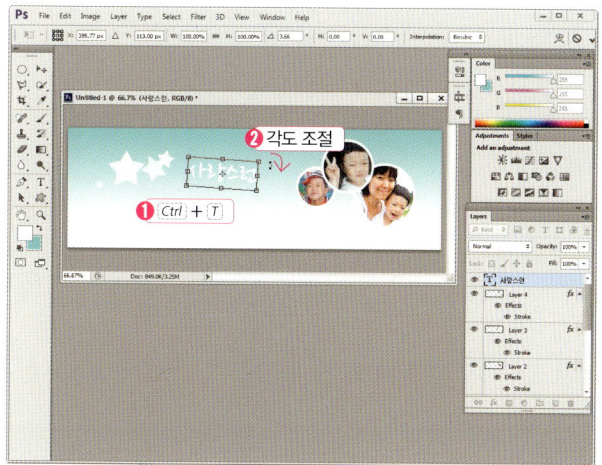

14 나머지 글씨도 각각의 레이어를 만들어 입력하고 Ctrl + T를 누른 후 Shift를 누른 상태에서 크기와 각도 등을 적용하여 꾸밉니다.

인호네 : 나눔손글씨 펜 20pt

집 : 나눔손글씨 펜 26pt

www.j.ysdesign.kr : 나눔손글씨 펜 8pt

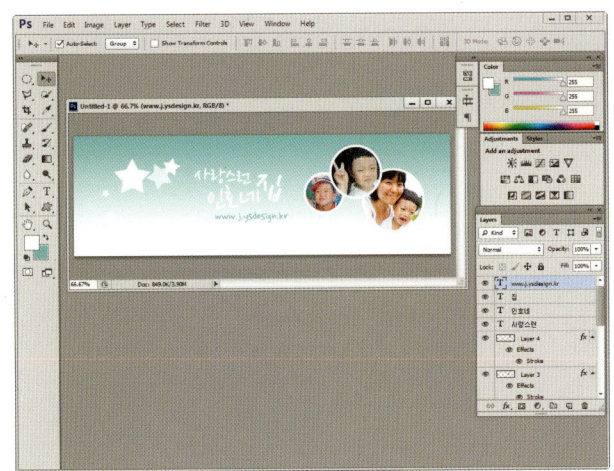

15 작업 파일인 PSD 파일로 저장하고, 가장 큰 퀄리티인 JPEG로도 저장합니다. 완성된 스킨입니다.

16 다른 모양으로도 디자인을 해봅니다.

Section 04 [포토샵]
도형과 텍스트가 어우러지는 어느 패션 블로그 스킨

도형과 텍스트가 만나 새로운 스타일을 만들 수 있습니다. 또한 스카치테이프의 효과를 내는 방법을 익혀 모던하고 유쾌한 스킨을 만들어 보겠습니다.

● 완성파일 part 03〉chapter 10〉텍스트와 도형이 어우러지는 스킨.jpg

01 [Width]는 '966pixel', [Height]는 '300pixel', [Resolution]은 '300', [Color Mode]는 'RGB Color'의 새 창을 엽니다. 새 레이어를 열고 전경색을 'C : 0, M : 0, Y : 10, K : 0(R : 255, G : 253, B : 233)'으로 설정한 후 (페인트 툴)을 선택하여 컬러를 적용해 줍니다.

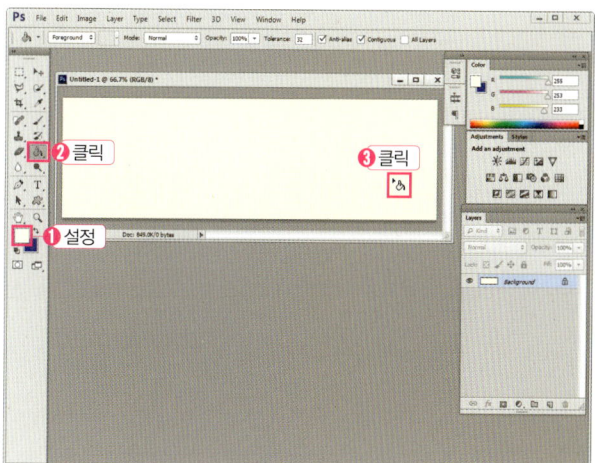

02 툴 바에서 T.(가로 문자 툴)을 선택한 후 각각의 레이어를 만들고 원하는 타이틀과 하단의 작은 글자를 모두 입력합니다.

Amusing fashion : 나눔손글씨 펜 19pt

유쾌상쾌한 나만의 패션을 원해! : 나눔손글씨 펜 8pt

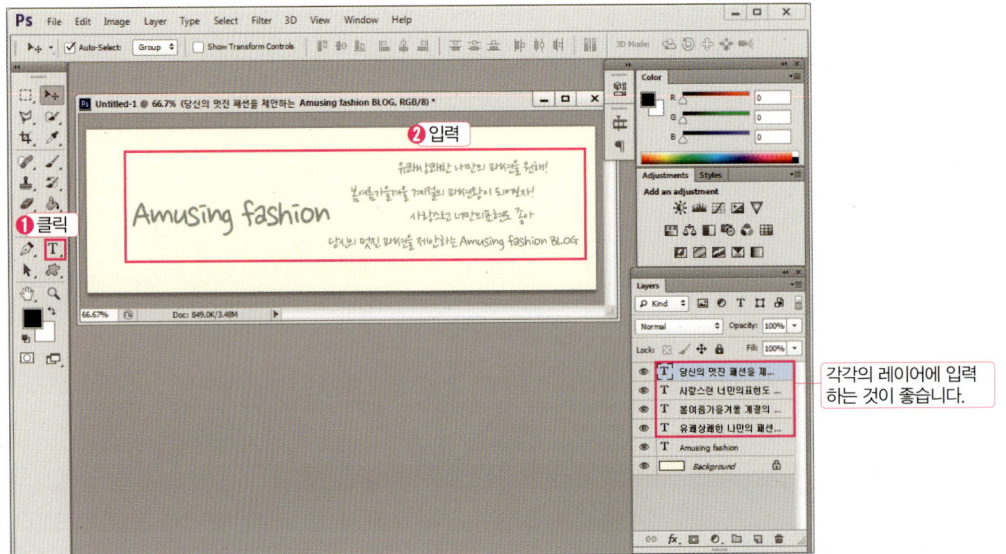

03 작은 텍스트들의 아래 레이어를 선택한 후 □(새 레이어)를 클릭합니다. 새 레이어를 열고 전경색을 'C : 100, M : 50, Y : 0, K : 0(R : 0 , G : 114, B : 188)'으로 설정합니다. □.(사각 도형 툴)을 선택한 후 텍스트 아래에 사각형을 그립니다.

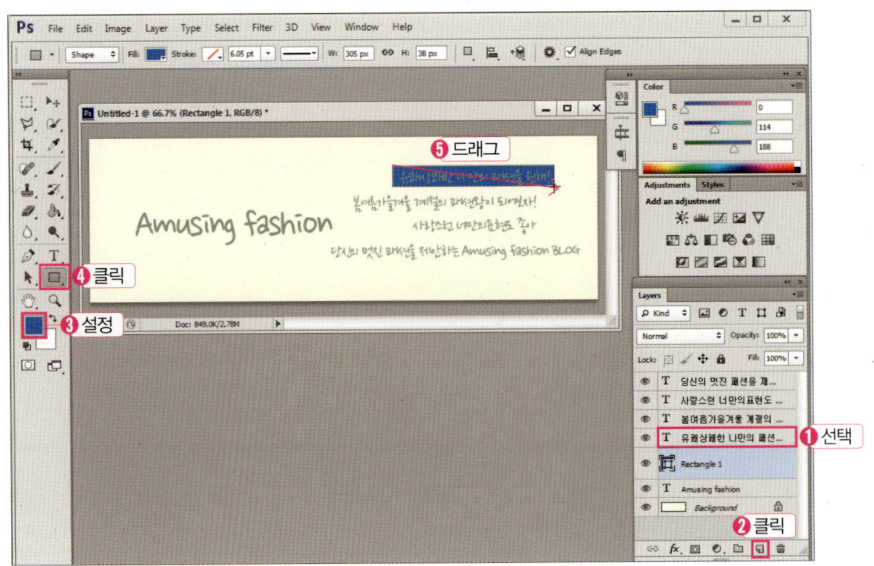

04 새 레이어를 열고 전경색을 'C : 60, M : 10, Y : 50, K : 0(R : 107, G : 179, B : 150)'으로 설정한 후 또 다른 텍스트 아래에 사각형을 그립니다.

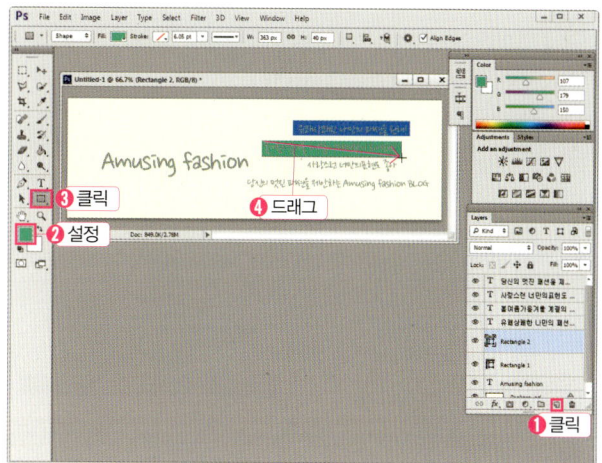

05 새 레이어를 만들고 전경색을 'C : 50, M : 5, Y : 100, K : 0(R : 142, G : 190, B : 63)'으로 설정한 후 사각형을 그립니다.

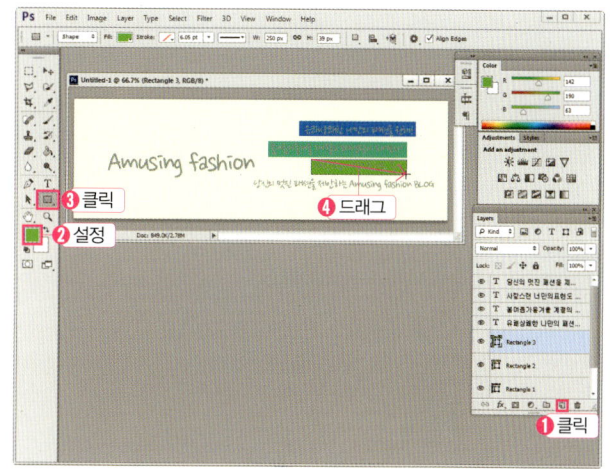

06 마지막으로 새 레이어를 열고 전경색을 'C : 80, M : 70, Y : 0, K : 0(R : 75, G : 94, B : 170)'으로 설정한 후 마지막 사각형을 그립니다.

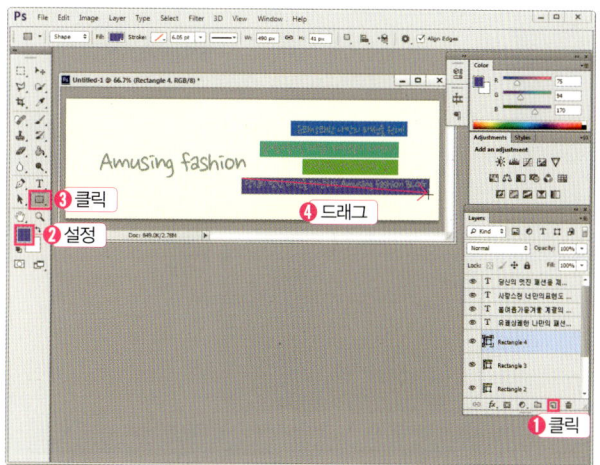

07 텍스트가 보이도록 하기 위해 T.(가로 문자 툴)을 선택한 후 텍스트를 드래그하고 옵션 바의 □(텍스트 컬러 변경 메뉴)를 클릭합니다.

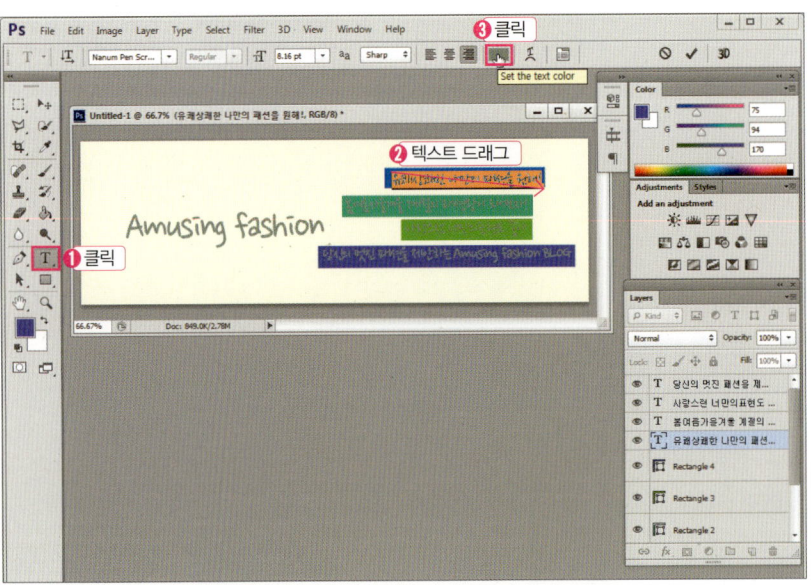

08 [Color Picker] 대화상자가 표시되고 마우스를 배경 화면에 가져가면 스포이드 모양이 나타나면서 컬러가 추출됩니다. 추출된 컬러가 표시되고 [OK] 버튼을 클릭하면 텍스트에 컬러가 적용됩니다. 이 같은 방법으로 나머지 텍스트들의 컬러도 변경해 줍니다.

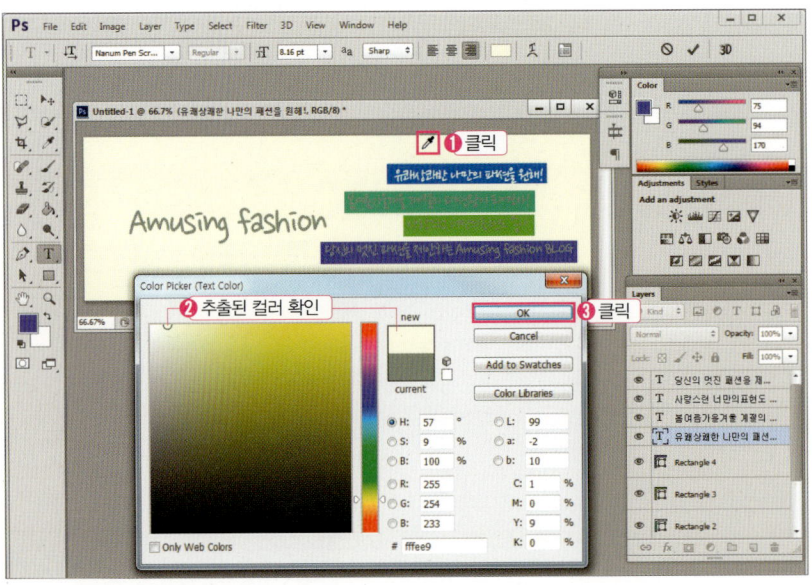

09 Ctrl을 누른 상태에서 도형과 텍스트가 set가 되도록 선택하고 Ctrl + G를 눌러 그룹으로 지정합니다.

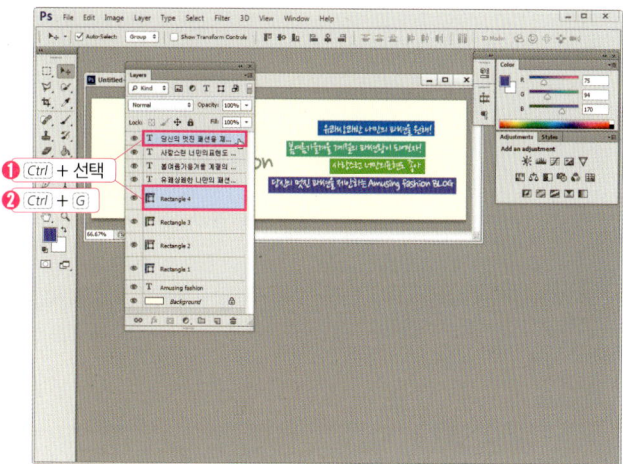

10 그룹이 설정되면 Ctrl + T를 눌러 한 번에 각도를 바꿀 수 있습니다.

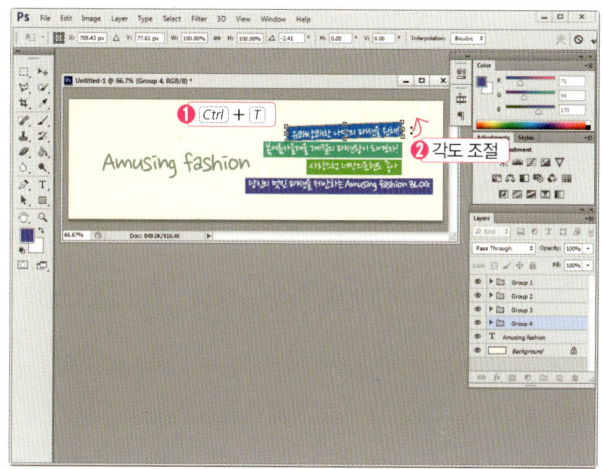

11 (돋보기 툴)을 선택한 후 미세한 작업을 위해 확대합니다.

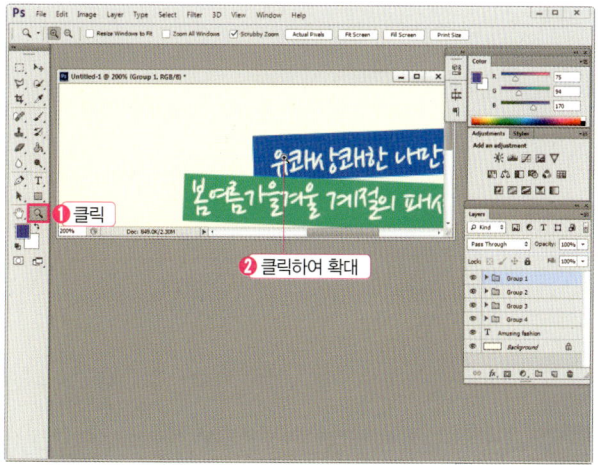

12 새 레이어를 열고 ▼(다각형 올가미 툴)을 선택한 후 스카치테이프 모양을 그리고 마지막에 0 모양이 나타났을 때 마무리합니다. 점선으로 표시됩니다.

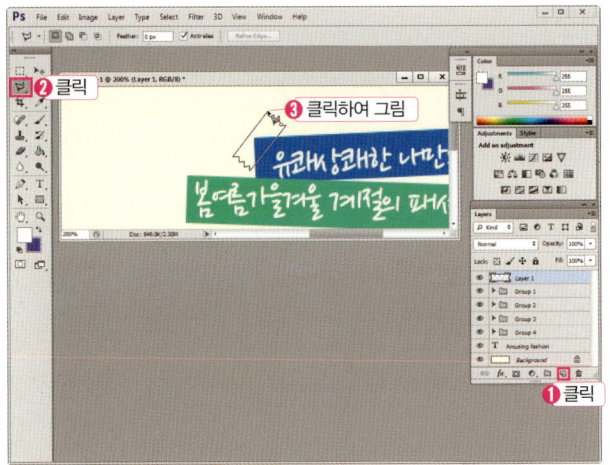

13 전경색을 블랙으로 설정하고 ♦(페인트 툴)을 선택한 후 작업창을 클릭하여 컬러를 적용합니다.

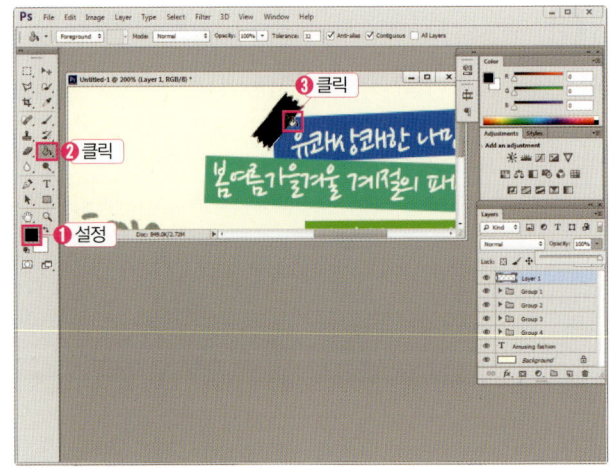

14 만들어진 스카치테이프 레이어 [Layer 1]의 [Opacity]를 '25%'로 설정한 후 Ctrl + D 를 눌러 점선을 없앱니다.

15 만들어진 스카치테이프를 Alt 를 누른 상태에서 드래그하여 복사한 후 Ctrl + T 를 눌러 각도를 바꾸어 다른 곳에도 배치합니다.

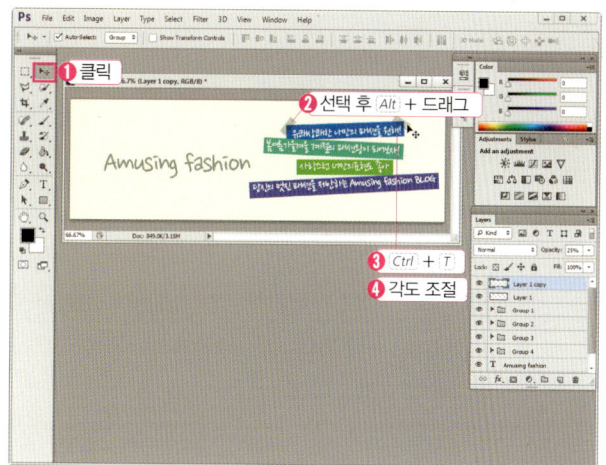

16 적절히 배치한 후 나머지 텍스트를 넣어 마무리합니다.

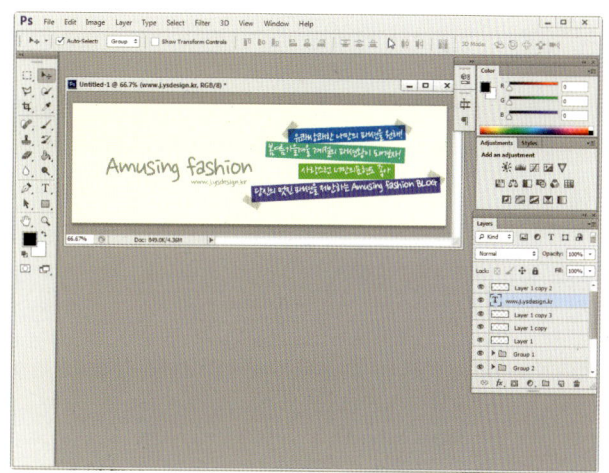

17 작업 파일인 PSD 파일로 저장하고 JPEG 파일로도 저장합니다. 완성된 파일입니다.

Chapter 10 블로그 스킨 만들기 429

★ 포토샵+일러스트레이터 작업의 기술 ★

온라인 서명 (포스팅 하단 배너) 만들기

> 블로그뿐 아니라 카페나 홈페이지 등을 운영하는 이가 있다면 자신의 특성을 잘 살릴 수 있는 서명을 갖고 싶어 할 것입니다. 간단하게 서명을 만드는 다양한 방법을 익혀 자신만의 멋진 서명을 만들어 보도록 하겠습니다.

Section 01 저작권 올바르게 표기하기

간혹, 블로그나 카페 등의 하단 서명 등을 볼 때 저작권이 표시되어 있습니다.

"저작권이란, 저작자가 자신이 제작한 저작물을 독점적으로 이용하거나 이를 남에게 허락할 수 있는 인격적, 재산적 권리. 저작권은 문학, 영화 등 예술 작품 등 저작물에 대한 독점적이고 배타적인 이용을 보장하는 권리이며 복제를 통해 저작권자의 저작물을 출판하거나 저작물을 임의 사용하지 못하게 하는 권리이기도 하다. 저작권은 저작을 한 때부터 자동적으로 발생하며 등록과 같은 어떤 다른 절차의 이행을 필요로 하지 않는다."
[네이버 지식백과] 저작권 [copyright, 著作權] (영화사전, 2004.9.30, propaganda)]

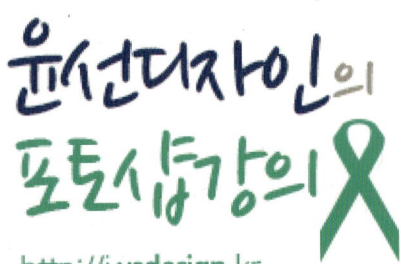

개인 블로그를 운영하는 사람이 자신이 리뷰용으로 찍어놓은 사진을 무참하게 도용당했다고 가정해 보겠습니다. 분명히 기분이 좋지 않고 매우 언짢을 것입니다. 이럴 때 법적으로 대응하는 방법이 있을까요? 사실, 그러한 상황에서 이것을 법적으로까지 몰고 갈 수 있는 이는 없을지도 모릅니다. 그러나 최소한의 경고성 메시지라도 미리 해 놓을 수 있다면 좋겠지요? 그래서 요즘 블로거들 사이에서 유행하는 것이 바로 하단 포스팅 배너입니다. 이 배너에 최소한의 저작권에 대한 경고를 기록해 두는 것입니다. 그러나 그 표시들이 제각기 다르다는 것을 볼 수 있습니다.

올바른 표기법에 대해 알아보겠습니다. 'Copyrightⓒ. All Rights Reserved'는 모든 권리는 저작권자에게 있다는 뜻이며, 성명 등을 추가하여 저작권자를 나타낼 수도 있습니다. 더욱 구체적으로 표기하면 'Copyrightⓒ. 2014. 홍길동. All Rights Reserved.'와 같이 나타낼 수 있습니다. 해석하면 '이 내용은 대한민국 저작권법에 의해 보호를 받는 저작물이므로 무단전재와 무단 복제를 엄금합니다'라는 의미입니다. 이는 저작권에 대해 무방식주의를 채택하고 있는 우리나라에서는 이 문구가 저작권 표기라기보다는 저작권 침해에 대한 경고문이라고 할 수 있습니다.

'자료 불펌' 등의 표현은 정식 용어가 아닌 인터넷상에서만 사용되고 있는 언어 파괴의 표현으로 올바른 표현이 아니므로, 정확한 한글 표기법을 사용하는 것을 권합니다.

Section 02 [포토샵] 초간단 텍스트 서명 만들기

 단순히 텍스트만으로도 서명을 만들 수 있습니다. 이때 텍스트를 일렬로 나열하는 것이 아니라 각각 따로 작성하여 적절하게 배치할 수 있다면 심플하면서도 멋진 서명을 만들 수 있습니다.

● 완성파일   part 03>chapter 11>초간단텍스트서명.png

01 여기서 만들 온라인 하단 서명의 사이즈는 가로, 세로 100~350pixel입니다. 사이즈에 대해서는 정해져 있는 것이 아니기 때문에 원하는 사이즈로 해도 무방합니다. 단, 단위는 pixel입니다. [File]–[New] 메뉴를 선택하고 [New] 대화상자에서 [Width] '300pixel', [Height] '200pixel', [Resolution] '300', [Color Mode] 'RGB' 로 설정한 후 [OK] 버튼을 클릭합니다.

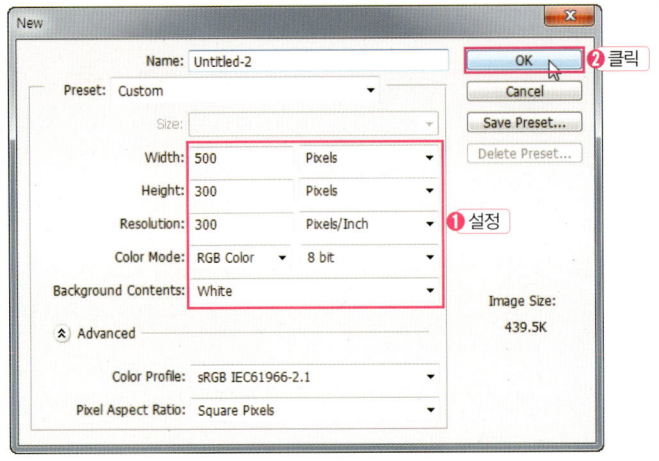

02 T.(가로 문자 툴)을 선택한 후 서명에 들어가야 하는 텍스트를 모두 입력합니다. 이때 각각 따로 입력하는 것이 좋습니다. (예 : 알콩달콩, 향기로운, 세상, 블로그 주소, 저작권표시)

알콩달콩 : 나눔손글씨 펜, 10pt

향기로운 : 나눔손글씨 펜, 10pt

세상 : 나눔손글씨 펜, 16pt

http://j.ysdesign.kr : 나눔고딕 Extra Bold, 4pt

Copyright©. 2014. 정윤선. All Rights Reserved. : 나눔고딕 Reguler, 3pt

---

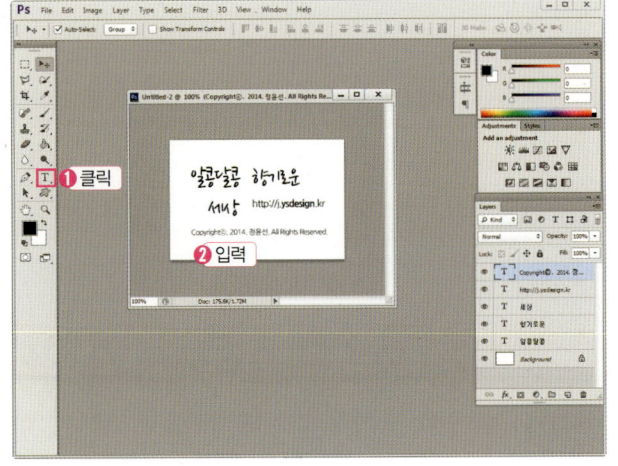

03 각각의 레이어를 선택한 후 Ctrl + T를 눌러 각도도 바꿔주고, 크기도 변경해 보면서 전체적인 구도를 잡아봅니다.

04 이제 텍스트의 컬러도 바꿔 봅니다. (가로 문자 툴)을 선택한 후 변경할 텍스트는 드래그하고 옵션 바의 [Set the text Color]를 클릭합니다. [Color Picker(Text Color)] 대화상자가 표시되면 원하는 컬러로 바꿔줍니다. 여기서는 'C : 4, M : 65, Y : 15, K : 0'과 'C : 45, M : 37, Y : 37, K : 2'입니다.

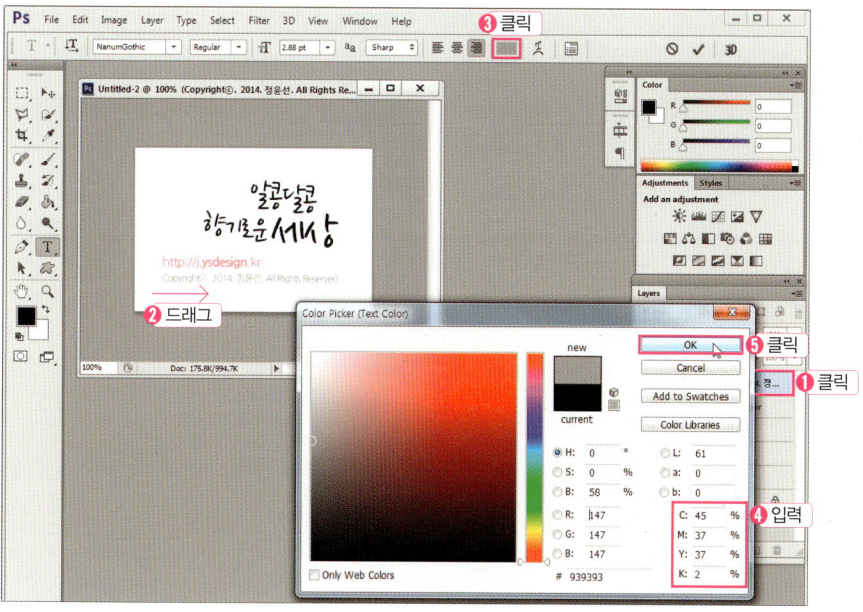

05 텍스트에 효과를 주겠습니다. [알콩달콩]의 레이어를 더블 클릭한 후 [Layer Style] 대화상자에서 [Color Overlay]를 선택하고 [Color]-[Set Color of overlay]를 클릭합니다. [Color Picker Overlay] 창이 표시되면 원하는 컬러로 바꿔줍니다. 여기서는 'C : 65, M : 38, Y : 0, K : 0'로 설정합니다.

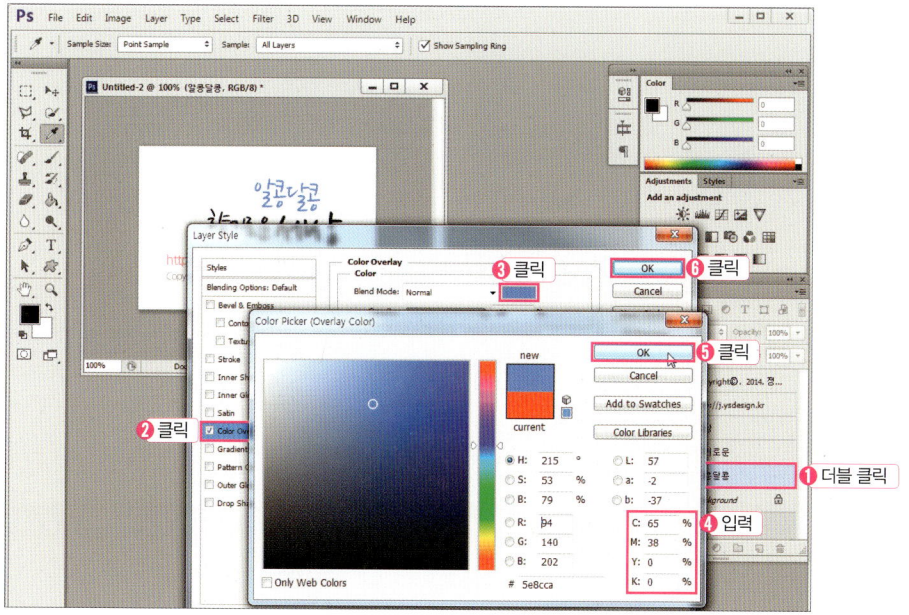

06 [Layer Style] 대화상자를 닫지 않은 상태에서 [Stroke]을 선택하고 [Structure]-[Size]는 '3', [Fill Type]-[Color]는 'White'로 설정합니다.

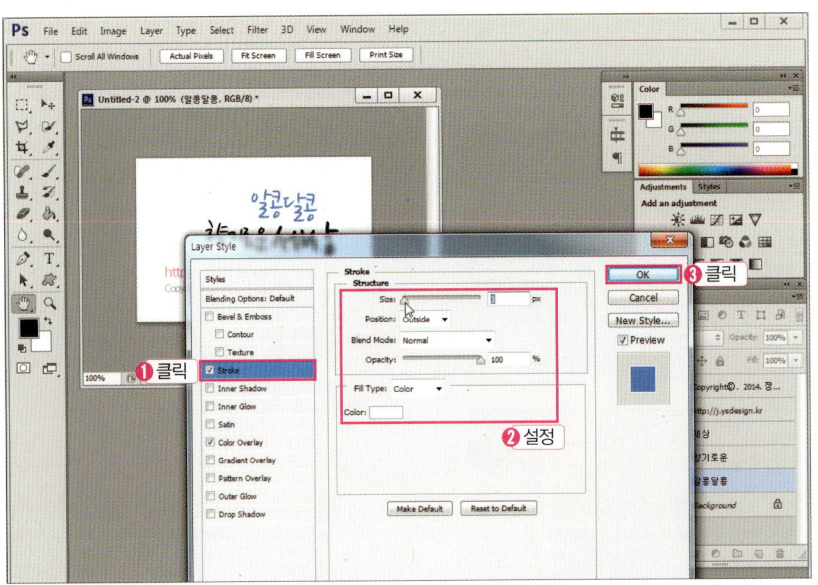

07 [Layer Style] 대화상자를 닫지 않은 상태에서 [Drop Shadow]를 선택하고 [Structure]에서 [Opacity]는 '95%', [Spread]는 '1%', [Size]는 '9px'로 설정한 후 [OK] 버튼을 클릭해 적용을 마칩니다.

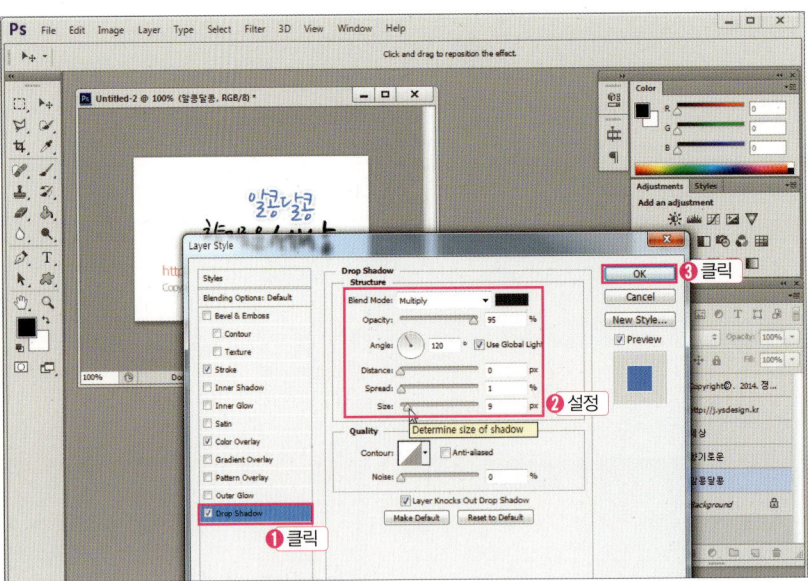

08 [알콩달콩] 레이어를 선택한 상태에서 마우스 오른쪽 버튼을 클릭해 [Copy Layer Style] 메뉴를 선택합니다.

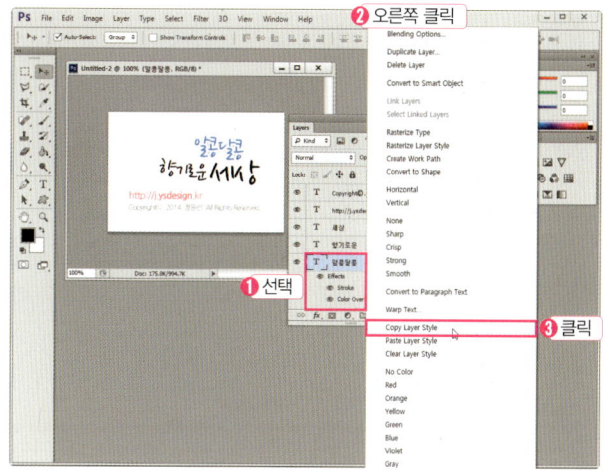

09 [향기로운] 레이어를 선택한 상태에서 마우스 오른쪽 버튼을 클릭해 [Paste Layer Style] 메뉴를 선택합니다.

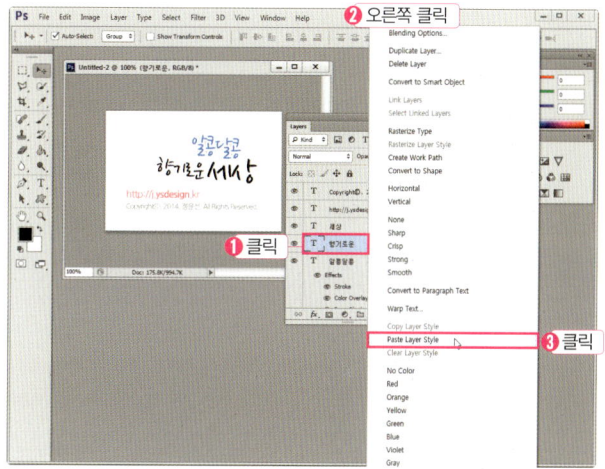

10 적용된 [향기로운] 레이어를 다시 더블 클릭한 후 [Layer Style] 대화상자에서 [Color Overlay]를 선택하고 [Color]-[Set Color of overlay]를 클릭합니다. [Color Picker Overlay] 대화상자가 표시되면 원하는 컬러로 바꿔줍니다. 여기서는 'C : 4, M : 65, Y : 15, K : 0'으로 설정합니다.

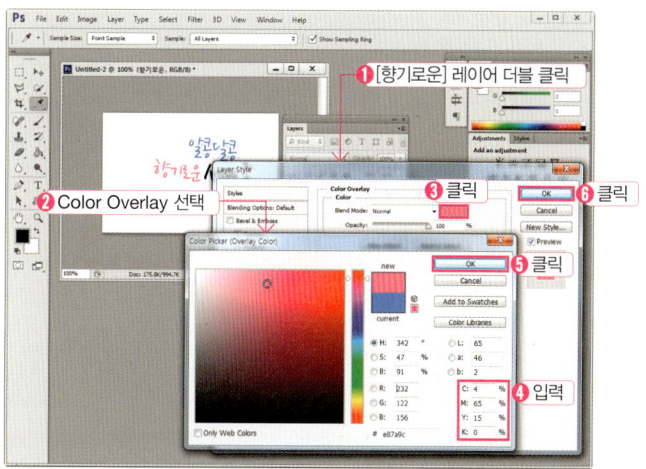

11 모든 텍스트의 효과를 마무리합니다. '세상'의 컬러 값은 'C : 82, M : 77, Y : 5, K : 1'입니다.

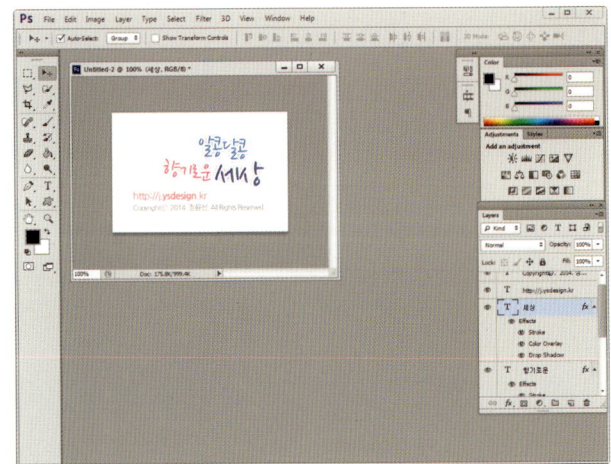

12 작업 파일인 PSD 파일로 저장하고, 실제로 사용하기 위해 PNG 파일로도 저장합니다.

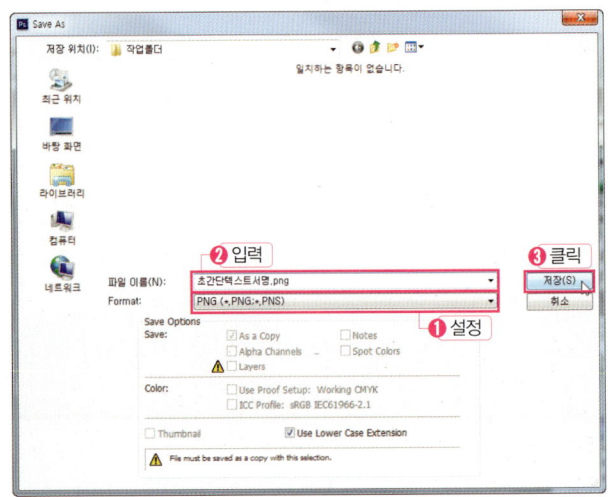

13 [PNG Options] 대화상자가 표시되면 [Compression]을 'None/Fast'로 설정한 후 [OK] 버튼을 클릭합니다.

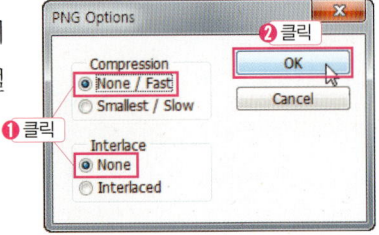

Note_ 웹상에서 작업한 이미지가 지글지글해 보이거나 깨져 보일 때 JPEG가 아닌 PNG로 저장하여 올려보세요. 그러면 선명한 이미지를 올릴 수 있습니다.

14 완성되었습니다.

Section 03 [포토샵]
이미지가 들어간 귀여운 서명 만들기

텍스트 작업과 더불어 이미지가 들어간다면 더 귀여운 서명을 만들 수 있습니다. 특별히 육아 블로거를 위해 '대두 이미지'를 넣어 만들기를 해보겠습니다.

- 예제파일 part 03〉chapter 11〉part3-36.jpg
- 완성파일 part 03〉chapter 11〉이미지가 들어간 귀여운 서명.png

01 [New] 대화상자에서 [Width]는 '300pixel', [Height]는 '300pixel', [Resolution] '300', [Color Mode]는 'RGB Color'로 설정하여 새 창을 만든 후 'part3-36.jpg' 파일을 불러옵니다. (빠른 선택 툴)을 선택한 후 옵션 바에서 [Size]는 '13px'로 설정하고 이미지에서 아이만 선택합니다. 이때 불필요한 부분을 선택 제외하려면 Alt 를 누른 상태에서 드래그하여 지워나갑니다.

Chapter 11 온라인 서명(포스팅 하단 배너) 만들기 **437**

02 (이동 툴)을 선택하고 이미지의 점선 안쪽에 가져다놓은 후 가위 모양이 나타나면 작업창으로 드래그하여 이동합니다. 작업창에서 Ctrl + T를 눌러 크기를 맞춰 줍니다.

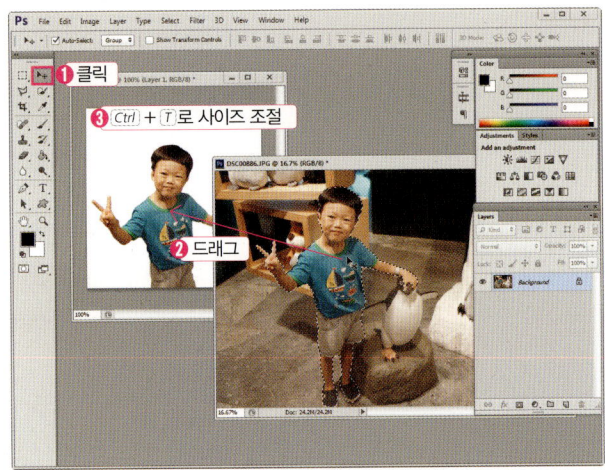

03 다시 (빠른 선택 툴)을 선택한 후 옵션 바에서 [Size]는 '6px'로 설정한 후 작업창의 이미지에서 아이 얼굴 부분만 드래그하여 선택합니다.

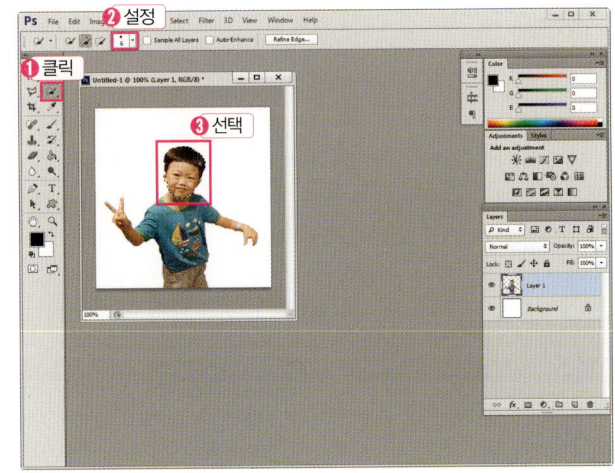

04 Ctrl + T를 눌러 선택한 부분의 크기를 늘려줍니다. 그리고 각도도 바꾸어 준 후에 Enter를 눌러 적용합니다.

05 불필요한 부분은 ◢.(지우개 툴)로 드래그하여 지워주거나 매끄럽게 해줍니다.

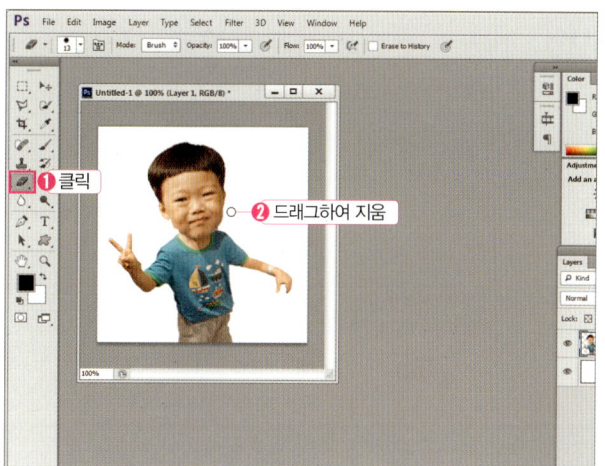

06 이제 Ctrl + T를 눌러 화면 전체가 이미지가 나오도록 해준 후 Enter를 눌러 적용합니다.

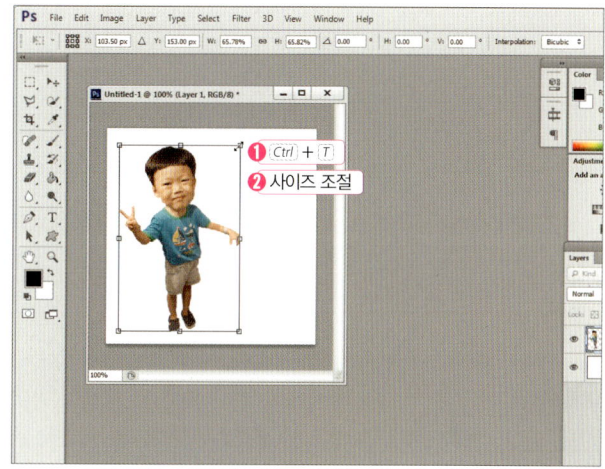

07 이미지 보정을 위해 Ctrl + M을 눌러 화살 모양으로 드래그하여 밝게 해줍니다. ([Input]은 '54', [Output]은 '77')

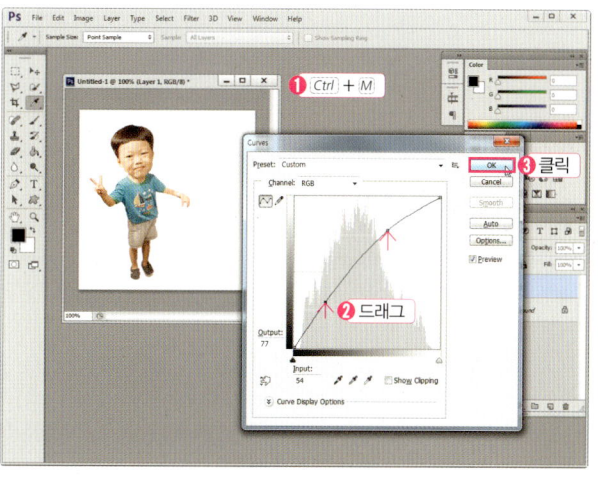

08 [Layer 1] 레이어를 더블 클릭합니다. [Layer Style] 대화상자에서 [Stroke]의 [Color]를 White로 설정하고, [Drop shadow]의 [Opacity]는 '96', [Distance]는 '1', [Spread]는 '5', [Size]는 '9'로 설정한 후 [OK] 버튼을 클릭합니다.

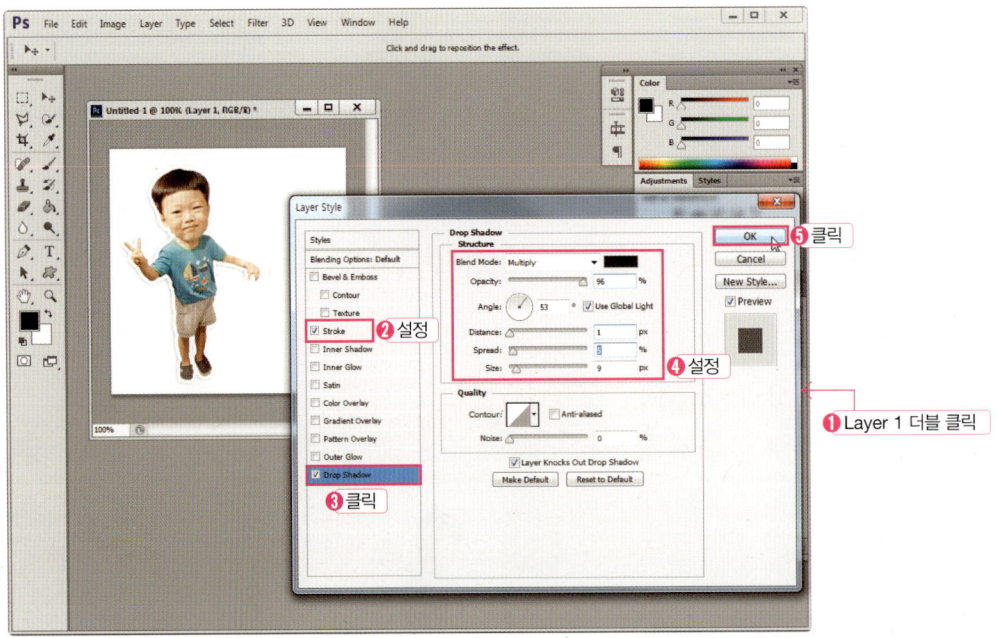

09 전경색을 'C : 0, M : 70, Y : 50, K : 0(R : 243, G : 113, B : 109)'으로 설정합니다. (브러시 툴)을 선택하고 번지는 브러시를 '10px'로 설정합니다. 얼굴 부분을 (돋보기 툴)을 눌러 확대한 후 드래그하여 발그레한 볼을 만듭니다.

Note_ 이미지를 확대했을 때 이미지가 깨져 보이는 이유는 온라인 서명 작업창 자체가 높은 해상도를 필요로 하지 않기 때문입니다(pixel 단위). 이는 다시 원래의 크기로 돌아갔을 때 깨지지 않고 선명히 보이기 때문에 염려할 필요는 없습니다.

10 이번엔 전경색을 화이트로 설정합니다. 번지지 않는 브러시를 '4px'로 지정하고 점을 4개 찍어 반짝반짝 빛나는 볼처럼 처리합니다.

11 T.(가로 문자 툴)을 선택한 후 각각의 레이어로 나누어 텍스트를 입력합니다.

개구쟁이 : 나눔손글씨 펜 10pt

인호 : 나눔손글씨 펜 20pt

네 : 나눔손글씨 펜 10pt

http://j.ysdesign.kr : 나눔고딕 Extra Bold, 4pt

Copyright©. 2014. 정윤선. All Rights Reserved. : 나눔고딕 Reguler, 3pt

12 작업 파일인 PSD 파일로 저장한 후 선명한 느낌의 서명으로 사용하기 위해 PNG로도 저장합니다. 서명이 완성되었습니다.

Section 04 [포토샵+일러스트레이터] 캘리 버전의 멋스러운 낙관 서명 만들기

직접 붓으로 나만의 타이틀을 쓴 후 그것을 일러스트로 가져가 낙관 모양으로 만들 수 있습니다. 낙관 모양으로 만들기 위해서는 반드시 포토샵에서 컬러 작업을 해야 합니다.

Copyright©. 2014. 정윤선. All Rights Reserved.

- 예제파일   part 03〉chapter 11〉part3-37.jpg, part3-38.jpg
- 완성파일   part 03〉chapter 11〉낙관서명.png

01 포토샵에서 'part3-37.jpg' 파일을 불러옵니다. 화선지에 원하는 타이틀을 붓으로 쓴 캘리그라피 이미지입니다.

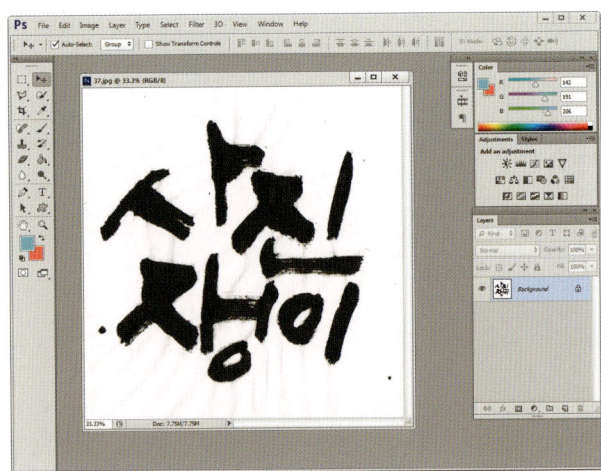

02 화선지의 종이 질감 등을 없애고, 캘리그라피도 더욱 진하게 보정하기 위해 Ctrl + L 을 누릅니다. [Levels] 대화상자에서 3개의 삼각형 중에서 첫 번째 삼각형은 우측(64)으로, 세 번째 삼각형은 좌측(183)으로 이동하여 보정을 완료합니다.

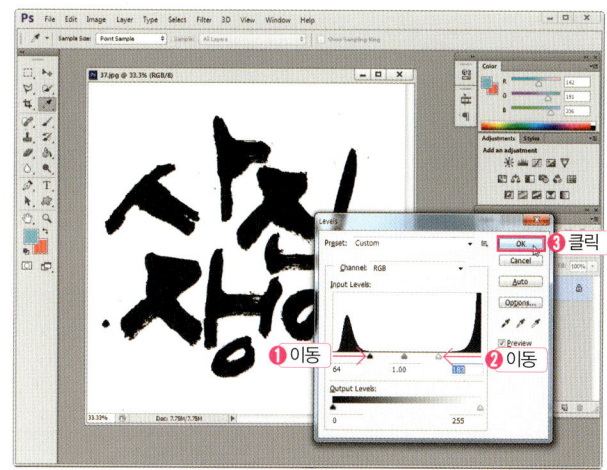

03 전경색을 화이트로 설정한 후 (브러시 툴)을 선택한 후 불필요하게 먹이 튄 부분 등을 드래그하여 지워줍니다.

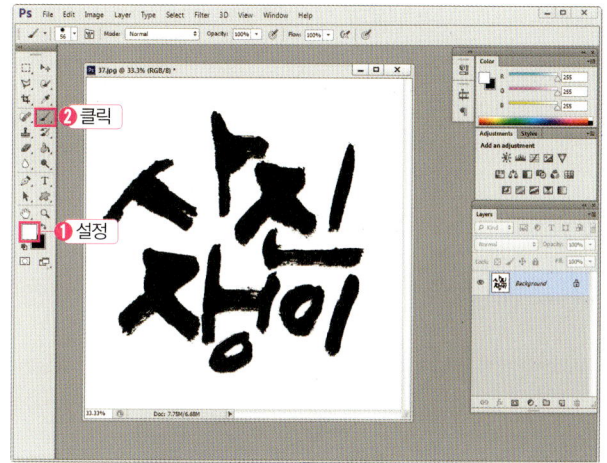

04 캘리그라피 이미지를 일러스트레이터에서 벡터화 작업하기 위해 포토샵에서 JPEG로 저장합니다. 그런 후 일러스트레이터를 열어 저장한 JPEG 파일을 불러옵니다.

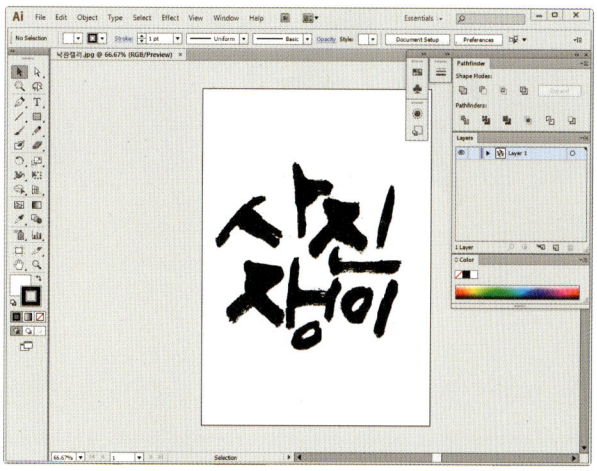

05 [Window]-[Image Trace] 메뉴를 선택하고 [Advanced]를 클릭하여 열어줍니다. [Paths]는 '100%', [Corners]는 '100%', [Noise]는 '5px'로 설정한 후 [Trace] 버튼을 클릭합니다.

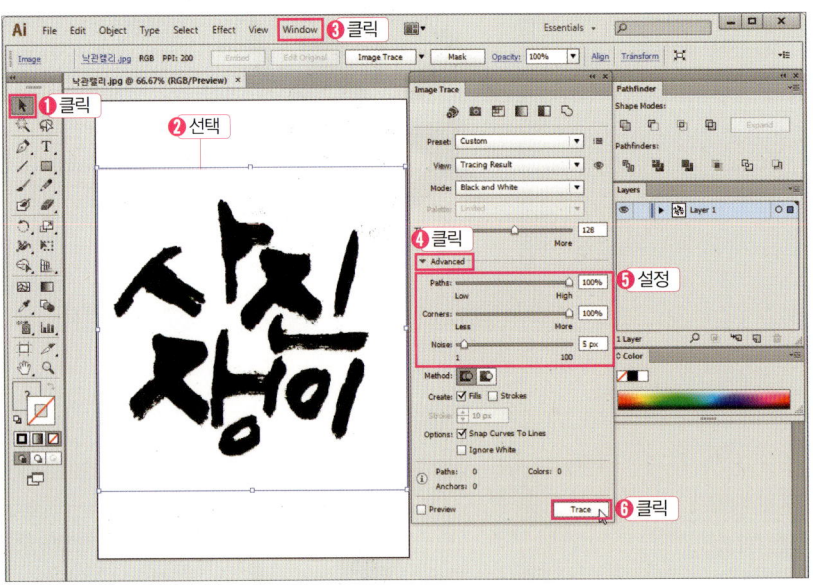

06 옵션 바의 [Expand] 버튼을 클릭해 벡터 이미지로 바꿉니다.

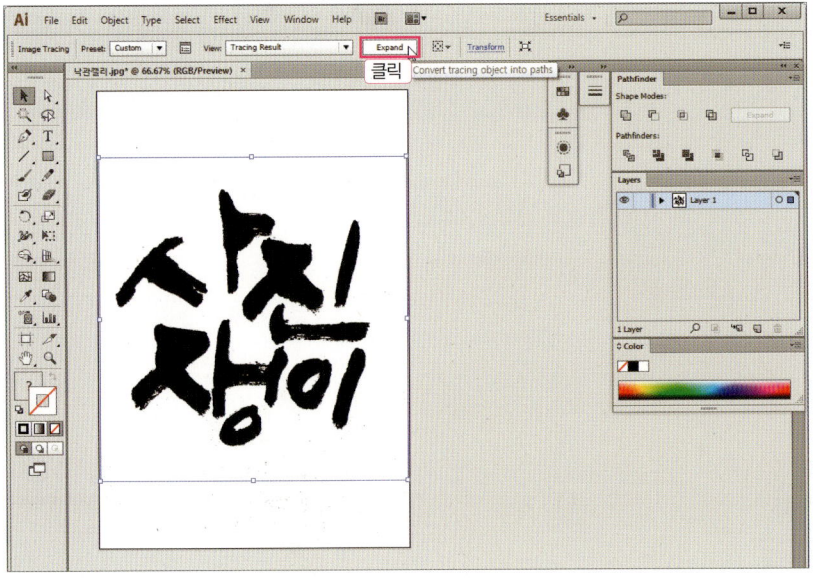

07 (자동 선택 툴)을 선택한 후 화이트 부분을 클릭한 후 Delete 를 눌러 블랙 캘리그라피만 남기고 모두 지워줍니다.

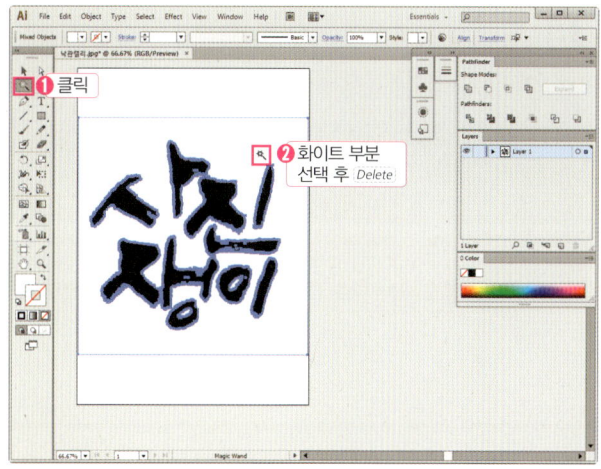

Note_ 벡터로 바뀐 캘리는 ai로 저장하여 후에 다른 작업물에도 사용하면 더욱 효과적입니다.

08 다시 포토샵으로 돌아와 'part3-38.jpg' 파일을 불러옵니다. Ctrl + L 을 눌러 [Levels] 대화상자에서 첫 번째 삼각형을 오른쪽(70)으로, 세 번째 삼각형 왼쪽(180)으로 이동해 보정합니다.

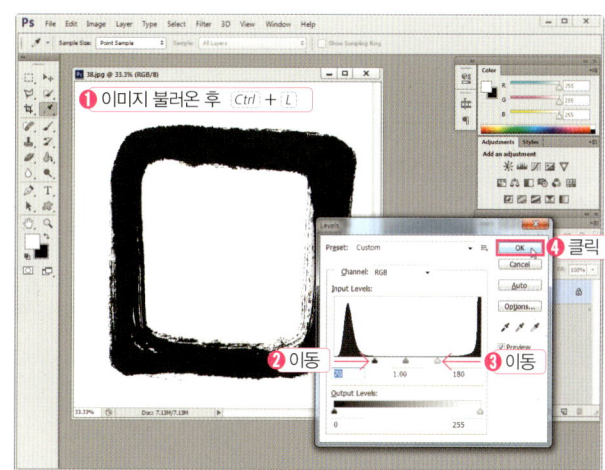

09 전경색을 블랙으로 설정한 후 (브러시 툴)을 선택하고 드래그하여 내부를 블랙 컬러로 채웁니다.

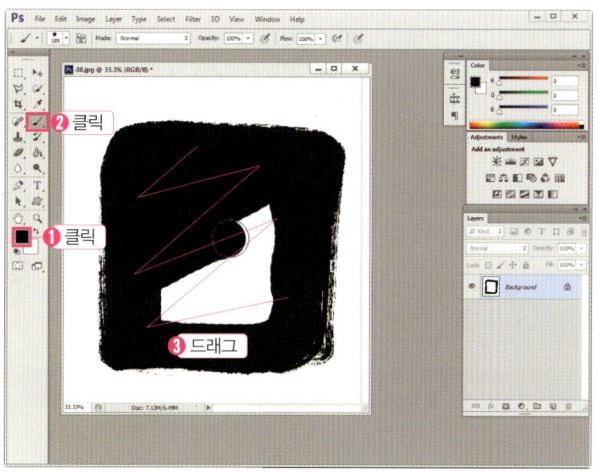

Chapter 11 온라인 서명(포스팅 하단 배너) 만들기 **445**

10 일러스트레이터로 돌아가 벡터로 바뀐 캘리그라피를 클릭하여 캘리그라피 이미지를 선택한 후 Ctrl + C를 누릅니다.

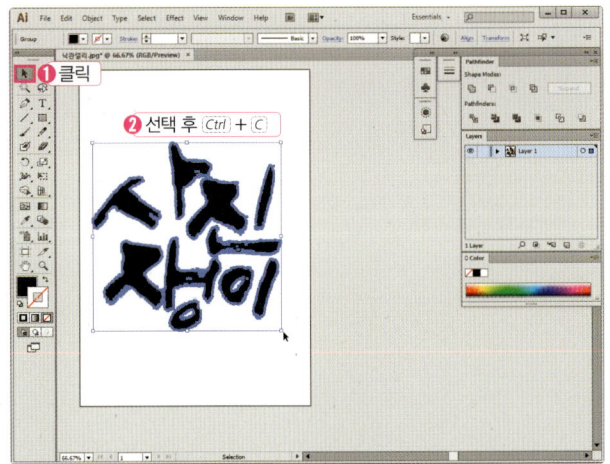

11 다시 포토샵으로 돌아와 작업창에 마우스를 대고 [Edit]-[Paste](Ctrl + V) 메뉴를 선택합니다. [Paste] 대화상자가 표시되면 'Smart Object'를 선택한 후 [OK] 버튼을 클릭합니다.

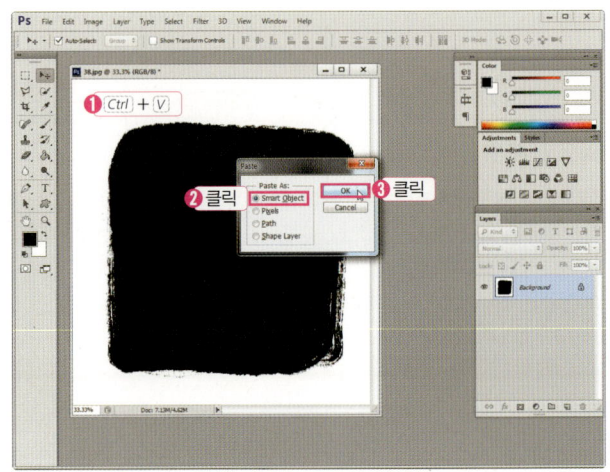

12 캘리그라피가 이동하면 Enter를 눌러 붙여넣기를 완료합니다.

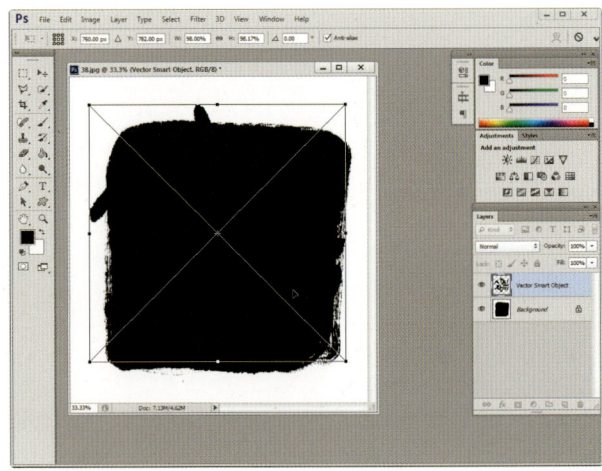

13 캘리그라피 레이어 [Vector Smart Object]를 더블 클릭합니다. [Layer Style] 대화상자에서 [Color Overlay]를 클릭하고 [Color]를 화이트로 선택한 후 [OK] 버튼을 클릭합니다.

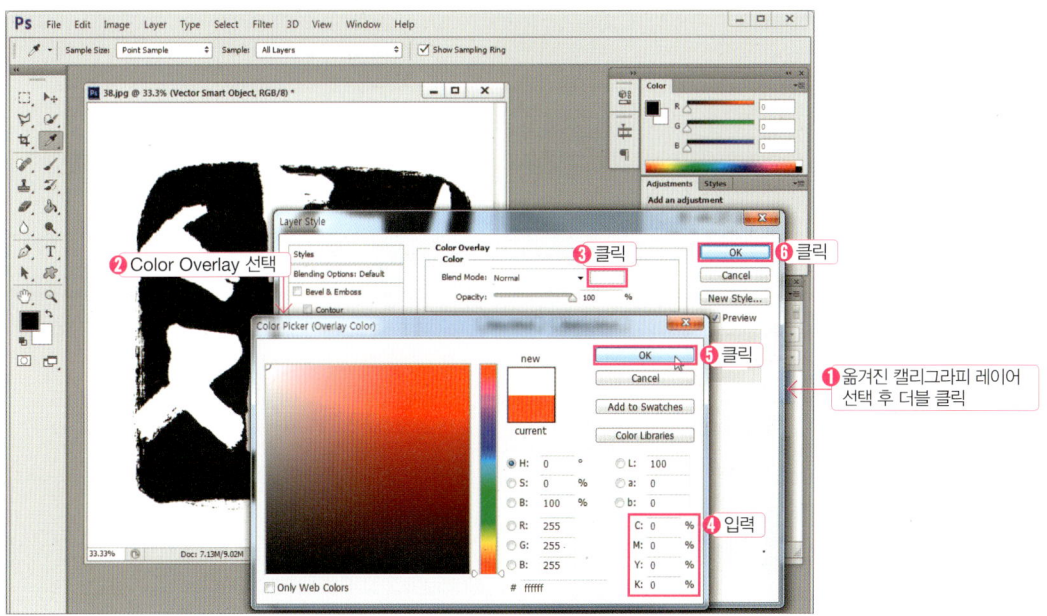

14 Ctrl + T 를 눌러 화이트로 바뀐 캘리그라피의 크기도 조절해주고, 위치도 잡아줍니다. 낙관의 모양이 완성될 수 있도록 적절히 서로 겹치도록 배치되면 Enter 를 눌러 적용합니다.

15 작업 파일인 PSD로도 저장하고, 벡터 이미지로 바꾸기 위해 JPEG로도 저장합니다. 그런 뒤 일러스트레이터에서 저장한 JPEG 파일을 불러옵니다. [Window]-[Image Trace] 메뉴를 선택하고 [Advanced]를 클릭하여 열어준 후 [Paths]는 '100%', [Corners]는 '100%', [Noise]는 '5px'로 설정하고 [Trace] 버튼을 클릭합니다.

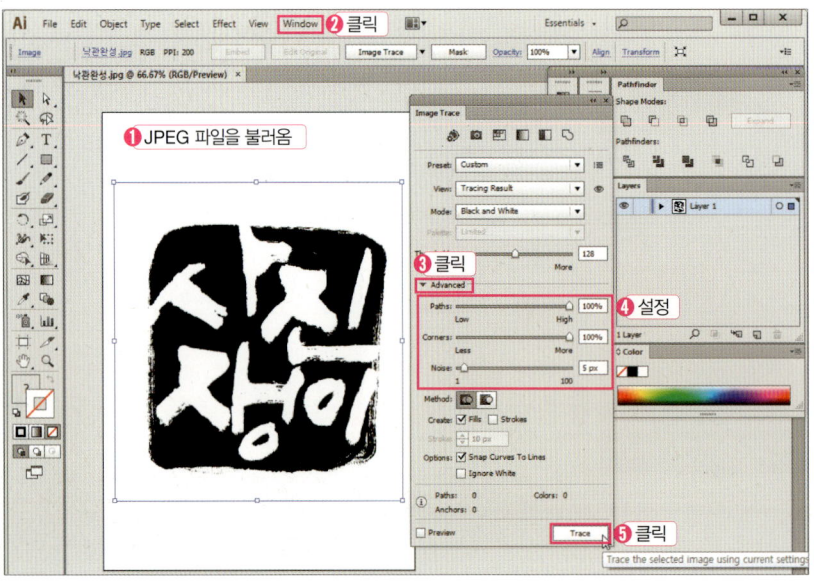

16 옵션 바에서 [Expand] 버튼을 클릭한 후 (자동 선택 툴)을 선택한 후 화이트 부분만 선택하여 Delete 를 눌러 검정 부분만 남기고 ai 파일로 저장합니다.

17 포토샵에서 [File]-[Open] 메뉴를 선택합니다. [New] 대화상자에서 [Width]는 '300pixel', [Height]는 '350pixel', [Resolution]은 '300', [Color Mode]는 'RGB Color'로 설정한 후 [OK] 버튼을 클릭해 새 창을 만듭니다.

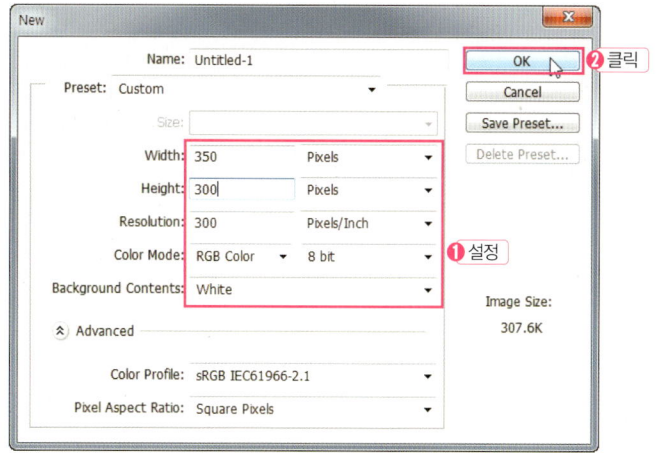

18 앞에서 저장한 '낙관완성.ai' 파일을 불러옵니다. [Import PDF] 대화상자에서 현재 열어놓은 작업창에 들어갈 크기로 이미지를 불러오기 위해 [Image Size]에서 [Width]는 '300pixel'로 설정한 후(세로는 자동으로 바뀝니다) [OK] 버튼을 클릭합니다.

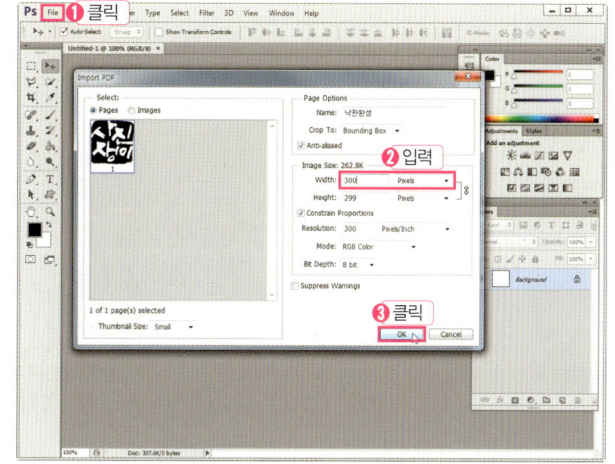

19 이미지가 열리면 (이동 툴)을 선택한 후 드래그하여 작업창으로 이동합니다. Ctrl + T를 눌러 원하는 크기로 맞춰준 후 Enter를 누릅니다.

Chapter 11 온라인 서명(포스팅 하단 배너) 만들기 **449**

20 나머지 텍스트도 모두 입력한 후 마무리합니다.

Copyright©. 2014. 정윤선. All Rights Reserved. : 나눔고딕 Regular, 4pt

---

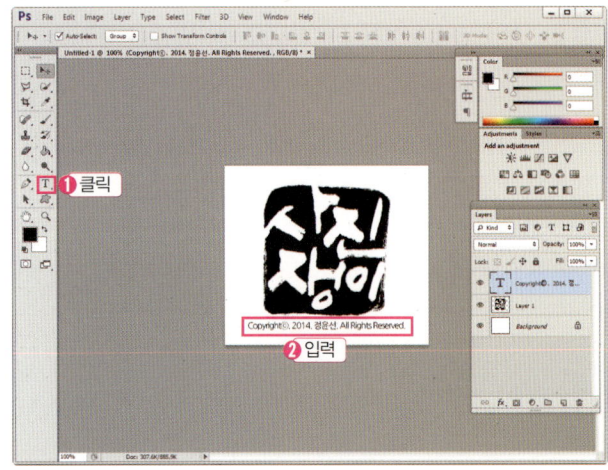

21 배경의 화이트가 딸려오는 것을 방지하기 위해 레이어 가장 아래의 [Background] 레이어의 미리보기를 지워줍니다.

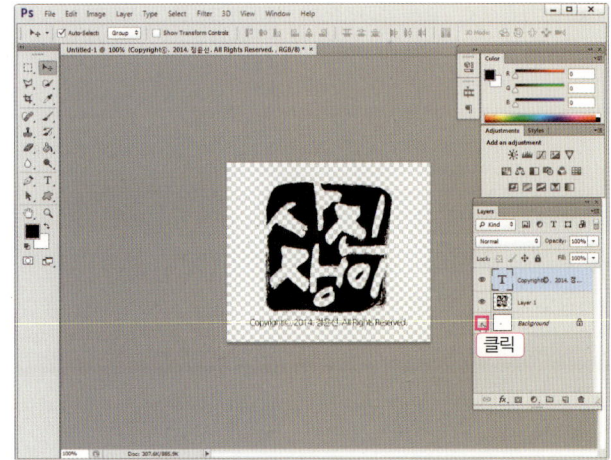

22 작업 파일인 PSD로 저장하고, PNG로도 저장합니다. [PNG Options] 창이 나타나면 'None/Fast'를 선택한 후 [OK] 버튼을 클릭합니다.

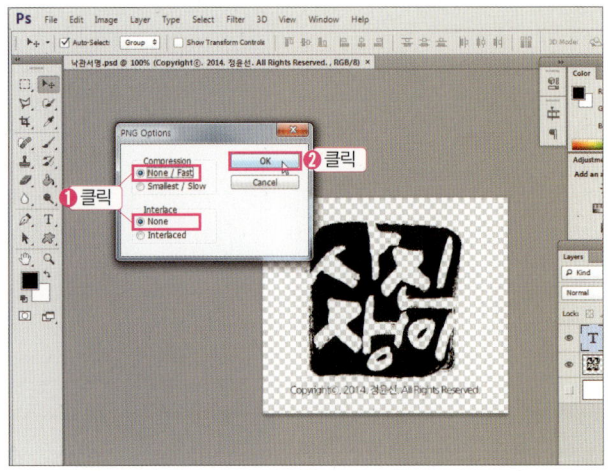

23 완료되었습니다.

24 다음과 같이 작업물에 적용하여 사용할 수 있습니다.

> **참고** 낙관 서명을 사진에 적용시키는 방법

01 예제 폴더에서 'part3-40.jpg' 파일을 불러옵니다.

02 '낙관서명.png' 파일을 불러온 후 ▶(이동 툴)을 선택하고 낙관을 클릭한 채 열어놓은 이미지로 드래그하여 낙관을 이동합니다.

03 적절한 위치에 배치합니다. 사이즈 조절은 Ctrl + T를 누른 후 Shift를 누른 상태에서 조절합니다.

04 낙관의 컬러를 바꾸기 원할 때는 낙관 레이어 [Layer 1]을 더블 클릭한 후 [Layer Style] 대화상자에서 [Color Overlay]를 선택하고 컬러 부분을 클릭하면 [Color Picker] 창이 표시됩니다. 그리고 나무 부분의 컬러를 선택하면 낙관의 컬러가 방금 나무에서 추출한 컬러로 바뀌는 것을 확인할 수 있습니다. 여기서는 나무의 컬러 값을 'C : 57, M : 69, Y : 66, K : 64'로 설정합니다.

05 낙관이 삽입된 완성 이미지입니다.

반드시 알아야 할 실무 프로세스 노하우

디자이너로서 작업 시에 알아야 할 정보들과 갖춰야 할 마음가짐 및 습관 등을 실제 사례들을 통해 알아봅니다.

★ 포토샵+일러스트레이터 작업의 기술 ★

일이 들어왔다!!

 "클라이언트로부터 일이 들어왔다!" 과연 우리는 어떠한 것들을 준비해야 하며 생각해야 할까요? 이 장에서는 조금이나마 실무적인 이야기들을 나눔으로써 처음 우리에게 일이 들어왔을 때 어떻게 해야 하는지 알아보도록 하겠습니다.

Section 01 클라이언트에게 물어봐야 할 기본적인 정보들

당신이 디자이너라면 혹시 '디자인만 잘하면 되는지, 아니면 나의 삶도 디자인을 잘 해야 하는지 생각해 보신 적이 있나요?' '삶을 디자인하다'라는 말이 어쩌면 생소하게 들릴지도 모릅니다. 일을 진행할 때 시크한 디자이너보다는 상냥하고 친절한 디자이너가 상대방 클라이언트를 편하게 만든다는 것을 누구나 공감할 것입니다.

"따르르릉~" 전화가 울립니다. "여보세요~ 윤선디자인입니다. 어떤 일로 전화하셨나요?"라고 대답하는 순간부터 디자인 업무는 시작됩니다. 디자인이 진행되는 과정이 약 한 달이라고 가정했을 때, 그 한 달을 서로 기분 좋게 일하기 위해서는 클라이언트와의 첫 통화가 가장 중요합니다. 첫 바늘을 잘 꿰어야 순탄하게 바느질이 되는 것처럼 처음 이미지에서 서로에 대해 좋은 마음과 신뢰를 쌓는 것이 매우 중요합니다. 사실, 의뢰를 하는 클라이언트가 친절하기를 바라기보다는 디자이너가 친절한 것이 맞다고 생각합니다.

오래 전에 현수막 디자인을 의뢰해왔는데, 주제가 어느 책 제목과 똑같았습니다. "어떠한 느낌의 디자인을 원하시나요?"라는 필자의 질문에 의뢰자는 "책을 한번 읽어보시면 아실 것입니다."라고 대답했습니다. 그 디자인을 하기 위해 그 책을 구입하라는 뜻인지, 아니면 디자인 콘셉트에 대해 설명하기가 귀찮다는 것인지, 도무지 의뢰자의 마음을 이해할 수가 없었습니다. 필자가 바로 내뱉고 싶은 말은 이러했습니다.

"그렇게 말씀하시면 디자인하기가 곤란합니다. 그러면 책을 보내주시던가요."

하지만, 한 번 더 생각하고 의뢰자에게 이렇게 이야기했습니다.

"네, 좋은 디자인을 만들기 위해서는 그 책을 구해서 읽어봐야겠네요."

그러자 그 의뢰인이 갑자기 제 말에 기분이 좋아졌는지 하나, 둘 콘셉트를 구체적으로 이야기하기 시작했습니다. 그런 후 그 책의 리뷰를 인터넷을 통해 읽어보았습니다. 당연히 그 디자인은 의뢰인이 원하는 콘셉트대로 잘 완성되어 출고되었습니다.

한번은 트럭에서 고등어를 판매하는 어느 사장님께서 트럭에 붙일 작은 현수막 하나를 의뢰해 오셨습니다.
"여보세요? 윤선 선생님…, 계십니까?"
"네, 제가 정윤선 디자이너입니다."
"혹시 이런 것도 디자인 해주시나요…?"
"어떤 것이든 이야기해보세요."

그 분은 자신이 의뢰하는 현수막 디자인을 얘기하는 것을 매우 조심스러워했습니다. 상대방이 '이런 것도 디자인을 맡기나'라고 생각할 것이라 예상했던 것 같습니다. 필자도 의뢰하는 현수막 디자인에 대해 들으면서 마음속으로 너무 간단한 것이라 디자인비를 얼마 받아야 하는 건지 애매했습니다. 하지만 중요한 것은 디자인을 의뢰하기 위해 전화를 건 그분의 마음을 편하게 해드리고 싶었습니다.
"와~ 저희 고모부도 고등어 장사하셔서 제가 만들어드린 경험이 있습니다!" 하고 조금의 거짓말을 보태어 이야기를 시작했습니다. 그분은 "그래요? 그렇다면 저희 것도 해주실 수 있으시겠네요!" 하며 매우 반가워했습니다. 그렇게 매우 간단하고 작은 현수막을 조금 저렴한 가격에 디자인해 드렸던 일이 기억납니다.
좋은 디자인이 나오기 위해서는 '당신의 친절함'으로부터 시작되는 좋은 관계가 필요합니다. 그것은 우리의 작은 노력으로도 가능합니다. 최대한 의뢰인으로 하여금 디자이너가 의뢰 내용에 대해 알고자 하는 마음, 그리고 함께 고민하고자 하는 마음이 느껴지게끔 해주는 것이 중요합니다. 그래야 정말 의뢰인들에게 얻어야 하는 정보들을 더 쉽고 명확하게 얻을 수 있습니다. 그렇다면 클라이언트들에게 반드시 얻어야 하는 정보는 무엇이 있는지 알아보겠습니다.

1. 작업물의 내용

어떠한 행사에 사용될 작업물인지 먼저 알아야 합니다. 콘서트, 영화제, 일일찻집 등 작업해야 할 작업물의 특징을 알기 위해서는 가장 먼저 알고 있어야 할 부분입니다.

2. 작업물의 종류

현수막, 포스터, 전단지, 티켓 등 클라이언트가 필요로 하는 것이 무엇인지 구체적으로 물어봐야 합니다. 함께 물어봐야 할 것은 Size입니다. 특히 현수막에도 각양각색의 Size가 존재합니다. 예를 들어 가장 저렴한 가격으로 인쇄할 수 있는 5m×90cm나 6m×90cm의 현수막인지, 아니면 세워두는 60cm×180cm의 엑스 배너인지 정확하게 체크해야 합니다. 포스터라면 A3인지, A2인지 어떠한 사이즈를 원하는지 그리고 전단지의 경우 접히는 부분이 몇 단인지와 컬러의 여부 등 다양한 부분을 클라이언트를 통해 먼저 정보를 얻어야 합니다. 이 부분에 대해서는 조금 더 구체적으로 알아보도록 하겠습니다.

❶ 현수막

a. 사이즈가 어떻게 되는지?

b. 미싱 방법은 어떻게 할 것인지?

- 열재단
  가장 깔끔하고 무난한 마감법입니다. 압정으로 꽂거나 테이프로 붙여야 할 경우 이 마감법을 사용합니다. 후가공에 대하여 별다른 언급이 없다면 대체적으로 열 재단이 사용됩니다.
  (질문 : "압정을 꽂거나, 테이프로 붙이시나요?")

- 타공(하도메, 아일렛)
  네 모서리에 구멍을 내어 링으로 마감하는 방법입니다. 벽에 나사나 못 등으로 고정시킬 수 있도록 구멍을 만들어 드립니다.
  (질문 : "몇 개의 구멍을 내 드릴까요? 그리고 그 구멍의 위치는 어디에 해 드릴까요?")

- 나무 각목 미싱
  육교 및 가로수 등에 설치할 때 주로 사용되는 마감법입니다.
  (질문 : "각목은 가지고 계신가요? 없다면 추가 비용이 발생합니다.")

- 봉미싱
  세로로 긴 현수막일 경우 주로 사용하는 마감법입니다. 봉의 지름 사이즈에 따라 상, 하단에 봉이 들어가도록 미싱하여 마감하는 방법입니다.
  (질문 : "봉의 지름이 몇 cm인가요?")

- 끈고리(면고리)
  실외에 거는 대형 현수막의 경우 주로 사용됩니다. 네 모서리에 납작한 끈고리(면고리)를 연결하여 마감함으로써 실외에서 철사나 줄 등을 연결하여 걸게 됩니다.

- 사방줄 미싱
  끈고리와 마찬가지로 실외에 거는 대형 현수막의 경우 주로 사용되는 마감법으로 사면을 깔끔하게 박음질하면서 천에 끈을 전체적으로 넣어줍니다. 이 방법은 강한 바람에도 튼튼하게 고정할 수 있는 방법이며, 네 면에 모두 끈이 들어가기 때문에 현수막이 쉽게 변형되지 않습니다.
  (끈고리와 사방줄 미싱 질문 : "외부용 대형 현수막인가요?" 끈고리와 사방줄 미싱을 추천해 드리고, 선택하는 것으로 진행한다)

- X 배너
  X 배너의 사이즈는 주로 가로 60cm × 세로 180cm로 진행됩니다. 물에 잘 흡수되는 일반 천과 잘 흡수되지 않는 펠트천(단가가 더 높습니다)으로 나뉩니다. 일반천은 주로 실내용으로 사용하고, 펠트천은 실외용으로 사용됩니다. 또한,

X 배너인 경우는 반드시 거치대의 유무를 알아야 합니다. 거치대 또한 실내용과 실외용(단가가 더 높습니다)으로 나뉘며 거치대를 주문할 경우 추가 비용이 발생합니다.

(질문 : "일반 천과 펠트 천 중 어떠한 것을 선택하겠습니까? 그리고 거치대는 가지고 있나요? 없다면 실내용과 실외용 중 어떠한 것을 선택하겠습니까?")

- 그 외
  - 고무 큐방 & 차량용 큐방 : 유리나 벽면에 부착할 수 있도록 큐방을 사용합니다.
  - 족자봉 : 족자봉을 달아 마감합니다.
  - 벨크로 : 찍찍이라고 불리는 마감 처리입니다.
  - 컴퓨터 커팅 : 유리 등에 붙이는 스티커 등을 마감할 때 쓰는 방법으로 주로 시트지나 유포지에 사용합니다.

❷ 포스터

a. 사이즈가 어떻게 되는지?
- A4×4 크기의 A2 size가 보편적입니다. 또는 A3, A1 등 다양한 사이즈가 사용됩니다.

b. 꼭 넣어야 하는 이미지가 있는지?
- 이미지는 반드시 높은 해상도의 원본 이미지를 받아야 합니다.

c. 로고가 삽입되어야 하는지?
- 로고는 ai 파일로 받는 것이 좋습니다. 하지만, ai 파일이 없는 경우 높은 해상도의 jpeg 파일도 괜찮습니다.

d. 인쇄를 몇 장 할 것인지?
- 포스터는 원하는 장수대로 출력이 가능합니다. 전단지보다는 소량 출력하는 경우가 많습니다.

e. 코팅의 여부?
- 포스터는 보통 아트지라는 종이로 출력합니다. 조금 더 고급스럽고 광택이 있게 하기 위해 코팅을 할 경우도 있습니다. (단, 코팅할 경우 가격이 추가됩니다.)

❸ 전단지

a. 사이즈가 어떻게 되는지?
- A5 size가 보편적입니다. 또는 B5나 A4도 이용됩니다.

b. 양면과 단면의 여부를 물어봐야 합니다.

c. 컬러는 어떻게 할 것인지?
- 1도, 2도, 4도(all color). 4도로 갈수록 단가는 높아집니다.

d. 인쇄용지는 어떤 용지에 할 것인지?
- 일반적으로 아트지(100g~150g)를 사용하지만, 조금 더 고급스럽게 하기 위해서는 스노우 150g이나 모조 150g을 권장합니다. 조금 더 고급스럽게 하기 원한다면 랑데뷰도 추천합니다. 하지만 랑데뷰는 단가가 높습니다. (랑데뷰=청첩장에 주로 사용되는 용지)

e. 꼭 넣어야 하는 이미지가 있는지?
- 이미지는 반드시 높은 해상도의 원본 이미지를 받아야 합니다.

f. 로고가 삽입되어야 하는지?
- 로고는 ai 파일로 받는 것이 좋습니다. 하지만 ai 파일이 없는 경우 높은 해상도의 jpeg 파일도 괜찮습니다.

g. 인쇄를 몇 장할 것인지?
- 전단지는 대량 인쇄하는 경우가 많습니다.

h. 절취선이 있는지?
- 절취선이 있다면 인쇄 주문 시 반드시 이야기해 주어야 합니다. 절취하기 편하도록 인쇄 마감을 해줄 수 있습니다.

❹ 리플릿

a. 사이즈가 어떻게 되는지?
- 2단 접지(앞뒤 총4면), 3단 접지(앞뒤 총6면), 4단 접지(앞뒤 총8면)
- 펼쳤을 때의 전체 사이즈(가로×세로)

b. 4단을 넘어갈 경우에는 각 페이지당 내용 구성이 어떻게 되는지?
- 이것은 정확하게 페이지 구성을 그림으로라도 받으면 좋습니다.
  (종이를 접은 뒤 펜으로 페이지 수를 적은 것의 이미지를 핸드폰 사진으로 받기도 합니다)

c. 컬러는 어떻게 할 것인지?
- 1도, 2도, 4도(all color). 4도로 갈수록 단가는 높아집니다.

d. 인쇄용지는 어떤 용지에 할 것인지?
- 스노우 120g, 150g이나 모조지 120g, 150g을 권장합니다.

e. 인쇄를 몇 장 할 것인지? 인쇄 시 접힌 완성본을 받기 원하는지, 아니면 펼침본을 원하는지?
- 접힌 완성본을 원할 경우 가격이 추가될 수 있습니다. 또한 출고 시간이 오래 걸릴 수도 있습니다.

f. 꼭 넣어야 하는 이미지가 있는지?
- 이미지는 반드시 높은 해상도의 원본 이미지를 받아야 합니다.

g. 로고가 삽입되어야 하는지?
- 로고는 ai 파일로 받는 것이 좋습니다. 하지만 ai 파일이 없는 경우 높은 해상도의 jpeg 파일도 괜찮습니다.

> **tip 아트지, 스노우지, 모조지?**
> - 아트지 : 보통 신문 사이에 껴진 전단지들이 주로 아트지 100g을 사용합니다. 대량 인쇄의 경우 많이 사용하며 유광 100%입니다.
> - 스노우지 : 아트지보다는 두꺼우며 유광 50%, 무광 50%입니다.
> - 모조지 : 아트지와 비슷한 두께로 무광 100%입니다.

이렇게 우리는 클라이언트에게 얻어야 할 기본적인 정보들을 반드시 잘 알아두어 디자인 작업 전의 필요사항에 대해 잘 준비하도록 해야 합니다. 모든 디자인에 대한 내용은 텍스트로 받는 것이 좋습니다. 이때 Ctrl + C, Ctrl + V 할 수 있는 텍스트를 받아야 합니다.

그렇지 않고, 내가 직접 보고 작성하게 되면 시안 확인 시 발견하지 못하는 일이 발생하여 인쇄비를 물어내야 할 상황이 생길 수도 있기 때문입니다. 또한, 사진이나 특정 이미지를 넣기 원하는 클라이언트에게는 반드시 용량이 큰 파일을 얻을 수 있도록 합니다. 약도나 로고 등은 ai 파일로 받는 것이 좋습니다. 종이의 선택은 충분히 설명해 준 후 클라이언트가 결정하도록 하는 것도 좋으나, 결정을 잘못할 경우 추천해 주는 것도 좋습니다.

그리고 작업 기한을 미리 결정하는 것이 좋습니다. 1차 시안이 나오는 시기를 정확히 클라이언트에게 이야기하여 신뢰를 가지고 기다릴 수 있도록 해주어야 합니다. 또한, 디자인 비용에 대해서는 정확한 금액을 이야기 해주어야 합니다. 그렇지 않으면 작업이 마무리된 뒤 비용의 문제로 골치를 앓을 수 있습니다. 필요에 따라 선입금을 먼저 받고 작업하는 것도 좋은 방법입니다.

마지막으로 가장 중요한 클라이언트와의 정보 공유는 '디자인 콘셉트'입니다. 콘셉트 없이 디자이너 마음대로 디자인했다가 1차 시안을 확인한 후 다시 재디자인해야 하는 상황이 발생할 수 있기 때문입니다. 필요하다면 클라이언트에게 모티브할 수 있는 이미지를 캡처해달라는 요청을 할 수도 있습니다. 당신이 디자인하기에 앞서 필요한 모든 정보는 당신이 아닌 클라이언트에 나온다는 사실을 잊지 말아야 합니다.

Section 02 작업하기 위해 내가 준비해야 할 몇 가지들

"메일이 도착했습니다." 클라이언트에게로부터 내가 작업해야 할 내용이 들어왔습니다. 이제 우리는 디자인하기 위한 몇 가지 기초적인 준비를 해야 합니다.

1. 작업 폴더 만들기

작업 폴더를 작업물의 제목과 형태에 따라서 자세히 구분해두면 나중에 작업물이 바뀌거나 불필요한 작업을 줄일 수 있습니다.

❶ **상위 폴더** : 제목으로 폴더명을 입력합니다. 1~2개의 상위 폴더를 작업물의 이름으로 구분 짓습니다.

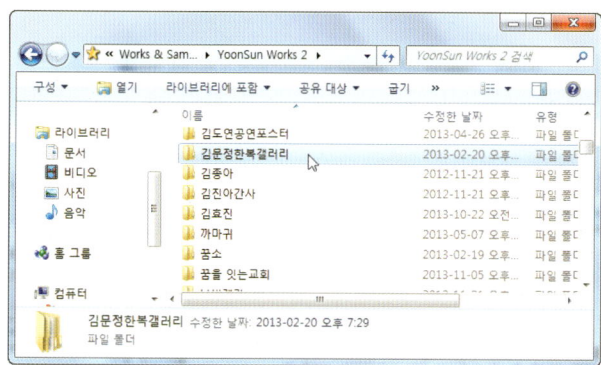

상위 폴더 예) 김문정한복갤러리

❷ 하위 폴더 : 'a.자료 b.작업용 c.인쇄용 d. 시안' 등으로 폴더명을 사용하며 작업의 형태에 따라서 구분 짓습니다.

하위 폴더 예)사진(자료), 시안, 인쇄용, 작업용

이렇게 4가지로 구분하여 만들어 놓는 이유는 작업 시 더 신속하고 원활한 작업을 하기 위해서입니다. 작업 시 워낙 많은 파일들이 업데이트되어 만들어지다 보니 나중에는 어떤 파일이 인쇄용인지, 어떤 파일이 시안용인지 구분이 안 될 수가 있습니다. 또한, 이렇게 구분해놓으면 사용했던 디자인 소스를 찾기가 더 쉽습니다. 작업이 완료된 뒤에는 각 폴더별로 불필요한 파일은 삭제하여 작업 하드를 정리해주어야 합니다.

2. 디자인 일정 정리

클라이언트에게 약속한 1차 시안 날짜에 앞서 먼저 여러분이 가지고 있는 개인적인 일정을 관리해야 합니다. 그래야 밤샘작업을 피할 수 있겠죠? 개개마다 방법이 다르겠지만 필자는 다이어리를 주로 사용합니다. 그날 완료되어야 할 일을 적어두고 완료되면 색깔 펜으로 표시합니다. 자신에게 맞는 방법을 찾아 디자인 일정을 꼭 지키도록 노력해야 합니다.

3. 콘셉트 스케치

어떠한 콘셉트로 디자인을 할지, 스케치를 하여도 좋고, 아니면 다양한 디자인물을 보며 참고하여도 좋습니다.

4. 견적서

클라이언트가 원할 경우 견적서를 미리 만들어 줍니다. 이 견적서는 클라이언트로 하여금 의뢰에 대한 신뢰감을 심어주고, 디자이너에게는 추후 디자인 비용에 관해 보호를 받을 수 있는 중요한 자료가 될 수 있습니다. 견적서 양식이 없을 경우 엑셀 등에서 제공하는 양식을 사용하면 좋습니다.

5. 인쇄 단가 알아보기

미리 인쇄비를 알아보고 클라이언트에게 이야기해주는 것이 좋습니다. 이로 하여금 클라이언트는 작업에 대한 근심과 고민을 덜게 될 것입니다.

Section 03 외부로부터의 도움이 필요한 것들

디자인과 관련된 업체들에서 도움을 받으면 결과물의 퀄리티를 올리거나 작업 시간을 줄이는 도움을 받을 수 있습니다. 유료의 경우라도 시간을 줄일 수 있다면 결과적으로는 더 유익한 작업물을 만들 수 있습니다.

'디자인은 내가 해야 하는 건데 과연 외부의 도움이 필요할까?'라는 의문을 가질 수도 있습니다. 하지만, 우리가 할 수 없는 분야들이 몇 가지 있습니다. 그것은 바로 이미지와 폰트입니다. 고해상도의 이미지를 클라이언트에게 받지 못하는 경우가 대부분이기 때문입니다. 또한 폰트를 잘못 사용하게 되면 저작권이나 라이센스 등의 문제가 생길 수 있습니다. 이러한 디자이너들의 고충을 덜기 위해 고해상도의 이미지를 판매하는 사이트가 있습니다.

대표적으로 클립아트코리아(www.clipartkorea.co.kr)나 아이클릭아트(www.iclickart.co.kr)가 그 예입니다. 단품으로도 구입할 수 있으니 참고하면 좋습니다.

클립아트코리아

아이클릭아트

또한 유료 폰트를 사용해야 할 경우는 구입하여 사용하는 것이 좋습니다. 요즘에는 개인 프리랜서를 위한 1년 약정 폰트 등 다양한 폰트 회사들의 이벤트들도 있으니, 이러한 때 놓치지 않고 혜택을 보는 것이 좋습니다. 폰트 구입처의 예로는 (주)산돌커뮤니케이션에서 운영하는 폰트클럽(www.fontclub.co.kr)이나 윤디자인에서 운영하는 폰트스토어(http://www.font.co.kr/fontstore/) 등이 있습니다. 폰트나 이미지 등의 무단 도용 및 사용은 올바른 저작권 문화를 위해 하지 않는 것이 좋습니다.

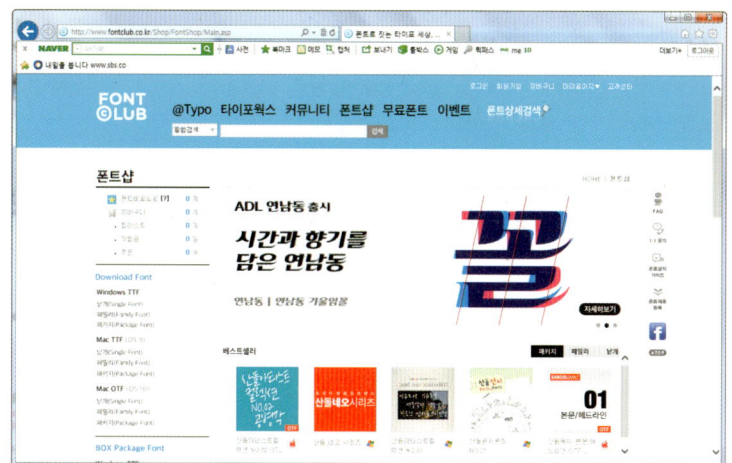

폰트클럽

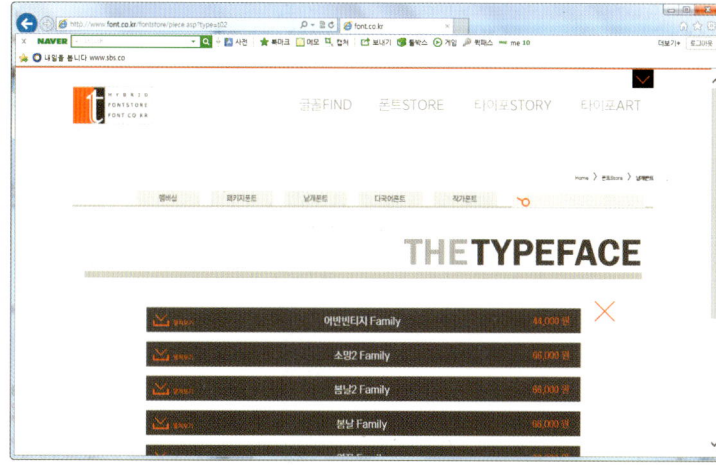

윤디자인 폰트 스토어

★ 포토샵+일러스트레이터 작업의 기술 ★

작업물 보호 방법과 자료 정리하기

 작업물을 보호하는 방법과 자료를 정리하는 방법은 디자이너마다 차이가 있습니다. 하지만 그 중요성은 누구나 알고 있는 사실입니다. 필자의 작업물을 보호하는 방법과 나름대로의 자료 정리법을 소개하겠습니다.

Section 01 작업물 보호 방법

디자이너라면 우리가 소중히 보호해야 할 몇 가지가 있습니다. 그중 가장 중요한 것은 바로 작업 소스입니다. 유료로 구입한 소스도 있고, 직접 제작한 소스도 있겠지만, 이 소스는 당신의 디자인에 있어 매우 전략적인 부분이므로 잘 보호해야 합니다. 파일명 뒤에 psd나 ai라고 나와 있는 작업물은 가능한 유출되지 않도록 하는 것이 좋습니다.

1. 캡처하여 시안용 만들기

디자인을 다 완성한 뒤 클라이언트에게 시안을 보여줘야 합니다. 이때 시안은 인쇄용이 아니므로 용량이 낮은 캡처용으로 보내도 무관합니다. 캡처용으로 시안을 보낼 때의 장점은 RGB로 변환하지 않아도 된다는 점입니다. CMYK로 작업한 것을 그대로 jpeg로 저장하여 시안으로 보낼 때, 상대방의 컴퓨터에서 컬러 값이 변하거나 여러분이 작업한 컬러대로 나오지 않는 경우가 있습니다. 이는 웹상으로 볼 때는 RGB가 최적이기 때문입니다.

하지만, 캡처를 할 경우에는 굳이 RGB로 바꾸지 않아도 자동으로 RGB로 저장되기 때문에 매우 편하게 시안용을 만들 수 있습니다. 또한, 시안용은 말 그대로 시안이기 때문에 큰 용량을 필요로 하지 않습니다. 상대방이 핸드폰이나 문자로도 바로바로 열어볼 수 있도록 캡처해서 보내주는 것이 더 좋겠습니다. 검색창에 '캡처프로그램'이라고 검색하면 다양한 무료 캡처 프로그램들이 나오니 활용하기 바랍니다.

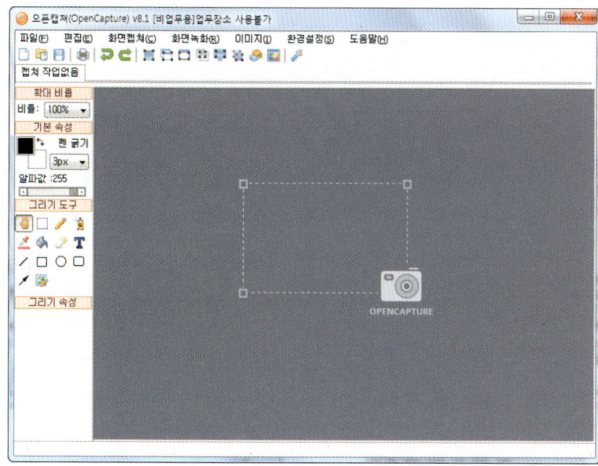

ex) 오픈 캡처 이용 시/오픈 캡처는 개인용으로 이용 시만 무료 버전을 다운받을 수 있습니다.

다음은 작업 파일을 캡처하는 화면입니다.

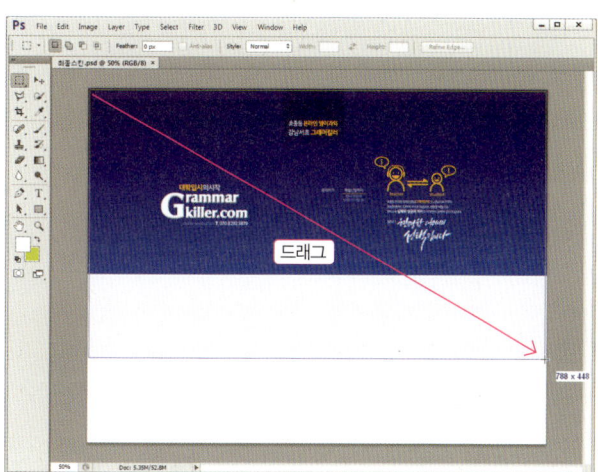

캡처한 화면이 이렇게 그림 파일로 나타나면 바로 저장합니다. 캡처는 자동으로 RGB 저장되기 때문에 시안용으로 매우 적합합니다.

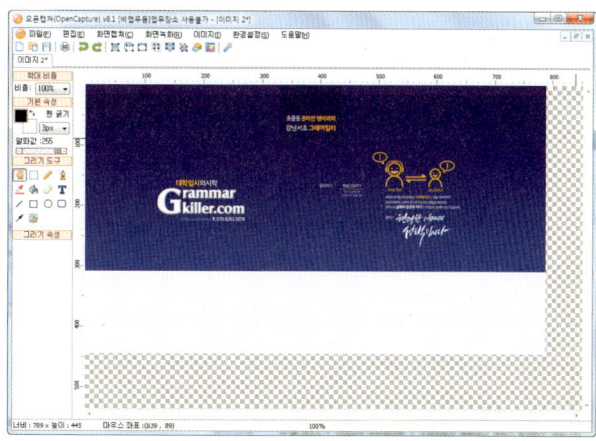

2. 인쇄물은 PDF로 만들기

간혹, 완성된 디자인 제작물의 인쇄 파일을 인쇄소에 보낼 때 작업 파일인 PSD로 보내는 이들을 보게 됩니다. PSD 파일은 여러분이 작업한 레이어가 모두 살아있습니다. 물론, PSD로 보냈을 경우 인쇄소에서 다시 전화가 오는 일은 없겠지만, 당신의 작업 소스를 그대로 보여주는 매우 나쁜 예입니다. 이전에 인쇄물을 PSD로 넘긴 적이 있었습니다. 그 PSD 파일 안에는 필자가 구입한 소스도 그대로 레이어에 살아있었는데, 인쇄 파일로 변환하기 귀찮아 그냥 PSD 파일로 보냈다가 소스가 유출되어 이미지 회사에 여러 차례 해명을 했던 가슴 철렁했던 사건이 있었습니다.

인쇄물을 만들 때는 반드시 PDF나 jpeg로 만들어 보내는 것이 좋습니다. 라이센스가 있는 소스를 유출하지 못하게 하기 위한 것도 있지만, 내가 작업한 소중한 작업 소스가 어느 누군가에 의해 손쉽게 사용되어진다고 생각하면 누구나 언짢을 것입니다.

해상도가 300dpi라면 PDF나 jpeg든 그 인쇄 파일의 용량에는 문제가 발생하지 않습니다. 단, 사이즈가 큰 현수막일 경우는 해상도를 조금 줄여(150~200dpi) eps 파일로 저장하여 전달하기도 합니다. 일러스트로 작업한 사람의 경우, 일반적으로 ai 파일의 인쇄 파일을 만들어 내지만, 가급적이면 디자인 소스는 바탕과 합쳐 보내는 것이 좋습니다. 가지고 있는 소스를 모두 보호하기란 그렇게 쉬운 일은 아닙니다. 하지만, 되도록 보호할 수 있는 다양한 방법을 동원하여 보호하는 것은 당신의 지적 저작권을 지킬 수 있는 가장 소중한 일입니다.

3. 원본 파일 요청은 정중히 거절하기

클라이언트가 원본 파일인 PSD 파일을 요청하는 경우가 있습니다. 아니면 의뢰 과정에 PSD파일 첨부가 조건으로 들어있을 수도 있습니다. 이유는 수정을 하거나 다른 파일에 사용하기 위함입니다. 만약, 당신이 사용한 소스 중 유료 소스가 들어있는 파일이 있다면 이는 절대로 공유해서는 안 됩니다. 저작권 문제로 매우 골치를 앓을 수 있기 때문입니다.

그렇기 때문에 유료 소스이든, 무료 소스이든 디자이너라면 당당하게 원본 파일인 PSD 파일의 요청을 거절할 수 있어야 합니다. 이는 절대 무례한 일이 아닙니다. 당연한 권리이며, 클라이언트가 이를 모를 시 알려주어야 합니다. 디자인한 제작물이 다른 사이즈로 재구성되어 어딘가에 사용되었다고 생각해 보십시오. 매우 불쾌합니다. 원본 파일은 소중한 파일이기 때문에 보물처럼 지키는 것이 당신을 위해서, 그리고 모두를 위해서 가장 현명합니다.

4. 제안하기

만약, 클라이언트가 끈질기게 파일을 요구할 경우 당신은 몇 가지를 제안할 수 있습니다. 클라이언트가 원본 파일의 유출이 안 되는데도 불구하고 계속적으로 요구하는 이유는 편집해서 사용하기 위함보다도 홍보용으로 이미지를 사용하기 원한다거나 소장용으로 하기 원하는 경우가 대부분입니다. 이럴 때는 그림 파일인 jpeg로 전달해 보기 바랍니다. 캡처한 것이 아닌 [Save As]하여 jpeg로 저장한 뒤 이를 RGB로 변환하여 주면 됩니다. 그림 파일이기 때문에 편집 및 수정이 불가하며 클라이언트 또한 적은 용량이 아닌 작업물의 그림 파일을 가지고 있을 수 있기 때문에 상황이 일단락될 수 있습니다.

어떤 교회에서 제가 디자인해 드린 포스터의 원본 파일을 요청하셨습니다. 원본 파일의 유출은 되지 않는다고 정중히 말씀드렸더니, 그 분은 같은 분위기로 티켓을 만들고 싶은데, 그러려면 또다시 디자인비가 발생하게 되어 부담이 된다고 하셨습니다. 그때 제가 그분께 제안한 방법은 텍스트를 제외한 배경 화면을 jpeg로 드리는 것이었습니다. 그분은 흔쾌히 받아들이셨고, 교회 내에서 한글 문서로 편집하여 티켓을 만드셨다는 연락을 해 오셨습니다.

최종 완료된 파일 　　　　　　　　　당시 발송한 텍스트를 제외한 배경 jpeg

5. 일러스트에 사용된 이미지 하나로 합치기

일러스트에 사용된 이미지는 모두 벡터화되어 있는 이미지들이 대부분입니다. 그것이 아니라면 이미 포토샵에서 배경으로 만들어 놓은 jpeg 파일이기 때문에 이는 염려되지 않습니다(이미 소스들이 합쳐져 편집이 불가능하기 때문입니다). 만약, 보내야 하는 인쇄 파일명이 ai나 eps여야 할 경우 일러스트에 사용된 이미지를 하나로 합치는 방법은 합쳐야 하는 개체를 선택한 뒤 [Object]-[Rasterize]를 설정해주는 것입니다. 이렇게 한 뒤 레이어를 가장 아래로 내리면 여러분이 소중히 여기는 ai 파일의 소스들도 보호할 수가 있습니다.

Section 02 자료 정리하기

디자인을 하다 보면 매번 새로운 디자인을 만들어 내는 일이 얼마나 어려운지 알게 될 것입니다. 때문에 간혹, 이전의 디자인 자료를 찾아 소스 등의 도움을 받게 되는 일이 필요할 수도 있습니다. 하지만 이때 자료가 제대로 정리되어 있지 않으면 어려운 상황이 생길 수도 있습니다. 또는 이전에 작업했던 파일을 재인쇄해야 하는 경우가 생길 수도 있으니 자료는 잘 정리해 두는 것이 좋습니다.

1. 폴더별로 정리하기

❶ 1차 구분

작업물의 1차 구분은 바로 폴더 정리입니다. 폴더명은 여러분이 정하기 나름입니다. 회사나 단체 또는 이름 등으로 정리할 수 있습니다. 폴더 앞에 번호를 매겨 일이 들어온 순서대로 할 수도 있으며, 월별로 정리할 수도 있습니다.

❷ 2차 구분

폴더를 만들었으면, 하위 폴더로 '작업용', '시안용', '인쇄용'을 만들어야 합니다.

❸ 3차 구분

작업용 안에는 여러 시안을 내보내기 위해 이미 2~3개 정도의 원본 파일이 들어있습니다. 그리고 수정을 거친 최종 파일까지 여러 개의 파일이 생성됩니다. 디자인이 선택되어 인쇄 파일로 넘어간 뒤 우리는 바로 이 '작업용' 폴더를 정리해 주어야 합니다. 선택된 최종 파일 앞에 반드시 '최종'이나 '선택' 등의 단어를 넣어 오랜 뒤에 보아도 어떤 파일이 최종 파일이었는지 구분되도록 하는 것이 좋습니다. 그 외의 작업 파일은 지우거나 또는 나중을 위해 다른 폴더로 이동시켜 소스들을 다른 디자인에 이용하도록 하는 것도 좋은 예입니다.

2. 작업 하드 만들기

가끔 디자인을 하다 보면 사무실이 아닌 다양한 장소에 나가 디자인하거나 클라이언트를 직접 찾아가 디자인을 설명해 주어야 할 일도 생기게 됩니다. 이를 위해 작업하드를 미리 만들어 놓는 것이 좋습니다. 다양한 용량으로 구매할 수 있으니, 반드시 작업하드를 만들어 늘어나는 작업량에 따른 컴퓨터의 수명이 줄어들지 않도록 해야 합니다.

3. 불필요한 파일은 그때그때 삭제하기

일주일에 한 번쯤은 파일을 정리하는 날을 갖는 것도 좋습니다. 작업에 쫓기다 보면 작업 파일을 정리하지 못한 채 넘어가는 경우가 매우 많습니다. 시간이 지나면 어떤 파일이 사용된 파일이고, 어떤 파일이 사용되지 않은 파일인지 모르는 경우도 많습니다. 이를 위해서는 불필요한 파일은 그때그때 삭제하여 필요한 파일들로만 잘 정리해두는 습관이 매우 중요합니다.

4. 포트폴리오 만들기

자료를 정리하면서 최종 파일은 jpeg로 만들어 나만의 포트폴리오를 구성해 두는 것도 매우 좋은 습관입니다. 디자이너라면 여러분을 소개하는 것은 여러분의 몫입니다. 또한, 가장 좋은 소개법은 당신의 작품이 될 것입니다. 작품이 당신을 말해주고, 당신의 디자인을 설득시켜 줄 것이기 때문입니다. 이를 위해 그때그때 출력하여 파일에 꽂아두는 것이 매우 좋습니다. 또는 운영하고 있는 블로그나 카페 등에 파일을 올리는 것도 좋습니다. 포트폴리오는 지나가버리는 노동이 아니라 언젠가 당신을 말해 줄 수 있는 가장 현명한 방법이 되어 줄 것입니다.

★ 포토샵+일러스트레이터 작업의 기술 ★

일을 하기 위한 모든 관계와 그 밖의 당부

> 일을 하기 위해서는 클라이언트와의 관계에서부터 다양한 관계를 짓고 살아가게 됩니다. 문제는 이 관계성이 우리가 하는 일에 많은 부분 영향을 미친다는 것입니다. 클라이언트와 인쇄소와의 기본적인 관계성부터 디자이너의 길에 들어서는 분들에게 몇 가지 소견을 말씀드리겠습니다.

Section 01 클라이언트와의 관계

클라이언트와의 관계는 아무리 강조해도 부족한 매우 중요한 부분입니다. 당신의 친절함이 수반된 첫 통화를 잘 해내었다면 이제 당신은 디자인함에 있어 반드시 상호간에 나누어야 하는 것을 이야기해야 합니다.

1. 작업 및 수정에 관한 규칙 정하기

매우 친절하고, 상냥한 디자이너라고 해도 어느 한 부분은 매우 규칙적인 룰이 있어야 합니다. 그것은 바로 작업 및 수정에 관한 규칙입니다. 이 점에 대해서는 작업 전 미리 이야기하여 서로가 인지해 두고 있어야 좋습니다. 그렇지 않으면 무분별한 수정으로 인해 작업이 완료되기도 전에 지쳐버릴 수 있기 때문입니다. 예를 들어 작업기일이 1주일일 경우 수정은 3번까지 가능하며 추가 수정이 있을 경우 추가 수정비가 발생함을 말해주는 것입니다. 이때의 수정 비용은 작업 비용의 몇 % 정도임도 이야기해주면 더 구체적으로 작업하기 편리한 룰이 생깁니다. 처음 이 일을 시작했을 때, 수정횟수를 정해놓지 않아 무턱대고 디자인 의뢰를 받았던 적이 있습니다.

'사공이 많으면 일이 어렵다'라는 느낌을 받을 정도로 의뢰한 곳으로부터 수많은 수정 메일을 받아야 했습니다. 글자 하나하나까지도 한 번에 수정 내용이 오는 것이 아니라 수시로 수정을 하는 그분들에 의해 나중에는 녹초가 될 지경이었습니다. 하지만, 이는 그쪽의 문제가 아닌, 정확한 룰을 정해놓지 못했던 제 실수임을 알게 되었습니다. 이제는 작업 전 반드시 말씀을 드립니다.

"수정은 3번까지 가능하며, 추가 수정이 발생할 경우 수정비용을 받습니다."

2. 시안의 개수

클라이언트는 다양한 디자인 콘셉트를 보고 싶어합니다. 단, 한 개의 시안을 줄 경우, 비교대상이 없기 때문에 더 큰 수정을 불러올 수가 있습니다. 그러므로 시안은 2~3개 정도로 정하여 보여주는 것이 좋습니다. 이때 시안의 개수는 가급적 적게 이야기하는 것이 좋습니다. 무턱대고 처음부터 5~6개를 이야기한다면 당신은 개수 채우기에 급급할 것입니다. 작업을 하다보면 시안이 늘어날 수도 있습니다. 2~3개 주기로 했던 시안이 4~5개로 늘어나면 오히려 당신에게 더 이득입니다. 클라이언트는 뜻밖의 횡재한 기분일 것입니다. 그러므로 반드시 시안은 개수를 정하되 너무 많은 개수를 정하지 않는 것이 좋습니다.

이전에 매우 힘든 클라이언트를 만난 적이 있습니다. 여러 개의 시안을 만들어 주었음에도 불구하고, 그 의뢰인은 추가 시안을 요구했습니다. 굉장히 친절히, 그리고 열심히 만들어주었던 시안이었기에 제 마음은 매우 어려웠습니다. 하지만, 다시금 재시안을 만들어 보냈고, 그는 처음 보냈던 시안 중 한 가지를 선택했습니다. 클라이언트의 입장은 디자인을 하는 우리의 입장과 매우 다르다는 것을 알아야 합니다. 더 많이 보고 싶어 하고, 비교하고 싶어 하는 입장이기 때문입니다.

만약, 당신도 그러한 상황이 생긴다면 추가 시안을 제시해 주는 편이 더 현명합니다. 하지만 당신이 정한 룰을 떠나 계속적인 시안을 요구한다면 그것은 과감하게 거절해야 합니다.

혹시 그 과정 중 '내 디자인이 형편없는 것인가?'라는 생각이 든다면 그것은 사실이 아닙니다. 다만 당신의 디자인과 의뢰인의 디자인 콘셉트와 방향이 맞지 않는 것일 뿐입니다. 이러한 경우를 대비해서 채택되지 않은 디자인에 대한 가격도 정해놓는 것이 중요합니다.

저 같은 경우는 이러한 일이 발생하면 작업비의 50%만 받고 그 일을 마무리 짓습니다. 디자인 실력에 대해 자괴감에 빠질 필요가 없습니다. 아무리 훌륭한 디자이너라 해도 그러한 경험을 해보지 않은 이는 없을 것이며, 지금도 꾸준히 그러한 경험 속에 성장하고 있을 것입니다.

3. 디자인비 수령 방법

큰 작업일 경우, 디자인비 또한 큰 금액이 수령될 경우가 있습니다. 그런데 재정에 관해 투명한 클라이언트가 아닐 경우 여러 디자이너들이 디자인비를 제때 수령하지 못하여 매우 곤경에 처한 경우를 본 적이 있습니다. 프리랜서 디자이너로서 첫발을 내딛고 얼마 지나지 않아 처음으로 30만 원이 넘는 디자인 작업 의뢰가 들어왔습니다. 그때는 선입금과 잔금을 정해놓지 않고 작업이 마무리된 뒤에나 금액을 받았던 때라, 큰 금액에 대한 부담을 안고 열심히 밤을 새어 작업했던 기억이 납니다. 하지만 작업이 완료된 뒤 필자는 결국 그 디자인 비용을 받지 못했습니다. 사용되지 못했기 때문이라는 답변을 뒤늦게 듣고 며칠을 힘들어했습니다.

작업비는 먼저 선입금을 몇 %라도 받고 시작하는 것이 좋습니다. 물론, 디자인비가 턱없이 적어 선입금을 받기 애매한 상황일 수도 있습니다. 그렇다면 최종 시안을 캡처하여 보낸 뒤 시안이 확정되면 인쇄 파일로 넘기기 전에 디자인비를 모두 수령하는 방법도 있습니다. 디자인비가 모두 수령된 뒤에 인쇄 파일을 넘기면 디자인비를 받지 못하는 상황을 줄여갈 수 있습니다.

디자인 비용은 당신이 지불받아야 할 당연한 권리입니다. 클라이언트는 그 비용 지불의 여부에 대해 이미 당신에게 의뢰하기 전 결심을 했을 것입니다. 그렇기 때문에 투명한 디자인비 수령은 당신이 당연히 요구해야 합니다.

4. 한 번 클라이언트는 영원한 클라이언트

필자에게는 고정적으로 디자인을 의뢰하는 업체가 몇 군데 있습니다. 이미 그쪽과는 가족과 다름없이 매번 절기가 오고, 행사 철이 다가오면 디자인 의뢰서가 메일로 날아옵니다. 고정적으로 디자인을 의뢰하는 곳이 있다는 것은 디자이너로 하여금 자신감을 부어주고, 이 일의 정체성을 알게 해주는 중요한 요소입니다. 하지만, 그렇게 되기까지는 많은 노력이 필요할 것입니다. 디자인은 사람과 사람을 연결해주는 미적인 요소입니다. 정보를 전달하고, 클라이언트가 원하는 콘셉트로 디자인을 해주지만 그 모든 과정들 속에 디자인을 하는 당신과 당신의 디자인을 신뢰하는 클라이언트가 있습니다. 위와 같은 규칙들을 잘 지키며 매우 상냥하고 친절한 디자이너가 되어야 합니다. 실력이 매우 출중한데 매번 의뢰할 때마다 대하기 어려운 디자이너와 실력은 조금 떨어져도 매번 의뢰할 때마다 원하는 바를 해주고자 노력하는 디자이너가 있다면 클라이언트는 결국 후자의 디자이너를 선택하게 되는 경우를 많이 보게 됩니다. 물론, 디자이너에게 실력은 매우 중요한 부분 중 하나입니다. 하지만 인격 또한 실력 못지않게 중요한 덕목 중 하나임을 잊으면 안 됩니다. 디자인은 소통이며, 나눔입니다. 그렇기 때문에 매우 예의 없는 클라이언트를 만났다 할지라도 우리의 규칙을 이야기하여 사전에 지켜나가며 친절하게 모든 상황을 대처할 경우, 디자인을 의뢰하는 클라이언트는 점점 더 늘어나게 될 것입니다. 스쳐 지나갔던 흔적 같은 사람이 언젠가 내게 의뢰할 클라이언트가 되어 있을지는 아무도 모르는 일입니다.

제 핸드폰에는 매우 많은 이들의 이름이 저장되어 있습니다. 클라이언트는 자신을 기억해주길 바랄 수도 있습니다.

"여보세요 네 윤선디자인입니다."보다도 "와~ 안녕하세요~ ○○○님이시죠? 웬일이세요?"
라고 먼저 반갑게 인사해주는 디자이너라면 그 클라이언트는 디자인이 필요할 때마다 당신을 떠올릴 것입니다. 그리고 당신이 알고 있는 디자인 지식에 관해 가끔 이야기해주는 것도 좋습니다.

"요즘에는 이 폰트가 대세랍니다."
"모던한 디자인이 각광을 받고 있습니다."
"경쟁업체의 디자인을 제가 스크랩해 보았습니다. 보내드릴까요?"
"블루 컬러를 선호하시는군요, 그렇다면 이러이러한 컬러가 블루와 어울립니다."

소통을 중요하게 생각하는 당신에게 그 클라이언트는 아마 한 번 클라이언트가 아닌, 영원한 클라이언트가 되어줄 수 있을 것입니다.

Section 02 인쇄소와의 관계

디자인 전공자도 아니고, 인쇄에 대한 아무런 지식이 없을 때 가장 힘들었던 부분을 뽑으라고 한다면 도대체 어떤 종이에 인쇄를 해야 하는 것인가였습니다. 그때 저를 도와준 곳이 바로 인쇄소였습니다. 적당한 종이를 제안해 주었고, 인쇄 시 문제가 생길만한 것들도 미리 알려주어 디자인하는 데 있어 매우 큰 도움을 받았습니다. 디자이너라면 인쇄소 1곳 정도는 친밀감을 쌓아두는 것이 원활한 작업을 위해 매우 좋은 기술이 될 수 있습니다.

1. 작업 파일과 인쇄 파일의 구분

인쇄소는 주로 웹하드를 운영하거나 이메일 등으로 인쇄 파일을 넘겨받습니다. 웹하드로 인쇄 파일을 넘길 경우에는 웹하드 내에 자신의 폴더를 하나 만드는 것이 좋습니다. 그리고 정확한 명칭으로 넘겨주는 것이 좋습니다(ex. 인쇄용(X), 희망콘서트티켓인쇄용(O)). 또한 우리는 반드시 작업 파일이 아닌 인쇄 파일을 넘겨주어야 합니다. 작업 파일은 당신의 소중한 재산이기 때문에 인쇄 파일인 jpeg, eps, pdf 등으로 만들어 넘겨주는 것이 좋습니다. 인쇄소의 웹하드 아이디와 비밀번호는 다이어리에 잘 기록하여 두면 좋습니다.

2. 사장님과 친해져라!

홈페이지가 블로그로 운영이 되다 보니 지인들에게로부터 오는 디자인 의뢰만큼 해외에서도 디자인 의뢰가 자주 들어오는 편입니다. 처음 들어온 인쇄 의뢰가 호주 시드니였습니다. 국내는 디자인한 뒤 인쇄하여 택배 및 퀵으로 보내주면 되는데, 해외는 어떠한 방법으로 발송을 해야 할지 도통 알 수가 없었습니다. 디자인하기도 바쁜 상태에서 그저 떨쳐내고 싶은 상황까지 생기게 되었습니다. 알아보니 인쇄하여 해운택배로 보내는 방법이 있었습니다. 시드니라는 곳은 해운으로 1~2일이면 도착할 수 있는 곳이었습니다. 정말 깜짝 놀랄 일이었습니다. 그때, 저를 도와준 분이 바로 인쇄소 사장님입니다. 디자이너라면 가장 친해져야 할 사람이 바로 인쇄소 사장님이라 해도 과언이 아닙니다. 정말 많은 도움을 받게 되기 때문입니다.

3면 리플릿을 제작할 일이 있었습니다. A4 용지의 세로를 정확히 3등분하여 작업한 후 인쇄 파일을 넘겼습니다. 그때 사장님이 주신 팁이 바로 3면 리플릿을 작업할 시는 겉면은 가장 우측을 2~3mm 더 넓게 작업해야 하며, 내부 면은 가장 왼쪽 면을 2~3mm더 넓게 작업해야 한다는 것이었습니다. 만약 그 정보를 몰랐다면 인쇄되어 나온 리플릿은 접히면서 살짝 밀려 인쇄되는 일이 발생하게 될 뻔 했습니다.

또 한 번은 급히 랑데뷰라는 종이로 초청장을 50장 인쇄해야 하는 일이 생겼습니다. 50장은 인쇄소에서는 매우 적은 양이기 때문에 인쇄를 꺼려하거나 매우 높은 가격으로 인쇄비를 책정하게 됩니다. 하지만, 필자가 거래하는 인쇄소의 사장님은 어제 쓰고 남은 랑데뷰지가 있다며 흔쾌히 인쇄를 해 주셨습니다.

인쇄소 사장님과 친해진다는 것은 이처럼 깨알 같은 정보와 지식, 그리고 도움을 얻을 수도 있다는 것을 의미합니다. 그러려면 처음 인쇄소를 결정하기 전 꼼꼼하게 인쇄소의 단가를 알아보는 것이 중요하며, 한 군데를 정하여 정기적으로 그곳에 의뢰하는 것이 좋습니다. 그래야 서로 잘 알게 되고, 친분을 쌓을 수가 있습니다. 제가 거래하는 충무로의 예삶○○인쇄소 사장님은 가족과도 같은 분이 되셨습니다. 인쇄뿐만 아니라 디자인 작업 시 어려운 일들도 이젠 그 사장님께 상의하곤 합니다. 또한, 누군가 인쇄소를 소개해주기 원하면 흔쾌히 그 사장님을 권해줍니다. 포토샵 10개의 스킬을 알고 있는 것보다 그 인쇄소 사장님 한 분을 잘 알고 있다는 것이 어쩌면 더 큰 도움일지도 모르기 때문입니다.

Section 03 그 밖의 것들

참 많은 메일을 받습니다. 그중에 가장 많이 받는 종류의 메일은 '디자이너가 되기 위해 무엇을 공부해야 하는가?'입니다. 많은 디자인 입문생들이 디자인학과를 졸업한 뒤에 순서대로 디자인 분야의 직장에 취업을 하거나 아니면 프리랜서의 길로 뛰어드는 경우를 보게 됩니다. 처음에는 디자인이 재미있고 즐거워서 시작했지만, 직장이라는 곳에 얽매여 디자인을 하는 것이 아니라, 디자인을 해내야 하는 사람이 되어가고 또는 프리랜서라는 직업이 매우 매력적이어서 시작했지만, 아무런 정보 없이 시작하여 결국 구인구직을 찾아보게 되는 친구들을 자주 보았습니다. 여기서는 조금이나마 여러분에게 곁길의 방법을 알려드리고자 합니다. 내 것으로 잘 만들어 꼭 멋진 디자이너가 되기 바랍니다.

1. 인쇄물을 수집하라!

무턱대고 예술의 전당을 찾아간 적이 있었습니다. 이유는 의뢰받은 포스터의 약도 때문이었습니다. 아무리 만들고 만들어도 제가 만드는 약도의 디자인은 한계가 있었습니다. 다른 디자이너들은 어떻게 약도를 디자인할까? 너무 궁금하여 예술의 전당을 찾아가 바깥에 놓여 있던 공연들의 리플릿 및 전단지를 닥치는 대로 집어 들었습니다. 그리고 약도 디자인을 보았습니다. 단순하게 선 하나로 길을 표현하거나 3D 모양으로 만들거나 우스꽝스런 그림 위에 약도를 얹은 경우도 있었습니다. 한동안 그곳에 앉아 리플릿에 쓰인 약도뿐 아니라 편집 스킬 등을 눈으로 배운 적이 있습니다. 그때부터 인쇄물을 수집하는 버릇이 생겼습니다. 파일을 하나 구입하여 수집해온 인쇄물들을 넣어두었습니다. '배경은 어떻게 처리했지? 표는 어떻게 만들었지? 어떠한 컬러를 사용했지? 타이틀 폰트는 어떤 폰트가 어울렸지? 폰트 크기는 얼마나 작게 했지?' 등의 수많은 궁금증을 풀어준 저만의 보물이기도 합니다. 지금도 디자인을 하다가 막히는 부분이 있으면 모아둔 수집 파일을 열어봅니다. 분명 배울 것이 있고 또 디자인 실력은 향상될 수밖에 없습니다.

제가 하는 디자인은 주로 교회 디자인이 많습니다. 그러다 보니, 교회 디자인에 대해 늘 궁금하고, 어떻게 하면 좀 더 효과적인 디자인을 할 수 있을까 고민할 때가 많습니다. 그래서 큰 대형 교회 로비를 자주 찾습니다. 대형 교회 로비에 가면 교회의 특성화된 온갖 전단지들을 만나볼 수가 있습니다. 그리고 한 장씩 가지고와 스크랩을 해 둡니다. 또 컴퓨터 하드에도 여러 가지의 디자인에 참고할 이미지들이 저장되어 있습니다. 요즘에는 워낙 감각이 뛰어난 웹 디자이너들이 많아 다양한 홈페이지의 구성을 만나볼 수가 있습니다. 웹 디자이너가 아니라고 해도, 그 디자인의 느낌을 인쇄 디자인에도 분명히 적용할 수가 있습니다. 그래서 웹 서핑을 할 때마다 눈여겨 두었던 페이지가 있으면 캡처하여 저장해 둡니다.

2. 당당히 디자이너라 말하라!

의뢰가 들어왔습니다. 당신은 왠지 모를 두려움이 듭니다. "어떻게 디자인해 드릴까요? 아, 캘리그라피도 넣어드려야 하나요? 인쇄는 몇 부나…." 전화를 받은 당신의 목소리에는 자신감이 없고 왠지 모를 불안감만 상대방에게 선사합니다. "시안을 3개나…?" 이미 당신의 통화 목소리는 상대방에게 잘못 전화한 것 같다는 마음만 들게 할지도 모릅니다.

디자이너입니까? 실력과 스킬도 물론 중요하지만, 그 전에 당신 스스로 디자이너라 생각하십니까? 내가 가야 할 길이 디자이너이고 나는 이것을 매우 좋아한다고 자부한다면, 스스로를 디자이너라고 인정해 주어야 합니다. 스스로 디자이너라 인정하지 못한다면 상대방은 그보다 더 많이 당신을 신뢰할 수 없습니다. 처음 이 일에 뛰어들었을 때 디자인 전공자도 아니고, 그저 아이를 키우는 아기 엄마였던 저로서는 제 자신을 디자이너라 인정하는 것이 매우 어려웠습니다. 그랬던 부족한 자존감으로 인해 들어온 일도 취소되는 민망한 일들까지도 일어났습니다.

모 단체의 간사로 근무했던 저는 늘 제 이름 뒤에 '간사'라는 말을 썼습니다.

"안녕하세요. 정윤선 간사입니다."

간사를 그만두고 난 뒤 전화가 오면 "안녕하세요, 정윤선입니다"로 바꾸었습니다.
당당하게 "정윤선 디자이너입니다"라고 말하지 못했습니다. 지금 생각해 보면 정말 자신감이 없었고, 오히려 의뢰 전화가 오는 것이 제게는 큰 두려움이었던 것 같습니다. 그때 저 스스로에게 내렸던 처방이 바로 이것이었습니다. '나는 디자이너' 그것을 인정하고 표식을 만들어 사람들에게 나누어 주어야겠다는 조금은 무모한 도전이었습니다. 개인 명함을 만들었습니다. 정윤선이라는 이름 앞에 Designer라는 명칭을 붙일까 말까를 정말 많이 고민했지만, 당당하게 붙여 명함을 만들고 조금은 특이하게 종이 명함이 아닌 투명한 명함으로 제작하였습니다.

그리고 쭈뼛쭈뼛했지만, 그래도 당당하게 명함을 주변 사람들에게 나누어 주었습니다. 나 자신을 디자이너라고 인정하고 사람들에게 말하고 나니 의뢰가 들어와도 자신 있게 클라이언트를 대할 수가 있었고, 그러한 제 모습은 의뢰를 하는 이로 하여금 신뢰와 믿음을 먼저 줄 수 있는 계기가 되었습니다. 디자이너인데, 자신감이 없다면 먼저 스스로를 디자이너로 인정해주는 것부터 해야 합니다. 그것이 가장 중요한 첫 시작입니다.

그리고 또 한 것이 이력서를 만드는 작업이었습니다. 일반 사람 정윤선이 아닌 디자이너 정윤선의 이력서를 만드는 작업은 생각보다 많이 힘들었습니다. 왜냐하면 그만큼 이력이 없었기 때문입니다. 하지만, 그동안 작게라도 했던 것이 있다면 모두 개수로 세어 기록했습니다. 또한, 디자이너이기 때문에 기존의 이력서와는 다르게 만들어서 나를 소개해야겠다는 생각이 들어 만들게 된 이력서가 바로 이것입니다.

추후 몇 가지 수정된 부분이 있지만, 늦은 새벽 혼자 컴퓨터 앞에 앉아 떨리는 마음으로 이 프로필/이력서를 만들었던 때가 기억이 납니다. 하지만, 명함과 이력서는 제게 있어 저를 소개해주는 매우 중요한 자료가 되었고, 지금도 강의 요청 및 다양하게 이력서가 필요한 상황이 생기면 이 자료들을 전달합니다.

3. 감각은 타고나기도 하지만, 만들어지는 것이 더 무섭다.

그래도 어쩔 수 없는 것은 '타고난 감각'이라고들 얘기합니다. 그 말에는 동의합니다. 정말 천부적인 재능을 타고나서 색연필 하나만 가지고도 멋들어진 그림을 그려내는 사람을 본 적이 있습니다. 쓱싹쓱싹 그려내는 그 사람의 얼굴은 심지어 웃고 있었습니다. 그런데 과연 그러한 사람들이 노력을 할까요? 물론 타고난 감각을 가지고, 그리고 노력도 열심히 해서 더 큰 재능을 가지게 되는 사람들도 많습니다. 하지만, 참 많은 타고난 능력자들이 더 노력하지 않고, 더 공부하지 않아 그 재능을 묻혀 두는 경우도 많이 보았습니다. 감각은 타고나기도 하지만, 만들어지는 것이 더 무섭습니다. '타고난 재능이 없어 나는 노력형이다'라고 생각하는 사람이 있다면 그게 정말 무서운 생각입니다. 노력하는 사람은 그 누구도 따라잡을 수가 없습니다. 이전에 컬러에 대해 딜레마에 빠진 적이 있습니다. 어떤 제작물은 그냥 봐도 너무 컬러가 매력적이고 세련되었는데, 필자가 작업한 작업물은 아무리 잘 했다 생각해도 컬러에서 2%, 아니 10%라 해도 과언이 아닐 만큼 컬러배합에 어려움을 겪은 적이 있습니다. 컬러리스트 자격증을 따야 하는가라는 고민에 빠지기도 했습니다. 아이를 키우다 보니 학원이나 배움의 터를 다닐 수도 없는 상황이었기 때문에 밤새 혼자 공부하며 이 문제를 극복하기 위해 애를 썼습니다. 그리고 그때 했던 방법이 바로 두 가지였습니다. 우선 잘 만들어진 홈페이지 메인 화면을 캡처했습니다. 그리고 그 메인 화면에 쓰인 컬러를 모두 (스포이드 툴)로 추출하여 저장해 두었습니다. 웹 디자이너가 잘 어울리기 때문에 사용한 컬러라는 확신이 들었으며 참 많은 컬러가 추출되었습니다. 그 컬러들만 봤다면 전혀 컬러 배합을 느끼지 못했을 것들이 모아 두니 어울렸습니다. 또 하나의 방법은 쇼핑몰에 들어가 옷에 사용된 컬러를 추출한 것입니다. 모델이 입은 상의의 컬러와 하의의 컬러를 각각 추출하여 놓으니 봄 시즌의 옷에서는 파스텔 톤의 컬러 배합을, 그리고 여름 시즌의 옷에서는 비비드 컬러 배합을, 가을 시즌의 옷에서는 보색 대비 배합을 배우게 되는 큰 자료가 되었습니다. 당신은 이와 비슷한 노력을 해 본 적이 있습니까? 물론 그 방법들이 정석은 아닙니다. 하지만 노력형의 사람에게 나타나는 힘은 타고난 사람들이 가지고 있는 힘보다 더 큰 힘을 발휘합니다.

그리고 많은 디자인 소스들을 무료로 다운받을 수 있는 디자인 카페에 가입했습니다. 일정한 활동을 해야만 등급이 올라 카페에서 제공되는 많은 소스들을 사용할 수 있다는 정보를 듣고, 매우 열심히 카페 활동을 했습니다. 다른 사람의 글에 낯간지러운 댓글도 달아주고, 매일 글은 읽지 못하더라도 출석을 하여 일정 등급을 높이려고 노력했습니다.

실제로 네이버에서 운영되는 다양한 디자인 카페들이 있습니다.
대표적으로는 로고세상(http://cafe.naver.com/logosesang)과 포토샵완전정복카페(http://cafe.naver.com/pstutorial) 등이 있습니다.

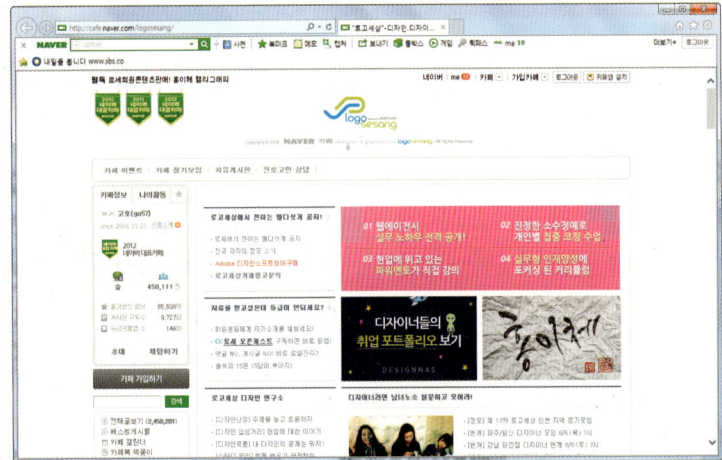

네이버 디자인카페 '로고세상'

네이버 디자인카페 '포토샵완전정복'

처음에는 디자인 소스를 얻기 위해 들어갔던 카페였지만, 지금은 다양한 디자이너들을 만나는 장으로도 활용하고 있습니다. 또한 다른 이들의 디자인 작품도 구경할 수 있고, 간접적인 방법으로나마 필자의 디자인에 매우 큰 도움이 되어준 카페입니다. 이러한 디자인 카페는 매우 다양하고 많습니다. 나에게 맞는 곳을 찾아 많은 도움을 얻을 수 있을 것입니다.

지금도 늦지 않았습니다. 지금부터 나만의 방법을 찾아보는 것이 좋습니다. 또는 다른 사람이 해보았다는 방법도 따라해 보십시오. 그러다보면 어느새 내 것이 되어 있고, 내 스킬을 완성하는 중요한 도구가 되어 있을 것입니다.

4. 존경하는 롤모델을 정하라!

당신에게는 존경하는 롤모델이 있습니까? 대부분의 디자이너들은 세계적으로 유명한 디자이너나 이름이 알려지진 않았지만, 조금 먼 곳에 위치한 그 누군가를 동경합니다. 그 사람의 작업물을 유심히 보게 되고,

따라합니다. 하지만, 오늘 제가 여러분께 말하고 싶은 것은 여러분 가까이에 있는 사람을 롤모델로 삼으라는 것입니다. 나와 같이 공부하였고 연령대가 비슷하고 내 주변에 있는 사람, 디자인을 참 잘 해서 늘 나에게 신선한 자극을 주는 그 사람은 내게 롤모델이기보다는 경쟁자에 더 가까울 때가 많습니다. 물론, 실력이 향상되기 위해서는 경쟁자가 있는 것이 좋은 방법이기도 합니다. 하지만 조금 다르게 생각하여 그 사람을 나의 롤모델로 삼아보는 것도 매우 좋은 방법 중의 하나입니다. 경쟁자는 견제하게 되지만, 롤 모델이 되는 순간 배울 점이 참 많아지기 때문입니다. 필자에게도 그러한 롤모델이 2명 있습니다. 아마 본인들도 모르고 있을 것입니다. 그 사람들의 작품을 캡처해 두고 시간이 날 때마다 보았습니다. 마음속에 '부럽다. 왜 난 저렇게 못하지?'라는 생각을 버리고 '어떻게 했을까? 나도 하고 싶다'라는 생각으로 바꾸어 보았습니다. 포용하고 받아들여 내 것에도 적용해 보았습니다. 그러다보니 실제로 그들을 만났을 때 나도 모르게 "존경한다"라는 말이 나오기 시작했습니다. 배울 점이 있다면 마음을 열고 배우는 것이 좋습니다. 그리고 그를 인정하고, 가르쳐 달라 말해도 좋습니다. 이렇게 포용하고 받아들이는 당신의 모습이 또 누군가에게는 롤 모델로 남아 있을지도 모르는 일입니다.

5. 나로 인해 재탄생된 모방이 필요할 수도 있다.

누군가를 롤 모델로 삼고 디자인을 하다 보면 한 가지 오류가 생길 수 있습니다. 그 사람을 많이 동경한 나머지 어느새 작업물에서 내가 보이지 않고, 그 사람이 보이게 됩니다. 또는 나도 모르게 배치나 조합을 그 사람이 한 것과 똑같이 하고 있고, 내 힘으로 무엇을 했다가도 결국 그 사람의 것을 도움 받아야만 결과물이 나옵니다. 이제 당신이 넘어야 할 벽이 하나 있습니다. 그것은 '내 것으로 만드는 일'입니다. 그러기 위해서는 이 말을 해주고 싶습니다. "만족하지 마십시오." 저는 지금도 작업을 할 때 '3번의 불만족'을 합니다. '불만족? 그게 무엇이지?' 그것은 '이 정도면 된 것 같다'라는 생각에서부터 시작됩니다. 최종 작업물에서 3번까지 수정을 해 보는 것입니다. 그러다 보면 전혀 예상치 못한 방법이 생기게 됩니다. 당신이 생각하는 '이 정도면 된 것 같다'는 늘 생각하는 그 한계선입니다. 그 한계선을 넘지 못하기 때문에 늘 비슷한, 그 정도의 디자인이 나오는 것입니다. 하지만 그 순간 '좀 더 다르게 해볼까?'라는 생각을 해 본다면 당신이 접하지 못했던 스킬을 경험하거나 새로운 배치의 기술이 생기거나 특별한 컬러를 맛보는 짜릿한 순간을 경험할 것입니다.

존경했던 롤모델의 로고 디자인은 매우 특이했습니다. 갖가지 도형들이 섞여 하나의 도형으로 만들어진 로고가 하나 있었습니다. 30분 정도 그 로고를 뚫어지게 쳐다봤습니다. '어떻게 저러한 아이디어가 떠올랐을까? 어떻게 저러한 컬러배합을 할 수 있었을까?'

그런 뒤 제게도 로고 의뢰가 하나 들어왔습니다. 저 또한 도형을 여러 개 만들어 배치해 보았습니다. 하지만 아무리 봐도 그 분의 디자인만 보였습니다. 모방하고 싶진 않았습니다. '나만의 디자인이 나왔으면 좋겠는데, 그렇게 재탄생한 로고가 나올 순 없는 것일까?' 고민 끝에 도형의 모양대로 연필 툴을 이용해 그려보았습니다. 그러자, 그분의 디자인에서 느꼈던 모던함이 나의 디자인에서는 경쾌함으로 바뀐 것을 볼 수 있었습니다. 조금 더 고민하면서 그 연필 툴로 그린 'stroke'를 'brush'로 변경해보니, 경쾌함에서 따뜻함으로 바뀐 것을 확인할 수 있었습니다.

당시 스케치하였던 로고 디자인

모방은 나쁠 수도 좋을 수도 있습니다. 모방으로 끝난다면 나쁘지만, 한계선을 넘어 내 것으로 만들어내는 모방은 좋은 모방이 될 수도 있습니다.

6. 잡지의 내용보다도 레이아웃에 더 주목하라.

이제 당신에게는 남보다 조금 특별한 안목이 필요하게 되었습니다. 그것은 같은 것을 보아도 다른 것을 얻어낼 수 있는 능력입니다. 그중 하나가 바로 레이아웃입니다. 레이아웃은 수십 번, 수백 번 얘기해도 모자란 디자인에서는 매우 중요한 과목 중 하나입니다. '타이틀, 서브 타이틀, 내용, 이미지' 모든 자료는 있고, 각각의 디자인도 잘 할 수 있는데 레이아웃을 잘못하여 가독성을 살리지 못하는 디자이너가 있는가 하면, '타이틀, 대표 이미지'만으로도 레이아웃을 잘하여 멋진 포스터를 만들어 내는 디자이너가 있습니다. 레이아웃은 배치를 해야 하는 모든 요소들의 집합이 꼭 완성되어야 이뤄지는 것이 아닙니다. 훌륭한 사진작가는 사진 한 장만으로도 레이아웃의 완성체를 만들어 냅니다. 레이아웃에 대해 좀 더 알고 싶다면 당신은 지금부터 잡지를 그냥 보면 안 됩니다. 잡지책에는 레이아웃을 이루어주는 모든 요소가 들어가 있습니다. 이미지, 타이틀, 내용 등이 바로 그것입니다. 각각의 배치를 유심히 살펴보고, 편집에 쓰인 작은 도형까지도 기억하며 본다면 매우 큰 도움이 될 것입니다.

필자는 주로 전단지 작업을 할 때 절취선을 넣어 신청서를 삽입하는 디자인이 있다면 하단에만 디자인했는데, 어느 잡지에서 펼침면이 한 장 숨어 있는 것을 보았습니다. 펼침면의 컬러가 전혀 다른 색상으로 들어가 있고, 세로로 들어가 있으니 매우 특이하면서도 인상 깊었습니다. 그때부터는 절취선이 들어간 작업이 들어오면 방향에 대해 구애받지 않았습니다.

절취선이 우측 펼침면 느낌으로 들어간 디자인

이와 같은 디자인 발상을 얻을 수 있는 잡지는 여성 잡지보다도 디자인 잡지나 간행물 등을 추천합니다. 서점에 가면 이러한 서적들이 즐비합니다. 또한 최근에는 현대그룹에서 만든 Design 도서관 등 무료로 값비싼 디자인 서적을 볼 수 있는 곳이 많습니다.

현대 Design Library 바로가기
http://library.hyundaicard.com

7. 이것저것 만져보고 스케치하기

디자인을 하다 보면 많은 디자이너들이 익숙한 툴만 사용하게 되는 것을 보게 됩니다. 실제 포토샵에는 수백 가지의 기능이 있다고 하는데, 그것을 모두 다 사용해 본 이는 드물 것입니다. 배경을 만들어도 늘 하던 방식으로 진행하게 되고, 보정을 할 때도 마찬가지로 늘 쓰던 툴을 누르게 됩니다. 언젠가 필자가 참 동경하던 친구가 작업한 psd 파일을 접할 기회가 있었습니다. 그때는 처음 디자인을 시작할 때여서 그 친구의 작업 레이어는 제게 보물창고와도 같았습니다. 모든 효과의 비밀이 레이어에 들어있었습니다. 밤을 새서 레이어 하나하나 모두 분석해보았던 적이 떠오릅니다. 포토샵이든 일러스트이든 마구마구 만져보는 것이 매우 중요합니다. 만지지 않았던 툴이 있다면 꼭 한번 사용해보고, 적용해보기 바랍니다.

특히 필터 기능은 해보지 않으면 내 것이 되지 않습니다. 이미지 하나를 열어두고 이것저것 모두 적용해가며 습득하는 것이 가장 좋습니다. 또 한 가지 방법은 스케치하는 것입니다. 눈앞에 종이가 한 장 있으면 이제부터 당신은 습관처럼 끄적이십시오. 필자는 반복적으로 글씨를 씁니다. 정윤선이라는 세 글자를 다양한 느낌으로 여러 개 써봅니다. 그 이름에 들어간 'ㅈㅓ ㅇㅇ ㅠ ㄴㅅㅓㄴ' 자음과 모음을 각각 다른 느낌으로 써봅니다. 그것이 그림이 되었든, 글씨가 되었든 다양하게 끄적이고 써보는 습관은 매우 중요합니다. 저에게는 이러한 습관이 적어도 캘리그라피를 하는 데 가장 큰 도움이 되었습니다.

8. 폰트를 사랑하라

디자인 실력도 중요하지만, 무언가 기본적으로 만들어져 있는 실력도 있습니다. 그것이 바로 폰트입니다. 폰트는 폰트 디자이너들이 이미 만들어 놓은 매우 잘 짜인 소스입니다. 그렇기 때문에 우리는 어울리는 폰트를 잘 배치하여 적절한 작업물을 만들어 낼 수가 있습니다. 그런데 간혹 이 폰트를 잘못 사용하여 어울리지 않거나 적합하게 사용하지 못한 경우를 보게 됩니다. 또는 늘 사용하는 폰트를 아무 생각 없이 사용하는 사람들도 있습니다. 디자이너라면 폰트에 민감해야 합니다. 간판에 사용된 폰트 이름이 무엇인지 단번에 알아낼 수 있을 정도의 민감함을 갖기를 원합니다. 또한 여러 폰트를 접하고, 그 폰트를 구하기 위해 애를 쓰기 바랍니다. 폰트는 그냥 사용할 수도 있지만, 다양한 방법으로 편집하여 사용할 수도 있습니다. 예를 들어 마음에 드는 폰트가 있지만, 막상 사용하려니 너무 정적인 느낌이어서 아쉬울 때 폰트를 Rasterize 해주면 이미지로의 편집이 가능합니다.

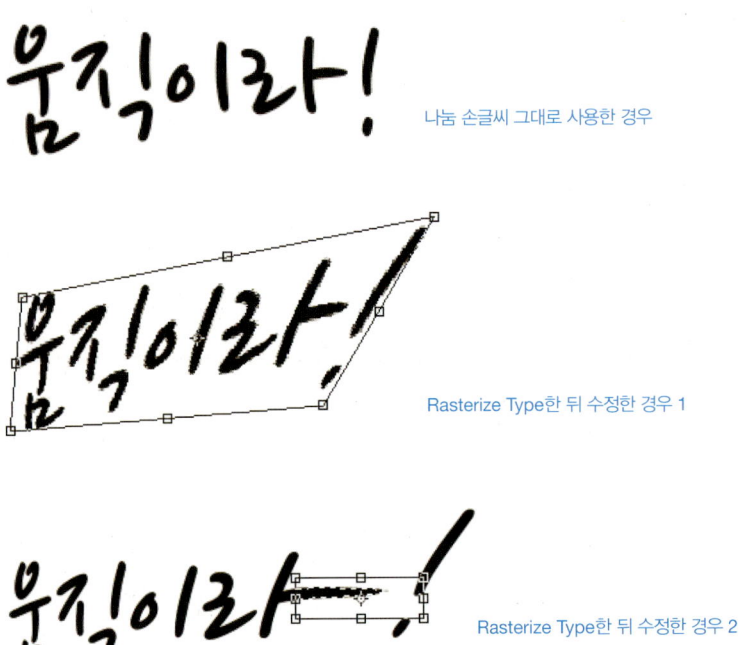

나눔 손글씨 그대로 사용한 경우

Rasterize Type한 뒤 수정한 경우 1

Rasterize Type한 뒤 수정한 경우 2

이와 같이 폰트는 당신에게 매우 중요한 소스가 되어 줄 수 있습니다. 물론, 불법 다운로드가 아닌 정식 구입 절차를 통하여 구입해야 합니다.

9. 디자인은 즐거워하는 이들의 것이다.

물론, 작업을 하다 보면 밤을 새야 할 때도 있고, 어서 이 프로젝트에서부터 벗어나고 싶다고 생각할 수도 있습니다. 하지만, 디자인이라는 것을 하면서 느끼는 작은 희열! 때로는 내 완성물을 들여다보면서 느끼는 뿌듯함! 그런 기분을 느낄 때가 있습니다. 늘 괴롭기만 하고, 벗어나고 싶기만 하다면 디자인을 조금 일찍 내려놓아도 됩니다. 하지만, 그 작은 희열을 한 번이라도 느껴 봤다면 디자인을 즐거워하는 사람입니다. 디자인은 즐거워하는 이들의 것입니다. 감각이 있고, 능력과 재능이 있는 이들의 것이 아닌, 즐거워하는 이들의 것이라는 이야기입니다. 이 말은 다시 말해 즐거워하며 디자인을 하였다면 그 작품은 레이아웃이나 컬러 등 디자인을 구성하는 것들을 떠나 아름다운 작업이 됩니다. 디자인에 정답이란 없고, 좋은 디자인과 나쁜 디자인은 없습니다. 다만 적합한 디자인과 적합하지 않은 디자인이 있을 뿐입니다. 때로는 의뢰인의 취향에 맞는 디자인과 그의 취향에는 맞지 않는 디자인이라 말해도 됩니다. 당신의 디자인은 나쁘지 않습니다. 충분히 사용될 수 있으며, 빛을 발하게 될 것입니다. 단, 그 디자인이 억지로 한 것이 아닌 당신 스스로 작은 희열과 행복의 어느 한 순간을 느끼며 작업한 것이라면 말입니다. 작업한 결과물을 사진으로 찍어 보관하는 것도 매우 좋은 방법입니다. 디자인하여 인쇄한 뒤 출고한 것으로 마무리된다면 조금 무미건조할 수도 있습니다. 현장으로 찾아가 내가 디자인하여 출고된 작품을 사진으로 남겨두거나 가지고와 간직한다면 디자인이 즐거워질 수 있는 기회가 될 수도 있습니다.

10. 당신은 최고의 디자이너가 될 수 있다.

최고의 디자이너가 어떠한 디자이너라고 생각합니까? 남에게 칭송받고 알려진 디자이너가 과연 최고의 디자이너일까요? 해외 유명 디자인 학교를 졸업하였거나 다양한 공모전을 통해 이름이 알려진 디자이너가 최고의 디자이너일까요?

필자는 최고의 디자이너는 내가 속한 그 공간과 환경 속에서 모두를 행복하게 해주는 디자인을 하는 사람이라고 생각합니다. 매주 교회 주보 디자인을 해야 하는 어느 고등학생이 있다면 그 학생은 그 교회에서 최고의 디자이너입니다. 그리고 정기간행물의 어느 한 파트를 맡아 매달 편집을 해내야 하는 사원이 있다면 그 사원은 그 파트의 최고 디자이너입니다. 디자인은 사람을 행복하게 해주어야 합니다. 그것이 목적이고, 그것이 먼저 이루어졌을 때 정보 전달, 내용 이해 등이 함께 이루어집니다. 당신이 작업한 작업물을 사랑하십시오. 그리고 나는 디자이너다. 최고의 디자이너가 될 수 있다고 먼저 스스로를 인정해 주기 바랍니다. 적당한 롤모델을 찾아 끊임없는 노력을 하며 특별히 관계를 가지도록 힘쓰기 바랍니다. 스쳐갔던 인연이 언젠가 내게 일을 주는 의뢰인이 되어 있을지는 아무도 모릅니다. 지금 당신이 있는 그곳에서 기쁘고 즐겁게 디자인을 해본 경험이 있다면, 그리고 이 책을 통해 무언가 얻고자 하는 열정이 있다면, '디자인'이라는 세 글자가 먼 이야기가 아닌 함께 가야 할 단어라 생각이 된다면, 당신은 충분히 최고의 디자이너가 될 수 있습니다. 최고의 디자이너는 남들이 생각해주기 전에 먼저 내가 인정해 주어야 하는 것이기 때문입니다.

인덱스

★ 포토샵+일러스트레이터 작업의 기술 ★

[Layers] 패널 • 226

A

A3 Size • 144
A4 Size • 144
A5 Size • 144
Adjustment • 131
Advanced • 110, 147
Align horizontal centers • 67
Angle • 25
Arrange • 399
Artboards • 260, 279
Auto Select • 80

B

B4 Size • 144
B5 Size • 144
Blend Mode • 207
Blur • 227, 235
Bring to Front • 399
Brushes • 297
Brush Options • 298
Brush Presets • 388

C

Callgraphic Brush Options • 298
Canvas Size • 115
Character • 83, 152
Character 패널 • 153
Color Balance • 201
Color Burn • 44
Color Dodge • 45
Color Overlay • 75, 118, 207
Color Picker • 64, 136
Color Picker Overlay • 433, 435
Coner Radius • 259

Convert to Grayscale • 283, 302, 354
Copy Layer Style • 420, 435
Corner Radius • 379
Create a new layer • 37, 58, 71, 407
Create Outlines • 163, 257, 265, 287, 295, 301, 309, 348, 383
Curves • 17, 19, 106, 201, 203

D

Darker color • 44
dash • 382, 404
Dashed Line • 223, 382, 404
Default Size • 171
Difference • 47
Dissolve • 43
Distance • 25, 359
Divide • 47
Drop shadow • 84, 118, 440
Duplicate • 115

E

Edit Colors • 283, 302, 354
EPS • 165
Exclusion • 47
Expand • 122, 306

F

Fill • 37
Filp Horizontal • 218
Filter • 361
Find Edges • 361
Flip Horizontal • 19, 55
Flip Vertical • 55
Font • 151
Foreground to Transparent • 26, 58, 229, 243, 247, 252, 270, 360, 412
Free Transform • 185

G

Gaussian blur • 227
Gradient Editor • 50
Group • 295
Guide • 255

H

Hard Light • 46
Hard Mix • 46
Horizontal Dividers Number • 171
Hue • 47
Hue/Saturation • 131, 189, 334, 390
Hue 모드 • 43

I

Illustrator Options • 114, 265
Image Size • 115, 116
Image Trace • 110, 121, 293, 444
Inport PDF • 116
International Paper • 32

J

JPEG Options • 109, 240, 254, 272, 333

L

Layers • 149
Layer Style • 75, 207, 433
Layer thumbnail • 74, 87

Level • 128
Levels • 108, 445
Lighten • 44
Linear Burn • 44
Linear Dodge Add • 45
Linear Light • 46
Lock Guide • 255
Luminosity • 48

M

Make Clipping Mask • 261, 354
Marks • 168
Marks and Bleeds • 168
Merge Layers • 28
Miter limit • 258
More Options • 223
Motion Blur • 16, 17, 24, 235, 359
Multiply • 18, 44, 228, 273, 318

N

New Guide • 268

O

Object • 400
Offset path • 257
Orientation • 147, 254
Outer Glow • 332
Outline Stroke • 299, 400
Overlay • 45

P

Paragraph • 281
Paste • 179, 446
Paste Layer Style • 420, 435
Path • 400
Pathfinder • 263, 300, 308, 398, 401
PDF • 167
Pedestrian • 218
Pin Light • 46
PNG Options • 436, 450

Position • 268
psd • 145

Q

Quality • 272

R

Raster Effects • 147
Rasterize Layer • 40
Rasterize Type • 217
Release Clipping Mask • 178
Rounded Rectangle • 259, 379, 397

S

Saturation • 47, 131
Save As • 145, 164
Screen • 45, 236
Screen 모드 • 43
Send to Back • 176
Set Color of overlay • 433, 435
set point • 106
Set the blending mode for the layer • 408
set the text color • 42, 64, 65
Shape • 187
Show Grid • 174
Size • 152
Smart Object • 179
Soft Light • 45
Stroke • 37, 161, 368, 381, 404
Stroke Options • 223
Stylize • 361
Subtract • 47

T

Transform • 217
Transform Path • 218
Transparency • 318
Trim Marks • 168
Type • 152, 281

U

Ungroup • 178

V

Vertical • 268
Vertical Dividers Number • 171
View • 268
View PDF after Saving • 168
Vivid Light • 46, 233

X

X 배너 • 458

ㄱ

가로 가운데 정렬 • 285
가로 문자 툴 • 20, 33
가로 폭 조절 • 153
가운데 정렬 • 393
가이드라인 • 279
견적서 • 463
고무 큐방 • 459
그라데이션 선택 • 50
그레이디언트 툴 • 26, 50, 186, 197, 229, 243, 412
그레이 포인트 • 106
끈고리 • 458

ㄴ

나무 각목 미싱 • 458

ㄷ

다각형 올가미 툴 • 428
도형의 복사 • 38
돋보기 툴 • 427, 440
둥근 사각형 툴 • 37, 258, 278, 379, 399
디바이드 툴 • 402

ㄹ

라인 툴 • 381
래스터라이즈 • 40
레이어 마스크 추가 • 197, 229, 233, 243, 247, 252, 270, 274, 360
레이어 추가 • 25
레이어 표시 • 25
로모 효과 • 59

ㅁ

마술봉 툴 • 205
마이너스 백 툴 • 403
마이너스 프론트 툴 • 401, 402
머지 툴 • 403
면 색 • 37
모양 툴 • 186, 218, 224, 329, 362
모조지 • 460
문자 툴 • 62, 151, 307
문진 • 98
미드톤/감마 슬라이더 • 108

ㅂ

버킷 툴 • 172
번지는 브러시 • 328
번지지 않는 브러시 • 329
벨크로 • 459
봉미싱 • 458
브러시 툴 • 71, 244
브러시 패널 • 388
블랙에서 투명의 옵션 • 197
블랙 포인트 • 106
블렌딩 모드 • 228
비비드 컬러 • 132
빠른 선택 툴 • 303, 437

ㅅ

사각 도형 툴 • 211, 262, 337, 385, 424
사각 선택 툴 • 87, 88, 91, 120, 312, 385
사각형 그리기 툴 • 280, 307, 318, 403
사각형 툴 • 137, 175, 204

사방줄 미싱 • 458
산돌고딕네오2 Medium • 151
상하 반전 • 55
선 색 • 37
선택 툴 • 149
세로 폭 조절 • 153
손바닥 툴 • 304
수직 중앙 정렬 • 157, 261
쉐도우 입력 슬라이더 • 108
스노우지 • 460
스트로크 • 161
스포이드 툴 • 33, 137, 162, 309

ㅇ

아웃라인 툴 • 403
아이클릭아트 • 463
아트지 • 460
앵커포인트 • 112
열재단 • 458
오른쪽 정렬 • 370
원형 툴 • 387
이동 툴 • 38, 205, 226
익스클루드 툴 • 402
인터섹트 툴 • 402

ㅈ

자동 선택 툴 • 112, 122, 295, 306, 445, 448
전경색 • 359
전체 자간 조절 • 153
족자봉 • 459
좌우 반전 • 55
직선 툴 • 223
직접 선택 툴 • 122

ㅊ

차량용 큐방 • 459

ㅋ

크롭 툴 • 403
클립아트 • 218
클립아트코리아 • 463

ㅌ

타공 • 458
타이틀의 배치 • 66
털 라운드 • 71, 72, 244, 358
텍스트 사이즈 • 153
텍스트 컬러 변경 메뉴 • 62, 136, 426
트림 툴 • 402

ㅍ

페인트 브러시 툴 • 297
페인트 툴 • 26, 197, 273, 304, 350, 407, 428
펜 툴 • 400
폰트스토어 • 464
폰트클럽 • 464
표그리기 툴 • 170

ㅎ

하이라이트 입력 슬라이더 • 108, 109
한 글자 자간 조절 • 153
합치기 툴 • 263, 398, 402
행간 조절 • 153
화이트 포인트 • 106, 107